ÉTICA TEOLÓGICA CATÓLICA
NO CONTEXTO MUNDIAL

JAMES KEENAN
(Organizador)

ÉTICA TEOLÓGICA CATÓLICA NO CONTEXTO MUNDIAL

EDITORA
SANTUÁRIO

DIRETOR EDITORIAL:
Marcelo C. Araújo

EDITORES:
Avelino Grassi
Márcio F. dos Anjos

COORDENAÇÃO EDITORIAL:
Ana Lúcia de Castro Leite

TRADUÇÃO:
Claudete Campos Chad

COPIDESQUE:
Eliana Maria Barreto Ferreira

REVISÃO:
Bruna Marzullo
Eliana Maria Barreto Ferreira

DIAGRAMAÇÃO E CAPA:
Juliano de Sousa Cervelin

Título original: *Catholic Theological Ethics in the World Church*

© 2007 by The Continuum International
Publishing Group Inc.
80 Maiden Lane, New York 10038
ISBN 978-0-8264-2765-6

Dados Internacionais de Catalogação na Publicação (CIP)
(Câmara Brasileira do Livro, SP, Brasil)

Ética teológica católica no contexto mundial / James F. Keenan (organizador) - Aparecida, SP: Editora Santuário, 2010.

Título original: Catholic theological ethics in the world church. Vários autores.

Bibliografia.
ISBN 978-85-369-0183-1

1. Ética cristã – Autores católicos – Congressos I. Keenan, James F.

10-01561   CDD-241.04206

Índices para catálogo sistemático:

1. Ética Teológica Católica na Igreja Mundial:
Congressos 241.04206

Todos os direitos em língua portuguesa
reservados à **EDITORA SANTUÁRIO** — 2010

Composição, CTcP, impressão e acabamento:
EDITORA SANTUÁRIO – Rua Padre Claro Monteiro, 342
12570-000 – Aparecida-SP – Fone: (12) 3104-2000

Ano: 2014 2013 2012 2011 2010
Edição: **10** 9 8 7 6 5 4 3 2 1

Dedicado a
STICHTING PORTICUS,
com gratidão.

SUMÁRIO

Introdução: A Conferência em Pádua
James F. Keenan, S.J. 11

Primeira Parte: Como podem os teólogos eticistas responder às necessidades do mundo? 21

As Necessidades do Mundo e os Sinais dos Tempos
Antonio Papisca (Itália) 25
Desafios da Atividade Econômica no Mundo Globalizado
Adela Cortina (Espanha) 39
Declaração Universal da Bioética e dos Direitos Humanos
Henk ten Have (França) 55

Segunda Parte: Teologia Moral nos Cinco Continentes 63

África 65
Os principais "canteiros de obra" da Ética na África Ocidental
Mawuto R. Afan, O.P. (Costa do Marfim) 67
Posicionando a Igreja entre os Miseráveis da Terra
Laurenti Magesa (Tanzânia) 83
Autenticidade e Credibilidade
Sébastien Muyengo Mulombe (Congo) 97

Ásia 107
Desafios Morais e a Igreja na Ásia hoje
(com uma consideração específica da Coreia)
Thomas Hong-Soon Han (Coreia) 109
Globalização e Ética Teológica Católica
Agnes M. Brazal (Filipinas) 125
A Ética Cristã em um Mundo de Complexidade Cultural
e Desigualdade Social na Índia
Clement Campos, C.Ss.R.(Índia) 141

Europa 157
Ética Teológica na Europa (especialmente na Europa Meridional):
Passado, Presente e Futuro
Marciano Vidal, C.Ss.R. (Espanha) 159
Desafios Políticos e Éticos na Europa
Marianne Heimbach-Steins (Alemanha) 173
Sobre Células-Tronco e Homofobia
Piotr Mazurkiewicz (Polônia) 187

América Latina 199
Sonhando com uma Nova Teologia Moral para o Brasil
Ronaldo Zacharias, S.D.B. (Brasil) 201
Esperança em Meio a Enormes Desafios no México
Sebastian Mier, S.J. (México) 217
Reflexão Moral na América Latina
Tony Mifsud, S.J. (Chile) 227

América do Norte 241
Ética Católica na Igreja Mundial
David Hollenbach, S.J. (Estados Unidos) 243
Processo Justo e o Domínio da Lei
Jean Porter (Estados Unidos) 257
O Desafio da Pobreza Mundial
Kenneth R. Melchin (Canadá) 267

Terceira Parte: Os Temas Centrais 281

1. Hermenêutica e as Fontes de Ética Teológica 283
O Sofrimento e a Ética Teológica
Robert Gascoigne (Austrália) 287
A Hermenêutica e as Fontes da Ética Teológica
Maureen Junker-Kenny (Irlanda) 297
O que você quer que eu faça por você?
Dionísio M. Miranda, S.V.D. (Filipinas) 311

2. *Sensus Fidelium* e Discernimento Moral 327
O conceito de *Sensus Fidelium* caiu em desuso?
Paul Valadier, S.J. (França) 329
Sensus Fidelium e Discernimento Moral
Nathanaël Yaovi Soédé (Costa do Marfim) 339
O *Sensus Fidelium* e o Discernimento Moral
Giuseppe Angelini (Itália) 351

3. O Desafio do Pluralismo e o Futuro da Teologia Moral 365
O Desafio do Pluralismo
Eberhard Schockenhoff (Alemanha) 369
Teologia Moral
Lisa Sowle Cahill (Estados Unidos) 383
Comunidade e Pluralismo
Márcio Fabri dos Anjos (Brasil) 395

4. Globalização e Justiça 411
Globalização e Justiça
Enrico Chiavacci (Itália) 415
A Globalização precisa levar em conta as Pessoas Humanas
Vimal Tirimanna,C.Ss.R. (Sri Lanka) 425
Um chamado para a Ação Profética
John Mary Waliggo (Uganda) 439

Autores e Participantes 453

Agradecimentos 461

Índice Remissivo 465

INTRODUÇÃO

James F. Keenan, S.J.

A Conferência em Pádua

Os estudos aqui apresentados têm uma história que merece ser lembrada. Quando lecionava na Universidade Gregoriana em Roma, convidei uma vez meu colega da Boston College, Stephen Pope, que estava na cidade, para jantar com três outros teólogos eticistas de universidades romanas. Era uma tarde magnífica, e então comecei a pensar na possibilidade de nós, teólogos da moral, realizarmos um encontro internacional no qual pudéssemos ter conversações simples e diretas. Isso nunca havia sido feito antes.

Mais tarde, fui procurado pelo pessoal de uma fundação católica europeia que me perguntou se estaria disposto a dirigir um seminário com oito estudiosos internacionais especialistas em Teologia Moral. O seminário aconteceria anualmente, a cada quatro anos, e, ao final, publicaríamos um texto sobre temas de nossa especialidade: a consciência, a tomada de decisão moral, o magistério etc. Eu respondi: "Você poderia, em vez disso, subvencionar um comitê internacional de planejamento, por quatro anos, para planejar uma conferência internacional para duzentos teólogos da Moral?" Eles concordaram em organizar o primeiro encontro de planejamento. Decidiriam, então, se financiariam mais encontros, que eventualmente acontecessem.

Nosso primeiro desafio era definir um comitê de planejamento internacional. Comecei a trabalhar com a equipe da fundação, particularmente Hans Wennink e Peter Merkx. Juntos, nós preparamos o comitê.

A primeira pessoa convidada foi Paul Schotsman, da Universidade Católica de Lovânia. Com o passar dos anos, Paul foi conselheiro da fundação e conselheiro de confiança. Nos Estados Unidos encontrei Margaret Farley, da Universidade Yale. Precisávamos ainda de pelo menos de outro europeu e alguém da Índia, da Ásia Oriental, da África e da América Latina.

Depois de um período de quatro meses, formamos um comitê de planejamento internacional: Soosai Arokiasamy (Índia), Bénézet Bujo (Congo), Margaret Farley (Estados Unidos), Linda Hogan (Irlanda), José Roque Junges (Brasil), José Rojas (Filipinas) e Paul Schotsman (Bélgica).

Paul sugeriu que tivéssemos nossa primeira reunião em Lovaina, em novembro de 2003. Nossa primeira tarde foi, naturalmente, uma refeição. Líderes da Teologia Moral na Índia, no Congo e no Brasil estavam lá com os estudiosos internacionais como Farley e Schotsman. Novamente percebemos que o ato de nos encontrarmos já era a pauta. Nós nos reunimos na manhã seguinte e falamos sobre... vistos para viagens. Três em nosso grupo não tinham sido capazes de conseguir os vistos para entrada na Bélgica, nas embaixadas de seu país. Tiveram que solicitar um visto de entrada pela Itália e foram bem-sucedidos. Assim, para ser os anfitriões de uma conferência internacional muito importante teríamos de nos reunir em um país para o qual nossos participantes pudessem conseguir vistos de entrada.

Para ser verdadeiramente internacional teríamos de assegurar transporte e hospedagem para os estudiosos do mundo em desenvolvimento. Isto significaria um levantamento considerável de fundos. Sensíveis à dificuldade de conseguirmos vistos para os participantes do mundo em desenvolvimento, reconhecemos a impossibilidade de sediá-la nos Estados Unidos. Também nos demos conta de que, inevitavelmente, por razões de custos e viagem, a Europa seria o melhor local. Por exemplo, se fôssemos nos reunir na América Latina, os da África ou Ásia, com toda a probabilidade, fariam a rota através de outro continente ainda, Europa ou América do Norte, para chegar ao sul. Realizá-la na Europa significava encontrar um país hospitaleiro para conseguir os vistos, e a Itália naturalmente foi lembrada.

Onde nos reuniríamos na Itália? Rapidamente nos decidimos por Pádua: uma cidade medieval, com uma das mais velhas e mais respeitadas universidades do mundo, assim como um centro de peregrinação religiosa. Essa cidade, onde Giotto pintou, Antonio viveu e rezou, Galileu palestrou, Harvey descobriu o sistema circulatório e Elena Piscopia tornou-se a primeira mulher a merecer um doutorado (1678), seria perfeita para teólogos da moral contemporânea.

Schotsman fez outra recomendação-chave: se estávamos para nos reunir em Pádua, teríamos de nos encontrar com o Pe. Renzo Pegoraro, um bioeticista que era diretor da Fundação Lanza. Pegoraro tornar-se-ia a conexão-chave para organizar uma conferência para teólogos moralistas em Pádua.

Qual seria a natureza da conferência? A conferência teria de ser um espaço no qual pudéssemos aprender a compartilhar ideias e nos encontrarmos uns com os outros. Para fazer isso, precisávamos determinar quem viria e como organizaríamos o encontro.

Primeiro, pensamos exclusivamente nos teólogos da Moral Fundamental. Em alguns países, especialmente na Europa e na África, tem havido uma forte tendência em diferenciar teólogos da Moral de eticistas sociais. Porém, na América do Norte, América Latina e Ásia, a fronteira entre os dois é bem flexível. Assim, encontramos uma descrição mais inclusiva para nossa identidade: o teólogo eticista cobriria ambos os grupos.

Convidaríamos outros? Decidimos que a natureza de ser um eticista é ter como interlocutor muitos outros profissionais como em Medicina, em Filosofia, em Direito, em Saúde Pública etc. Compreendemos que precisávamos reunir-nos exclusivamente como teólogos eticistas católicos. Convidaríamos os de outras denominações cristãs ou de outras religiões? Novamente, refletimos que muitos de nós tivemos oportunidades ecumênicas para encontros, mas nada como unicamente católicos romanos.

Como fortificaríamos a conferência como um encontro? Tomamos uma decisão inicial: para nos ajudarmos uns aos outros na reunião, realizaríamos sessões plenárias em formato de "painéis continentais". Haveria cinco grupos (africano, asiático, latino-americano, europeu e norte-americano): cada grupo teria três participantes respondendo às mesmas questões: quais são nossos desafios morais, como estamos respondendo e que esperança temos para o futuro? Isto serviria como uma introdução aos participantes para ouvirem os discursos dos diferentes contextos continentais.

Além disso, ficamos preocupados se os participantes poderiam discriminar os grupos e, assim, decidimos que seriam apresentados em ordem alfabética:* África, Ásia, Europa, América Latina e América do Norte.

No final de nosso primeiro dia de planejamento, soubemos o que nos esperava. E assim fechamos, concordando em dois pontos. Primeiro, decidimos o título para a conferência: "Ética Teológica Católica no Contexto Mundial Primeira Conferência Intercultural sobre Ética Teológica Católica". Então, articulamos a declaração de seus objetivos:

> Considerando que a teologia moral é tão difundida hoje; que muitos teólogos eticistas católicos estão envolvidos com suas próprias culturas específicas e que seus interlocutores tendem a estar em outras disciplinas, há necessidade de uma troca internacional de ideias entre teólogos eticistas católicos. Estes reconhecem a necessidade de: compreender o desafio do pluralismo; dialogar sobre e para além da cultura local; e interligar-se dentro de uma igreja mundial não dominados simplesmente por um paradigma do norte.
>
> Em resposta a estas reconhecidas necessidades, os teólogos eticistas católicos se encontrarão para refrescar suas memórias, reclamar sua herança e reinterpretar suas fontes.

---

* N.E. A ordem alfabética refere-se ao original em inglês.

Portanto, os teólogos eticistas católicos buscarão nesta conferência um meio de procedimento que reflita suas culturas locais e os reúna em conversações interculturais motivadas pela misericórdia e pelo cuidar.

Voltamos nossa atenção para outro encontro naquela tarde. Com a ajuda de Paul Schotsman, incluímos em nossa programação que nós nos reuniríamos na tarde de sábado com os teólogos eticistas das universidades locais para ver o que eles pensavam de nossas deliberações. Convidamos o corpo docente de Ética de Lovaina (entre os quais estavam Joseph Selling, Roger Burggraeve, Johann De Tavernier, Johan Verstraeten), de Tilburg (Jan Jans e Veerle Draulans), de Utrecht (Frans Vosman) e outros.

Os eticistas regionais propuseram que juntássemos outro componente à Conferência: cobrir temas específicos, particularmente relevantes à natureza da ética teológica. Mais tarde, suspendemos a reunião e tivemos um jantar e, novamente, descobrimos que a real reunião de teólogos era a chave para o carisma de nossa organização.

Na manhã de domingo, o comitê de planejamento se reuniu. Esse foi um importante encontro porque, ao reunir nossos colegas da tarde anterior, tínhamos nos tornado uma organização. Não era mais minha proposta; era a nossa. Estávamos nos reunindo agora, convencidos de nossa visão.

À luz da discussão da tarde anterior, propusemos outra série de sessões plenárias: em vez de painéis continentais, deveriam ser painéis intercontinentais: três participantes principais, de diferentes continentes, em quatro temas-chaves: consciência e Magistério; método teológico; globalização; e pluralismo religioso. Também decidimos sobre uma data para a Conferência: de 8 a 11 de julho de 2006.

Tínhamos uma missão, um título, um comitê de planejamento internacional, um local, nove sessões plenárias e, acima de tudo, uma visão. Três anos antes de Pádua, estávamos bem a caminho.

Em junho de 2004, fui a Pádua encontrar o Pe. Renzo Pegoraro. Embora tivesse visitado Pádua várias vezes no passado, Renzo rapidamente me orientou na cidade: o distrito medieval, o *duomo*, as duas basílicas, a universidade e, naturalmente, os restaurantes. Para o centro da Conferência, ele sugeriu o *Antonianum*, um colégio jesuíta de cem anos, que tinha um enorme corredor, seis salas que podiam acolher várias centenas de pessoas, uma capela e um teatro de quinhentos lugares, com seus próprios jardins e fontes, ao lado do Jardim Botânico. O *Antonianum* tinha também um centro de juventude jesuíta muito moderno, com várias salas de *breakout*, mais jardins e uma bela capela. Juntas, as duas instalações ofereceriam um bom cenário para a reunião de convívio e discurso.

Na universidade, Renzo mostrou-me o Salão Aula Magna onde Galileu realizou palestras por oito anos. Nós poderíamos ter a noite de abertura da Conferência naquela sala. Com relação a hotéis, havia vários para os que estavam pagando sua ida, mas para aqueles que estavam financiando encontramos dois: um poderia acolher benfeitores, oradores do plenário e o comitê de planejamento; o outro poderia receber os financiados da África, Ásia e América Latina. Eles ficavam a um minuto de distância um do outro. Finalmente, Renzo e eu encontramos o Arcebispo de Pádua, Antonio Mattiazzo, que nos deu as boas-vindas e à Conferência.

Depois de encontrar Renzo, assumi então, o projeto em que muitas, muitas pessoas colaboraram, mas que tive de fazer sozinho: levantar dinheiro para a Conferência. Como as expectativas da Conferência cresciam, assim crescia nossa necessidade por dinheiro.

Um ano depois, o comitê de planejamento reuniu-se em Pádua. Para a sessão de abertura, queríamos estudiosos fora da ética teológica para responder à pergunta: "Como podem os teólogos eticistas responder às necessidades do mundo?" Escolhemos três estudiosos internacionais da Europa no campo de Direitos Humanos, Bioética e Ética Comercial para dirigir-nos em uma sessão plenária na sala Galileu. Começamos, então, a trabalhar com duas listas. Primeiro, precisávamos de trinta oradores internacionais para nossas (agora) dez equipes plenárias. Segundo, nós precisávamos pensar nos participantes da África, Ásia, América

Latina e Europa Oriental que seriam convidados para a Conferência. Também percebemos, quando fizemos nossas listas, que precisaríamos de tradutores simultâneos para cada uma das sessões plenárias. Inglês, italiano, francês e espanhol tornaram-se línguas de trabalho.

Nesse encontro de 2005, em Pádua, pedimos a Renzo para trazer os teólogos eticistas italianos locais para se reunirem conosco. Fizemos uma reunião bilíngue que deu certo. Como os estudiosos da Europa Ocidental tinham sugerido painéis internacionais, os italianos propuseram que juntássemos ao programa duas ou três conversações sobre como estávamos agindo, e uma sessão final endereçada para "onde iríamos a partir de Pádua". Nosso encontro com eles terminou com um jantar e uma conversação. No dia seguinte, Renzo anunciou que a associação italiana de teólogos eticistas realizaria seus encontros bienais antes e depois de nossa reunião em Pádua. Teríamos pelo menos cinquenta moralistas italianos. Nesse ponto, percebemos que seríamos mais que os duzentos previstos.

Tomamos outra decisão. Queríamos sessões de ética aplicada sobre meio ambiente, guerra, questões de saúde, sexualidade e gênero (no sentido sexual) e globalização. Associamos este aspecto do programa à percepção de que aqueles que vinham do mundo industrializado poderiam receber um subsídio de sua universidade se fossem apresentar um trabalho. Teríamos três períodos de sessões simultâneas em dez salas de comunicações, cada sala recebendo três oradores, desse modo ocuparíamos noventa espaços. Concluímos o encontro de 2005 abrindo uma chamada para inscrição de comunicação. Surpreendentemente, 125 propostas foram enviadas. Percebemos que o interesse por nossa organização estava crescendo mais rápido do que esperávamos.

Aqui, outras histórias podem ser contadas: encontrar uma agência de viagens italiana para administrar os bilhetes de todos os nossos participantes subsidiados; convidar diferentes cardeais do Vaticano e outros italianos; ajudar cerca de 125 pessoas a conseguir vistos; levantar mais fundos; encontrar tradutores, projetar programas etc.

No dia 8 de julho, o comitê de planejamento, Renzo, o arcebispo Mattiazzo e eu demos as boas-vindas para 400 teólogos eticistas de

63 países, sendo que 175 deles tiveram seu transporte e hospedagem cobertos. Sentados na Aula Magna da Universidade, podíamos ouvir Galileu convidando-nos a repensar nosso lugar no universo, na Igreja e na academia. Então, começamos uma conversação de quatro dias uns com os outros.

O que conseguimos?

Primeiro, como disse o arcebispo Mattiazzo, uma coisa é ler ou citar colegas; outra é encontrá-los e discutir com eles. Tivemos a oportunidade de fazer perguntas a nossos colegas, observar que tipo de gente eram e dizer-lhes como nosso próprio trabalho estava se dando. Não era simplesmente uma troca de ideias; era um encontro de pessoas.

Segundo, descobrimos muita coisa em comum; acima de tudo, que "compartilhávamos a mesma vocação", um comentário muito ressaltado. Essa extraordinária lição provocou uma forte solidariedade intelectual e afetiva entre todos nós. Ela também nos deu um renovado sentido do bem que levamos para a Igreja.

Esta solidariedade perpassou as diferenças de idade e sexo. Na noite de encerramento, cantamos parabéns para Enrico Chiavacci, de Florença, que fazia oitenta anos. Outros moralistas mais antigos ali presentes eram: Klaus Demmer, Marciano Vidal, Giuseppe Angelini, Kevin Kelly, Karl-Wilhelm Merks, Roger Burggraeve, Paul Valadier, Enda McDonagh, Antonio Autiero, Charles Curran, Márcio Fabri dos Anjos, Soosai Arokiasamy, John Mary Waliggo, Brian Johnstone e o bispo Kevin Dowling. Estes professores experientes estavam cercados por mais de cinquenta estudantes, pós-graduandos por eles orientados, doze dos quais estavam entre os cento e cinquenta participantes que apresentavam trabalhos.

Em um campo que apenas há 25 anos atrás era completamente clerical, agora as mulheres estavam em forte evidência. Do mundo industrializado estavam Lisa Cahill, Margaret Farley, Jean Porter, Marie-Jo Thiel, Cathy Kaveny, Chris Gudorf, Bárbara Andolsen, Carolyn Sharp,

Introdução

Patrícia Beattie Jung, Frances Baker, Linda Hogan, Veerle Draulans, Cecília Borgna, Maureen Junker-Kenny, Marianne Heimbach-Steins, Haruko Okano, Julie Clague, Theodora Rossi e Frances Baker. Do Sul havia Pushpa Joseph, Maria Oca, Agnes Brazal, Teresia Hinga, Philomena Maura, Tina Astorga, Ylan Tran e Bernadette Mbuy-Beya, entre outras.

Terceiro, com tanta boa vontade e respeito entre todos, éramos capazes de desafiar um ao outro. Quando três eticistas mais velhos concluíram seus comentários sobre a equipe continental africana, três mulheres eticistas africanas os convocaram para a tarefa de não mencionar nada sobre viver em ambientes profundamente patriarcais. Quando um estudioso francês falou da primazia da consciência, um italiano respondeu argumentando sobre a competência do Magistério. Depois que o grupo norte-americano falou sobre a agressividade dos Estados Unidos, vários outros perguntaram se os estudiosos dos Estados Unidos estavam fazendo o suficiente, levando em consideração o impacto que suas políticas estavam tendo sobre seu próprio país.

Quarto, a avaliação da necessidade de reunir-se e do diálogo para dar início à formação de outros grupos. Os africanos formaram sua primeira pan-africana Associação de Teólogos eticistas e os asiáticos exploraram possibilidades semelhantes. As mulheres teólogas estabeleceram uma agenda a cumprir, depois que sessenta delas compartilharam um jantar. Naquela mesma tarde, cinquenta estudantes doutorandos tiveram seu próprio jantar, enquanto cinquenta e cinco eticistas jesuítas se reuniram também. O encontro estava nos definindo.

Quinto, acima de tudo, surgiu a necessidade de continuar o diálogo. Na sessão de encerramento, anunciamos que a Imprensa Internacional Continuum concordou em publicar as trinta conferências plenárias e que a editora Orbis publicaria trinta das comunicações apresentadas sobre ética teológica aplicada. Planejamos encontrar-nos novamente em quatro anos e, em vista disso, organizar uma comissão de trabalhos para implementar estruturas organizacionais de nossa solidariedade e para desenvolver um folheto informativo mensal (www.catholicethics.com) para manter os contatos.

Foi um maravilhoso primeiro encontro. Dele surgiram os primeiros estudos que obra apresenta.

Primeira Parte

COMO PODEM OS TEÓLOGOS ETICISTAS RESPONDER ÀS NECESSIDADES DO MUNDO?

"Entramos na era de uma lei autenticamente universal, *ius novum universale*, a qual iniciou um processo de 'fertilização cruzada humanocêntrica'. A era do *plenitudo iuris* verdadeiramente começou."

Assim anuncia Antonio Papisca na abertura da Primeira Conferência Internacional Intercultural Católica Teológica Eticista. Estas palavras capturam a promessa que os eticistas têm antes delas com os desafios que as acompanham. Para aquele final, Papisca apresenta:

> O paradigma dos direitos humanos implica uma *pauta*. Em outras palavras, devemos traduzir os direitos em programas funcionais, políticas públicas e ações específicas. Os princípios sagrados da velha lei entre os estados *pacta sunt servanda e consuetudo servanda est* não são imunes a esta pressão de olhar para o *telos*, que encontra expressão aqui na primazia do "novo" princípio *humana dignitas servanda est* (que a dignidade humana deve ser servida).

Baseado na dignidade humana, Papisca cobre uma variedade de tópicos que os eticistas devem promover no serviço da dignidade humana: a cidadania universal, o recurso da força, uma economia mundial, a condenação da guerra, o recurso da lei internacional, a promoção do cuidado com as crianças e a necessidade de promover dentro da religião um sentido do processo de dever e de respeito mútuo entre os crentes.

Adela Cortina começa com uma pressuposição que encontramos através deste livro, especialmente nos ensaios que tratam da globalização. Ela escreve: "Desde que Max Weber formulou seu princípio de Neutralidade Científica (Wertfreiheit), as ciências sociais, incluindo a Economia, têm frequentemente se considerado neutras. Em muitas faculdades de Economia, ela é descrita como uma 'ciência exata', sem avaliações morais. E ainda, nenhuma atividade humana está imune a avaliações morais; tudo é implicitamente ou explicitamente infundido, inspirado, por um ou outro conjunto de valores". Para Cortina, "uma boa economia ajuda a criar uma boa sociedade; é uma economia ética". Ela sustenta, entretanto, que "uma Teologia Moral que pensa na Economia verá ela mesma, então, como uma *hermenêutica crítica da atividade econômica*". Daqui ela elaborou dez ensaios que precisam ser examinados, no interior dos quais encontramos a exposição sobre os três modelos dominantes da vida corporativa: o economista, com sua rude pressuposição weberiana; o institucional, que reserva um contrato social somente entre as elites; e um modelo de aplicadores que pondera a variedade de influências que a vida corporativa tem sobre a humanidade. Claramente, Cortina inclina-se para o último modelo. Ela conclui sobre o consumismo, observando que "de acordo com Adam Smith, o consumismo é o fim (objetivo) da economia. Entretanto, ele tornou-se o motor".

Henk ten Have conta a história da "tentativa da UNESCO de examinar a possibilidade de desenvolver um instrumento universal sobre Bioética". Aqui o estudo da viabilidade projetado pelo Comitê Bioético Internacional "concluiu que era possível encontrar um campo comum em posições bioéticas divergentes focalizando princípios básicos... O estudo também acentuou a necessidade de desenvolver um instrumento universal, porque as práticas científicas estão agora se desenvolvendo rapidamente e estendendo-se além das fronteiras nacionais. Países desenvolvidos e em desenvolvimento deveriam, portanto, adquirir ampla consistência em regulamentos e políticas". Resumindo, "o caráter global da ciência contemporânea e a tecnologia e o número crescente de grupos de pesquisa, vindos de diferentes países, implicam na necessidade de uma abordagem global para a bioética". Ele conclui: "A Declaração, embora um instrumento legal não-obrigatório, é portanto o primeiro documento internacional em bioética adotado por todos os governos". Em um mundo globalizado, apontar modelos internacionais e fazer seu trabalho de aplicação em cada nação é tarefa do eticista de hoje. A narrativa é a evidência da possibilidade de realizar essa tarefa.

AS NECESSIDADES DO MUNDO E OS SINAIS DOS TEMPOS

Antonio Papisca

O Desafio dos Direitos Humanos

No presente período histórico, que é marcado por processos em larga escala de transformação estrutural – uma complexa interdependência global, desequilibrada globalização, a transnacionalização tanto da solidariedade como do lucro etc. –, o mundo necessita de uma paz positiva, no sentido indicado pelo artigo 28 da Declaração Universal dos Direitos Humanos: uma economia justa, respeito pelos sistemas legais, mobilização de recursos educacionais em busca do bem comum e a difusão da cultura de governo global *(bom)*, guiado pelo princípio da corresponsabilidade.

Acima de tudo, o mundo precisa de uma nova geração de líderes políticos de alta qualidade, que tenha os direitos humanos em suas cabeças e em seus corações. Todos nós conhecemos a máxima *nolite iudicare*, mas devo confessar que eu, algumas vezes, me surpreendo se há alguém entre os participantes das "elites" intergovernamentais de hoje que pudesse com credibilidade dizer: "Os 'parcos recursos' estão estreitamente ligados à primazia do espírito... Eles são os sinais seguros da presença do Espírito na história da humanidade. Parece que muitos de nossos contemporâneos são movidos a manifestar um especial entendimento desta escala de valores: para mencionar somente alguns não-católicos, basta lembrar Mahatma Gandhi, Dag Hammarskjöld e o pastor Martin Luther King" (João Paulo II, primeiro discurso para o Corpo Diplomático, janeiro de 1979). Este grande Papa explicitamente se incluiu nesse grupo de líderes de alta qualidade; e ele era genuinamente habilitado para fazer isso, já que seu desejo era fortalecer a vida política pelo poder de seu próprio exemplo.

Os graves perigos da hora presente incluem a guerra infinita, a permanente desestabilização política em muitas regiões do mundo, a prática da falsidade e do cinismo, a insolente violação do domínio da lei, homicídios e terrorismo suicida, a imprudente prática da tortura, a indiferença e mesmo o desprezo diante do pobre, a destruição do meio ambiente natural e o emprego de biotecnologias desumanas.

No entanto, por volta de 1940, e em particular entre 1945 e 1948, líderes brilhantes e de visão ampla introduziram um poderoso fator de descontinuidade positiva na milenar história da humanidade. A metáfora óbvia aqui é o semear dos "universais", ou (se alguém prefere) a descoberta e atualização de importantes talentos na História. Aqui eu me refiro, acima de tudo, à Carta das Nações Unidas e à Declaração dos Direitos Humanos, e aos estatutos das agências especializadas dos Estados Unidos, especialmente a UNESCO. Pela primeira vez na história das relações internacionais, os princípios de ética universal foram formalmente aceitos pela lei internacional, assim colocando em questão a lógica intrínseca para o sistema de regulamentos da Paz de Westphalia (1648), isto é, a absoluta soberania dos estados. A Declaração Universal proclama que "o reconhecimento da inerente dignidade e dos direitos iguais e inalienáveis de todos os membros da família humana é o fundamento da liberdade, justiça e paz no mundo". Assim, o valor da dignidade humana é feito do fundamento da ordem mundial e de todas as outras regras. Além disso, isto é explicado pelo artigo 28 da Declaração Universal: "Todos são designados para uma ordem social e internacional, na qual os direitos e as liberdades estabelecidos nesta Declaração podem ser totalmente realizados". Isto significa que a paz é um direito humano, não mais uma prerrogativa exclusiva dos estados. Devemos lembrar que a velha lei internacional administrando relações entre os estados, que teve sua origem na Paz de Westphalia, considerava a paz e a guerra no mesmo nível como *ius ad peacem* e *ius ad bellum* como o verdadeiro centro da soberania dos estados.

Um número de convenções legais se seguiu à Carta e à Declaração, suplementando-as com um conjunto de princípios e normas que formam a origem do sistema universal dos Direitos Humanos e dos sistemas das regiões (europeia, interamericana, africana) que, em coordenação estreita com o sistema universal, tem a tarefa de promover a inculturação e desenvolver os modelos internacionais. Graças à adoção pelo Conselho da Liga dos Estados Árabes da Carta Árabe de Direitos Humanos em Tunis, 2004, os primeiros passos foram tomados na direção de um sistema árabe de Direitos Humanos.

Entramos na era de uma autêntica lei universal, *ius novum universale*, que iniciou um processo de "fertilização-cruzada humano-centralizada". A era do *plenitudo iuris* verdadeiramente começou. Isto leva a uma forte pressão sobre os sistemas legais e sobre as instituições para encontrar sua orientação no *telos*. O desafio do *telos*, isto é, da necessidade de especificar o que deve ser atingido para perseguir os valores universais, revela muito claramente a natureza necessariamente instrumental dos estados e dos sistemas de governo. O livro de Jacques Maritain, "L'homme et l'état", não perdeu nada de sua relevância nesta consideração.

O paradigma dos Direitos Humanos implica uma *agenda*. Em outras palavras, devemos traduzir direitos em programas operativos, políticas públicas e ações específicas. Os princípios sagrados da velha lei entre estados *pacta sunt servanda* e *consuetudo servanda est* não são imunes a essa pressão de olhar para o *telos*, que encontra expressão aqui na primazia do "novo" princípio *humana dignitas servanda est* (que a dignidade humana deve ser servida). Isto, por sua vez, implica a seguinte questão: Quais objetivos nos levam a respeitar acordos escritos e regras habituais?

Podemos, na verdade, falar sobre uma *extensão* dinâmica da lei internacional dos direitos da pessoa. A cultura, ou melhor, o conhecimento dos direitos humanos é um conhecimento axioprático que é consolidado precisamente em virtude de seu reconhecimento jurídico internacional. Em outras palavras, o paradigma moral que foi adotado pelo novo *ius positum* é um verdadeiro comprometimento deste conhecimento interdisciplinar e transcultural. Ele representa uma ajuda providencial no trabalho de educação e ensino, com vista tanto para o conteúdo como para a legitimação. As grandes estratégias ou visões sobre a paz positiva são amadurecidas com a dimensão humana: a segurança é agora chamada *segurança humana* e o desenvolvimento, *desenvolvimento humano*. As variadas e vigorosas organizações não governamentais e os movimentos transnacionais que promovem a solidariedade são encorajados a expressar-se e a agir de uma forma que vá além das fronteiras dos estados individuais. Esta sociedade civil global está interessada na efetivação da nova lei universal e denuncia as ambiguidades, as instrumentalizações e as mistificações que muitos governos fazem desta lei.

As grandes religiões também, começando com o Cristianismo em suas várias articulações confessionais, estão prestando crescente atenção ao fenômeno das leis internacionais que reverenciam os Direitos Humanos. Na Igreja Católica, os papas elaboraram um magistério sistemático sobre este assunto. A encíclica *Pacem in Terris*, de João XXIII, enquadra a Declaração Universal de 1948 e as Nações Unidas entre os "sinais dos tempos". Paulo VI fala de um ministério diaconal dos Direitos Humanos. João Paulo II sugeriu uma exegese tanto acadêmica como pastoral dos Direitos Humanos e um apaixonado testemunho pessoal: este grande papa foi verdadeiramente um daqueles defensores dos Direitos Humanos, contemplado pela Declaração das Nações Unidas em março de 1999 sobre o direito e a responsabilidade de indivíduos, grupos e órgãos sociais para promover e proteger as liberdades básicas reconhecidas universalmente.

Podemos ficar admirados com a origem desta força irresistível do paradigma dos Direitos Humanos; e uma resposta inicial é que a força convincente é intrínseca à natureza deste paradigma, a qual tem sido colocada no coração da lei internacional. Antonio Rosmini disse que "a pessoa é a lei substancial". O artigo 1º da Declaração Universal adota explicitamente esta afirmação metajurídica: "Todos os seres humanos nasceram livres e iguais em *dignidade e direitos*". Desde que os direitos fundamentais pertencem à ontologia da pessoa, o uso cada vez mais frequente da expressão "Direitos Humanos" é justificado, pois o direito se torna humano precisamente em resposta às necessidades vitais da pessoa em sua integridade (alma e corpo, espírito e matéria). Isto é por que as leis fundamentais, que carregam nomes como civis, políticas, econômicas ou sociais, devem ser protegidas isto é, garantidas na prática de acordo com o princípio de sua interdependência e indivisibilidade. Graças a esta consubstancialidade entre a pessoa e os direitos, o *ius positum* dos Direitos Humanos pode ser infringido, mas nunca destruído. Ele possui um intrínsico poder de resistência, mesmo para as mais sérias violações, e não perde sua validade legal. Aqui, estamos no campo do *ius cogens*.

Desde que a base da lei internacional de Direitos Humanos é o valor da dignidade humana, é um direito à vida e um direito que serve à vida. Isto o faz um direito à paz e um direito que serve a paz. Neste contexto, a vida não pode ser entendida em termos de abordagens patrimonialistas, nem simplesmente em termos de lei criminal. Se alguém mata ou relativiza a vida, esse alguém põe em dúvida a *raison d'être* (razão de ser) do edifício inteiro da lei universal. A pena de morte e a guerra são radicalmente incompatíveis com uma lei que aboliu o *ius necis ad vitae* e o *ius ad bellum* dos estados e de todas as outras instituições. As necessidades de justiça e segurança não justificam os objetivos homicidas da pena de morte e da guerra: há "caminhos alternativos" para isso. O aborto, a eutanásia, a clonagem humana e a destruição do meio ambiente natural estão no mesmo nível da ilegalidade e desrespeito às leis.

A lei internacional dos Direitos Humanos adotou e ampliou a básica *raison d'être* (*razão de ser*) do Estado. Em outras palavras, ela complementa o princípio *ne civis ad arma veniat* por meio do princípio adicional *ne populi nec nationes nec civitates ad arma veniant*. A suprema autoridade quanto ao uso da força pertence às Nações Unidas, que podem empregar soldados para impor justiça e para salvaguardar a vida: são operações políticas, não guerras.

Esta é a lei da inclusão universal: *ad omnes includendos*. A Declaração Francesa de 1789 foi esta: "da pessoa humana e do *cidadão*", mas a Declaração Universal é simplesmente esta: "da pessoa humana" ou, mais precisamente, dos Direitos Humanos.

O conceito de cidadania mudou e tornou-se plural. Graças ao fato essencial de ser um portador dos direitos fundamentais, que são reconhecidos pela lei internacional, cada ser humano tem a cidadania universal como o "estatuto original" de sua pessoa. As cidadanias gravadas nos registros, as cidadanias nacionais *ad alios excludendos*, que são histórica e juridicamente anteriores à cidadania universal, devem ser conduzidas em harmonia com esta cidadania *ad omnes includendos*.

Segue-se que o princípio de reciprocidade é completamente estranho à lógica da igualdade de direitos, não-discriminatória, inclusiva do paradigma de Direitos Humanos.

É importante enfatizar que a lei internacional de Direitos Humanos é uma lei "reprodutiva", no sentido em que fertiliza os sistemas legais de forma que à primeira vista parece paradoxal: pois é a própria lei que a torna legítima para contornar a lei existente, a fim de fazer esta lei melhor; a lei tem necessidade de instituições (para garantia e para protegê-la), mas ela ultrapassa essas instituições em virtude do fato de que a pessoa é um sujeito original legal com uma responsabilidade individual e social. E esta responsabilidade é agora visível no nível internacional também, em que a lei penal internacional pode chamar as pessoas a considerar. Nós podemos bem dizer que esta lei universal é *par excellence* (por excelência) a lei *de lege ac institutione semper perficiendis*.

Uma observação final: é a lei que promove o encontro entre a civilização da lei e a civilização do amor, agindo com a autoridade do *ius positum* como um "transportador de ética" nos campos da política e da economia.

Quod barbari non fecerunt, fecerunt Barberini (o que os bárbaros não fizeram, os Barberinis fizeram). Infelizmente, alguns governos hoje estão organizando um ataque sobre o edifício que foi construído sistematicamente do meio do século XX em diante. Esta tendência é tanto irresponsável como hostil para a História. No atual processo de globalização precisamos compartilhar as responsabilidades de governo, e houve um crescimento exponencial nos movimentos e nas organizações da sociedade civil global. Providencialmente, temos uma lei que é *bonum et justum*, instituições multilaterais e processos de integração regional; ao mesmo tempo, entretanto, temos inúmeros poderosos líderes políticos que perseguem uma estratégia mundial que corre absolutamente contrária à estratégia inerente aos princípios da "nova" lei internacional.

O imperativo moral, legal e político é reagir aos ataques da crueldade (*bellum omnium contra omnes*, guerra preventiva, terrorismo, unilateralismo, situação de competição irrefreável, tortura, poluição, biotecnologias desumanas), acima de tudo promovendo o exercício da função reprodutiva do paradigma internacionalizado dos Direitos Humanos, que fornece a orientação para o *telos* adequado.

Se esta tarefa verdadeiramente civilizadora deve ser cumprida, devemos observar e entender profundamente os sinais dos tempos; vemos que a providência continua a ser paciente, mas por quanto tempo...? O primeiro passo é uma observação empírica que é também um desafio: a nova lei universal, que nasceu da Ética, está retornando hoje como um bumerangue para o campo da Ética. Poderíamos dizer que, quando a Ética volta para casa, ela é enriquecida pelo valor extra da lei que é positiva e, por conseguinte, por assim dizer, "confirmativa". A tarefa da Ética autenticamente universal é agora assegurar seu próprio progresso mais adiante e, ao mesmo tempo, promover o *ius positum,* que encontra sua inspiração na Ética universal. Em nível operacional, isto significa intensificar os "universais" os talentos disponíveis no curso da História formulando princípios e regras sobre as linhas de abordagem da UNESCO, tendo como objetivo a ação do micronível local para o macronível das instituições internacionais e políticas.

Deixe-me mencionar umas poucas "provocações" axiopolíticas:

- Cidadania universal: a primazia do *ius naturae humanae* sobre o *ius soli* e o *ius sanguinis* deve ser intensificada.
- O processo de multiculturalização deve ser supervisionado. O paradigma dos direitos humanos é um "código transcultural" para desenvolver o diálogo intercultural, mas qual é o objetivo de tal diálogo? A resposta é: os direitos da cidadania e responsabilidades divididas na cidade incluída.
- A prática da democracia: a crise da democracia não é somente uma crise de substância, mas também uma crise regional e metodológica. Qual é a essência do "poder do povo"? De que tipo de democracia precisamos? A resposta, da perspectiva dos Direitos Humanos, só pode ser a seguinte: precisamos da democracia "completa", fundada nos direitos: humano, civil, político, econômico, social e cultural. As grandes decisões são tomadas de forma crescente em um nível acima e além das "jurisdições domésticas", e a transparência é frequentemente ausente. Devemos, portanto, ampliar o espaço para o exercício da democracia por meio da democratização das instituições internacionais, não pela exportação violenta da democracia. A expansão da democracia baseada nos Direitos Humanos deve ser adquirida pela força do exemplo, e o foro apropriado aqui é o "lar comum" das instituições internacionais. A institucionalização das "elites" intergovernamentais (por exemplo, o G8) retarda o progresso da democracia. A democratização representativa e participativa das Nações Unidas e de outras instituições multilaterais é urgente e necessária a fim de fortalecer a ação "no local".
- Economia mundial: é necessário intensificar os princípios da Justiça Social e assim regular a atividade econômica, financeira e dos meios de comunicação, apelando para a lei e para a deontologia dos Direitos Humanos econômicos e sociais, especialmente o princípio de interdependência e indivisibilidade destes direitos. Este princípio tenta traduzir no *ius positum* a ontologia da qualidade integral da pessoa humana.

- A ideia do estado: a crise de governo dos estados não é gerada somente pela incapacidade ou corrupção dos que tomam a decisão e das elites políticas. Esta é uma crise estrutural do estado tradicional como forma, isto é, a armada nação soberana com suas próprias fronteiras. Devemos resistir a escolhas suicidas de nacionalismo, unilateralismo, crises para as quais os sistemas regionais de integração estão deliberadamente submetidos, assim como o boicote do sistema das Nações Unidas, do mecanismo supranacional dos Direitos Humanos e do desenvolvimento da lei penal internacional.

- Justiça internacional: três fatores abriram um largo horizonte aqui: o desenvolvimento da lei penal internacional, com os princípios da universalidade da justiça penal e da responsabilidade penal pessoal internacional; o desenvolvimento da prática da "verdade e reconciliação"; e a promoção da Corte Internacional de Justiça Penal por milhares de organizações não governamentais.

- Recurso à força para a solução de conflitos: tanto a guerra como o uso da força por parte dos estados são proibidos (com exceção da defesa própria em resposta à agressão armada de um estado contra o outro). Necessidades de segurança são satisfeitas pondo-se em prática um sistema de segurança coletiva sustentado pela Carta das Nações Unidas. Os estados têm obrigação legal de fazer este sistema funcionar. O superpoder remanescente e outros poderes tendem a ignorar esta obrigação e a reestabelecer e exercitar de modo unilateral (ou por meios de coalizões com um objetivo específico/*ad hoc*) o *ius ad bellum*. Em outras palavras, eles substituem o sistema das Nações Unidas pelo velho sistema das soberanias nacionais armadas, cada qual é *superiorem non recognoscens*. O mais recente relato do Secretário Geral sobre a reforma das Nações Unidas (*In Larger Freedom*, março de 2005) parece dar suporte a esta tendência de retrocesso, visto que imprudentemente contempla quatro tipos de ameaça à segurança e à paz: "iminente", "não iminente ou latente", "agressão em curso" e "fortes violações" dos Direitos Humanos. Os estados deveriam ser citados em lei para responder a cada ameaça com intervenção militar e mantendo os diferentes tipos de ameaça, esta intervenção seria respectivamente "antecipada", "preventiva", "subsequente" ou "defensiva". Nesta perspectiva do "pesadelo da guerra fácil", o papel das Nações Unidas seria completamente marginalizado pelo *fait accompli* dos estados individuais. Esta extensão da possibilidade para os estados de empregar a força militar é absolutamente ilegal, porque reverte a lógica da Carta de Direitos das Nações Unidas e abre a porta de fato para a "guerra preventiva". Deveríamos prestar muita atenção para as ambiguidades do recente princípio moderno da "responsabilidade de proteger". Ninguém ousa colocar isto em questão, mas nós poderíamos observar como a "urgência" é usada como armadilha pois isto é uma instrumentalização mistificada do apelo moral. A fim de evitar o perigo de um retorno do barbarismo, devemos explicar os "caminhos alternativos para a guerra". João Paulo II insistia fortemente neste ponto, dizendo que a paz é um dever porque é uma possibilidade. Este dever, tanto moral como legal, é reforçado pelo fato de que a possibilidade é real. Podemos resumir estes caminhos alternativos como se segue: colocar o sistema de segurança coletivo das Nações Unidas para funcionar; fortalecer e democratizar as Nações Unidas e seu sistema de agências especializadas; promover projetos de integração regional etc. Os caminhos alternativos incluem cooperação em favor do desenvolvimento humano e da justiça penal internacional; a redução das armas e sua conversão em forças políticas internacionais sob a autoridade supranacional das Nações Unidas e de outras organizações internacionais ligadas às Nações Unidas; e o uso destas forças para objetivos não-homicidas, isto é, para a proteção da vida das populações civis, para separar as partes em um conflito, para a perseguição de criminosos etc. É através destes caminhos que o *animus iustitiae et pacis* substitui o *animus bellandi* (que é sinônimo do *animus destruendi*).

- *Bellum iustum*: chegou a hora de enterrar este conceito, *inter alia*, tomando literalmente o texto latino da encíclica *Pacem in terris: alienum est a ratione bellum* (a guerra é alheia à razão). O fato histórico da existência de uma nova lei internacional, das Nações Unidas, e de outras importantes organizações internacionais significa que já não é mais aceitável, do ponto de vista ético, justificar a guerra nem mesmo uma guerra de defesa. Hoje, a obrigação dupla (legal e moral) necessária sobre os estados e sobre todas as pessoas é concretizar o sistema mundial de trabalho da organização internacional. Exatamente como esperamos que a pena de morte seja "enterrada", assim esperamos ver o "enterro" de toda a tradição teológica-filosófica de argumentação em favor da *bellum iustum*. Podemos esperar por uma exortação apostólica explícita sobre este assunto em um dia próximo, um texto papal que fale da guerra como uma "estrutura de pecado"?

• Diálogo inter-religioso: o paradigma dos Direitos Humanos é um instrumento precioso neste diálogo, já que ele oferece a cada grupo religioso a possibilidade de confrontar a mesma dignidade "universal", ou seja, dignidade humana. Isto é, naturalmente, um processo que requer humildade e sensibilidade com a História. Este trabalho de purificação através do contato com o "universal" permite que os líderes religiosos de boa vontade descubram mais facilmente os elementos que unem, e escolham estes de preferência àqueles elementos que dividem. As religiões estariam completamente designadas a indicar aos estados os limites objetivos da dimensão secular, isto é, a Declaração Universal dos Direitos Humanos, que especifica que todas as pessoas desfrutam de todos os direitos humanos. Esta deve ser uma contribuição muito significativa para a paz doméstica e internacional. Seu impacto inicial seria neutralizar aqueles que sonham ansiosamente com o "confronto de civilizações" e com guerras étnicas e religiosas.

• Para a Igreja Católica, o reconhecimento legal internacional dos Direitos Humanos oferece numerosas oportunidades e desafios, incluindo a democratização de sua própria estrutura de governo, a promoção da situação das mulheres etc. Em particular, é possível livrar-se de um aspecto insidioso secular, isto é, a analogia com a soberania dos estados que é alegada em apoio à personalidade jurídica internacional usufruída pela Santa Sé (ou mesmo pelo "soberano" pontífice). Seria fácil hoje reconstruir esta personalidade jurídica com base nos direitos humanos dos *christifideles*, em particular seu direito à liberdade religiosa. Como um católico cristão, tenho o direito não só de acreditar como de orar em particular e em público, mas também de praticar minha fé em, através de e com a instituição organizada de minha fé. A Igreja é uma entidade transnacional cuja independência deve ser preservada em consideração a meu direito à liberdade religiosa, independentemente de uma longa tradição de relações internacionais. Em outras palavras, é com base nos direitos fundamentais dos membros do "povo de Deus" que a personalidade jurídica internacional pertence à Igreja como um todo instituição, governo, fiéis e não exclusivamente a um ou outro órgão da Igreja. Da perspectiva da lei positiva, a providência oferece instrumentos hermenêuticos no curso da História para purificar a Igreja das analogias ambíguas e perigosas para os estados analogias que são, em última análise, inúteis.

- O melhor interesse das crianças: isto é proclamado pelo artigo 3º da Convenção Internacional dos Direitos da Criança de 1989. Devemos considerar este princípio não somente do ponto de vista "corporativo" ou "político" da situação das crianças, mas como um princípio geral da lei internacional, no mesmo nível como os princípios da universalidade, interdependência e indivisibilidade dos direitos e da ilegalidade da tortura, escravidão, guerra e pena de morte. A dignidade e a infinitude da pessoa humana resplandecem nas crianças.

Profecia e realismo: a "realidade" do *jus positum* dos Direitos Humanos, desde que seja um caminho conduzindo para maior perfeição, realiza mais uma vez a tensão profética encontrada nos ambientes religiosos. Acima de tudo, devemos pressionar a nova lei universal, a fim de desenvolver seu potencial específico. Devemos ajudar esta lei em seu trabalho de fertilizar a cidade humana.

Na missão de assegurar a paz e os Direitos Humanos, a espiritualidade é um recurso fundamental. Ela fornece a força necessária para exercitar as difíceis virtudes da caridade, do serviço, do compartilhar responsabilidades, do cuidado esperado (por exemplo, nos problemas relativos ao diálogo inter-religioso, ao meio ambiente, às biotecnologias etc.) e do discernimento resumindo, ela põe nossos pés no caminho das beatitudes, especialmente da bênção proclamada sobre o pobre de espírito, aquele que tem a coragem de dedicar-se a *spes contra spem*, que não tem medo de ser alvo de chacota por aqueles que têm poder neste mundo, e os que têm a coragem de denunciar o fato de que, no presente momento da História, há muitos mercadores no templo.[1]

---

[1] Título original: "Besoins du monde et signes des temps: Le défi des droits humains".

DESAFIOS DA ATIVIDADE ECONÔMICA NO MUNDO GLOBALIZADO

Adela Cortina

Estado da Questão: A Falência da Economia[1]

De acordo com as informações do Banco Mundial e do Projeto de Desenvolvimento das Nações Unidas, aproximadamente um quarto dos seres humanos estão vivendo abaixo da linha de pobreza internacional; um terço de todas as mortes (uns 18 milhões de pessoas) têm causas relacionadas à pobreza; 790 milhões não têm nutrição adequada; mais de 880 milhões não têm cuidados básicos de saúde; o acesso à água potável não é mesmo considerado um direito humano; diferenças na qualidade de vida entre as diferentes regiões cresceram; o desemprego está aumentando e o emprego torna-se mais precário.[2]

E ainda há realidades levando a uma diferente orientação nesse processo: o Acordo Global para as corporações, proposto pelo Secretário Geral das Nações Unidas, Kofi Annan, em 1999; o discurso de responsabilidade social transcrito (entre outros projetos) pelo Green Book "Fomentar un Marco Europeo para la Responsabilidad Social de las Empre-

---

[1] Este estudo faz parte do Projeto de Investigação Científica e Desenvolvimento Tecnológico HUM2004-06633-CO2-01/FISO, financiado pelo Ministério Espanhol de Educação e Ciência e pelo Fundo FEDER.

[2] Thomas W. Pogee, "Priorities of Global Justice", in: Thomas W. Pogee, ed., *Global Justice* (Oxford: Blackwell, 2001), 6-23.

sas", patrocinado pela Comissão da União Europeia em 2001, no Fórum de Multiaplicadores, proposto pelo Parlamento Europeu em 2004 e na Aliança Europeia para a Responsabilidade Social Corporativa, proposta em 2006; a promoção dos microcréditos nos países pobres, graças a iniciativas como a de Muhammad Yunus; a crescente aceitação do "banco ético" nos países desenvolvidos; a crescente conscientização de negócio justo e consumo responsável; a proposta por especialistas como Joseph Stiglitz para democratizar as instituições econômicas internacionais; as propostas de solidariedade econômica e uma economia de gratuidade.

Na verdade, algumas vozes consagradas como as do Prêmio Nobel de Economia de 1998, Amartya Sen, lembra-nos que o objetivo da Economia não é simplesmente o crescimento, mas a criação de uma boa sociedade;[3] que uma autêntica economia é uma economia ética. Por esta razão poderia ter sido mais adequado outorgar o Prêmio Nobel de Economia de 2006 para Muhammad Yunus do que dar-lhe, o algo desgastado, Prêmio Nobel da Paz. Uma boa economia ajuda a criar uma boa sociedade; é uma economia ética.

A *ética cívica*, que cada vez mais significa ética transnacional, é expressa nas declarações universais e internacionais defendendo os Direitos Humanos e as capacidades básicas de igualdade, enquanto a Ética cristã se concentra no valor sagrado dos seres humanos e no cuidado com a natureza. Essas duas éticas permanecem em brutal contraste com os dados que temos sobre a qualidade de vida das pessoas e sobre a destruição da natureza. Devemos reconhecer que nossas realizações não correspondem às nossas declarações.

Tudo isso não expressa o fracasso da economia como uma atividade humana, envolvendo corporações, políticos e cidadãos? Não deveria a economia ser orientada por objetivos que deem a ela um sentido social e legitimidade, como qualquer outra atividade envolvendo a participa-

---

[3] Amartya Sen, *Development as Freedom* (New York: Anchor Books, 1999); Jesús Conill, *Horizontes de Economía Ética* (Madrid: Tecnos, 2004).

ção humana? Assim, o primeiro grande desafio é transformar a economia a partir de seu interior. É reconstruir a economia, situando-a em seu próprio nível como uma atividade humana, e fortalecendo as atividades que já estão se movendo nessa direção.

Naturalmente, os teólogos eticistas não podem resolver os problemas econômicos. Mas eles podem ajudar a repensar a economia em seu interior, trabalhando com especialistas e com os que são afetados por ela, tentando entender com eles os objetivos da atividade econômica e as orientações que a levaram a tornar-se uma economia ética, isto é, capaz de executar suas próprias tarefas.

A Teologia Moral como Hermenêutica Crítica

A teologia moral que pensa na economia verá a si mesma, então, como uma crítica hermenêutica da atividade econômica. Isto é, como uma hermenêutica que tem como objetivo revelar as profundas questões éticas conflitivas da atividade econômica e encontrar soluções que as levem ao serviço das pessoas (começando com as mais desamparadas) e que assumam a responsabilidade pela natureza. Com este método, a teologia moral assumirá uma estrutura adequada a um dos sistemas éticos adotados, neste caso uma ética da economia e da corporação.

Desta forma, em meu ponto de vista, uma ética econômica torna-se, como qualquer outra ética adotada, uma hermenêutica crítica da atividade humana; como tal, está preocupada com pelo menos dois níveis.

Em primeiro lugar, é a ética de uma atividade social. Esta atividade pode talvez ser melhor entendida no sentido do conceito neoaristotélico de uma "prática", como proposto por Alasdair MacIntyre: uma atividade social cooperativa que deriva seu significado social e legitimidade dos bens perseguidos dentro de si mesmo, e exige o desenvolvimento de certas virtudes por parte daqueles que participam dela.[4] Isto é o que

---

[4] Alasdair MacIntyre, *After Virtue* (London: Duckworth, 1981), capítulo 14.

poderíamos chamar de momento *agatológico*, que se refere aos bens a serem perseguidos.

Mas, em segundo lugar, o fato de que esta atividade deve ocorrer no nível pós-convencional no desenvolvimento da consciência moral, nível que foi atingido pelas instituições nos países desenvolvidos, requer um esforço para obter bens internos dentro da estrutura deontológica dos princípios éticos convencionais. Isto é o que poderíamos chamar de momento deontológico. Neste sentido, a teleologia e a deontologia não são opostas entre si, mas é a dignidade especial ou valor de uma espécie de ser (o momento deontológico) que dá sentido à questão das consequências de decisões tomadas para o bem dos seres (o momento *agatológico*).[5]

Entender a teologia moral com respeito à economia como uma "hermenêutica crítica da atividade econômica" requer um esforço para entender a economia dos primeiros vinte e um séculos *de seu interior*, e para identificar as profundas questões nela, sustentando aquelas interpretações que deveriam orientá-la para o serviço das pessoas, especialmente das menos privilegiadas, que é a perspectiva adequada para uma teologia cristã e uma ética moderna.

Nesta tarefa, devemos lembrar que, embora o processo de globalização tenha claramente dado primazia à economia neoliberal, não há de fato uma "economia", mas múltiplas "economias", nos diferentes contextos e situações concretas; não estamos procurando por soluções simples, mas buscando entender as situações concretas e encontrar soluções no diálogo com aqueles afetados por elas.

---

[5] Adela Cortina, "El Quehacer Público de la Ética Aplicada: Ética Cívica Transnacional", in: Adela Cortina e Domingo García-Marzá, eds., *Razón Pública y éticas Aplicadas* (Madrid: Tecnos, 2003), 13-44.

Questões Éticas Centrais em Debate

A Economia é uma atividade na qual as pessoas estão envolvidas e que é baseada em instituições. Em seu interior estão questões em debate que têm um caráter ético, porque afetam as vidas das pessoas e a sustentabilidade da natureza.

Estes problemas não pertencem somente ao nível de discussão especializada; escolhendo uma posição ou outra, coloca a atividade econômica a serviço de algumas causas ou outras. Neste ensaio, eu apontaria algumas destas questões, que são verdadeiramente centrais às vidas das pessoas e à sustentabilidade da natureza, e que colocam desafios para a atividade econômica no mundo global. Isto obviamente não tenciona ser uma lista exaustiva.

Liberdade Humana ou Determinismo?

Algumas das posições prevalecentes (o evolucionismo de Hayek, o materialismo histórico) tendem a interpretar a Economia como um mecanismo fatal, isentando, assim, os agentes econômicos e os políticos de responsabilidade. Mas se não há responsabilidade, então não há lugar para a Justiça Social; e a desigualdade na distribuição de bens não pode ser considerada injusta.

Outras posições em contraste, as minhas entre as deles, entendem a atividade econômica como um ato de liberdade. A mão invisível do mercado descansa em mãos muito visíveis: nas decisões e ações das corporações e políticos, e também dos cidadãos. Deste ponto de vista, a economia não é neutra.

Ciência Neutra ou Valor Implícito no Conhecimento?

Desde que Max Weber formulou seu Princípio de Neutralidade Científica (*Wertfreiheit*), as Ciências Sociais, incluindo a Economia, têm frequentemente se considerado neutras. Em muitas faculdades de

Economia, ela é descrita como uma "ciência exata", sem avaliações morais; tudo está implicitamente ou explicitamente inspirado por um conjunto de valores ou outro.

No caso da Economia, podem ser os valores da eficiência econômica, competitividade, crescimento econômico e uma alta porcentagem de consumo ou podem ser aqueles concentrados em reduzir as desigualdades, satisfazer as necessidades básicas, desenvolver as capacidades básicas das pessoas, fortalecer a autoestima, promover a liberdade.

É necessário identificar os valores infundidos nos processos econômicos e decidir quais fortalecer, se a economia deve atingir os objetivos que lhe dão sentido social e legitimidade.

Os Objetivos da Economia

As posições prevalecentes interpretam os objetivos da Economia como crescimento econômico e a satisfação das escolhas feitas por aqueles com os recursos a escolher. Neste ponto de vista, o crescimento pode requerer grandes sacrifícios pelas gerações presentes nos países em desenvolvimento, mas eles dizem mais cedo ou mais tarde esses sacrifícios beneficiarão a sociedade como um todo.

Outras posições, entretanto, entendem o crescimento econômico e o produto bruto doméstico como meios para o fim que dá autêntico sentido social e legitimidade à Economia: a satisfação das necessidades das pessoas, começando pelas necessidades básicas, o desenvolvimento de suas capacidades, que os habilita a viver o tipo de vida que eles têm razão de considerar importante, resumindo, a criação de uma boa sociedade. Certamente o poder político deve ter uma função através das políticas públicas, e não é surpreendente que países como a Noruega encabecem a lista de povos desenvolvidos precisamente porque eles também têm políticas sociais adequadas. Mas, porque o objetivo da Economia é também criar uma boa sociedade, e não é suficiente prestar atenção nos parâmetros macroeconômicos. Devemos também dar importância para uma coisa simples, porém frequentemente esquecida nas ponderações econômicas: o bem-estar das pessoas.

Desenvolvimento de um Modelo Econômico ou Desenvolvimento Humano?

Depois da Segunda Guerra Mundial, era admitido como verdade que o desenvolvimento significa promover o crescimento econômico através de meios como a liberalização, a modernização e a privatização da Economia, sem considerar as pessoas afetadas por essas decisões em diferentes países. Porém, depois de vinte e cinco anos, a situação dos países em desenvolvimento não tinha melhorado muito e, no mundo globalizado de hoje, as desigualdades entre as elites e as não-elites cresceram. É o consenso de Washington o único modelo econômico possível para o desenvolvimento?

Evidentemente, não é o único modelo possível. Neste sentido, há uma orientação útil na distinção de Sen entre os dois conceitos, que ele respectivamente chama BLAST (sangue, suor e lágrimas) e GALA (sobrevivendo em uma situação difícil, com uma pequena assistência).[6] BLAST vê o desenvolvimento como um processo cruel, enquanto GALA o vê como um processo de cooperação, no sentido de que aqueles que participam no mercado são interdependentes; os serviços públicos podem também promover a cooperação entre os indivíduos. Na prática, estes dois conceitos podem tomar diferentes formas, e algumas de suas características podem ser vistas em planos e projetos muito diferentes. GALA reconhece a interdependência entre a qualidade de vida e a produtividade econômica, e entende que o desenvolvimento social pode promover o crescimento global se é acompanhado por políticas favoráveis. Ele entende que o *capital humano* é indispensável mesmo

---

[6] Amartya Sen, "Las Teorias del Desarrollo en el Siglo XXI", *Leviatán* 84 (2001): 65-84.

para a geração de *capital físico*; que um país precisa de capital humano, recursos humanos, a fim de se desenvolver.

Modelo Econômico e Meios de Vida

Também é o modelo econômico um modelo de vida boa que poderia ser universalizado? Modelos de vida boa não podem ser impostos; neste ponto, devemos distinguir entre o *justo* e o *bom*, entre as exigências de justiça que uma sociedade deve satisfazer e as solicitações para a vida boa que as pessoas devem aceitar. Desse modo, a questão é: o que pode ser socialmente exigido?[7]

Não podemos socialmente exigir a universalização de um modelo de vida boa, nem é moralmente admissível fazer isso; por esta razão, é também injusto universalizar o modelo econômico. O que pode ser socialmente exigido é o preenchimento de certas *exigências de justiça*, isto é, a exigência de criar certas condições mínimas em todos os povos, que permitam que cada pessoa escolha seu próprio modo de viver a boa vida.

Identificando estas condições, os mais relevantes pensadores mencionam a utilidade (a satisfação da preferência de alguém), os bens primários (Rawls), a satisfação das necessidades básicas humanas (Streeten, Galtung, Gasper); a proteção dos direitos humanos (Pogge), o desenvolvimento das habilidades básicas (Sen, Nussbaum, Crocker, De Martino, o Programa de Desenvolvimento dos Estados Unidos).[8] Denis Goulet oferece uma resposta que, em meu ponto de vista, abarca o melhor do que foi relacionado acima: os inerentes bens de desenvolvimento consistem em oferecer mais e melhores meios para sustentar

---

[7] John Rawls, *A Theory of Justice* (London: Oxford University Press, 1971); *Political Liberalism* (New York: Columbia University Press, 1993); *Collected Papers* (Cambridge, Mass.: Harvard University Press, 1989).

[8] David A. Crocker e S. Schwenke, *The Relevance of Development Ethics for USAID*, US Agency for International Development, 2005, htpp://www.isdb.org/ética/sp4321-i/DocHit-i.cfm?DocIndex=2254 (acessado em 15 de janeiro de 2007).

a vida dos membros de uma sociedade, criando melhores condições para o desenvolvimento da autoestima, libertando homens e mulheres da opressiva servidão e capacitando-os a executar os planos de vida que escolheram em uma sociedade que não distingue entre planos de vida, contanto que encontrem certos padrões mínimos de justiça.[9]

Na verdade, os modelos econômicos fazem diferentes formas de vida possíveis; portanto, o que deve ser exigido é criar condições básicas de justiça, em diálogo com aqueles que são afetados em diferentes contextos, sem destruir suas diferentes comunidades de vida.[10] De acordo com o Princípio da Ética do Discurso, todos os seres humanos que possuem competência comunicativa são interlocutores válidos e deveriam ser incluídos no diálogo sobre as questões que os afetam. A Economia não pode ser tratada como um "conhecimento de dominação", no qual o experiente dirige os outros sujeitos como se eles fossem objetos, mas de preferência como um "conhecimento de entendimento". O experiente aponta para o entendimento mútuo com outros que são também sujeitos, para entender suas necessidades e aspirações e propõe cooperar com eles, capacitando-os a realizar seus planos de vida. Para este fim, é necessário iniciar diálogos, respeitando a bagagem cultural de cada participante e suas "comunidades culturais de vida".

Agora, para realizar estes diálogos, devemos distinguir entre "proteção externa" e "restrições internas". Isto é, devemos não permitir que as elites em cada comunidade oprimam internamente os indivíduos que a englobam, sob o pretexto de proteger sua cultura da interferência externa e da agressão.[11]

---

[9] Denis Goulet, *Ética del Desarrollo* (Barcelona: IEPAL/Estela, 1965); *Development Ethics: A Guide to Theory and Practice* (New York: Apex Press, 1995); Amartya Sen, *Development as Freedom*; David A. Crocker e S. Schwenke, *Relevance of Development Ethics*; Emilio Martínez, *Ética para el Desarrollo de los Pueblos* (Madrid: Trotta, 2000).

[10] Denis Goulet, *Development Ethics at Work* (London and New York: Routledge, 2006).

[11] Will Kymlicka, *Multicultural Citizenship* (Oxford: Clarendon Press, 1995).

Modelos Corporativos

Embora cada contexto exija medidas específicas para suas próprias necessidades, podemos pensar em termos de três modelos ou tipos corporativos que são preponderantes hoje:[12]

O modelo economicista, no qual o objetivo da corporação é maximizar o benefício para os acionistas a qualquer custo. Baseado na metodologia individualista, ele considera que todos os indivíduos racionais tendem a maximizar o sucesso em suas ações; as organizações corporativas, em troca, tendem a maximizar o benefício para seus investidores ou líderes.[13]

O modelo economicista, entretanto, não existe na realidade, mas no que o contrato social clássico chama de um "estado de natureza", anterior ao nascimento do "estado de lei"; o primeiro é um estado sem lei, no qual as escolhas do mais forte prevalecem. Porém, mesmo uma pessoa demoníaca, uma pessoa incluída entre seres sem sensibilidade moral, "desde que possua inteligência", escolherá um estado de lei.[14] Qualquer corporação inteligente preferirá uma ordem legal a uma guerra sem quartel.

O *modelo institucional*, no qual a corporação é vista como o resultado de um pacto consentido por aqueles que investem no trabalho, no dinheiro, nos serviços e o apoiam, e para quem a corporação, em consequência disso, assume obrigações. O modelo institucional toma o lugar do assim chamado modelo economicista; escolhas divergentes são resolvidas por meio de acordos, normas e contratos estabelecidos que

---

[12] Jesús Conill, *Horizontes de Economía Ética* (Madrid: Tecnos, 2004).
[13] Milton Friedman, "The Social Responsibility of Business Is to Increase Its Profits", in: W. M. Hoffman e J. M. Moore, *Business Ethics* (New York: McGraw-Hill, 1990), 153-157.
[14] Immanuel Kant, *Zum Ewigen Frieden*, in: *Kants Werke* (Berlim: Walter de Gruyter, 1968), 8:366.

devem ser preenchidos, e o interesse próprio é sujeitado às regras que governam a troca, a produção e a distribuição de riquezas e serviços.[15]

O *modelo de investimento*, que considera os interesses daqueles que são afetados e entende a corporação como o resultado de um contrato moral entre eles.[16] Este é o modelo apoiado no discurso sobre a Responsabilidade Social Corporativa, que está ganhando larga aceitação no nível local e global.

A Responsabilidade Social Corporativa não é simplesmente filantropia desinteressada, mas especialmente um esforço para designar as atividades da corporação, de tal forma que ela considere os interesses das pessoas que afeta e possa apresentar uma mudança positiva de forma moderada. O conceito de *benefício* é ampliado para incluir efeitos econômicos, sociais e do meio ambiente, e o *beneficiário* inclui todos os afetados pelas atividades da corporação. Em meu ponto de vista, a responsabilidade social deve tornar-se uma ferramenta de gerenciamento, uma matéria de prudência e um requisito de justiça.

Como uma ferramenta de gerenciamento, ela deve tornar-se parte da "essência" da corporação, seu gerenciamento básico, e não uma forma de caridade que coexiste com salários baixos, produto de pouca qualidade, estabilidade baixa no emprego, até a exploração e a violação dos direitos básicos. Tudo aquilo que pertença à essência da corporação afeta seu *ethos*, seu caráter; não é uma aquisição repentina, mas deve transformar o caráter da corporação a partir de seu interior.

---

[15] Karl Homman e F. Blome-Drees, *Wirtschaft- und Unternehmensethik* (Göttingen: Vandenhoeck e Ruprecht, 1992).
[16] R. E. Freeman, *Strategic Management: A Stakeholder Approach* (London: Pitman, 1984); Th. Donaldson e Th. W. Dunfee, *Ties that Bind* (Cambridge, Mass.: Harvard Business School Press, 1999); Domingo García-Marzá, *Ética Empresarial* (Madrid: Trotta, 2004).

Como uma matéria de prudência, na Responsabilidade Social Corporativa, as pessoas afetadas tornam-se "cúmplices" em uma iniciativa que busca o bem comum, em um tempo em que o ritmo rápido de mudança torna mais sábio ter amigos do que adversários, ter cúmplices do que inimigos.

Mas isso não é tudo, porque a parte principal é estar fundado na raiz. Na verdade, a responsabilidade social deve estar enraizada no caráter da organização, gerando os hábitos necessários para agir com excelência, na convicção de que é apropriado fazer isso praticando entre outras coisas a virtude da prudência. Isto protege a Responsabilidade Social Corporativa de ser reduzida a uma mudança de aparência ou burocrática.

A justiça é outro aspecto essencial da Ética. No início do terceiro milênio a justiça requer a consideração dos investidores, aqueles que são afetados pela atividade da corporação; eles são do interesse tanto para a sobrevivência da corporação como nos seus próprios direitos.

É justo considerar todos aqueles que são afetados pela atividade corporativa quando decisões são tomadas, não só porque é obviamente do interesse da companhia fazer isso, como até uma "cidade de demônios" pode entender, mas também porque eles estão interessados em seus próprios direitos, como uma "cidade de pessoas" com inteligência e sensibilidade moral entende. Desse modo, há uma obrigação moral para com todos os afetados, de que uma organização justa não deve esquivar-se.[17]

Certamente a disputa continua, mesmo quando as leis de responsabilidade social são cumpridas, mas pelo menos uma coisa é clara: com ou sem leis, caráter e justiça formam o húmus ético no solo corporativo, que dá significado a um sentimento de responsabilidade social que decide não ser reduzido a uma mudança burocrática e de aparência.

---

[17] Adela Cortina, *Hasta un Pueblo de Demonios* (Madrid: Taurus, 1998).

Cidadania Social: Trabalho e Desemprego

O conceito canônico de cidadania (a cidadania social de T. H. Marshall)[18] inclui uma primeira e uma segunda geração de direitos. Entre eles, o direito ao trabalho é o meio pelo qual muitas pessoas são capazes de obter um rendimento e tornar-se parte integral da sociedade. Ainda há um enorme desemprego, especialmente nos países menos desenvolvidos, e o emprego é precário em nível mundial.

É uma necessidade da Economia manter uma reserva de trabalhadores desempregados e uma instável situação de trabalho, ou é, antes, uma necessidade da Economia criar uma força de trabalho estável que permita às pessoas construir suas vidas, construindo assim a cidadania social universal?[19]

Certamente as pessoas têm uma necessidade básica para qualificações ou habilidades que gerarão suficiente liberdade de viver uma espécie de vida que as faça felizes, e trabalhar é uma delas. Portanto, quaisquer mudanças são realizadas na estrutura social; uma comunidade política falha em encontrar os modelos mínimos de justiça se não luta para garantir a seus cidadãos o direito de trabalhar. Nós acrescentaríamos que uma condição de legitimidade para qualquer instituição é seu propósito de fazer justiça, e que, em um contexto global, devemos sempre falar de um direito humano em termos cosmopolita.

Consumo: Fim ou Mecanismo da Economia?

De acordo com Adam Smith, o consumo é o objetivo final da economia. Entretanto, ele tem-se tornado o mecanismo, especial-

---

[18] Thomas H. Marshall, *Citizenship and Social Class* (London: Pluto Press, 1992).
[19] Adela Cortina, *Ciudadanos del Mundo: Hacia una Teoría de la Ciudadanía* (Madrid: Alianza, 1997)

mente o consumo quase compulsivo, de um quinto da humanidade que possui poder aquisitivo. Isto apresenta pelo menos dois tipos de problema: primeiro, a distribuição de bens de consumo é radicalmente injusta, e, segundo, a produção em massa exige um consumo muito grande, que leva os produtores a tentar criar um *ethos* de consumo. Podemos desejar saber, portanto, se os modelos de vida baseados no consumo são verdadeiramente livres e geradores de felicidade.

A injusta distribuição de bens do consumidor, dentro de cada país e em nível global, requer um Pacto Global com relação ao consumo? Precisamos desenvolver a "cidadania do consumidor"?[20]

Os Princípios Éticos da Economia e a Aporofobia

Pelo menos dois princípios éticos parecem governar a atividade econômica: o princípio do individualismo possessivo ("todas as pessoas são donas de suas próprias faculdades e do produto de suas faculdades, e não devem nada à sociedade por elas"),[21] e o princípio de Mateus ("àqueles que têm, mais será dado... daqueles que não têm nada, mesmo o que têm será tirado"). Estes princípios necessariamente criam pessoas excluídas: o pobre, os *aporoi* (em grego). Aqueles que não têm nada são marginalizados no mundo caracterizado não somente pela "xenofobia", mas também pela "aporofobia".

No entanto, tanto a ética moderna como a ética cristã devem defender o reconhecimento da igual dignidade das pessoas, apoiar

---

[20] Daniel Miller, ed., *Acknowledging Consumption* (New York: Routledge, 1995); David A. Crocker and Toby Linden, eds., *Ethics of Consumption* (New York e Oxford: Rowman e Littlefield, 1998); Juliet B. Schor, *The Overspent American* (New York: Basic Books, 1998); Adela Cortina, *Por una Ética del Consumo: La Ciudadanía del Consumidor en un Mundo Global* (Madrid: Taurus, 2002).

[21] C. B. Macpherson, *The political Theory of Possessive Individualism* (Oxford: Clarendon Press, 1962).

os mais vulneráveis e assumir a responsabilidade pela natureza. Isto não permite quaisquer exclusões da vida econômica.

Individualismo Possessivo ou a Sociabilidade de Bens?

O princípio do individualismo possessivo é falso porque é muito abstrato, e na realidade todas as pessoas são o que são em relação aos outros.[22] Segue-se que suas posses são devidas em parte à sociedade, especialmente no mundo globalizado. Os bens da terra são bens sociais e deveriam assim ser distribuídos globalmente.

Disso, por sua vez, segue-se a necessidade de promover um sistema de governo global; promover atividades, tais como microempréstimos, banco ético, comércio justo, consumo responsável, projetos de solidariedade econômica e um rendimento básico para todos os cidadãos; abolir o protecionismo dos países ricos; e transformar as instituições político-econômicas intergovernamentais como o Banco Mundial, o Fundo Monetário Internacional e a Organização Mundial de Comércio, aumentando sua transparência, mudando os mecanismos pelos quais seus representantes são eleitos e substituindo o uso de fórmulas universais com procedimentos que consideram os contextos específicos e permitem a participação dos envolvidos quando as políticas econômicas são concretizadas.[23]

---

[22] Karl-Otto Apel, *Transformation der Philosophie*, 2 volumes (Frankfurt: Suhrkamp, 1973; Jürgen Habermas, *Theorie dês kommunikativen Handelns*, 2 volumes (Frankfurt: Suhrkamp, 1981); Axel Honneth, *Kampf um Anerkennung* (Frankfurt: Suhrkamp, 1992); Adela Cortina, *Covenant and Contract: Politics, Ethics and Religion* (Leuven: Peeters, 2003); Paul Ricoeur, *Parcours de la Reconaissance* (Paris: Stock, 2004); Jesús Conill, *Ética Hermenéutica* (Madrid: Tecnos, 2006).

[23] Thomas W. Pogge, ed., *Global Justice*; Joseph E. Stiglitz, *Globalization and its Discontents* (New York: Norton, 2002); idem, *Making Globalization Work* (New York: Norton, 2006).

Finalmente, nem todos os bens da terra estão sujeitos ao mercado; há uma economia criativa (dada gratuitamente) de dons naturais que revelam, em face do comércio irrestrito, o caminho amplo da gratuidade.[24] A Ética cristã é totalmente receptiva a tomar esse caminho.

[24] Adela Cortina, *Covenant and Contract*; Stefano Zamagni, "La Economía como si la Persona Contara", in *Stromata* 62, n.1/2 (2006)*:* 35-60.

DECLARAÇÃO UNIVERSAL DA BIOÉTICA E DOS DIREITOS HUMANOS

Henk ten Have

Introdução

Quando a Organização Educacional, Científica e Cultural das Nações Unidas (UNESCO) foi estabelecida sessenta anos atrás, sua constituição declarou que a paz deve ser fundada na solidariedade intelectual e moral da humanidade. Julian Huxley, o primeiro diretor-geral, ressaltou que, a fim de fazer com que a Ciência contribua para a paz, a segurança e o bem-estar humano, era necessário relacionar a aplicação da Ciência a uma escala de valores. Direcionar o desenvolvimento da Ciência para benefício da humanidade, desse modo implicava "a busca da reformulação da moralidade... em harmonia com o conhecimento moderno".[1]

Desde sua fundação, a UNESCO tem se preocupado com os problemas morais com relação à Ciência. De 1970 em diante, o surgimento da Ciência da Vida, em particular, tem levado ao exame internacional das questões bioéticas. Este foco global sobre a Bioética foi institucionalizado em 1993 com o estabelecimento do Comitê Internacional de Bioética (IBC), com um programa de trabalho e orçamento para

---

[1] Julian Huxley (primeiro diretor-geral da UNESCO), UNESCO: *Its Purpose and Its Philosophy* (Washington, D.C.: Public Affairs Press, 1947).

atividades internacionais. O programa foi expandido em 1998 com a fundação, pela UNESCO, da Comissão Mundial sobre Ética de Conhecimento Científico e Tecnologia (COMEST), que se dedica a outras áreas da Ética aplicada, como Ética ambiental, Ética da ciência e Ética da tecnologia. Desde 2002, a UNESCO tem coordenado as atividades de corporações internacionais na área de Bioética, através do Comitê Interagências sobre Bioética das Nações Unidas (com, entre outros, FAO, OECD e WHO). No mesmo ano, os cento e noventa e um Estados Membros decidiram que a Ética deveria ser uma das cinco prioridades da organização. Este interesse com a Ética e, em particular, com a necessidade de orientar o desenvolvimento da ciência e tecnologia dentro de um sistema de valores e princípios morais, tem, naturalmente, por um longo tempo também, sido a preocupação dos teólogos eticistas por todo o mundo. Mas a diferença importante atualmente é que está na agenda da Comunidade Internacional e é matéria de negociações e consultas políticas intergovernamentais.

Fixação de Norma

O maior objetivo do trabalho em Ética na UNESCO tem sido o desenvolvimento dos padrões normativos internacionais. Isto é particularmente importante, já que muitos Estados Membros têm apenas uma infraestrutura limitada em Bioética. Eles não têm especialização, programas educacionais, comitês de Bioética, estruturas legais e debate público. O progresso tecnológico, novos conhecimentos e suas aplicações, novos diagnósticos, intervenções preventivas e terapêuticas têm mudado significativamente a Medicina e a Ciência da Vida, assim como o contexto de cuidados com a saúde, dando origem a dilemas bioéticos, tanto em países altamente desenvolvidos como nos menos desenvolvidos. A Bioética também não é mais o interesse exclusivo de cientistas, profissionais médicos ou políticos. Ela interessa a todas as pessoas. Doença, deficiência, morte e sofrimento são experiências humanas que mais cedo ou mais tarde afetam todo mundo. Isto é ainda mais verdadeiro sob uma perspectiva internacional. Por causa da globalização, não somente os avanços científicos e tecnológicos se espalham em torno do globo, mas também os dilemas bioéticos. Como o exemplo da clonagem demonstra, quando uma nova tecnologia foi desenvolvida em um país, ela pode ser aplicada em outro lugar, mesmo que alguns países queiram proibir seu uso. Por outro lado, as questões bioéticas podem surgir por causa da desigualdade e injustiça. Se um medicamento efetivo para doenças como HIV/AIDS, malária e tuberculose é acessível em alguns países, é moralmente problemático quando pacientes morrem em outros países pela falta de recursos. Não é aceitável que institutos de pesquisa e companhias farmacêuticas realizem experiências clínicas em países em desenvolvimento sem aplicar os mesmos padrões de aprovação informada e avaliação de risco como nos países desenvolvidos. O caráter global da ciência e tecnologia contemporâneas e o número crescente de grupos de pesquisa, vindo de diferentes países, implicam na necessidade de uma abordagem global para a Bioética. Esta abordagem global pressupõe que todas as pessoas, quem quer que seja e onde quer que estejam, seriam beneficiadas pelos avanços da Ciência e da Tecnologia. Isto é o que exatamente a UNESCO visa promover.

Bioética Internacional

No passado, a UNESCO adotou duas declarações no campo da Bioética: a Declaração sobre o Genoma Humano e Direitos Humanos (1997) e a Declaração Internacional sobre Dados Genéticos Humanos (2003). O alvo da fixação de norma foi expandido significativamente com o mandato dado pelos Estados Membros para desenvolver uma Declaração Universal sobre Bioética. As declarações prévias tinham se concentrado na área de Genética e Genômica. Quando o novo mandato foi dado, todos os tópicos relevantes para a Bioética foram colocados na mesa de negociações.

Em outubro de 2001, a Conferência Geral, sustentada pela Mesa Redonda de Ministros da Ciência, convidou o diretor-geral da UNESCO para examinar a possibilidade de desenvolver um instrumento universal em Bioética. O estudo da viabilidade delineado pelo IBC concluiu que era possível encontrar um campo comum em posições bioéticas divergentes, focalizando os princípios básicos.[2] Alguns destes princípios já tinham sido identificados em declarações anteriores. O estudo também enfatizou a necessidade de desenvolver um instrumento universal porque as práticas científicas estão agora se desenvolvendo rapidamente e se estendendo além das fronteiras nacionais. Países desenvolvidos e em desenvolvimento deveriam, portanto, alcançar ampla consistência em regulamentos e políticas.

Em outubro de 2003, a Conferência Geral forneceu um mandato para encaminhar uma declaração delineada em dois anos. No encontro, o presidente da França (Jacques Chirac) fez um vigoroso apelo para um sistema normativo universal, preferivelmente uma convenção, para direcionar o progresso das ciências da vida e para proteger a integridade e a dignidade dos seres humanos. O processo subsequente de projetar, confiado ao IBC, levando em conta a estrutura de pouco tempo, a variedade das tradições e culturas éticas e a natureza controversa de muitos problemas bioéticos, teve vários estágios.

Primeiro, para explorar as ideias sobre o alvo e a estrutura, todos os Estados Membros foram consultados no início de 2005, assim como organizações intergovernamentais (como por exemplo, FAO, WIPO, Conselho da Europa), NGOS (exemplos: WMA, HUGO), Comitês Bioéticos Nacionais (exemplos: Japão, Coreia, Nova Zelândia, México, República do Congo) e sociedades bioéticas internacionais. Questões debatidas neste estágio incluíam se o foco seria sobre seres humanos ou mais além; quais princípios bioéticos fundamentais poderiam ser identificados; e se as áreas específicas de aplicação dos princípios seriam exploradas.

---

[2] Ver "Reporto f the IBC on the Possibility of Elaborating a Universal Instrument in Bioethics", Paris, 13 de junho de 2003, http://www.UNESCO.ru/files/docs/shs/ibcreporteng.pdf (acessado em 15 de janeiro de 2007).

Durante o segundo estágio de delinear o texto, mais tarde, em 2005, o IBC consultou extensivamente muitos investidores. O Comitê Interagências das Nações Unidas sobre Bioética discutiu os projetos durante dois de seus encontros. Consultas com especialistas regionais aconteceram em Buenos Aires e Moscou. Consultas nacionais foram mantidas na Holanda, Irã, Lituânia, Turquia, Coreia, México, Indonésia e Portugal. Em agosto de 2004, o IBC organizou uma audiência pública em Paris, com representantes de perspectivas religiosas e espirituais. Foi interessante que quase todos os representantes concordaram sobre os princípios básicos propostos. Finalmente, o texto projetado foi submetido a uma consulta escrita com todos os Estados Membros, entre outubro e dezembro de 2004.

O terceiro estágio foi a negociação política. O procedimento em Bioética, em uma organização intergovernamental como a UNESCO, implica uma integração entre Ciência e Política. Qualquer instrumento normativo precisa refletir o estado científico e ético da arte. Mas, no final, ele é submetido à aprovação dos Estados Membros, que, então, decidem se querem adotá-lo. O texto desenvolvido pelos especialistas científicos independentes do IBC foi necessariamente submetido a negociações políticas entre os especialistas governamentais que representavam os governos dos Estados Membros. O resultado é que o poder de convicção do texto final, em alguns aspectos, pode ser reduzido a fim de conseguir a maior adesão possível de todos os governos envolvidos. A fim de facilitar as oportunidades para o acordo, o trabalho do independente IBC foi conectado, em um estágio inicial, ao dos especialistas governamentais. Várias emendas ao texto IBC foram feitas pelos especialistas governamentais, mas, em geral, o corpo principal do texto correspondeu ao consenso. Finalmente, em 19 de outubro de 2005, a 33ª Conferência Geral da UNESCO, reunida em Paris, unanimemente adotou a Declaração Universal de Bioética e Direitos Humanos.[3]

---

[3] Ver UNESCO, "Universal Declaration on Bioethics and Human Rights", http://portal.UNESCO.org/shs/en/ev.php-URL_ID=9049&URL_DO=DO_TOPIC&URL_SECTION=201.html (acessado em 15 de janeiro de 2007).

Os Conteúdos da Nova Declaração

Um dos problemas controversos na elaboração foi o escopo da Bioética. Pelo menos três pontos de vista foram adiantados. Foram eles: a Bioética tem a ver com Medicina e cuidado com a saúde; o contexto social, como o acesso à saúde e o meio ambiente. Em diferentes partes do mundo, diferentes concepções, definições e histórias de Bioética são evidentes.

O escopo do texto adotado na declaração é um acordo óbvio entre estes pontos de vista. Ele cita "as questões éticas relacionadas com a Medicina, as ciências da vida e as tecnologias associadas, enquanto aplicadas aos seres humanos, levando em conta suas dimensões sociais, legais e ambientais" (Artigo 1º).

As metas da declaração são múltiplas. A mais importante meta, entretanto, é fornecer "um sistema universal de princípios e procedimentos para orientar os Estados na formulação de sua legislação, políticas ou outros instrumentos no campo da Bioética" (Art. 2i). Uma característica da Bioética de hoje é que ela não é simplesmente uma disciplina acadêmica; ela é também uma área de debate público e estrutura política. É por isso que a declaração principalmente se endereça aos Estados. Mas, ao mesmo tempo, desde que os princípios bioéticos identificados são construídos sobre os Direitos Humanos e liberdades fundamentais, todos os indivíduos estão envolvidos na Bioética. A declaração, portanto, também visa "guiar as ações dos indivíduos, grupos, comunidades, instituições e corporações, públicas e privadas" (Art. 2).

O núcleo da declaração deve ser encontrado nos quinze princípios que estão enumerados. Os princípios determinam as diferentes obrigações e responsabilidades do sujeito moral (agente moral) em relação às diferentes categorias dos objetos morais (pacientes morais). Os princípios são organizados de acordo com a ampliação gradual da extensão dos objetos morais: o próprio ser humano individual (dignidade humana; benefício e dano; autonomia), outros seres humanos (consentimento; privacidade; igualdade), comunidades humanas (respeito pela diversidade cultural), a humanidade como um todo (solidariedade, responsabilidade social, divisão de benefícios), e todos os seres vivos e seu ambiente (proteção das gerações futuras e proteção do meio ambiente, a biosfera e a biodiversidade).

Alguns dos princípios já são amplamente aceitos (como exemplo, a autonomia, o consentimento). Outros foram aprovados em declarações anteriores (como exemplo, divisão de benefícios). O que é inovador no conjunto de princípios na nova declaração é o equilíbrio impresso entre as perspectivas morais comunitárias e individualistas. A declaração reconhece o princípio de autonomia (Art. 5), assim como o princípio de solidariedade (Art. 13). Ela enfatiza o princípio de responsabilidade social e de saúde (Art. 14), que visa reorientar a tomada de decisão bioética na direção de questões urgentes para muitos países (como acesso a cuidados para a qualidade de vida e medicamentos essenciais, especialmente para mulheres e crianças, nutrição adequada e água, redução da pobreza e analfabetismo, melhora das condições de vida e do meio ambiente). Finalmente, a declaração ancora os princípios bioéticos firmemente nas regras que governam a dignidade humana, os direitos humanos e as liberdades fundamentais.

A seção sobre a aplicação dos princípios (Arts. 18 a 21) é também inovadora porque determina o espírito com o qual os princípios devem ser aplicados. Isso clama por profissionalismo, honestidade, integridade e transparência no processo de tomada de decisões; a fundação de comitês éticos; avaliação adequada e gerenciamento de risco; e práticas transnacionais éticas que ajudem a evitar a exploração de países que não têm uma infraestrutura ética.

Implicações e Impacto

Problemas bioéticos comumente surgem porque existem conflitos entre diversos princípios éticos competitivos. Algumas vezes não está óbvio qual princípio deve prevalecer. Consequentemente, exige-se um cuidadoso equilíbrio de princípios. A nova declaração estabelece princípios que podem ocasionalmente parecer inconsistentes. A tomada de decisão ética na prática, entretanto, frequentemente requer argumentação racional e a avaliação dos princípios em jogo. A fim de avançar a tomada de decisão, os princípios devem ser entendidos como complementares e inter-relacionados (Art. 26).

É significativo que todos os cento e noventa e um Estados Membros da UNESCO fossem capazes de concordar sobre princípios bioéticos relevantes. A declaração, embora um instrumento legal não obrigatório, é, portanto, o primeiro documento internacional em Bioética adotado por todos os governos. Outros documentos muito influentes foram adotados por organizações não governamentais (como por exemplo, a Declaração de Helsinque). Geralmente, entretanto, eles não criam o mesmo compromisso por parte dos governos. É significativo que a declaração da UNESCO já tenha sido citada como um texto internacional relevante no recente julgamento da Corte Europeia de Direitos Humanos, no caso de *Evans versus Reino Unido*.[4] A nova declaração é, além disso, o início e não o fim de um processo de internacionalização da Bioética. Especial atenção, portanto, precisa ser dada à aplicação dos princípios e à disseminação e à promoção da declaração. Os Estados Membros que ainda não fizeram isso serão encorajados a estabelecer comitês bioéticos, promover informado debate público pluralístico, estimular educação e treinamento bioéticos, e tomar medidas legais adequadas para facilitar a pesquisa transnacional. É também aqui que os teólogos eticistas podem tomar um novo ponto de partida para suas contribuições. Sem levar em consideração toda a pluralidade de valores e a diversidade de visões sobre a vida e a morte, a felicidade e o sofrimento, pelo menos há concordância sobre os princípios fundamentais. O desafio agora é "traduzir" estes valores morais compartilhados em várias práticas, a fim de que, na verdade, todos os seres humanos em qualquer parte possam beneficiar-se dos avanços da ciência e da tecnologia dentro de um sistema de respeito pelos direitos humanos e liberdades fundamentais.

---

[4] *Evans v. The United Kingdom*, 6339/05 (2006) ECHIR 200 (Estrasburgo, 7 de março de 2006).

Segunda Parte

TEOLOGIA MORAL
NOS CINCO CONTINENTES

Cada autor responde estas questões de acordo com seu continente:

- *Quais são nossos desafios morais?*
- *Como estamos respondendo?*
- *Que esperança temos para o futuro?*

África

Mawuto Roger Afan era o primeiro orador e coloca os temas que seus colegas acolhem: a crise de identidade na África, os movimentos pós-coloniais para a democracia e a reconstrução da própria África. Afan ajuda-nos a ver imediatamente a urgência de estabelecer a Ética Teológica na África. Com as nações africanas experimentando grande instabilidade, o eticista é chamado a melhor entender a África, a ver que sua afirmação da comunidade não é uma negação do individual, e a recuperar da tradição africana um enraizamento que pudesse estabilizar a revolta tanto pessoal como social.

Laurenti Magesa foi impossibilitado de estar presente à conferência. Em seu lugar, John Mary Waliggo leu o ensaio de Magesa. Nele Magesa reflete sobre a crise de identidade e a identifica como o efeito de horrendo sofrimento na África, trazido tanto pelo comércio escravo como pela simultânea pilhagem colonial dos ricos recursos do continente. Mas ele também levanta outros desafios, os que resultam das injustiças relativas ao sexo, ao elitismo, à corrupção política e econômica e ao antigo compromisso do meio ambiente. Ele volta aos dois movimentos da Teologia da Libertação, que inclui contribuições feministas e *womanistas* e a inculturação da Teologia. Ele alerta os teólogos a reconhecer que estas são teologias complementares e que nenhum teólogo eticista, verdadeiramente africano, pode permitir-se ignorar qualquer destes chamados teológicos significativos. Ele conclui insistindo com os teólogos a situar-se imediatamente com "os miseráveis da terra" e a encontrar formas mais construtivas de encorajar a hierarquia da África a promover, e não inibir, o tipo de discurso teológico de que a África necessita, algo que é relevante, e uma ação direcionada para o povo de Deus.

Sébastien Muyengo Mulombe reflete sobre o Sínodo Africano que foi realizado em 1994 e reflete sobre a exortação apostólica *Ecclesia in Africa*, a fim de descrever a África contemporânea. Refletindo sobre a Parábola do Bom Samaritano e vendo a África como o homem "miserável" roubado e ferido naquela parábola, a inevitável pergunta se transforma em quem será o Bom Samaritano da África. A resposta torna-se o pregador, cujas palavras e ações são reconhecidas por sua credibilidade e autenticidade, os dois principais desafios que Muyengo coloca para o teológo eticista de hoje. Ele conclui convocando para uma Ética Teológica, que no final da área de alcance reconhece e articula devidamente a gênese da situação da África e, por outro lado, sugere um curso estratégico de ação levando à reconstrução adequada da África.

OS PRINCIPAIS "CANTEIROS DE OBRA" DA ÉTICA NA ÁFRICA OCIDENTAL

Mawuto R. Afan, O.P.

A reflexão ética contemporânea na África trata de problemas complexos, cada um dos quais envolve um trabalho interdisciplinar dos pensadores de diferentes confissões religiosas: isto torna suas investigações um "local de trabalho" ecumênico. As questões que eles colocam não são nem totalmente novas nem meras repetições da tradição. Elas reativam em um novo contexto desafios que são mais ou menos velhos. A inclinação antropológica que estas questões têm tomado no contexto da globalização obriga-nos a situar nossas reflexões éticas fundamentais em uma estrutura interdisciplinar.

Minha intenção neste ensaio não é apresentar uma exaustiva lista de desafios éticos contemporâneos. Esta tarefa é claramente impossível quando consideramos a balcanização da África e o consequente crescimento exponencial da pesquisa e publicações em várias áreas linguísticas e geográficas. Entretanto, em uma época marcada pela globalização, este pluralismo na ética oferece-nos uma oportunidade positiva. Eu tentarei esboçar os pontos de foco da investigação ética, pois estes são os locais de discernimento em que as proposições éticas são elaboradas em um diálogo com as questões que preocupam a África hoje.

Desafios éticos na África

Crise de Identidade

Os países africanos imaginavam uma independência que seria econômica, política e cultural uma independência adequada a seu acesso à soberania nacional. Teoricamente, aceita-se que cada país determine, de forma independente e de maneira *soberana,* suas próprias ações externas e escolhe suas relações bilaterais. A ideologia em que se baseia a independência dizia que um país poderia levar uma vida autossuficiente sem precisar importar bens e serviços.

Depois que a independência foi proclamada, apesar do espírito de nacionalismo que encontrou uma audiência tão entusiástica durante aquele período, os países africanos abriram-se, de uma forma genuína e algumas vezes sistemática, para o mercado externo. O mal-estar causado hoje pela presença de estrangeiros nos países africanos é devido não somente à convicção de que esta presença traz uma contribuição significativa para o desemprego no país onde estes estrangeiros estão vivendo, mas também porque esta presença ofende o sentimento de orgulho e a identidade nacional do país.

A independência *cultural* denota a consciência coletiva em uma região de uma identidade que é específica a uma comunidade e permite a ela expressar um sentimento positivo de boas-vindas e tolerância em relação a outras comunidades ou, em termos negativos, um sentimento de rejeição, medo ou mesmo desprezo. Em outras palavras, se a independência cultural deve ser efetiva, é essencial que os habitantes de um país sintam que eles existem com sua identidade específica.[1]

Quando falamos de uma cultura específica de um país no contexto dos países africanos onde as fronteiras não seguem critérios lógicos ou óbvios (quer geográfico, sociológico, linguístico ou cultural) devemos

---

[1] Sélim Abou, *L'identité culturelle* (Perrin: Presses de l'Université Saint-Joseph, 2003).

observar que este fator pode dividir a população de um país, em vez de funcionar como um elemento que os une. É também possível, de fato, que este fator possa unir as fronteiras e populações de um país com as de países vizinhos.

No primeiro caso, a língua, considerada como o elemento central da cultura, é um exemplo impressionante. A constituição dos estados africanos pressupõe divisões linguísticas que nunca foram superadas. Reivindicar a própria identidade de alguém excluindo e desprezando outros pode aumentar as dificuldades nos relacionamentos entre populações vizinhas. No final das contas, estas provocações podem até levar a confrontos e guerras civis.

Um segundo exemplo pode ilustrar este problema: os direitos que são ligados ao local de nascimento de alguém. Várias pessoas são excluídas da vida política no país onde vivem porque não nasceram no território nacional. Diante do fato de que a criação de nossos territórios é posterior à data do nascimento das pessoas em questão, devemos entender que o critério de nascimento não basta para fornecer uma definição positiva de identidade na África.

A Reconstrução da África

De acordo com o teólogo congolense Kä Mana, "os problemas legados pela reconstrução equivalem a uma batalha crucial que deve ser vencida se devemos organizar com sucesso o aparecimento do colonialismo para uma nova sociedade; como estamos nós para existir e agir em uma consciência de permanente "produção" de nós mesmos e da invenção do futuro, graças ao poder criativo da imaginação e do espírito racional?"[2] A tarefa de reconstrução requer o trabalho adicional de acordar em todos os africanos o interesse por sua própria existência,

---

[2] Kä Mana, *Théologie africaine pour temps de crise: Christianisme et reconstruction de l'Afrique* (Paris: Karhala, 1993), 32-120.

a apreciação de valores, de criatividade, da exuberância do corpo e interesse por uma coerência racional na organização da vida em comum.

No processo da reconstrução da África, devemos insistir acima de tudo sobre o respeito pela vida em sua essência e, por isso, proibir tudo que leve ao derramamento do sangue humano. Isto nos leva a refletir novamente sobre o transcendente caráter da pessoa humana, já que a pessoa é a portadora da vida. E é por isso que devemos condenar toda conduta desumana que ofende a dignidade da pessoa humana.[3] Mais exatamente, devemos considerar a pessoa humana novamente: o que constitui sua integridade e a faz um sujeito em relação a nós próprios? O que é que a faz uma outra pessoa, um ser único?[4]

A objeção óbvia aqui é que a integridade da pessoa não é desconsiderada na África hoje como era no período da escravidão e da colonização. Porém, quaisquer acusações que possamos fazer contra os estrangeiros no passado, hoje são os africanos que massacram outros africanos em uma demonstração sem precedentes de barbarismo. Apoio à vida humana, portanto, significa combater o barbarismo, sejam quais forem as formas que ele possa tomar, e construir defesas contra os poderes da morte que desfigura a vida.

O Processo Democrático

A ausência de finanças tornou os que estão no poder incapazes de responder às demandas sociais e satisfazer sua rede de comunicações de clientes. As pessoas não mais consideram o Estado como garantia legítima de bem comum e recusam-se a obedecer a ordens oficiais. As instituições internacionais que sustentam os governos existentes contra ataques por gru-

---

[3] Mawuto R. Afan, *La participation démocratique en Afrique: Ethique politique et engagement chrétien* (Fribourg e Paris: Cerf, 2001), 238-240.

[4] B. Baertschi, *La valeur de la vie humaine et l'intégrité de la personne* (Paris: PUF, 1995).

pos de oposição foram finalmente obrigadas a aceitar que o maior obstáculo no caminho para o desenvolvimento foi o próprio aparelho do governo.

O Relatório de 1989 do Banco Mundial observou que a longa lista de problemas de desenvolvimento nos países africanos indicava uma crise de poder: diante do quase total colapso do aparelho do Estado, a reestruturação para o desenvolvimento é possível somente se for respaldada por uma estratégia política realista, que enfatize a liberdade democrática, o serviço do bem comum por meio de serviços sociais básicos e uma difusão em larga escala de informações. Um clima de diálogo é necessário a fim de esclarecer às pessoas suas escolhas políticas, suas condições e a contribuição que elas poderiam oferecer à sociedade como um todo.

Várias organizações de doadores e governos já têm reclamado um "diálogo político" entre os governos africanos e seus povos: este é um primeiro passo na direção de uma posição que una a adaptação econômica à democratização.

É um fato simples que um regime político como na Nigéria que pratica uma distribuição injusta de sua renda, não possa experimentar um genuíno crescimento econômico. Uma política que contempla uma distribuição de renda relativamente justa e um consenso sobre a destinação de verbas públicas pode, entretanto, dar uma contribuição significativa para melhorar os resultados no crescimento econômico.

Abordagens Éticas aos Desafios

Uma Abordagem Ética à Crise de Identidade

Uma das razões para o fracasso dos projetos de desenvolvimento na África é a falta de consciência da dimensão pública da pessoa.[5] A

---

[5] Ver Mawuto R. Afan, *La participation démocratique*, 116-119.

ética africana é baseada na concepção holística da pessoa, que pressupõe uma reflexão sobre a promoção dos valores relacionados à vida em comum, assim como o respeito pelos direitos de cada indivíduo. Como um sistema dentro do qual as pessoas vivem, a comunidade é constituída de pessoas que são reunidas sob uma autoridade a fim de viver em paz e justiça.

Isto, entretanto, não é uma concepção comunalista de comunidade.[6] De acordo com Ivorian H. Memel-Fotê, a denominação de comunalismo foi frequentemente empregada como uma designação da sociedade pré-colonial na África antes do Cristianismo e do Islamismo.[7] Porém, um comunalismo desta espécie nunca foi praticado nas comunidades tradicionais africanas.[8] O fato de que a prática foi há muito removida do comunalismo preservou as comunidades de uma concepção do individual como totalmente livre e completamente desprovido de responsabilidade, uma concepção que também postula uma antítese entre o individual e a comunidade.

Devemos pensar no relacionamento entre a pessoa e sua comunidade de tal forma que a promoção de um não acarrete o colapso do outro. Esses autores ocidentais que parecem estar redescobrindo a dimensão ética da comunidade hoje estão, através disso, aproximando-se do tradicional conceito africano. De acordo com a análise de Charles Taylor é impossível para a pessoa humana ser um agente moral e, por conseguinte, dedicado à realização da virtude humana, fora de uma comunidade de linguagem e de discurso mútuo sobre o bem e o mal, sobre a justiça e a injustiça.[9] E, de

---

[6] K. Nkrumah costumava dizer que o socialismo e o comunismo eram uma espécie de reafirmação, em linguagem contemporânea, dos princípios do comunalismo. Ver Nkrumah, *Le conscientisme* (Paris: Présence Africaine, 1976).

[7] H. Memel-Fôte, *L'esclavage lignager africain et l'anthropologie des droits de l'homme* (Paris: Collège de France, 1996), 15-16.

[8] Y. Benot, *Idéologie des indépendances africaines* (Paris: Maspero, 1969).

[9] Ver C. Taylor, *Philosophical Papers* (Cambridge: Cambridge University Press, 1985), 292.

fato, se é verdade dizer que a identidade de um africano não pode ter qualquer outro fundamento a não ser a mútua dependência da pessoa e da comunidade, segue-se que o africano não é considerado como um indivíduo, mas como uma pessoa que pertence a uma família e a uma comunidade.

Uma Abordagem Ética para a Reconstrução da África

Muitas das contribuições para a Ética da reconstrução da África recorrem a valores emprestados do Cristianismo. Esta é também a estratégia da Conferência das Igrejas de toda a África (*Conférence des Eglises de Toute l'Afrique,* CETA), que transformou o conceito de reconstrução em um paradigma para uma nova teologia.[10]

A formulação mais sistemática dos problemas envolvidos na Ética da reconstrução da África, por Kä Mana, é profundamente influenciada pelo Cristianismo. Com base no Evangelho, este autor busca construir um conjunto de requisitos, normas práticas e estruturas existenciais para a reconstrução política, econômica, social e cultural do continente africano. Comprometendo-se com a perspectiva ética, Kä Mana busca "promover um pensamento ético centrado na ideia de reconstrução. Este conceito é entendido à luz da Palavra de Deus, com base nos princípios existenciais que a Bíblia nos mostra, quando examinamos como as crises humanas fundamentais foram abordadas no curso da História de Israel e, acima de tudo, no próprio Evangelho, que é de uma importância fundamental na formação da consciência da humanidade".[11]

No contexto do pluralismo que talvez possa não se estender à Ética, mas certamente existe na esfera religiosa dificilmente é necessário

---

[10] A. Karamaga et al., *L'Eglise d'Afrique: Pour une théologie de la reconstruction* (Nairobi: All África Conference of Churches, 1991).

[11] Ibidem, 30.

enfatizar que esta opção aparentemente exclusiva em favor dos valores cristãos não possa simplesmente ser tomada como garantia, quando planejamos tomar medidas no contexto específico da África. Sem dúvida, é por isso que Kä Mana acha necessário justificar sua escolha: "Nós voltamos para o Cristianismo, a fé cristã e a revelação bíblica porque apresentam uma visão global da realidade, com um significado que pode ser convertido em uma força prática nas sociedades africanas, em uma ética de mudança na perspectiva da dimensão humana".[12] A Ética da reconstrução da África é, dessa forma uma Ética baseada nos valores morais cristãos. Não pode ser negado que o Cristianismo, com o poder do Evangelho e com seus próprios valores específicos sociais e humanos, tem um legítimo papel a exercer na reconstrução da África.

No entanto, as teorias sobre a reconstrução da África, embora baseadas nos valores cristãos, compartilham uma fraqueza: elas não insistem suficientemente na contribuição que a tradição africana pode trazer para este trabalho de reconstrução. Se a apelação para os valores cristãos, apesar de tudo, permanece válida, isto é porque a reconstrução da África, considerada em todas as suas dimensões, não é simplesmente um problema econômico e político. É essencialmente um problema religioso, em que o significado e o objetivo da vida humana estão em jogo. Ele deve oferecer a possibilidade de levar uma vida diferente e melhor. A pessoa pode e deve apelar aos valores cristãos, embora nunca deva esquecer que a fé pode tornar-se fundamentalista, isto é, ligada a uma cultura ocidental que pertence ao passado e perdeu sua relevância, uma cultura separada da realidade concreta da África e incapaz de ajudar os africanos a dar uma resposta a suas necessidades do presente.

---

[12] Ibidem, 126.

Os Requisitos Éticos da Democracia Africana

Tradicionalmente, a comunidade possuía uma estrutura política e religiosa que infundia ideias e comportamentos apropriados no jovem africano, preparando-o, dessa forma, para encarar os desafios da vida. Assim, através do rito da iniciação, o jovem era integrado com todo o seu ser dentro de sua cultura. Essa iniciação abrangia quatro funções essenciais.[13]

Primeiro, o jovem tornava-se consciente de sua responsabilidade: o período de iniciação é marcado pela mudança do rigor estático, com todas as estruturas tradicionais que impedem que o indivíduo tome iniciativas próprias. A iniciação é um reconhecimento da autoridade dos mais velhos, ao mesmo tempo, ela fornece a coragem básica que o jovem necessitará a fim de suplantar os limites arbitrários. Durante a iniciação, a pessoa é submetida a vários testes físicos e morais. É dado ao jovem um pouco de liberdade para tomar uma decisão responsável, já que as soluções para as várias situações difíceis não estão todas determinadas com antecedência.

Segundo, a iniciação é mais que uma socialização. Ela mostra ao jovem alguma coisa: ela o ajuda a conseguir conhecer-se a si mesmo (as leis do corpo), a unir-se totalmente a seu grupo (as leis da família) e a penetrar no cosmos (as leis do povoado e da natureza). Desta forma, o iniciado torna-se consciente das dimensões de liberdade e de responsabilidade pessoais e da comunidade.

Terceiro, há uma função de projeção. O fato de que os sentidos secundários de cada símbolo são relativamente indefinidos deixa espaço para uma reflexão pessoal, na qual as tendências inconscientes do jovem podem assumir forma objetiva. O iniciante é levado a perceber e entender a realidade que está além das palavras, dos provérbios e das histórias. Ao mesmo tempo, já que a pessoa humana e o mundo são um mistério, ele

---

[13] Ver Mawuto R. Afan, *La Participation démocratique*, 150-152.

deve ser sensível ao secreto: é ensinado a ele que o secreto é o começo e o fim de todos os outros valores sociais. Este poder da palavra (e dele mesmo), que é o objeto principal da iniciação, é marcado pelo silêncio.

Quarto, há uma função educativa. Os elementos simbólicos do meio ambiente, no qual a iniciação acontece, são organizados em um ritual, constituindo tanto um espetáculo como uma ação que influencia a parte inconsciente da personalidade. O sistema de iniciação cria em cada iniciado uma atitude que favorece a serena troca de ideias e o desenvolvimento de hábitos que o fazem bom. Nos confinamentos sagrados, os velhos ensinam aos jovens a história dos clãs e da fundação dos povoados, os segredos da vida, a hierarquia dos espíritos e suas principais funções. Os iniciados memorizam compridos textos em uma linguagem secreta, e é tarefa deles declamar estes textos do alto das varandas em ocasiões comemorativas, até que outros iniciantes, designados na sessão seguinte de iniciação, assumam este encargo.

Alguém pode, naturalmente, perguntar qual é o valor da iniciação; mas, independente da forma como poderíamos querer avaliá-la, ela indubitavelmente oferece ao jovem a impressão de segurança e uma confirmação de seu próprio eu. Uma série completa de ações subsequentes parece estar ligada a este momento de fundação da ação social responsável.

Perspectivas para o Futuro

Uma Crise de Identidade e Solidariedade

Quando levantamos a questão da solidariedade[14] na África, precisamos olhar os meios concretos através dos quais os africanos podem avançar da solidariedade africana legendária para uma solidariedade

---

[14] Essa palavra traduz ideias como ajuda mútua, interdependência e fraternidade. Sobre a tradução deste termo, ver V. Carraud, "Solidariedade ou traduções da ideologia", *Communio (Comunhão)* 14 (1989): 106.

que vai além dos limites do grupo ao qual se pertence e atravessa as fronteiras nacionais.[15]

O africano descobre seu próprio eu na relação direta com os membros de sua família, seu povoado e o grupo ao qual pertence. Estes relacionamentos são objeto de um conhecimento pessoal baseado na noção de pertencer, e sente-se que são conectados a uma responsabilidade moral espontânea.

Entretanto, a vida em uma comunidade moderna mais complexa acrescenta outros relacionamentos constituídos por redes de comunicação, estruturas e mecanismos psicológicos, culturais, sociais, políticos e econômicos que podem conduzir a condição humana, antecedentemente, para qualquer conhecimento por parte do sujeito em ação.

Nas comunidades tradicionais, há sociedades fraternas que cuidam de doentes e de viúvas; estes serviços aparentam ser motivados diretamente pelas obrigações que a comunidade tem com relação a seus membros. No nível material e financeiro, as pessoas se organizam de tal forma que podem oferecer vantagens econômicas a toda a minoria e grupo social desprivilegiado. Esta solidariedade é praticada entre pessoas no mesmo grupo, que conhecem umas às outras, mas a obrigação da solidariedade pode também ser ampliada para incluir pessoas que estão mais ou menos distantes. O pacto de sangue[16] simboliza esta fraternidade, reciprocidade e devoção mútua, que pode levar duas pessoas de diferentes origens a unir-se e a ir até o ponto de entregar suas vidas uma pela outra. Uma vez realizado, o pacto de sangue vai além do círculo restrito de duas partes contratadas e se estende a seus respectivos grupos, que são com isso unidos em solidariedade.[17]

---

[15] Jacob M. Agossou, *Le christianisme africain: Une fraternité au-delà de l'ethnie* (Paris: Karthala, 1987).

[16] Paul Hazoume, *Le pacte de sang au Dahomey* (Paris: Travaux et mémoires de l'Institut d'Ethnologie, 1956), 11.

[17] Jacob M. Agossou, "L'anthropologie africaine et la notion de personne", in: *L'expérience africaine et les relations interpersonnelles*, Atos do Colóquio Internacional em Abidjan, 16 a 20 de setembro, 1980, edição especial, *Savanes-forêts* (1982): 173-240.

A consequência prática do pacto de sangue na vida social é que cada parte contratada se torna um convidado em relação ao outro. A base desta hospitalidade não é a participação no mesmo grupo, mas a aliança que foi negociada entre diferentes grupos.

A solidariedade africana não é meritória por si mesma, e ela pode ser empregada em apoio ao comportamento que corre contrário à verdadeira solidariedade. Mas, quando ela é explicada e praticada inteligentemente, ela se amplia para tornar-se a origem de uma nova vida. A interação que a solidariedade africana ocasionou e a retificação de ações externas que obrigam alguém a ter contato com pessoas de caracteres, opiniões e condições sociais muito diferentes podem ajudar a promover relacionamentos abertos. Da mesma forma, as ordens específicas dadas por aqueles em posições de responsabilidade e as leis que eles estabelecem para a sociedade, assim como todos seus deveres de solidariedade em relação aos sofrimentos, às tarefas e às alegrias dos membros de um mesmo grupo, têm um impacto formativo. A solidariedade africana poderia, desse modo, dar uma importante contribuição para a realização do projeto democrático na África, que convida a todos a emergir da camisa-de-força de sua própria identidade.

Que Forma Tomará a Reconstrução da África?

Os problemas éticos colocados pela reconstrução da África hoje estão ligados à moralidade cristã, mas não são absolutamente idênticos a ela. Se tomarmos *ética* significando "aspiração à vida boa, com e para outras pessoas em instituições justas",[18] é certo que isto não era desconhecido para a tradição africana. Embora não tenham sido escritos ensaios éticos, as verdadeiras formas variadas de discurso e de comportamento que se voltam para aqueles filósofos não profissionais, aos quais damos o nome genérico de "sábios", percebem este interesse ético. Esta

---

[18] Paul Ricoeur, *Soi-même comme um autre* (Paris: Seuil, 1990), 202.

rica experiência que a tradição africana possui poderia ser aceita outra vez na estrutura de uma ética para a reconstrução da África.

Por meio de sua sabedoria, a tradição africana transmite o significado e traça uma verdade sobre aquilo que é experimentado a tempo, usando o passado para colocar questões para o presente. Esta memória é traçada através de lendas, histórias, provérbios e mitos. A tradição, entendida como um enraizamento que é antigo e tem permanecido por tempos imemoriais, tece uma realidade que está acima de mudanças. O sábio africano é, acima de tudo, um homem que possui a palavra e que encontra nisso habilidade para falar e comunicar a origem e a garantia de suas virtudes sociais, políticas e morais.[19] Não é surpreendente que o respeito pela palavra seja uma recomendação importante da sabedoria africana.

Segue-se que a distinção entre a sabedoria dos anciãos e a Ética poderia ser alguma coisa artificial na área específica da ação humana. Embora na tradição africana a reflexão tenha, acima de tudo, um aspecto pedagógico, o componente ético está longe de ser ausente. A descoberta do pensamento sábio dos anciãos ou, mais precisamente, a pesquisa acadêmica neste assunto hoje mostra sua relevância ética. As propostas dos anciãos referem-se às questões éticas, porque elas buscam o conhecimento em sua forma e espírito autênticos: em outras palavras, recorrer à palavra dos anciãos é visto como o melhor meio de praticar a Ética e ajudar a pessoa humana a desenvolver sua própria humanidade. A Ética sugerida pelos anciãos africanos não é nem secular, nem religiosa; ela é ambas as coisas ao mesmo tempo, já que é gerada pela Antropologia africana, que considera a pessoa humana como a feliz união do secular com o sagrado.[20]

O caráter específico da sabedoria africana está em sua exploração sistemática dos meios pelos quais as qualidades humanas podem ser

---

[19] A. Stamm, *La parole est um monde: Sagesses africaines* (Paris: Seuil, 1999).
[20] B. Bujo, *The Ethical Dimension of Community: The African Model and the Dialogue between North and South* (Nairobi: Pauline Publications Africa, 1998).

exercidas na vida da comunidade, e a possibilidade que ela dá à pessoa de se autoafirmar. Isto estabelece a ligação entre as dimensões pessoais e coletivas do processo de formação, que toma diversas formas, dependendo dos vários ângulos dos quais consideramos a vida humana na sociedade.

Identidades Nacionais e o Futuro da Democracia

A ideia da identidade nacional baseada na cultura pode talvez não ser vazia, mas é certamente confusa. Ao mesmo tempo, se quisermos que a democracia funcione, é difícil deixar de falar em "identidade nacional". Devemos prestar atenção, entretanto, na tendência exclusiva quando a identidade é envolvida; a fim de evitar este risco, é bom promover e ativar os agrupamentos regionais e sub-regionais.

A democracia pressupõe a existência de uma nação, que é a fusão de todos os vários elementos em um conjunto indivisível, e ela é manifestada por meio de um comportamento nacionalista no sentido positivo da palavra. Nacionalismo é essencialmente um princípio político que afirma que deve haver concordância entre a unidade política e nacional.[21] Seria necessário que os que estão no poder pertencessem à mesma nação como as pessoas que eles representam, pois, se este não for o caso, as pessoas se sentirão oprimidas e mal representadas. Este princípio democrático deve coexistir hoje com o tipo de sociedade unificada, que é uniforme em sua vida interna e fortalecida pelo vínculo de uma língua e local de nascimento comuns.[22] Antes do advento da Democracia moderna, não era importante se um governante fosse um estrangeiro para a nação; mas, na era democrática, o sentimento nacionalista leva o povo a chamar algumas pessoas de "estrangeiros" um

---

[21] E. Gellner, *Nation et nationalisme* (Paris: Payot, 1989), 11-12.
[22] M. Mbonimpa, *Ethnicité et démocratie em Afrique: L'homme tribal contre l'homme citoyen?* (Paris: L'Harmattan, 1994) 27, n. 14.

termo hostil. Ao mesmo tempo, o advento da Democracia trouxe-nos a uma sociedade em que ninguém é definido na lei em termos de onde ele "pertence". O programa democrático carrega dentro de si as sementes das rivalidades e guerras civis, supondo que ele pressupõe não somente a igualdade, mas também a liberdade dos grupos e das pessoas para governar a si mesmos.

Segue-se que a afirmação de identidade nacional é tanto a pré-condição como a expressão da Democracia. Esta mesma afirmação é o ponto de referência e a origem dos conflitos que nascem da democracia. O paradoxo da Democracia repousa nesta ambivalência da ideia de identidade nacional.

A identidade nacional arrisca dar à democracia um golpe fatal, se a usamos como um Cavalo de Troia, quando lutamos por nossa independência cultural. Podemos ser induzidos a tentar proteger-nos indo à guerra contra o que quer que ameace a pureza de nossa cultura. Podemos talvez sair com uma vitória temporária temporária porque foi vencida pela violência. O ciclo de violência é verdadeiramente um círculo vicioso, não somente do ponto de vista de alguém derrotado (que nunca definitivamente admite a derrota e alimenta a vingança em seu coração), mas também do ponto de vista do vencedor, que deve saber que ninguém tem o monopólio sobre a violência. Há uma regra fundamental aqui, que nunca deve ser esquecida: em toda vitória conseguida pela violência e humilhação, há sempre um elemento de derrota. Somos convocados a trabalhar na direção de um *modus vivendi*, não a fim de que nossa sociedade possa ser livre de conflitos, mas a fim de criar condições que nos permitam negociar os nossos conflitos.

A África está destruída, e mais e mais os africanos se tornam conscientes da necessidade de reconstruí-la. Esta preocupação é partilhada pelas igrejas oficiais e pelas assim chamadas igrejas independentes. Infelizmente, a visão das igrejas independentes algumas vezes permanece inadequada para lidar com a realidade de vida na África. Suas reflexões continuam meros sonhos, porque elas não possuem um distanciamento crítico, assim como um fundamento na racionalidade que pudesse libertar estes sonhos de uma repetição estéril.[23] Algumas das teorias "reconstrucionistas" que são elaboradas nas igrejas oficiais são marcadas por uma rejeição das doutrinas "estrangeiras" e um retorno a posições absolutistas sobre questões de moralidade. A África contemporânea pensou algumas vezes em beber destas fontes de uma maneira eclética, fundindo-as tanto com os costumes ancestrais, como com os costumes identificados pelos historiadores, onde quer que pareçam ter um valor permanente. Todos esses pensadores contribuíram para a construção de um conjunto de lugares comuns que constituem o repertório no qual os teóricos da reconstrução da África constantemente se inspiram.

Minha hipótese é que a única e específica situação da África compele a Ética, inspirada pelo Cristianismo, a engajar-se em um diálogo com a sabedoria da tradição africana. Isto poderia levar a uma Ética que é mais bem adaptada, porque mais personificada, ligando o interesse pela reconstrução às exigências para uma vida em sociedade, recusando submeter-se a um paradigma que considera somente os meios materiais para a reconstrução da África. Se há uma crítica que possa ser feita aos pensadores cristãos que refletem sobre a ética da reconstrução da África, é que estão eles tão decididos a executar a ortodoxia ética cristã que já não estão completamente cônscios da especificidade do contexto africano. Devemos, portanto, manter tanto o princípio de recorrer à ética cristã, como a necessidade de uma abordagem que dê atenção aos fundamentos da Ética africana.[24]

---

[23] W. K. Okambawa, "The contruction of the New Jerusalem" (Rev 21:1-5a)", *RUCAO* 19 (2003): 64.

[24] Título Original: "Les grands chantiers de l'éthique en Afrique de l'Ouest" ["As grandes construções da ética na África Ocidental"].

POSICIONANDO A IGREJA ENTRE OS MISERÁVEIS DA TERRA

Laurenti Magesa

A essência da Ética ou moralidade prática pertence a um aspecto profundamente pragmático. As abstrações e análises teóricas, como na Filosofia Moral, tornam-se relevantes para a Ética somente se elas esclarecem o comportamento dos seres humanos para com a própria pessoa, umas com as outras ou com o universo em geral. Elas são pertinentes se inspiram sentimentos e atitudes pessoais ou sociais que informam ou causam tal comportamento. Visto sob esta luz, a Ética ou Moralidade é fundamentalmente uma questão de relacionamentos marcados pelo amor, justiça, reconciliação e paz. Resumindo, a discussão sobre Ética abrange como as pessoas e as sociedades se relacionam umas com as outras e para a ordem da Criação, positivamente ou negativamente.

Porém, os relacionamentos são moldados por muitos fatores. Os principais entre eles são a religião e a cultura. Eles são sempre, em algum grau, a mistura dos dois.[1] Assim, eles influenciam um ao outro. Falar sobre religião ou cultura, ou religião e cultura, entretanto, é falar sobre realidade histórica, já que religião e cultura são sempre tanto origem como consequên-

---

[1] Qualquer estudo de religião comparativa mostrará isso. Por exemplo, ver Mircea Eliade e Ioan P. Couliano, *The Eliade Guide to World Religions* (São Francisco: HarperSanFrancisco, 1991); Ward J. Fellows, *Religions East and West* (New York: Holt, Rinehart & Winston, 1979); e John B. Noss, *Man's Religions* (New York: Macmillan, 1963).

cia dos humanos que vivem e interpretam sua existência no mundo, sua história.² E, naturalmente, a História continua uma abstração, inconcebível até, sem os processos que constroem a política e a economia os processos, isto é, que constituem a organização humana social e a sobrevivência física. Estes são aspectos essenciais das civilizações humanas, da Ética e da Moralidade. Significa, portanto, que falar sobre religião ou cultura, ou religião e cultura, é também, ao mesmo tempo, em alguma extensão ou outra, falar sobre política e economia, mesmo que indiretamente.

Olhando este intrincado relacionamento entre religião, cultura, política e economia, em termos da História Moderna e Contemporânea da África, três importantes elementos foram destacados, que informam sentimentos e atitudes do povo africano em relacionamentos consigo mesmos, com os outros, com a sociedade e o universo. São estes: a pobreza, a ignorância e a doença. Além de atitudes, estes elementos também *condicionam* a uma ampla extensão o comportamento da pessoa africana. Não quero dizer pela expressão, naturalmente, que eles controlam totalmente o africano. Afirmar isto seria particularmente determinista e simplista, falso para a responsabilidade moral do ser humano. Entretanto, é certamente exato dizer que eles, fundamentalmente, *influenciam* sua orientação ética. Qualquer discussão buscando esclarecer e entender as questões éticas que a África enfrenta hoje e, em alguma extensão, em um futuro próximo, deve, portanto, ter estes elementos em mente.

Desafios Éticos

Entre os maiores desafios éticos que o continente africano enfrenta hoje, em termos do princípio ético dos relacionamentos humanos e do cuidado pela terra, os mais significativos e totalmente abrangentes são, talvez, as questões de identidade, dignidade, meio ambiente, rela-

---

[2] Ver Nancy C. Ring et al., *Introduction to the Study of Religion* (New York: Orbis Books, 1998), 1-51.

ções entre sexos, elitismo social, corrupção e mau governo. Deixe-me brevemente desenvolver cada um deles.

Identidade

Uma parte significativa da História da África e de seus povos é a escravidão e o colonialismo. Nunca houve uma tragédia na História humana para competir com estas experiências em crueldade e destruição da dignidade e identidade humanas. De uma forma muito fundamental, elas formaram a percepção concreta dos povos africanos por todo o continente, a seus próprios olhos e aos de outros povos, como realmente "não-povos", cuja vida e civilização não são de muita significação, se na verdade não para qualquer um, para a humanidade. Podemos referir-nos a isto somente como um processo de "negação". Foi, no fundo, uma rejeição da humanidade do povo africano e, consequentemente, de sua civilização.[3]

Entender a importância ética destes fenômenos no continente da África, seu impacto na população africana nos níveis psicológico, econômico e social não pode ser relegado ao passado. Se há fome, má administração de recursos humanos e materiais, lutas civis e guerra na África hoje, a origem disso pode ser remontada direta ou indiretamente a estas experiências. No cenário econômico material a pobreza da África, um continente incrivelmente rico em recursos materiais, é um resultado direto da exploração do Imperialismo e do Colonialismo, sendo que ambos continuam a devastar o continente e seus povos sob o nome de globalização.[4]

A insegurança africana é, talvez, o mais abrangente fator na "pobreza antropológica" da África, a espécie de pobreza que não é

---

[3] Por exemplo, ver V. Y. Mudimbe, *The Invention of Africa: Gnosis, Philosophy, and the Order of Knowledge* (Indianapolis: Indiana University Press, 1988); também idem, *The Idea of Africa* (Indianapolis: Indiana University Press, 1994).

[4] Ver todas as contribuições em Peter Kanyandago, ed., *Marginalized Africa: Na International Perspective* (Nairobi: Paulines Publications Africa, 2002).

simplesmente material, mas afeta a própria personalidade. Ela tem enormes consequências éticas; uma delas é a situação psicológica que instintivamente obstrui a iniciativa em muitas áreas de desenvolvimento pessoal e social. Isso ocorre como resultado do fato de que a autoestima africana, porque totalmente humana tanto em muitos dons espirituais e intelectuais dados por Deus, como naqueles de qualquer outra pessoa, foi severamente diminuída ou, em alguns casos, quase destruída. Por esta razão, estes dons raramente são utilizados pelos africanos para o benefício do continente como um todo. Nos casos em que são utilizados por alguém, eles são reprimidos e bloqueados por outros. Tudo isso contribui para o desafio da identidade africana.

Dignidade

A ligação entre identidade e dignidade é clara. A falta de identidade rouba o continente africano e seus povos de sua dignidade, porque a situação que ela cria torna muito difícil lutar contra a pobreza, a ignorância e a doença. Estruturas internacionais de Comércio oprimem a África. Como é bem conhecido, se a África é mal-sucedida hoje, não é porque faltem recursos, mas porque sua riqueza natural é expropriada para benefício de outros. Não há comércio justo; em vez disso, a assim chamada ajuda que é frequentemente oferecida coloca a África em um estado de indignidade por conta das condições fixadas a ela por organizações como o Banco Mundial e o Fundo Monetário Internacional. Os planos concebidos e tramados em outros lugares, sem a participação da África, são frequentemente impostos no continente. Isto não pode trazer desenvolvimento no sentido de crescimento humano holístico.[5]

---

[5] Ver Peter Kanyandago, ed., *The Cries of the Poor in Africa: Questions and Responses for African Christianity* (Kisubi, Uganda: Marianum Press, 2002.

A injustiça inerente nas estruturas internacionais de comércio, ajuda, política e relações sociais trabalha para promover a ignorância e a doença na África. Por exemplo, o fato de que o vírus da imunodeficiência humana (HIV) causa a síndrome da imunodeficiência adquirida (AIDS) é claro. É igualmente claro que o vírus é transmitido e a deficiência de imunidade é "adquirida". A questão é como e em que circunstâncias isso acontece. É tacanho excluir a pobreza e a ignorância como elementos que contribuem para criar o meio ambiente que, como as estatísticas mostram, ajuda o HIV a espalhar-se rapidamente na África, mais do que em qualquer outro lugar.[6]

Cuidado com a Terra

Houve tradições espirituais locais na África que se preveniam contra a destruição do meio ambiente mas, com a chegada do colonialismo e do Cristianismo, elas foram ridicularizadas e abandonadas. Em seu lugar foram trazidas a Filosofia e a tradição espiritual do "homem como o senhor do universo", chamado pelo divino mandado a "dominar a terra". Esta tradição espiritual, expressa mais radicalmente na ideologia do Capitalismo, desencadeou o desastre no mundo africano. Florestas estão desaparecendo através de desmatamento indiscriminado; desertos estão expandindo-se, anualmente, em uma taxa sem precedentes através do cultivo comercial insensato; lagos estão secando por má administração de fontes que alimentam os rios; o ar está sendo poluído através da mineração sem controle e sem cuidado de diferentes minérios e da perfuração de petróleo, e assim por diante. O princípio do lucro é colocado antes do bem-estar ambiental. É a natureza da ideologia e prática capitalista.

---

[6] Quando, vários anos atrás, o Presidente Thabo Mbeki da África do Sul apresentou a pobreza também como uma razão para a propagação da AIDS/HIV, houve um clamor internacional de que ele estava ignorando a "causa real", a promiscuidade sexual, e estava, assim, enganando a juventude.

Na consciência religiosa tradicional africana, o meio ambiente não é simplesmente matéria, ele é expandido com energia ou poder. Esta energia liga as pessoas a outras pessoas, a outras comunidades e a todo o universo, incluindo as pessoas que nos precederam na morte e a descendência ainda não nascida. Ridicularizar esta tradição como "animismo" é jogar fora valores que poderiam salvar a Terra.[7]

O uso impróprio do universo através da exploração desnecessária mostra a atitude de alguém contra outros, se é ético ou não. A questão é: que espécie de mundo estamos deixando como herança para as novas gerações?

Relações de Sexo

De forma crescente, as mulheres africanas estão apontando as deficiências nas estruturas culturais e sociais africanas com referência às relações de sexo.[8] Com voz praticamente unânime, elas estão dizendo que os preconceitos inerentes a essas culturas, contra as mulheres, devem ser reconhecidos pela sociedade como um todo e considerados. Questões sobre a educação de meninas, casamento forçado na adolescência, abuso sexual e violência contra as mulheres, leis sobre a herança de propriedades das mulheres e a participação delas na liderança política e religiosa são todas questões éticas importantes e de consequência imediata.

Tudo isso não diz respeito somente a mulheres. Significa que os homens devem mudar sua mentalidade e atitude com relação às mulheres nas sociedades africanas. Significa também que as estruturas sociais devem ser examinadas novamente e, onde for apropriado, mudar para estar em conformidade com as exigências dos direitos humanos e a dig-

---

[7] Por exemplo, ver Nancy G. Wright e Donald Kill, *Ecological Healing: A Christian Vision* (New York: Orbis Books, 1993), 31-48.

[8] Ver Mike Kuria, ed., *Talking Gender: Conversations with Kenyan Women Writers* (Nairobi: PJ. Quênia, 2003).

nidade das mulheres. O continente como um todo não pode adquirir e desfrutar da dignidade, se mais da metade de sua população a tem negada internamente pelas estruturas de opressão e discriminação.

Elitismo, Corrupção e Mau Governo

Através da educação colonial, o sistema colonial colaborou com a elite africana, que geralmente vivia e trabalhava nas áreas urbanas, para discriminar os trabalhadores nessas mesmas áreas, mas especialmente os fazendeiros nas áreas rurais. Até mesmo atualmente, muitos africanos que tiveram educação escolar tendem a considerar-se como superiores, homens e mulheres, e frequentemente desprezam os pontos de vista e as opiniões das pessoas que não tiveram oportunidade de ir à escola, que é uma percentagem considerável da população africana. Isso é errado e um abuso das posições de liderança que, por causa de sua educação, geralmente oprimem a sociedade.[9]

Longe de ser simplesmente uma aberração psicológica, o elitismo na África é a origem da corrupção e do mau governo. Ambas são atitudes individualistas e egoístas. Elas precisam da consciência social porque indicam uma carência de interesse pelo bem-estar geral da população. A enorme corrupção por pessoas altamente situadas no Governo priva a sociedade de recursos que poderiam ser usados para a Educação e a Saúde, por exemplo. Porém, um tipo de corrupção particularmente odioso na África é quando o pobre tem de pagar subornos para serviços essenciais nos hospitais ou nos tribunais. E, já que geralmente eles não podem ter os recursos para isso, têm de ficar sem eles, ao custo de enormes sofrimentos e, frequentemente, a perda da vida ou dos meios de sustento.

---

[9] Ver Julius K. Nyerere, *Freedom and Socialism: A Selection from Writings and Speeches 1965-1967* (Dar es Salaam: Oxford University Press, 1968), 136-142; também idem, *A Selection from Writings and Speeches 1968-1973* (Dar es Salaam: Oxford University Press, 1973), 23-29.

A arrogância que as atitudes elitistas geram inibe na África o processo de democratização pelas razões acima: amor estúpido pelo poder sem ligação ao serviço. Isso gera não somente a corrupção, mas também tendência à falta de diálogo, uma receita para o uso ditatorial de autoridade e poder. Com a queda de alguns ditadores famosos bem conhecidos como Idi Amin, Mobutu Sese Seko e Jean-Bedel Bokasa, e o estabelecimento da política multipartidária, a consciência democrática está surgindo na África, embora muito trabalho ainda precise ser feito nessa área.

Abordagens por Teólogos Africanos: Forças e Fraquezas

O que está sendo feito?

De várias formas, os teólogos africanos estão enfrentando estes desafios mostrando, através de uma ação criativa, a imagem do Criador na pessoa africana. Eles estão trabalhando para reconquistar a identidade pessoal, cultural e religiosa e mesmo política e econômica da África. Falar sobre a identidade manchada ou destruída da África é falar sobre a experiência concreta da África de escravidão, colonialismo, degradação social e exploração econômica. As questões éticas em si mesmas se transformaram profundamente, ainda mais se considerarmos o fato de que elas afetaram negativamente a autopercepção do povo africano, como também a percepção de outros povos sobre a humanidade africana e o valor enquanto seres humanos.

Os teólogos africanos estão também engajados na luta pela liberdade. A luta pela identidade é colocada em risco onde não há uma guerra concomitante pela liberdade, que nasce da justiça. Liberdade e justiça produzem a paz, e a paz é a comodidade que está em fraco suprimento no continente africano em geral. Algumas das mais terríveis tragédias humanas, por volta do fim do último século e o começo deste século, aconteceram na África. O genocídio em Ruanda, em 1994, foi uma delas, mas houve outros massacres na Libéria, Serra Leoa,

Uganda do Norte e Sudão, para mencionar somente alguns. Algumas tragédias são de duração antiga e ainda estão acontecendo quando a primeira década do novo século chega ao fim. A Somália não usufrui de um governo estável há quase uma geração, e podemos apenas esperar que o Burundi e a República Democrática do Congo logo desfrutem de paz permanente.

Tudo isso cria situações éticas, especialmente quando a falta de estabilidade na África deixa o continente aberto para todas as espécies de elementos inescrupulosos: da venda ilegal de armas aos mercenários que causam sofrimento por dinheiro ou esporte; das corporações fraudulentas, cujas atividades destroem o meio ambiente, a falsos grupos religiosos, cuja pauta secreta é a exploração espiritual e econômica; de organizações que exploram a vulnerabilidade da África como a situação da AIDS/HIV em seu próprio benefício econômico para os mais exaltados, mas para a África em geral essencialmente opressivos, movimento esse referido como globalização. Os teólogos morais africanos estão fazendo palestras tratando desses assuntos também.

Abordagens Teológicas

Cuidando destas situações, os teólogos africanos seguiram duas abordagens principais: a *libertação* e as orientações da *inculturação*. A primeira orientação é dirigida principalmente para o aspecto socioeconômico e político da situação da África, dentro do qual o movimento de liberação feminina *womanista* se relacionou com a questão da opressão por sexo. A segunda a orientação da inculturação tratou amplamente da dimensão sociorreligiosa.

Os teólogos da libertação africana[10] apontaram em seus escritos a conexão entre a Boa Nova de Jesus Cristo e a liberdade política e o bem-

---

[10] Por exemplo, ver Jean-Marc Ela, *Le Cri de l'homme africain* (Paris: L'Harmattan, 1980) e idem, *Ma foi d'africain* (Paris: Karthala, 1985).

-estar econômico, mostrando como validação a própria descrição de Jesus de sua missão, por exemplo, o Evangelho segundo Lucas (4,18-19) e segundo Mateus (25,31-46). Mas eles também contaram fortemente com a mensagem dos profetas das Escrituras dos Hebreus, o Velho Testamento, assim como os escritos dos primeiros padres da Igreja, dos quais o ensinamento social, desde o fim do século XIX, derivou grandemente. Por causa do elitismo, do mau governo e da corrupção que discutimos acima, a defesa pelos teólogos da libertação africana para a justiça não foi prontamente aceita pelos que estavam no poder, especialmente depois do fim do Colonialismo. Os teólogos da libertação frequentemente têm sido acusados por seus governantes de intrometer-se na política, e alguns tiveram que pagar com suas vidas por suas convicções. O bispo ugandense Janani Luwum é um exemplo, mas há outros exemplos menos conhecidos. Muito mais doloroso foi o fato de que muitos foram silenciados por suas próprias igrejas, em conluio com autoridades do governo.

Os teólogos da inculturação não foram poupados de uma espécie de "martírio" por suas próprias igrejas. Defendendo a dignidade das culturas africanas como um veículo digno para a revelação do divino na África e a identidade religiosa africana, eles, algumas vezes, sofreram censura de autoridades da Igreja. A inculturação na África, com exceção das Igrejas Africanas Iniciadas, não teve qualquer progresso significativo por causa disso, em detrimento da verdadeira implantação da fé cristã no continente.[11]

Forças e fraquezas

Tanto os teólogos da libertação como da inculturação na África deram importantes contribuições para a consciência geral dos cristãos africanos, além do papel da África, no mundo do cristianismo.

---

[11] Ver Laurenti Magesa, *Anatomy of Inculturation: Transforming the Church in Africa* (Nova York, Orbis Books, 2004).

Também tentaram tornar as igrejas cristãs conscientes do papel da fé cristã na libertação integral da África. Se a distância entre a fé e a ação diminuiu no entendimento de pessoas cristãs em muitos lugares na África, foi certamente devido, em parte, ao trabalho dos teólogos africanos.

Deve ser dito, entretanto, que, em grande parte, muitos teólogos da libertação e da inculturação não perceberam suficientemente que suas respectivas orientações teológicas e abordagens são somente dois lados da mesma moeda. A inculturação é um aspecto da total libertação do continente, e a libertação não pode ser abrangente sem a inculturação. Foi uma falha de coordenação, mas ela está lentamente sendo superada. Os teólogos africanos talvez tenham sido muito "acadêmicos"; o que eu quero dizer é que eles não se integraram o bastante na vida das pessoas. Desta forma, talvez inconscientemente, perpetuaram a atitude elitista a que deveriam ter resistido com suas palavras e ações.

Através da integração no nível das raízes do problema, os teólogos deveriam ter-se tornado melhores vozes para os sem voz e melhores representantes dos "miseráveis da Terra", para emprestar a expressão de Franz Fanon. Eles deveriam ter-se tornado defensores mais acreditáveis para os sofrimentos da humanidade excluída. Em termos teológicos, eles deveriam ter sido engajados no ministério da profecia, tão bem representado pelos profetas das Escrituras dos Hebreus. Olhando para a realidade sob uma perspectiva cristã, se há uma necessidade abrangente na sociedade africana hoje, é a necessidade da profecia em seu duplo papel de denúncia e afirmação: denunciar os males que enumeramos acima e afirmar quaisquer e todos os esforços que buscam ressaltar a dignidade e a humanidade da pessoa africana. Mas isso está em falta entre os teólogos africanos. Se eles são professores, precisam fazer isso pelo exemplo das circunstâncias da África contemporânea.

É vitalmente importante que os teólogos também falem algumas vezes e ajam em concordância, como uma comunidade, em especial em matérias que toquem a sociedade fundamentalmente. Não estamos aqui defendendo roubar do teólogo individual sua voz pessoal; estamos simplesmente nos prevenindo contra tanto individualismo e cultismo pessoal, que pode acontecer na academia teológica em muitas partes do mundo. A força da comunidade é ainda reconhecida e valiosa na África, e não deveria ser negligenciada pelos teólogos. Em vez disso, deveria ser colocada em uso com o objetivo de construir o reino de Deus já.

Recomendações

A situação que delineei da África desafia os teólogos de duas formas principais. Uma é influenciar as mentes, especialmente os líderes da Igreja, para olhar a difícil situação africana como uma questão ética e prover meios de encarregar-se desse assunto no processo de desenvolvimento da catequese. É um desafio da imaginação cristã. O outro é prático: engajar-se diretamente no processo de mudança. O segundo é possível na África através dos teólogos engajando-se nas atividades de pequenas comunidades cristãs como sacerdotes, diretores espirituais e capelães. Quais são os prospectos para cada uma dessas abordagens?

Embora isso tenha causado algum impacto em algumas instituições acadêmicas na África, não pode ser dito que a Teologia africana, enfrentando os desafios que mencionamos para direcionar-se ao continente, tenha tido muita influência sobre os líderes da Igreja na África. Os seminários constituem o problema no caso dos padres. Infelizmente, a análise social raras vezes faz parte do currículo teológico. A Filosofia, não a Antropologia ou a Sociologia é ainda excessivamente enfatizada como um pré-requisito para a Teologia. Como resultado, o lado prático da Teologia não recebe bastante atenção. Até que a hierarquia esteja interessada, pouco tempo é dedicado à atualização teológica, de forma que muitos bispos não conseguem ouvir ou entender o que os teólogos estão dizendo sobre os problemas.

Muitos teólogos africanos, genuinamente interessados nesses desafios éticos, estão trabalhando em instituições de conhecimento avançado, na África ou além-mar. Como mencionei anteriormente, muito poucos estão engajados com as pessoas no nível referente às bases da questão. Isto significa que poucos teólogos novos pensaram atingir esse nível, no qual é necessário muito mais. Assim, as possibilidades de parar com os problemas, de forma prática e ampla, não estão ainda muito claras, segundo meu ponto de vista. Não se pode dizer que algumas mudanças não estão acontecendo, mas elas estão vindo de forma insuficiente, muito lentamente. O ritmo da mudança no mundo de hoje indicaria um comprometimento diferente: a necessidade por maiores, mais decisivos e rápidos avanços no pensamento e na ação. Mas isso necessita de alguma reestruturação de visão na Igreja. Isso está também levando muito tempo para acontecer. Uma razão é que há ainda muito controle da imaginação e do pensamento teológico pelas autoridades da Igreja, de forma que muitos teólogos africanos podem ser chamados de "teólogos de corte". O que se necessita na comunidade teológica é a liberdade de mente para servir ao reino de Deus por seu pensamento e vida.

AUTENTICIDADE E CREDIBILIDADE

Sébastien Muyengo Mulombe

Desafios Morais após o Sínodo Africano

Por um feliz acaso, este encontro acadêmico está acontecendo no décimo aniversário do Sínodo Africano. Coincidindo com os movimentos para o estabelecimento da Democracia, muitos de nossos bispos, tendo sido presidentes de conferências episcopais nacionais, participaram do Sínodo, que se tornou uma imensa fonte de esperança para o continente.[1] Desde essa época, entretanto, apesar de alguns lugares que garantam a esperança, a África mergulhou mais profundamente, dia a dia em crise e desolação.[2]

Eu sou grato aos organizadores desse simpósio por me oferecerem oportunidade para reflexão. Eu revisitarei o sínodo a fim de enfatizar os desafios éticos que a *Ecclesia in Africa* nos ofereceu uma década atrás, e que não perdeu nada de sua relevância hoje.

Meu ensaio tem duas partes. Meu ponto inicial é uma análise da situação do continente uma situação de urgência, exatamente como a

---

[1] João Paulo II, *Ecclesia in Africa* (Exortação Apostólica pós-sínodo "On the Church in Africa and Its Evangelizing Mission Towards the Year 2000", 14 de setembro de 1995), n. 12. Esta encíclica é a seguir designada como EIA. As citações são do texto oficial inglês.

[2] Ver "Le synode africain dix ans après: un bruit pour rien'?" (reuniões teológicas noturnas organizadas pelo periódico *Telema* em memória do Professor R. De Haës, Kinshasa, Congo, 8 a 10 de maio de 2006, no prelo).

exortação apostólica a descreveu dez anos atrás. Eu destacarei, então, alguns dos maiores desafios com os quais essa situação nos confronta. Eu concluo com um sinal de esperança para o continente, indicando os recursos e métodos sobre os quais a Teologia Moral pode traçar sua resposta aos desafios que descrevi.

Um homem à beira do caminho

No centro da exortação apostólica *Ecclesia in Africa*, encontramos uma pergunta que não pode deixar nenhum pregador do Evangelho indiferente: Como pode a mensagem de Cristo ser a "Boa-Nova" na África? O documento ocupa-se desse tema, mostrando como o continente está saturado de más notícias um terrível sofrimento em quase todo o país, administração pobre dos escassos recursos que estão disponíveis, instabilidade política, desorientação social etc. Isso resulta em fome, guerras e desespero (cf. EIA 40).

A África é, então, comparada ao homem que desceu de Jerusalém para Jericó e caiu nas mãos de ladrões que o despiram, infligiram-lhe bofetadas e foram embora, deixando-o quase morto (Lc 10,30-37). Este homem é a imagem daqueles inumeráveis homens e mulheres africanos, crianças e jovens, hoje, que estão estendidos (como se diz) à beira do caminho, doentes, feridos, impotentes, marginalizados e abandonados (cf. EIA 41a). Nas últimas décadas, a África tem sido o cenário de guerras fratricidas que dizimam a população e destroem suas riquezas naturais e culturais. Em acréscimo às causas externas à África, este fenômeno doloroso tem também causas internas, como o "tribalismo... e a sede de poder, tomada ao extremo pelos regimes totalitários que pisam com impunidade sobre os direitos e a dignidade da pessoa. Pessoas oprimidas e reduzidas ao silêncio sofrem como inocentes e resignadas vítimas a todas estas situações de injustiça" (EIA 117a).

Em um mundo controlado pelas nações ricas e poderosas, a África se tornou, na prática, um apêndice sem importância, frequentemente esquecido e negligenciado por todos (EIA 40). Onde estamos nós para procurar pelo Bom Samaritano que livrará o homem ferido desse impasse, a fim de que ele possa recuperar sua habilidade para reagir apropriadamente e redescobrir os recursos que alimentam sua humanidade? (EIA 41b). Na perspectiva da nova evangelização este é um imenso desafio para os pregadores da Boa-Nova. João Paulo II pergunta: "Como poderia alguém proclamar Cristo naquele imenso continente, esquecendo que ele é uma das mais pobres regiões do mundo? Como poderia alguém deixar de levar em conta a história angustiante de uma terra em que muitas nações estão ainda em contenção pela escassez, guerra, tensões raciais e tribais, instabilidade política e violação dos direitos humanos?" (EIA 51).

Que os feridos não morram por suas feridas

A exortação apostólica *Ecclesia in Africa* cita um número de desafios, incluindo a nova evangelização, a construção de uma Igreja que seja a autêntica família de Deus, a retomada de nossas vidas em nossas próprias mãos e a necessidade de solidariedade, justiça, paz e desenvolvimento. Lembrando as causas internas e externas das desgraças que nos afligem, podemos dividir esses desafios em duas categorias muito importantes.

O Desafio da Credibilidade

Esse desafio é gerado pelas causas internas de nosso sofrimento na África. O testemunho de nossas próprias vidas é, de fato, um requisito essencial, se nosso discurso deve ser efetivo (ver EIA 21c) e se a sociedade deve ser genuinamente transformada e tornar-se moralmente sadia. O desafio que é endereçado a nós como Igreja é expresso em três perguntas: "Você realmente acredita no que você está proclamando? Você vive aquilo em que você acredita? Você realmente prega o que você vive?" (EIA 21).

Essa questão tem uma profunda relevância ética tanto para a pregação do Evangelho, como para as palavras ditas pela elite da sociedade (que inclui os teólogos morais). Uma questão como esta nos dá um critério para avaliar nossa credibilidade em relação aos muitos planos de desenvolvimento que foram formulados para livrar nossos países do sofrimento e da pobreza; em relação aos fóruns para diálogos que têm sido organizados em muitos de nossos países a fim de abandonar as guerras e construir uma sociedade em que reine a paz; e em relação às opções pastorais para a construção da Igreja como uma família de Deus, que é nossa preocupação principal hoje. O mesmo critério pode ser aplicado a muitas outras opções que foram escolhidas em nossas igrejas locais, em que o fruto não é sempre visível.

A Igreja como família, solidariedade, partilha... isto é uma "opção", um "projeto pastoral", ou somente mais um slogan a acrescentar aos muitos a que estamos acostumados nos trópicos? O que é uma "igreja como família" quando alguns têm tudo o que necessitam para a vida, enquanto a maioria permanece na miséria? O que é uma "igreja como família" quando uma pessoa não é aceita pela simples razão de que ela vem de outro lugar? O que é uma "igreja em família" quando a integridade, a fraternidade e a paz são substituídas pela intolerância, suspeita, falta de confiança no outro, incapacidade de perdoar ou espírito de vingança?

A família sempre foi o tema principal da Teologia Cristã, e eu suspeito que foi o idílico quadro da família africana que inspirou os padres do Sínodo a escolher esse projeto. Devemos acreditar nesse projeto; devemos acreditar que ele pode, na verdade, ser realizado. Mas várias condições devem primeiro ser encontradas, especialmente a profunda evangelização que exige uma conversão de corações e uma purificação de costumes e de comportamento. Essa é a dimensão ética do problema. Quando observamos as razões que levam às guerras na África, o egoísmo que nos empobrece ou o favoritismo e tribalismo que ainda influenciam nossos relacionamentos até dentro da Igreja o perigo é que o projeto da "igreja como família" possa permanecer como um desejo piedoso, sem qualquer impacto na vida de nossas comunidades.

Dois exemplos podem ilustrar esse problema.

Primeiro: antes do genocídio em 1994, Ruanda tinha a reputação de ser sessenta por cento cristã. Como é possível que essas pessoas que viviam e oravam juntas em suas montanhas viessem a cometer o "pecado de Caim", essa tremenda infâmia que chamamos de genocídio?

Segundo: meu próprio país, o Congo, é um daqueles países africanos que se beneficiaram de uma ampla infraestrutura educacional cristã. Como é possível que essa elite, formada sob a chama do Evangelho, não seja sempre bem-sucedida em dar testemunho do que recebeu, a fim de transformar a mentalidade popular e, assim, promover o bem comum, a paz permanente, a integridade das pessoas etc.?

A crise que estamos experimentando, em muitos de nossos países, é uma crise de *moralidade*. Mais e mais, uma situação ética está mergulhando a sociedade naquilo que o Papa João Paulo II costumava chamar de "estrutura do mal ou do pecado", isto é, uma situação na qual as pessoas perdem toda a motivação para buscar o que é bom, verdadeiro, belo ou justo. Isso cria um dever moral de trabalhar para a purificação de todo o nosso meio ambiente. Devemos ajudar os cristãos e outros cidadãos de boa vontade a serem o que a Escritura chama de "os remanescentes de Jeová", isto é, aqueles que em uma crise se recusam a recorrer a truques ou saídas, eles permanecem firmes e não se permitem ser dominados pelas ondas da história. Onde tudo está desmoronando, deve haver algumas pessoas que proponham uma resistência, pois, de outra forma, não há esperança para o renascer de uma nova sociedade através de uma nova geração e uma nova cultura a cultura do bom, do belo, do verdadeiro e do justo. Isto é o que significa ser um cristão: em uma situação de crise (e especialmente de crise moral), a pessoa não deveria ter medo ou vergonha de nadar contra a corrente. A pessoa não deveria ter medo ou vergonha de proclamar sua qualidade de membro de uma sociedade na Igreja ou de apelar ao Evangelho. E a pessoa deve cuidar para que as implicações do que ela diz nunca contradigam a fé ou a convicção de alguém.[3]

---

[3] Ver S. Muyengo Mulombe, "Le rôle de l'éducation dans la situation de crise", *Congo-Afrique 353* (2001): 157-164.

O Desafio da Autenticidade

Quando visitou Malawi, em 1989, o papa João Paulo II apresentou às pessoas africanas o que poderíamos chamar de desafio da autenticidade, que consiste em rejeitar uma forma de vida que não corresponde aos melhores elementos de nossa tradição e de nossa fé: "Muitas pessoas na África olham além da África para a assim chamada 'liberdade da forma moderna de vida'. Hoje, eu encorajo vocês a olharem dentro de vocês mesmos. Olhem as riquezas de suas próprias tradições, olhem a fé que estamos celebrando nesta assembleia. Aqui vocês encontrarão a genuína liberdade aqui vocês encontrarão Cristo que os levará à Verdade" (citado em EIA 48).

Na assim chamada era da globalização, que nós, na África, vemos como uma forma de ocidentalização, podemos identificar três áreas nas quais esses desafios devem ser encarados. Em primeiro lugar, temos a dimensão ética da própria vida, a família, a sexualidade e o casamento. Confrontada com o materialismo e o utilitarismo que o mundo ocidental impôs sobre nós, a moralidade africana propõe uma moralidade de dom. Somos determinados a preservar isto, já que é essencial para a nossa sobrevivência e da humanidade como um todo. Pois, se a África tem alguma coisa grande, bela e nobre para contribuir ao mundo, alguma coisa que ela partilha em comum com o entendimento cristão de vida é seguramente esta verdade: em outras palavras, essa vida é o dom por excelência que recebemos do Criador, o dom da natureza, das espécies humanas, da família, de nossos parentes, das outras pessoas. Um dom é alguma coisa que se recebe gratuitamente; não há um preço a ser pago. Por isso ele é tão caro. O que conta não é seu valor material, mas o que ele simboliza. Esse é o significado que os africanos atribuem à vida e a tudo o que contribui para a vida: o amor, o sexo, os laços de família, a família, o corpo, os relacionamentos etc. Desse ponto de vista, não há necessidade de formular uma argumentação elaborada em relação aos problemas prementes como contracepção, aborto, eutanásia, a prolongação da vida por meios médicos etc. Na África, quando uma nova vida é concebida nós esperamos por ela. Quando nasce, nós lhe damos as boas-vindas. Quando ela declina, nós a encorajamos. E, quando finalmente parte, nós a acompanhamos.[4]

Obviamente, a segunda maior área em que encaramos o desafio da autenticidade é o campo em que a globalização é particularmente declarada, ou seja, a mídia. O subdesenvolvimento condena-nos a ser simples receptores passivos, embora este seja de fato um acordo no qual todos somos convidados a dar e a receber. Aqui também o desafio da autenticidade implica exigência moral de preparar nosso povo a ser capaz de resistir a todas as espécies de fraudes pois, de outra forma, ele perderá a riqueza de nossas próprias tradições e de nossa fé quando se abre para os processos de globalização.

Na esfera da Ética social, nossa tarefa é desenvolver sistemas genuinamente adaptados à nossa realidade e às nossas aspirações, quando consideramos os fracassos frequentes de nossos planos econômicos, que têm conseguido atolarem-se mais e mais desde que nossos países adquiriram sua independência; ou, quando consideramos o fracasso dos planos democráticos, que desmoronaram diante das guerras civis etc. Nós, agora, paramos de sonhar com um caminho de desenvolvimento especificamente africano? Uma democracia de estilo africano é realmente impensável? Estamos condenados para sempre a manter como empréstimos as trajetórias tomadas por outros?

Finalmente, há a famosa questão das línguas africanas. Como podemos realizar um trabalho eficiente, produzir mudanças, influenciar a mentalidade de um povo, assumir o controle na área política ou no campo da economia ou mesmo antropologia, quando estamos condenados a refletir, a pensar, a aprender e a transmitir informação, ciência, conhecimento e, acima de tudo, valores éticos em uma língua que não é a nossa própria língua? Um exemplo tornará este ponto claro: dez estudiosos

---

[4] S. Muyengo Mulombe, "Médecine et Bioéthique en Afrique", *Congo-Afrique 350* (2000): 580-590.

africanos estão falando nesta conferência. Eles vêm de cinco diferentes países, ou seja, República Democrática do Congo, Quênia, Tanzânia, Ruanda e Uganda. Eles falam a mesma língua: suaíli. Mas eles estão divididos pelo francês e inglês. O que se aplica a toda Teologia, se aplica à Teologia Moral também: o melhor caminho para assimilar os costumes cristãos, valores e mistérios, a fim de transmiti-los e comunicá-los da melhor maneira possível, é na própria língua da pessoa.

Conclusão

Um de meus compatriotas escreveu um livro com um sugestivo e provocativo título: "A África está morrendo?".[5] Não, "a África não está destinada à morte, mas à vida!" (EIA 57a). A África não morrerá, porque ela tem abundante vitalidade e energia; ela tem um tremendo dinamismo. Se não fosse assim, ela já teria desaparecido da cena mundial, junto com todas as agonias que conheceu no curso de sua história. O segredo de sua sobrevivência está, antes de tudo, na fé e na esperança de seu povo. Os africanos são mantidos por uma filosofia oral baseada no prazer da vida, e eles acreditam no futuro. Não importa quais dificuldades eles possam encarar fome, guerra, desastres naturais etc. eles sabem como criar mecanismos de autodefesa.

Segue-se que uma das mais importantes tarefas da Teologia Moral na África consiste em estimular a elite intelectual a aproveitar ao máximo essas energias, esse dinamismo, essa fé e esperança que mora nos corações de nosso povo, a fim de transformar sua vergonha e o desafio que esta vergonha contém em uma oportunidade para erradicar de uma vez por todas o vírus e a epidemia do subdesenvolvimento e a ausência de democracia, paz, justiça etc.

---

[5] Kä Mana, *L'Afrique va-t-elle mourir? Essai d'éthique politique* (Paris: Karthala, 1993).

Isto requer uma metodologia genética-praxiológica: em outras palavras, não é suficiente observar e criticar os fatos da situação. Especialmente, devemos ir mais fundo, à origem dos fenômenos, a fim de analisar suas causas e trabalhar eficientemente no esforço para transformar a sociedade e mudar o comportamento e a mentalidade das pessoas, aproveitando-se da participação dos indivíduos e grupos interessados nesse processo. Isso requer de nós popularizar as discussões dos eticistas, a fim de que a sociedade como um todo possa aprender o que está em jogo. O debate ético preenche essa função somente quando os indivíduos ou grupos, que são seu interesse principal, podem fazer a discussão em diálogo com a elite sobre sua situação existencial. Em nossos países, a verdadeira ética deve ser uma Ética de Libertação, que busca tanto acordar a consciência e o sentido de responsabilidade na elite como educar e instruir as massas.

Se devemos esperar por uma transformação da sociedade e uma mudança de mentalidade e comportamento, devemos olhar para as pessoas "em campo", para aquelas na parte inferior da sociedade, que são os agentes primários e secundários da educação básica que as crianças recebem. Devemos olhar para os trabalhadores de comunicação social e outros membros de organizações não governamentais que têm uma tarefa cultural e educacional, já que são eles que estão inventando novos meios de contato permanente com as massas.[6]

---

[6] Título original: "Défis éthiques de l'Eglise em Afrique".

Ásia

Thomas Hong-Soon Han cobre quatro tópicos deste ensaio. Primeiro, ele oferece uma impressionante visão geral dos desafios que a Ásia enfrenta hoje. Ele nomeia três deles: violações do direito à vida, que inclui aborto, particularmente os feitos por seleção de sexo; violações do direito à liberdade religiosa; e corrupção. Depois disso, ele se volta para os passos que os teólogos eticistas tomaram hoje para primeiro fazer as conexões, através do conceito de dignidade humana, entre os ensinamentos da Igreja pró-vida e a Ética Social. Aqui descobrimos o profundo impulso religioso atrás desses ensinamentos, que, por sua vez, promovem o diálogo inter-religioso. Terceiro, ele se volta para a Coreia do Sul e para os programas de sua igreja, através dos quais bispos, teólogos eticistas e líderes leigos, cooperativamente, geram estratégias concretas para melhorar a vida nessa região. Ele conclui com uma nota de esperança na qual a reflexão teológica, levando a um mais importante diálogo inter-religioso, por sua vez promove politicamente um maior respeito pela vida e pela dignidade humana.

Agnes M. Brazal olha para seu país natal, as Filipinas, e a vizinha Indonésia para levantar os desafios que enfrentam os teólogos eticistas sudeste-asiáticos. Em termos claramente específicos, Brazal descreve como a globalização, ao mesmo tempo, causa e ainda traz junto problemas de pobreza e migração que se ligam a outros problemas como fundamentalismo religioso e tratamento injusto de mulheres. Em resposta, os teólogos eticistas propõem mais modelos integrados que se apropriem de percepções das comunidades locais e declarações feministas. Outras direções incluem tentativas de reexaminar criticamente tradições culturais e religiosas existentes, propostas de optar pelo "outro" pobre, e uma apropriação asiática da Declaração dos Direitos Humanos. Seu ensaio expressa a urgência com que seus colegas trabalham.

Clement Campos toma o contexto de sua Índia como abundante em complexidade cultural e desigualdade social, e examina um grande número dos principais problemas que sua nação enfrenta: a globalização, o meio ambiente, o acesso ao cuidado com a saúde (em uma terra com grandes recursos disponíveis para o cuidado com a saúde), a discriminação baseada na diferença social de sexo, religião, violência e falha em reconhecer os Direitos Humanos. Em cada exemplo, ele destaca o trabalho dos teólogos eticistas indianos contemporâneos que respondem a essas necessidades, mas ele conclui com consideráveis desafios que enfrentam os eticistas de hoje: mover-se tanto além dos confins do ambiente de um seminário, a fim de estar envolvido em debates políticos sobre problemas de urgente interesse social, como além da pesquisa para soluções pastorais, a fim de oferecer soluções éticas aos dilemas que confrontam os indivíduos; dialogar com outras religiões e culturas e com os pobres, a fim de participar na pesquisa da humanidade para a verdade pela qual todos vivemos; e, finalmente, desenvolver uma Teologia Moral que seja contextualizada, verdadeiramente indiana, autenticamente humana e socialmente liberal.

DESAFIOS MORAIS E A IGREJA NA ÁSIA HOJE (COM UMA CONSIDERAÇÃO ESPECÍFICA DA COREIA)

Thomas Hong-Soon Han

Desafios

O continente asiático é o lar de aproximadamente dois terços da população do mundo com suas diferentes culturas, religiões, estruturas sociais e sistemas políticos. É um continente de absolutos contrastes. Apesar de ter havido enorme progresso econômico e tecnológico, ainda existem situações de extrema pobreza e injustiça. Muitos dos países em desenvolvimento na Ásia são considerados pelo menos democráticos, em termos de corrupção do setor público, respeito pelos direitos humanos e políticos e liberdade de expressão. De fato, no *World Democracy Table,* publicado pelo World Audit, em outubro de 2005, encontramos a Coreia do Norte na 82ª posição, entre cento e cinquenta estados, a China na 128ª, o Vietnã na 138ª, e a última (na lista) e a menos democrática é Mianmar ou Birmânia (149ª).[1]

Violação do Direito à Vida

Um dos mais sérios problemas morais que a Ásia enfrenta hoje é a violação do direto à vida da criança que está por nascer. Em muitos casos, ela tem sido executada em busca de uma vida material melhor.

---

[1] Auditoria Mundial, *World Democracy Table*, outubro de 2005, http://www.worldaudit.org/ (acessado em 15 de janeiro de 2007).

De acordo com uma estimativa, de aproximadamente 46 milhões de abortos realizados anualmente no mundo todo, 59%, isto é, 27 milhões de abortos são realizados na Ásia, dos quais 10 milhões (37%) são ilegais.[2] O aborto ilegal é associado ao aborto inseguro, que é capaz de acabar na morte da mãe. De fato, é estimado que as mortes maternas por abortos inseguros foram em número de 34 mil na Ásia em 2000, responsabilizando-se por 50% de todo o mundo.[3] Pode ser dito que o aborto inseguro é causa e efeito da pobreza e está também intimamente ligado à desigualdade de sexo.

Com o advento do diagnóstico pré-natal para determinar o sexo do feto, o aborto foi focalizado no bebê feminino por causa da preferência por meninos sobre meninas que muitas sociedades dominadas pelo masculino têm. De fato, o aborto seletivo pelo sexo tornou-se comum em regiões como o Leste e Sul da Ásia, especialmente China, Índia e Coreia. Isso é evidenciado pela elevada proporção de sexo masculino no nascimento, o que significa que a discriminação de sexo se estendeu de modo crescente antes do nascimento. "Isto é um sexismo de alta tecnologia."[4] Vítimas da discriminação de sexo, tanto antes como depois do nascimento, as assim chamadas "mulheres perdidas" são em número maior que 100 milhões, de acordo com uma estimativa baseada na proporção do número real de sexo, de mulheres para homens (1.05).[5]

---

[2] The Alan Guttmacher Institute (AGI), *Sharing responsibility: Women, Society and Abortion Worldwide* (Nova York: AGI, 1999), 53, tabela apêndice 3.

[3] Organização Mundial de Saúde, *Unsafe abortion: Global and Regional Estimates of the Incidence of Unsafe Abortion and Associated Mortality in 2000*, 4ª edição (Geneva: Organização Mundial de Saúde, 2004), htpp://www.who.int/reproductive-ealth/publication/unsafe_abortion_estimates.pdf (acessado em 15 de janeiro de 2007), 13, tabela 3.

[4] Amartya Sen, "Many Faces of Gender Inequality", *The Frontline* 18 (27 de outubro de 2001), http://www.hinduonnet.com/fline/fl18220040.htm (acessado em 15 de janeiro de 2007).

[5] Amartya Sen, "More Than 100 Million Women Are Missing", *New York Review of Books* 37, n. 20 (20 de dezembro de 1990): 61-66.

Na China somente, os abortos são em número de 50 milhões por causa de sua política de um só filho.[6] Assim, o aborto, um abominável crime cometido contra a pessoa humana indefesa, está ligado à discriminação de sexo também.

O povo asiático vive em países onde o aborto é legal se a gravidez põe em risco a vida da mulher, e três quartos dos países na Ásia permitem abortos para proteger a saúde física e mental de uma mulher. O aborto é legal virtualmente por todas as razões plausíveis na China, Índia, Japão, Coreia do Sul, Coreia do Norte, Camboja, Mongólia, Cingapura e Vietnã.[7] Sem levar em consideração a situação legal, entretanto, abortos são realizados a qualquer custo. O aborto, "um novo holocausto",[8] continua a ser uma das grandes tragédias modernas. As leis do aborto que existem em muitos países estão claramente em conflito com a lei de Deus e a lei da natureza.

Outra forma de violação do direito à vida é a pesquisa de célula-tronco de embrião humano, que destroi o embrião que deveria ser respeitado como uma pessoa humana portadora de todos os direitos de qualquer ser humano. Quando um cientista sul-coreano, Dr. Hwang, em maio de 2005, declarou ter extraído células-tronco de embriões humanos clonados pela primeira vez no mundo, ele foi imediatamente considerado como um herói nacional na Coreia do Sul. Alguns observadores chamaram o resultado dessa pesquisa de avanço científico, saudando-a como digna do Prêmio Nobel. Porém, é claro que essa espécie de pesquisa é equivalente ao aborto. Embora resultasse mais tarde que ele tenha falsificado os dados científicos, poucas pessoas ainda tomam o lado do Dr. Hwang.

---

[6] Ibidem.
[7] Ver a Divisão da População das Nações Unidas, *Abortion Policies: A Global Review* (New York: Nações Unidas, 2002).
[8] Ver João Paulo II, *Memory and Identity* (New York: Rizzoli International Publications, 2005), 134-135.

Violação do Direito à Liberdade de Religião

Outro sério problema moral afrontando a Ásia hoje é que, para a vasta maioria das pessoas na Ásia, não é permitido o direito à liberdade de consciência e à liberdade de religião. De fato, em alguns países, a liberdade de religião é rigorosamente restrita e a religião fundamentalista coloca muitos problemas para as minorias religiosas, especialmente para os cristãos, enquanto que em outros países os cristãos são perseguidos abertamente. Muitos deles são ameaçados de modo crescente em sua segurança básica. Não se passa um dia em que a mídia não transmita reportagens desses casos acontecendo na Ásia.[9]

A evidência é a perseguição religiosa progressiva na China, Coreia do Norte e em várias partes do hindu e dos estados islâmicos. O governo chinês insiste na religião administrada pelo Estado: os cristãos que se recusam a obedecer são sujeitos a restrições, incluindo intimidação, perseguição e detenção. Na Coreia do Norte, a genuína liberdade de religião não existe. Na Índia, o assim chamado proselitismo é proibido em vários estados internos: o assassinato de cristãos e a destruição de igrejas por multidões não são incomuns. A segurança básica é ameaçada. A conversão fora do Islamismo, vista como uma apostasia, ou é proibida ou considerada como uma ofensa criminal de acordo com as leis de muitos estados islâmicos. Na Malásia, os "apóstatas" podem ser multados, detidos e presos. No Paquistão, os cristãos constituem um colégio eleitoral separado e estão sujeitos à lei da blasfêmia. Uma afronta ao Corão, a Muhammad ou ao Islamismo, embora comum, pode colocar qualquer cristão diante de uma corte e expõe todos os cristãos ao perigo da vingança pública. Em Bangladesh, a situação é algo semelhante.

---

[9] Ver http://www.asianews.it (acessado em 15 de janeiro de 2007); http://www.ucanews.com (acessado em 15 de janeiro de 2007).

Durante os primeiros seis anos do século XXI, vinte e sete pessoas (padres, religiosos e leigos),[10] para não mencionar muitos possíveis "soldados desconhecidos da grande causa de Deus",[11] foram mortos na Ásia enquanto engajados no trabalho missionário. Dezessete deles foram mortos na Índia e os demais no Paquistão, Indonésia, Sibéria e Filipinas.

Corrupção

Um problema moral não menos sério confrontando a Ásia hoje é a corrupção expandida. Em muitos países, a corrupção é um meio de vida. Por exemplo, "a corrupção na China atingiu agora proporções epidêmicas e poucos escapam da extorsão".[12] A situação é algo semelhante a da Índia.[13] A corrupção, uma consequência inevitável das "estruturas do pecado"[14] afetou diferentes esferas da vida, como a vida política, o ambiente de negócios, a vida pessoal e a vida familiar. Mesmo no setor da educação, a corrupção está presente em muitos países e está espalhada em alguns países do Sul e Sudeste da Ásia.[15] Ou no lado da oferta ou no lado da procura, o suborno é um fato da vida pública. Enquanto no lado da oferta um suborno é oferecido para evitar problemas com as autoridades, no lado da procura, esse suborno é tacitamente exigido, e os processos burocráticos são deliberadamente lentos para solicitar dinheiro de suborno.

---

[10] Ver *Agenzia Fides*, http://www.fides.org/index.php (acessado 15 de janeiro de 2007).

[11] João Paulo II, *Tertio Millennio Adveniente*, n. 37.

[12] John Naisbitt, *Megatrends Asia* (London: Nicholas Brealey Publishing, 1997), 163.

[13] Ver ibidem.

[14] João Paulo II, *Sollicitudo Rei Socialis*, n. 36.

[15] Bertram I. Spector, ed., *Fighting Corruption in Developing Countries: Strategies and Analysis* (Bloomfield: Kumarian Press, 2005), 68.

Qualquer coisa pode ser falsificada, para não mencionar os produtos de marca, estendendo-se do licor e remédio a aparelhos de TV e computadores. O maior mercado no mundo falsificador de produtos está em Shangai, China. Diplomas fraudulentos e certificados são vendidos.[16] Notas falsificadas, estatísticas simuladas, frequentemente elaboradas por grupos militares para esconder ações vergonhosas e incidentes embaraçosos, não são incomuns. Até resultados de pesquisa científica são manipulados, como evidenciado no recente caso do Dr. Hwang Woo-Suk, na Coreia, que escandalizou o mundo da ciência e todas as pessoas de boa reputação da Terra.

De acordo com a Pesquisa de Ambiente de Negócios Mundiais do Banco Mundial, conduzida durante 1998-2000, a porcentagem de firmas que oferecem pagamentos de suborno parece ser a mais alta na Ásia (exceto na Ásia desenvolvida) entre as regiões do mundo: 65% no sul da Ásia, 62% no leste da Ásia em desenvolvimento, enquanto que 52% na África, 33% na Europa central e oriental e 28% na América Latina e no Caribe.[17]

Em termos da classificação do Índice de Percepções de Corrupção, que varia entre 10 (altamente limpo) e 0 (altamente corrupto), compilado pela Transparência Internacional (TI) para o ano de 2005 para 159 países, muitos dos países da Ásia se classificaram em um grau de "altamente corrupto", com a classificação variando entre 3,8 e 1,7. Por exemplo, a China classificou-se em 78º, com a classificação de 3,2, a Índia em 88º, com a classificação de 2,9.[18]

---

[16] Ver CNN.com, "China: On the Brink of a Moral Crisis?", 14 de agosto de 2001, http://edition.cnn.com/2001/WORLD/asiapcf/east/08/14/willy.column/index.html (acessado em 15 de janeiro de 2007); Epoch Times, "Fradulent Diplomas Sold by Communist Leadership Academy", 23 de junho de 2004, http://en.epochtimes.com/news/4-6-23/22117.html (acessado 15 de janeiro de 2007).

[17] Geeta Batra, Daniel Kaufmann e Andrew H. W. Stone, *Voices of the Firms 2000: Investment Climate and Governance Findings of the World Business environment Survey* (WBES) (Washington, D.C.: World Bank Group, 2002).

[18] Transparency International, "Corruption Perceptions Index 2005", http://www1.transparency.org/cpi/2005/2005.10.18.cpi.en.html (acessado em 15 de janeiro de 2007).

Nos doze países asiáticos inspecionados pelo Gallup International para o TI em 2005,[19] partidos políticos, parlamento/legislatura, polícia e arrecadação fiscal são consideradas as instituições mais corruptas. Mais de 50% dos cidadãos das Filipinas, Taiwan, Indonésia, Índia, Coreia do Sul e Tailândia percebem que a corrupção afeta a vida política em grande extensão. Como a vida política é estreitamente relacionada com o ambiente de negócios, mais de 50% dos cidadãos das Filipinas, Coreia do Sul e Taiwan sentem que o comércio foi afetado desfavoravelmente pelas práticas corruptas.

Respostas

Argumentos Básicos

Em face desses desafios morais, os teólogos eticistas na Ásia realizaram vários esforços, antes de tudo, para lutar contra a "cultura da morte". Eles argumentam que "o protesto comum, que é justamente feito em favor dos Direitos Humanos, ... é falso e ilusório, se o direito à vida, o mais básico e fundamental direito e a condição para todos os outros direitos da pessoa não é defendido com máxima determinação".[20] Para eles, esses esforços representam seu desejo "de salvaguardar as condições morais para uma autêntica ecologia humana".[21]

Eles se levantam contra o relativismo ético que justifica a violação dos Direitos Humanos fundamentais em nome da Democracia. A verdade não pode ser determinada por uma maioria parlamentar ou social. "A Democracia não pode ser idolatrada a ponto de fazê-la um substituto para a moralidade ou uma panaceia para a imoralidade... Seu valor 'mo-

---

[19] Ver Transparency International, "Global Corruption Barometer 2005", http://www.transparency.org/policy_research/surveys_indices/global/gcb (acessado em 15 de janeiro de 2007).
[20] João Paulo II, *Christifideles Laici*, n. 38.
[21] João Paulo II, *Centesimus Annus*, n. 38.

ral' não é automático, mas depende da conformidade com a lei moral, à qual ela, como todas as outras formas de comportamento humano, deve estar sujeita... O valor da Democracia mantém-se ou cai com os valores que ela incorpora e promove".[22]

A ênfase é colocada no respeito pela dignidade da pessoa, que implica a defesa e a promoção dos Direitos Humanos. A dignidade da pessoa deve ser respeitada em todas as fases de desenvolvimento, da concepção até a morte natural. "A inviolabilidade da pessoa, que é uma reflexão da absoluta inviolabilidade de Deus, encontra sua expressão primeira e fundamental na inviolabilidade da vida humana."[23]

Todas as ofensas contra a própria vida, como o aborto e a eutanásia; todas as ofensas contra a dignidade humana, como condições de vida subumanas, a venda de mulheres e crianças, condições degradantes de trabalho, em que os homens são tratados como simples ferramentas para o lucro e não pessoas livres e responsáveis; todas estas e as semelhantes são certamente criminosas: elas envenenam a sociedade humana, e causam maior dano para aqueles que as praticam do que para aqueles que sofrem por causa da injustiça. Além disso, elas são uma afronta suprema ao Criador.[24]

O respeito pela dignidade da pessoa humana exige o reconhecimento da dimensão religiosa do indivíduo, cuja relação com Deus é "um elemento constitutivo do verdadeiro 'ser' e 'existência' de um indivíduo".[25] "A liberdade religiosa, um requisito essencial da dignidade de toda pessoa, é uma pedra fundamental da estrutura dos Direitos Humanos, e, por esta razão, um fator insubstituível ao bem do indivíduo e de toda a sociedade, assim como da realização pessoal de cada indivíduo. Segue-se que a liberdade dos indivíduos e da comunidade em professar e praticar sua religião é um elemento essencial para a coexistência humana pacífica... O direito

---

[22] João Paulo II, *Evangelium Vitae*, n. 70.
[23] João Paulo II, *Christifideles Laici*, n. 38.
[24] Ver *Gaudium et Spes*, n. 27.
[25] João Paulo II, *Christifideles Laici*, n. 39.

civil e social à liberdade de religião, em vista do fato de que ele toca a mais íntima esfera do espírito, é um ponto de referência para os outros direitos fundamentais e, de alguma forma, torna-se uma medida deles."[26]

A corrupção humilha e debilita a pessoa humana e a sociedade, e, através disso, deteriora a ecologia humana. A causa e o efeito da corrupção são estruturas do pecado, que são caracterizadas por um desejo exaustivo pelo lucro e pela sede de poder.[27] A profusão de fraude e desonestidade é um problema muito grande da modernização política. A corrupção corrói também a fundação moral da Economia de Mercado, que pressupõe um nível básico de honestidade e confiança. Fora seu aspecto moral negativo, a evidência empírica recente atesta que a corrupção diminui o crescimento econômico.[28] Desse modo, várias formas de corrupção contribuem para a pobreza.

Promoção de Diálogo e Cooperação Inter-religiosos

Esses argumentos estão claramente alinhados com os valores tradicionais asiáticos que dão prioridade ao respeito pela vida, humanidade e honradez nos relacionamentos dos seres humanos na sociedade. De fato, o Confucionismo enfatiza que a "vida" se origina de uma interação entre céu e terra, e ele valoriza o *ren* (humanidade ou benevolência), que significa "amar os seres humanos"[29] como a suprema virtude. O Budismo declara que todas as coisas estão, de modo

---

[26] João Paulo II, "Religious Freedom: Condition for Peace", Mensagem para o Dia Mundial da Paz, 1 de janeiro de 1988, http://www.vatican.va/holy_father/john_paul_ii/messages/peace/documents/hf_jp_ii_mes_19871208_xxi-world-day-for-peace_en.html (acessado 15 de janeiro de 2007).

[27] Ver João Paulo II, *Sollicitudo Rei Socialis*, n. 37.

[28] Ver Paolo Mauro, "The Effects of Corruption on Growth, Investment, and Government Expenditure: A Cross-Country Analysis", in: *Corruption and the Global Economy,* editor Kimberly Ann Elliot (Washington, D.C.: Institute for International Economics, 1997).

[29] Lun Yu, *The Analects of Confucius*, 12,22.

insolúvel, interconectadas e mutuamente interpenetradas, com base no princípio de origem dependente, e defende não só o respeito pela vida humana como também o respeito por todas as formas de vida, insistindo no preceito da *ahimsa* (não-injúria e não-violência). Assim, o Cristianismo e estas religiões asiáticas partilham muitos elementos comuns em seus preceitos morais. Por exemplo, todas elas compartilham a ética da reciprocidade. Ou seja, a assim chamada Regra de Ouro do Cristianismo, "Trate os outros como você gostaria que eles o tratassem",[30] encontra seu equivalente, embora proferido de forma negativa, no Confucionismo ("O que você não quer para você mesmo, não imponha aos outros"),[31] e no Budismo ("Não trate os outros da forma que você mesmo acharia prejudicial").[32] Este fato pode assim servir como uma base válida para que o Cristianismo se engaje em um diálogo e cooperação com essas religiões com o objetivo do bem comum de todas as pessoas.

Canais para as Atividades dos Eticistas

Dirigindo-se a esses desafios morais, os teólogos eticistas católicos têm desempenhado um importante papel: anunciar o Evangelho da vida em suas respectivas situações locais, enquanto denunciam as injustiças e violações dos Direitos Humanos; transmitir os ensinamentos sociais da Igreja, enquanto os aplica a suas situações locais.

Essas atividades são executadas através de suas pesquisas e palestras na universidade e institutos, através de sua utilização eficiente da mídia e através de sua participação ativa em várias atividades promovidas por organizações, como as Conferências da Secretaria do Desenvolvimento Humano da Federação dos Bispos Asiáticos, conferências dos

---

[30] Mateus 7,12.
[31] *Analects*, 12,2.
[32] Udana-Varga 5:18. Ver http://www.scarboromissions.ca/Interfaith_dialogue/ sacred_texts_comparison.doc (acessado em 15 de janeiro de 2007).

bispos locais, vários comitês nacionais e diocesanos, incluindo comitês da Justiça e Paz, várias congregações religiosas e suas associações e várias associações e movimentos leigos. Nestas atividades, eles também procuraram engajar-se no diálogo e cooperação com as pessoas de outras igrejas. De fato, essas atividades serviram como um efetivo canal para a inter-religiosidade, assim como para o diálogo e cooperação ecumênicos.

A ênfase deve ser colocada na formação e inspiração das pessoas, com vista a realizar uma reforma social. A reforma social, em qualquer sentido valioso, deve incluir a reforma da instituição, assim como da atitude espiritual do indivíduo. Instituições e indivíduos interagem uns com os outros. Há uma necessidade urgente da conversão de indivíduos para reformar as estruturas sociais, que em troca devem ser reformadas para induzi-los a viver uma vida mais humana.

Formação social tem sido dada para seminaristas e padres, religiosos e laicado. Precisa-se prestar especial atenção à formação social do laicado. É sua tarefa animar as realidades temporais com o comprometimento cristão, pelo qual eles mostram que são testemunhas e agentes da cultura da vida, justiça e paz. Há urgente necessidade de formação social de líderes leigos, que se supõe tomarão parte no processo de tomada de decisões do governo, negócios, sindicatos e outras organizações públicas e privadas.

Experiências na Coreia

Vários Comitês Episcopais

O Comitê para a Justiça e a Paz, o Comitê para a Pastoral da Família e a Conferência do Comitê Bioético dos Bispos, e suas reproduções em nível diocesano, são os maiores canais para os teólogos eticistas católicos desempenharem seu próprio papel ao tratar dos desafios morais acima mencionados. De fato, o papel dos eticistas tem sido essencial nas atividades desses comitês episcopais, no discernimento, tomada de decisão e nos programas de formação. Por exemplo, eles contribuíram para a publicação anual de mensagens para o Domingo dos Direitos Humanos, O Dia da Vida e a Semana para a Santificação da Família, (que foi celebrada todos os anos na igreja na Coreia), como para a publicação de notícias ocasionais desses comitês.[33] Esses documentos serviram como um instrumento válido para a conscientização das pessoas sobre a responsabilidade pela vida, sua responsabilidade pelo respeito aos Direitos Humanos e sua responsabilidade para combater a corrupção. Eles também serviram como um meio útil para insistir que os Direitos Humanos, especialmente a liberdade religiosa, são permitidos na Coreia do Norte.

Em acréscimo a estes documentos, outro instrumento que merece ser mencionado é a mensagem anual preparada pelo Conselho do Apostolado Leigo Católico da Coreia para celebrar o Domingo para a Laicidade. Essa mensagem foi usada como texto básico para a homilia feita por uma pessoa leiga nesse domingo.

Escola para a Doutrina Social

Desde 1995, a Escola da Doutrina Social tem sido administrada pela Arquidiocese de Seul, Coreia. Essa escola oferece três níveis de cursos, cada um consistindo em sessões de duas horas por semana, por dez semanas, toda segunda-feira à tarde. O primeiro nível consiste no estudo das encíclicas sociais e a *Gaudium et Spes;* o segundo nível consiste no estudo sistemático dos princípios fundamentais da Doutrina Social; o terceiro nível consiste na aplicação prática para casos concretos, em vários campos. Até agora, cerca de mil e trezentos religiosos e fiéis leigos participaram no primeiro nível; cerca de seiscentos, no segundo nível; cerca de trezentos, no terceiro nível.

---

[33] Ver Conferência dos Bispos Católicos da Coreia, *CBCK Newsletter*, várias questões.

Comitê pela Vida

Enquanto o resultado da pesquisa de célula-tronco embrionária do Dr. Hwang foi saudada como uma "revolução", em maio de 2005, e ganhou grande suporte financeiro do governo, os bispos na Coreia a criticaram publicamente, apontando que ela era definitivamente contra a vida. Eles afirmaram: "Mesmo que, de qualquer forma, ele seja clonado, um embrião é uma vida humana e, portanto, é contra a dignidade da pessoa conduzir experimentos sobre ou para manipular o embrião humano".[34]

Mais tarde, a Arquidiocese de Seul estabeleceu o Comitê pela Vida, em outubro de 2005. O objetivo desse comitê é promover a pesquisa de célula-tronco adulta como alternativa para a pesquisa de célula-tronco embrionária e propagar o evangelho da vida. Esse comitê levantará o "Fundo para o Mistério da Vida" de 10 bilhões de *wons* (cerca de 10 milhões de dólares), a fim de sustentar a pesquisa com o uso de células-tronco adultas, em vez de células-tronco embrionárias, para tratar de várias doenças graves. Todos os fiéis da diocese se uniram na contribuição de 100 *wons* (cerca de 10 *cents*) por dia para esse fundo, o que serve como uma espécie de fundo compatível para induzir as contribuições de recursos não católicos também. Para encorajar essa pesquisa, esse comitê também dará um prêmio anual "O Preço do Mistério da Vida" para aquele que tenha feito brilhantes realizações na pesquisa de células-tronco adultas, começando esse ano. O prêmio será de 300 milhões de *wons* (cerca de 300 mil dólares).

Ação de Reforma Orientada

A formação deve levar à ação, que é necessária para reformar a sociedade. Por exemplo, a Igreja na Coreia conduziu uma campanha

---

[34] Conferência dos Bispos Católicos da Coreia, *Statement of the Catholic Church in Korea on the Embryonic Stem Cell Research of Dr. Hwang Woo-suk*, "A Human Embryo Is a Life: We Were All Embryos". *CBCK Newsletter 51* (verão de 2005).

de assinatura antiaborto e uma campanha de assinatura antipena de morte, em estreita cooperação com as pessoas de outras igrejas e religiões. O Conselho do Apostolado Leigo Católico da Coreia, por sua vez, além de unir-se ativamente a essas campanhas, conduziu-as na sociedade, como a campanha *mea culpa* "aja adequadamente". Essas campanhas têm como objetivo convencer todas as pessoas, católicas e não-católicas também, da necessidade de mudar sua própria mentalidade, comportamento, modo de existência, a fim de realizar a reforma social.

Solidariedade Internacional

Já que muitas das matérias sociais têm uma dimensão mundial nesta era da globalização, a ação para a reforma social requer a participação de todas as pessoas de boa vontade no globo. Algumas matérias requerem especialmente a solidariedade da comunidade internacional. As organizações acima mencionadas buscaram alianças internacionais também, ou em nível asiático ou em nível global.

Esperanças para o Futuro

Como os católicos são uma minoria muito expressiva na Ásia, alguém pode legitimamente perguntar: Nós poderíamos efetivamente enfrentar esses desafios morais? Nós poderíamos realizar a reforma social? Em resposta a essa interrogação, há sólidas razões para perceber que podemos ser otimistas. Alguns podem ser preconceituosos contra nossas ideias devido à sua origem, mas essas ideias, se apresentadas somente de forma adequada, devem carregar um apelo considerável com base em seu valor intrínsico. Além disso, muitos católicos deram testemunho heroico ao Evangelho, mesmo em uma vida de sofrimento e martírio. "A mensagem social da Igreja ganhará credibilidade mais imediatamente do testemunho de ações do que como resultado de sua lógica interna e consistência."[35] Somos profundamente gratos por esse exemplo e esse dom. Eles são, na verdade, esperança para a Ásia.

Devemos ligar-nos a organizações de ação ou estabelecê-las, se necessário, e trabalharmos junto com as pessoas de boa vontade, sem levar em consideração sua participação religiosa. Os verdadeiros cristãos buscam ser positivos. Eles nunca limitam sua preocupação à condenação das maldades do mundo. Eles buscam ser positivos e ativos. Confrontados com as maldades procuram as causas e as soluções, não simplesmente ocasião para criticar. Se eles encontram alguns obstáculos no caminho e precisam agir, eles não se desencorajam, mas exploram outros meios. Eles esperam fracassos, e ainda continuam tentando, enquanto "(sendo) constantes em aceitar alegremente as dificuldades e orando com confiança para obter de Deus o dom da Sabedoria, graças ao qual seremos bem-sucedidos em entender que os verdadeiros valores da vida não estão nas riquezas transitórias".[36]

---

[35] João Paulo II, *Centesimus Annus*, n. 57.
[36] Bento XVI, audiência geral, 28 de junho de 2006, http://benedictumxvi.va/holy_father/benedict_xvi/audiences/2006/documents/hf_ben-vi_aud_20060628_en.html (acessado em 15 de janeiro de 2007).

GLOBALIZAÇÃO E ÉTICA TEOLÓGICA CATÓLICA

Agnes M. Brazal

Uma Perspectiva Sudeste Asiática

Representando a Ásia, tentei destacar o contexto do Sudeste Asiático e as respostas daqueles que cuidam da Ética Teológica, particularmente nas Filipinas e na Indonésia.

A principal experiência em relação à qual alguém pode adequadamente discutir qualquer desafio moral hoje é o fenômeno da globalização. Porque o termo se tornou tão carregado com o significado, acho necessário esclarecer que eu o estou usando para referir-me à intensificação na velocidade com a qual a informação, o serviço, o capital e os bens são agora trocados através das fronteiras nacionais. Como, antes de mais nada, um fenômeno cultural, tornado possível pelos desenvolvimentos na comunicação global instantânea e transporte público,[1] a globalização não é um processo monolítico, mas ambivalente, trazendo em sua trilha alguns novos desafios, assim como novas dimensões para os problemas morais tradicionais.

---

[1] Anthony Giddens, *Beyond Left and Right: The Future of Radical Politics* (Stanford: Stanford University Press,1994), 4-5.

Desafios Morais

Pobreza / Destruição Ecológica / Migração

Com a queda de muitos estados de regime comunista, o fenômeno da globalização econômica hoje toma a forma de capitalismo global. Enquanto essa economia de mercado neoliberal levou ao progresso algumas sociedades os tigres asiáticos, como Hong Kong, Coreia do Sul, Taiwan e Cingapura, e os filhotes, como a Tailândia e a Malásia outras nações asiáticas continuam a experimentar a pobreza em larga escala. A destruição ecológica (como exemplo, a destruição de florestas no sudeste da Ásia) é resultante dessa pobreza alastrada e do sistema capitalista de desenvolvimento econômico.

A ampla distância entre as sociedades asiáticas também levou à grande migração interna e externa nos setores economicamente subdesenvolvidos. De acordo com uma reportagem de 2004 da Organização Internacional do Trabalho (OIT), 22 milhões ou um quarto dos 86 milhões de migrantes economicamente ativos de todo o mundo estão na Ásia. A maior parte da migração de trabalho na Ásia ocorre em seu interior e é necessário manter a competitividade das economias do tigre e do filhote. No sudeste da Ásia (como no leste da Ásia), a migração cresceu sete vezes entre 1980 e 2000.[2] Quase metade desses migrantes na Malásia e Tailândia é ilegal. A migração coloca um desafio moral quando os trabalhadores migrantes estão principalmente distribuídos em empregos 3D, do inglês *dirty* (sujo), *dangerous* (perigoso) e *difficult* (difícil), e são frequentemente vítimas de várias formas de discriminação (racismo/etnocentrismo, práticas de trabalho injusto, molestamento/perturbação sexual etc.).

---

[2] Maruja Asis, *Understanding International Migration in Asia* (Quezon City: Scalabrini Migration Center, 2005), 16-17.

Polarização Étnica / Extremismo Religioso

Enquanto a diversidade religiosa e cultural tradicionalmente caracterizou a Ásia, os processos de globalização (por exemplo, o enfraquecimento dos estados-nações) levaram à elevação dos movimentos nacionalistas locais. Há progressivas lutas separatistas muçulmanas nas Filipinas, Indonésia e Tailândia, e ataques públicos irromperam contra a etnia chinesa na Indonésia, especialmente de 1995 a 2000. A ressurreição islâmica na Malásia nos anos 70 e 80, ao lado da discriminação em favor dos malaios amplamente muçulmanos, levou à elevada polarização étnica e gradual desgaste dos direitos religiosos dos não-muçulmanos.[3]

Enquanto o fundamentalismo católico é forte nas Filipinas, o extremismo religioso islâmico está crescendo também na região. Nos anos recentes, desenvolveu-se a tendência infeliz para a segregação religiosa quando os muçulmanos foram instruídos a não se misturar com os cristãos ou expressar cumprimentos de Natal, diminuindo assim o nível do diálogo intercultural na Indonésia[4] e em algumas partes das Filipinas meridional.

O fundamentalismo é problemático porque, em sua intolerância e ambiguidade, inconsciente ou conscientemente, ele estimula a violência com relação ao "outro" ou aquele que é "diferente".

---

[3] Entre os problemas não muçulmanos enfrentados na Malásia estão a taxa de alocação desigual para locais de construção de casas de culto, escassez de cemitérios consagrados, conversão de menores não muçulmanos, proibição do uso de certas palavras, problemas de missionários com autoridades de imigração, controle de escolas missionárias etc. Ver Maureen Chew, *The Journey of the Catholic Church in Malaysia 1511-1996* (Kuala Lumpur: Catholic Research Center, 2000), 264-288.

[4] Franz Magnis-Suseno, S. J., "Religious Freedom in Indonesia: Situation and Prospects", http://www.sedos.org/english/Suseno.html (acessado em 15 de janeiro de 2007).

Estereótipo de sexo/Violência contra as mulheres

O problema de estereótipo de sexo e de violência contra as mulheres, sustentado pelas antropologias religiosas, permaneceu conosco de forma lamentável no século XXI e assumiu novas formas dentro do contexto global. As mulheres asiáticas agora constituem a "categoria que cresce mais rapidamente, a dos trabalhadores migrantes internacionais" (também referido como a feminização da migração). Isto é particularmente devido à necessidade de trabalhadores domésticos estrangeiros no leste e sudeste da Ásia (Cingapura, Tailândia e Malásia) permitirem que as mulheres locais atuem no mercado de trabalho remunerado.[5] Assim, enquanto a migração equaliza as oportunidades e mobilidade de trabalho para mulheres e homens, é questionável até que ponto isso está realmente promovendo a igualdade de sexos, pois as mulheres migrantes estão concentradas em empregos específicos (trabalho doméstico, cuidados e entretenimento sexual), que são não só setores desprotegidos, como simplesmente extensões da divisão de sexo do trabalho em casa.

A comodificação (ato de transformar algo em produto de consumo) capitalista de vida também reforça a noção tradicional de que as mulheres são propriedade dos homens, e perpetua a violência contra as mulheres nas formas de agressão à esposa, seleção de sexo das crianças através do aborto e infanticídio (Índia e China), e tráfico sexual. A violência sexual continua a ser usada como ferramenta na luta étnica, tanto pelo estupro como pelo molestamento sexual de centenas de mulheres chinesas na Indonésia no levante público de 1998. Também comum entre vários tipos de extremismo religioso é a insistência em preservar os valores da família patriarcal e dos papéis tradicionais das mulheres em

---

[5] O maior grupo de estrangeiros de Hong Kong são os trabalhadores domésticos (entre 217.000 e 237.000), enquanto 41,5% da força de trabalho migrante em Taiwan, em 2004, eram trabalhadores domésticos estrangeiros e cuidadores. Ver ASIS, *Understanding International Migration*, 21.

particular. A implementação do *Shariah* islâmico, em Achem, exigindo que as mulheres usassem o véu aumentou o molestamento sexual, com alguns homens cortando à força o cabelo das mulheres sem o véu.[6]

As Respostas dos Teólogos Eticistas Católicos

Como são interligados dentro dos processos econômico e cultural da globalização, os desafios morais acima demandam abordagens holísticas e integradas para suas soluções.

Uma Análise mais Multidimensional da Globalização

O fenômeno do crescimento da pobreza em alguns países por um lado, e a elevação das economias do Tigre Asiático por outro lado desafiaram os teólogos eticistas asiáticos a ir além das teorias de dependência que foram o diálogo tradicional parceiro da ética e teologia da libertação. A teoria da dependência afirma que a dependência e o desenvolvimento não podem coexistir. O progresso dos Tigres Asiáticos provou que essa suposição está errada.

O dominador Bombongan explora as teorias de globalização (Wallerstein, Anthony Giddens, Roland Robertson) que ajudam a conseguir uma análise mais holística de nossas condições de mudança econômica e política.[7] Sem tornar trivial o sistema de função desigual e troca entre o centro, a semiperiferia e a periferia dentro do sistema do mundo capitalista (Wallerstein), vários teólogos

---

[6] Intan Darmawari, "Ecclesia of Women in Indonesia: Facing the Challenge of State Violence Against Women", in: *Ecclesia of Women in Asia: Gathering the Voices of the Silenced*, ed. Evelyn Monteiro e Antoinette Gutzler (Delhi: ISPCK, 2005), 46-49.

[7] Dominador Bombongan Jr., "From Dependency to Globalization: A Changed Context for Liberation Theology", *Hapag* 1, n. 2 (2004), 33-63.

eticistas[8] do sudeste da Ásia se apropriaram mais da abordagem multidimensional do sociólogo Anthony Giddens. Giddens afirma que, enquanto as primeiras fases da globalização forem caracterizadas por um imperialismo unidirecional, a fase atual (modernidade atrasada) é um processo bilateral que envolve três fatores básicos o global, o local e o pessoal. Isso se torna possível pela transformação das interações tempo-espaço na modernidade atrasada, tornando possível a "ação à distância". Isso significa que, devido ao desenvolvimento da comunicação global instantânea e o transporte público, um acontecimento distante pode ter impacto imediato em uma localidade, e a resposta da comunidade pode formular também uma outra revelação desse evento. As atividades diárias são influenciadas por eventos que acontecem do outro lado do mundo e, semelhantemente, o que fazemos em nível local pode ter consequências globais.

A pauta de dez pontos de Giddens para uma ordem pós-capitalista inclui, entre outros, o encorajamento dos movimentos sociais e a retirada dos recursos nativos, sustentando os laços de família enquanto o patriarcado é desacreditado, assim como recebendo de forma crítica a assistência de negócios, estados e agências internacionais que são sensíveis aos sentimentos locais e defensoras do meio ambiente.[9]

---

[8] Ver Dennis Gonzalez, "Modernity and Post-traditional Society: Some Insights from Anthony Giddens", *Análise MST* 3, n. 1 (1999): 71-82; Dominador Bombongan Jr., "Catholicity in the Context of Globalization: A Test Case for Pluralism in the Church", in: *Fundamentalism and Pluralism in the Church*, ed. Dennis Gonzalez (Manila: Dakateo, 2004), 172-193; Percy Bacani, "A New Model of Matrimony and Celibacy in the Context of Globalization", *Religious Life in Asia* 5, n. 1 (janeiro a março de 2003), 26-35; Agnes Brazal, "Reinventing *Pakikipagkapwa:* An Exploration of its Potential for Promoting Respect for Plurality and Difference", in: *Fundamentalism and Pluralism in the Church*, 50-70; J. B. Banawiratma, S. J., "Religions in Indonesian Pluralistic Society in the Era of Globalization: A Christian Perspective", *Voices from the Third World* 22, n. 1 (junho de 1999): 36-48.

[9] Giddens, *Beyond Left and Right, 159-163.*

O eticista Eduard Kimman, que residiu na Indonésia por dez anos, parece seguir essa mesma linha quando enfatiza a responsabilidade moral das corporações e a necessidade de a Igreja desenvolver um sentimento moral entre aqueles que trabalham no setor privado. Do mesmo modo, ele salienta que o desenvolvimento econômico não deve significar o abandono dos valores tradicionais e da religião.[10]

Ao afirmar a necessidade de confrontar o capitalismo global que causa a polarização econômica, os teólogos eticistas do sudeste da Ásia reconhecem que outros tipos de lutas (contra a discriminação de sexo, racial, religiosa etc.) não são menos vitais. Percy Bacani, por exemplo, ressalta a importância dos valores feministas de reciprocidade e parceria em todas as relações (em contraste com a complementaridade ou dependência absoluta) como "uma alternativa e correção ao caráter excludente e marginalizador da globalização hoje".[11] Dentro de uma abordagem multidimensional semelhante, Aloysius Cartagena direciona sua crítica não somente aos fatores externos que produzem a pobreza, como ao programa de acomodação estrutural imposto pelo IMF-WB; porém, no contexto da corrupção expandida no país, ele também se concentra na importância de inculcar um sentido para o bem comum entre os filipinos e para a cidadania de entendimento como uma expressão do discipulado e um caminho para a santidade. As comunidades eclesiásticas básicas, ele afirma, devem funcionar como "comunidades democráticas que buscam e anteveem o bem comum" e devem servir como fóruns em que as vozes dos marginalizados podem ser ouvidas.[12]

---

[10] Eduard Kimman, "Asian Christian Communities and Economic Growth", in: *Religions, Development and Liberation*, ed. Roberto Papin e Vincenzo Buonomo (Manila: New City, 1993), 210-217.

[11] Bacani, "A New Model of Matrimony and Celibacy", 32.

[12] Aloysius Cartagena, "The State of the Nation and Its Implications to the Church's Social Praxis", *Talad* (2001): 123.

Renovando o Suporte das Tradições Religiosas e Culturais

O teórico da globalização Roland Robertson observou a importância das respostas simbólicas para uma interpretação da globalização traçando sua trajetória.[13] A tradição católica social e as Escrituras, em particular, foram uma fonte central para os teólogos morais das normas éticas e "imagens" necessárias para o que Fausto Gómez chama de "globalização boa/localização"[14] ou a que Romeo Intengan se refere como uma "economia de mercado socialmente responsável".[15] Gomez redistribui o ensinamento de São Tomás sobre a justiça, a propriedade e o pobre no contexto de hoje, e argumenta que "os 'bens supérfluos' pertencem por justiça ao pobre".[16] Ele igualmente relê a Eucaristia em relação à justiça global,[17] enquanto Dionísio Miranda se inspira nas imagens de alimento e nas histórias de alimentação nas Escrituras para avaliar de forma crítica os alimentos transgênicos, que são saudados pelas corporações transnacionais de agronegócios como uma solução no mundo para a fome que resulta da pobreza.[18]

---

[13] Roland Robertson, *Globalization: Social Theory and Global Culture* (London: Sage, 1992), 61-69.

[14] Fausto Gómez, "Globalization: Ethical and Christian Perspective", *Religious Life Asia* 3, n. 2 (abril a junho de 2001): 63.

[15] Romeo Intengan, "Moral and Spiritual Imperatives on Peace and Development", http://www.mindanaopeaceweavers.org/pdf/moral_imperatives-intengan.pdf (acessado em junho de 2006).

[16] Fausto Gómez, "St. Thomas Aquinas: Justice, Property and the Poor", *Philippiniana Sacra* 30, n. 89 (maio a agosto de 1995): 251-276.

[17] Fausto Gómez, "The Holy Eucharist and Commitment to Justice and Solidarity", *Philippiniana Sacra* 22, n. 66 (setembro a dezembro de 1987): 403-420.

[18] Dionísio Miranda, "Towards an Ethics of Genetically Modified Organisms", *Diwa* (novembro de 1999): 108-126. Roland Tuazon também acentua, com Gibson Winter, o significado de metáforas de raiz que estão na base de nosso pensamento ético e aplica isso à questão da biotecnologia alimentar. Ver Tuazon, "Biotech Food, the Solution to World Hunger? A Socio-Ethical Consideration on the Introduction of Genetically Modified Organisms (GMOs)", *Hapag* 1, n. 1 (2004): 129-139.

Opção pelos "Outros" Pobres/Vítimas do Sofrimento como Critério Moral

Desde 1970, os bispos asiáticos identificaram a opção pelos pobres como um princípio básico da missão na Ásia.[19] Ressaltando o fato de que a experiência da pobreza na Ásia se mistura com as identidades culturais e religiosas e qualquer tentativa de erradicar a pobreza deve tomar seriamente a religiosidade da Ásia, Carlos Ronquillo propõe uma ampliação da "opção pelos pobres" para uma "opção pelos outros pobres". Os "outros" incluem os "oprimidos, os 'não-pessoas', os 'não--cristãos', os 'inculturados', as mulheres e as crianças."[20] Apesar de que, tradicionalmente, o sujeito de responsabilidade moral é a pessoa autônoma, cônscia, racional e livre, nessa perspectiva heterônoma, que se apropria também das reflexões do filósofo Emmanuel Lévinas e do eticista Enrique Dussel, o avanço vem principalmente não de dentro, mas de fora, isto é, através do encontro com os "outros". Essa opção pelos "outros" pobres, Ronquillo enfatiza, envolve um diálogo triplo com o pobre, as culturas de vida e as religiões da Ásia.[21]

Inspirando-se nos recursos da cultura da Indonésia, J. B. Banawiratma situa a importância de dar prioridade às vítimas, aos oprimidos, particularmente às mulheres, dentro da visão de mundo holística javanesa que valoriza a participação e o sentimento pelo conjunto. Banawiratma critica o foco tradicional javanês sobre a harmonia dentro de uma ordem coletiva hierárquica. Ele constrói, entretanto, em suas margens livres, a prática do *musyawarah* (consulta e consenso público) e seu sentimento pela ordem

---

[19] "BISA I: Final Reflections of the First Asian Bishops' Institute for Social Action (1-15 March, 1974)", in: *From All the Peoples of Asia: Federation of Asian Bishops' Conferences' Documents from 1970 to 1991,* vol. 1, ed. Gaudêncio Rosales.

[20] Felix Wilfred, *From the Dusty Soil: Contextual Reinterpretation of Christianity* (Madras: Universidade de Madras, 1995).

[21] Carlos Ronquillo, "Moral Responsibility in Asia: A Proposed Approach", *MST Review* 3, n. 2 (2000): 217-235.

cósmica. Dentro dessa perspectiva do mundo, a sensibilidade às exigências dos feministas levará, de acordo com ele, à melhoria não só das mulheres mas também dos homens e da comunidade como um todo.[22]

Banawiratma, da mesma forma, apropria-se, de modo crítico, da filosofia *pancisala* indonesiana, que tem influência nos velhos reinos hindus na Sumatra e em Java para um desenvolvimento ético que tente reduzir todas as formas de sofrimento. A filosofia *pancisala* abrange os cinco princípios: crença em um Deus Supremo, humanismo, unidade nacional, democracia ao estilo indonesiano e justiça social.[23]

Apesar de não se referir explicitamente à "opção pelos outros pobres", Cristina Astorga defende os casais pobres livres de sobrecarregar ainda mais sua consciência quando optam por usar métodos anticoncepcionais em seu desejo de prover uma vida decente para seus filhos. Ela argumenta que a distinção entre abordagens naturais e artificiais para o planejamento familiar não deve ser tomada como eticamente decisiva.[24]

Direitos Humanos / Culturais dos Outros

O desafio da migração, os conflitos étnicos e o extremismo religioso trazem à tona também a necessidade de abordar a questão dos

---

[22] J. B. Banawiratma, "Gender Concern: A Male Perspective in Wholistic Paradigm", *Voices from the Third World 24*, n. 1 (junho de 2001): 137.

[23] J. B. Banawiratma e J. Müller, "Contextual Social Theology: An Indonesian Model", *East Asian Pastoral Review 36*, n. 1-2 (1999): 17, 102-103.

[24] Cristina Astorga, "Natural or Artificial: Re-examining Morality of Birth Regulation Methods in Relation to SDM", *Landas* 17, n. 2 (2003): 270-282. Em um artigo publicado em 2005, propus também a descriminalização da prostituição no contexto filipino, usando a lente da tragédia e a "trágica situação moral", como uma forma de lidar com as questões em que a escolha não é entre o bem absoluto e o mal, mas qual política de Estado pode melhor minimizar o sofrimento de mulheres empobrecidas. Ver Agnes M. Brazal, "Descriminalizing Prostitution in the Philippines: A Christian Response to the Tragic?" em *Ecclesia of Women in Asia: Gathering the Voices of the Silenced,* eds. Evelyn Monteiro e Antoinette Gutzler (Delhi: ISPCK, 2005), 3-21.

Direitos Humanos culturais, especialmente das minorias. É digno de nota que a Ásia é a única região importante no mundo sem sua própria versão de um instrumento de Direitos Humanos.[25]

Roland Tuazon explora o relacionamento constrangedor entre os Direitos Humanos vistos como uma expressão da mentalidade ocidental individualista e os valores mais comunitários das religiões (asiáticas), por exemplo. Ele ressalta a necessidade de reconhecer que tanto os Direitos Humanos como os valores religiosos estão enraizados em fundações filosóficas divergentes (por exemplo, o *ethos* religioso x a perspectiva secular, a comunidade x o indivíduo). Seguindo Alasdair MacIntyre, por um lado, ele argumenta que qualquer racionalidade ética (incluindo o discurso dos Direitos Humanos) é baseada em uma tradição particular. Apropriando-se de Martha Nussbaum, por outro lado, ele acentua que as religiões devem ser abertas também à crítica de outras tradições particulares de racionalidade. O discurso dos Direitos Humanos pode, então, desafiar as tradições religiosas de seu ponto de vista particular e vice-versa, eles podem enriquecer mutuamente um ao outro. Tuazon, mais adiante, afirma que uma ética global baseada no "mínimo necessário" dos valores comuns, critérios e atitudes básicas permanece viável quando isso é entendido como um "guia histórico e revisável para as conversações avançadas entre religiões e tradições particulares da racionalidade".[26] Isso implica a necessidade de intensificar esforços em diálogos inter-religiosos.

Banawiratma, por outro lado, ressalta que os Direitos Humanos são "exigências universais e não são simplesmente o produto do pensamento liberal ocidental".[27] Os Direitos Humanos não devem ser vistos como

---

[25] Graziano Battistella, *The Human Rights of Migrants* (Quezon City: Scalabrini Migration Center, 2005),15.
[26] Roland Tuazon, "Human Rights and/or Religious Ethical Values: Examining an Ambivalent Relationship", *Hapag* 2, n. 1 (2005): 73.
[27] J. B. Banawiratma e J. Müller, "Contextual Social Theology: An Indonesian Model", *East Asian Pastoral Review 36*, n. 1-2 (1999): 103.

exigências a priori, mas como emergindo de uma história de sofrimento que leva à formulação de "nãos" imperativos. O economista indiano Amartya Sen também argumenta que, na Antiguidade, são encontrados componentes antecipados dos Direitos Humanos (a liberdade e a tolerância como direitos individuais), não somente no Ocidente, mas também nas religiões asiáticas. Falando contra aqueles ocidentais que argumentam que o discurso dos Direitos Humanos é uma contribuição peculiarmente ocidental, Sen aponta que eles "frequentemente dão munição às críticas não-ocidentais dos Direitos Humanos. A defesa de uma ideia pressupostamente 'alienígena' nas sociedades não ocidentais pode, na verdade, parecer imperialismo cultural patrocinado pelo Ocidente".[28]

Pressupondo a globalização do discurso dos Direitos Humanos e notando o fato de que os países asiáticos eventualmente reafirmaram a Declaração dos Direitos Humanos na Conferência de Viena, Graziano Battistella concentra-se no assunto específico dos direitos dos migrantes. Ele situa sua discussão do ensino das igrejas universal e asiática sobre a proteção dos direitos dos migrantes na visão eclesiológica destes como "ícones da Igreja" "o Outro que nos chama para a comunhão na diversidade".[29] Essa imagem vai além da simples visão do migrante como "necessitado", e ressalta que sua presença pode enriquecer muitas sociedades também.

Em meu último artigo, exploro a noção largamente subdesenvolvida do direito cultural no contexto da migração.[30] Ela apropria o conceito de Pierre Bourdieu da prática cultural como formada por ambos os *habitus* (inconsciente e cultural) e os campos do poder para

---

[28] Amartya Sen, "Universal Truths: Human Rights and the Westernizing Illusion", *Harvard International Review* 20, n. 3 (verão de 1998): 40-43, http://www.mtholyoke.edu/acad/intrel/asian%20values/sen.htm (acessado em junho de 2006).

[29] Battistella, *The Human Rights of Migrants*, 20.

[30] Agnes M. Brazal, "Cultural Rights of Migrants: A Philosophico-Theological Exploration", em *Faith on the Move: Towards a Theology of Migration in Asia*, eds. Fabio Baggio, Agnes M. Brazal e Edwin Corros (no prelo, n. d.).

destacar o Direito Cultural como o direito à autoexpressão, ao desenvolvimento e à identidade de uma relação individual e social. Em um diálogo crítico com Will Kymlicka, um teórico liberal do multiculturalismo, examino também a possibilidade de falar dos direitos culturais de grupos específicos para imigrantes (por exemplo, no contexto da Malásia, o direito à igual distribuição de terrenos para culto religioso). Ele propõe o modelo trinitariano caracterizado pela relacionalidade, igualdade na diversidade e criatividade/fecundidade como base teológica para os direitos culturais. A Trindade é concebida aqui como uma comunhão de diversos *kapwa* em relações iguais e mútuas. *Kapwa* é a classe filipina para "outro", mas diferente do termo inglês; a ênfase aqui é sobre o "eu interior comum" com ambos, o "um de nós" e o "nenhum de nós", o "semelhante" e o "diferente". *Pakikipagkapwa*, uma virtude filipina, refere-se a relacionar-se com *"kapwa"* igualmente e justamente.[31]

Suporte Institucional dos Teólogos Eticistas Católicos

Com exceção dos grupos da grande Ásia, como as Conferências da Federação dos Bispos Asiáticos e suas secretarias (como exemplo, Secretaria para o Desenvolvimento Humano), e a Congregação de Mulheres na Ásia (uma associação de mulheres teólogas católicas), há organizações locais e secretarias que encorajam os teólogos eticistas do sudeste da Ásia, juntamente com aqueles de outros campos de especialização teológica, a refletir e responder criativamente aos desafios morais contemporâneos (por exemplo, Centro para Pesquisa e Treinamento de Teologia Contextual na Indonésia, DAKATEO – Associação Teológica Católica das Filipinas, Centro para Teologia Contextual e Ética na Universidade de São Tomás, Centro de Migração Scalabrini etc.). Várias instituições teológicas também integram

---

[31] Brazal, "Reinventing *Pakikipagkapwa*", 56-57.

exposição para comunidades pobres, mulheres, grupos indígenas, outras religiões e oferecem cursos sobre análise social, cultural e de sexo como uma preparação pré-teológica necessária para o ensino de uma Teologia Moral relevante e mais contextualizada.[32]

Esperanças Pessoais para o Continente

Em um editorial, um sociólogo lamentava que nossa geração de bebês da corte marcial filipina que cresceu durante os anos 1920, U.S., suportou o regime ditatorial de Ferdinand Marcos, lutou, ficou presa e passou por duas revoluções do povo contra o poder é, em certo sentido, já uma geração perdida... com um futuro melhor, ainda ausente do horizonte. Muitos atingiram a meia idade, e muitos já morreram, mas nós temos ainda que ver os frutos de nossas lutas e sacrifícios. Porém, em outra luz com a esperança como nossa última palavra podemos continuar a sonhar com o futuro de nossas crianças e do continente: diariamente "pão" para todos comer, ar limpo, água fresca, sono profundo e liberdade para expressar e desenvolver o próprio eu e a própria identidade em harmonia intercultural e cósmica com os "outros".

Em direção a uma globalização sem marginalização, a conversão eclesial é um imperativo: "qualquer um que se aventure a falar às pessoas sobre justiça deve primeiro ser justo aos olhos delas".[33] Em uma área muito concreta, e espero que nos anos vindouros haja mais mulheres eticistas teológicas estabelecidas em nosso continen-

---

[32] A lista dessas instituições inclui a Faculdade de Teologia da Universidade Sanata Dharma, Yogyakarta, na Indonésia, e a Escola de Teologia Maryhill e a Escola de Teologia São Vicente e o Centro Teológico Intercongregacional nas Filipinas.

[33] Sínodo dos Bispos, *Justice in the World* (Manila: Saint Paul Publications, n. d.), 21.

te, especialmente no Leste e Sul da Ásia. Vamos prestar atenção ao chamado na declaração final do terceiro Instituto para o Apostolado Leigo dos Bispos Asiáticos sobre as Mulheres: "mais oportunidades devem ser providenciadas para as mulheres estudarem e ensinarem Teologia nas escolas teológicas e seminários".[34]

---

[34] Bishops' Institute for Lay apostolate (BILA) on Women, "III Final Statement", in: *For All the Peoples of Asia*: *FABC Documents from 1997 to 2001*, vol. 3, ed. Franz-Josef Eilers (Quezon City: Claretian, 2002), 79-82.

A ÉTICA CRISTÃ EM UM MUNDO DE COMPLEXIDADE CULTURAL E DESIGUALDADE SOCIAL NA ÍNDIA

Clement Campos, C.Ss.R.

Nesta apresentação, tratarei sobre a situação da Teologia Moral com referência específica à Índia. A razão pela qual me limito a uma parte do sul da Índia é que ela é um subcontinente em si, com uma população acima de um bilhão. É também, em certo sentido, o país mais representativo do continente asiático. Há três décadas, a Federação das Conferências dos Bispos Asiáticos declarou que a evangelização na Ásia exigia um triplo diálogo: diálogo com as religiões da Ásia, diálogo com as culturas locais e diálogo com o pobre.[1] Esses são os três elementos que dominam a paisagem asiática: pluralidade religiosa, diversidade cultural e pobreza desumanizante; e eles referem-se mais rigorosamente ao subcontinente indiano e podem ser chamados de suas características determinantes.

A Índia, na verdade, apresenta uma mistura confusa. É o local de nascimento de algumas das grandes religiões do mundo. Enquanto ela é predominantemente hindu é bom lembrar que "a Índia é o terceiro maior país muçulmano do mundo; oitenta por cento dos membros da religião de Zaratustra vivem na Índia; e a população de cristãos e siques excede a

---

[1] FABC, "Evangelization in Modern Day Asia", n. 9-24, in: *For All the Peoples of Asia*: *FABC Documents from 1970-1991,* vol. 1, eds. Gaudêncio Rosales e C. G. Arevalo (Quezon City, Philippines: Claretian Publications, 1992), 14-16.

população total de muitas nações do mundo".² Uma indicação da diversidade cultural é o incrível fato de que há vinte e duas línguas reconhecidas oficialmente no país.³ Rica em religião e cultura, altamente avançada em ciência e tecnologia, a Índia é também um país com enorme pobreza, analfabetismo em larga escala e um sistema de casta desumanizante. Neste contexto, o desafio que confronta os teólogos eticistas é criar uma Teologia que seja, ao mesmo tempo, liberal e também enraizada no pluralismo cultural e nas tradições religiosas da terra.

O que é oferecido aqui é uma visão panorâmica dos problemas de maior interesse que estão sendo enfrentados pelos teólogos eticistas indianos.

Globalização

Uma das maiores preocupações na Índia é a globalização. A globalização prometeu muito em termos de potenciais benefícios para todos, e foi entusiasticamente recebida pela elite e pelos meios de comunicação com uma enchente de benefícios, elevada conectividade e o prospecto tentador de um estilo de vida melhor. A realidade é que esses benefícios atingiram somente uma pequena minoria. A pobreza cresceu e a vida tornou-se muito mais insegura. Umas poucas estatísticas bastariam para indicar isto. No período imediatamente após as reformas econômicas introduzidas, o consumo real *per capita* na Índia rural, que permaneceu em 164,00 rúpias por mês em 1991, caiu para 153,00 rúpias em 1998. A percentagem de pessoas abaixo da linha da pobreza durante a década da reforma subiu de 35,1% em 1993-1994 para 43% em 1998.⁴ Para

---

[2] T. K. Oomen, *State and Society in India: Studies in Nation Building* (Nova Delhi: Sage Publications, 1990), 126.

[3] K. M. Mathew, ed., *Monorama Yearbook 2006* (Kottayam: Malayala Monorama Press, 2006), 507.

[4] Ver M. Victor Louis Anthuvan, *The Dynamics and Impact of Globalization: A Subaltern Perspective* (Madurai: Amirtham Press, 2006), 266-271.

entender melhor esses números, cito exatamente um exemplo. Nos anos recentes, milhares de lavradores pelo país cometeram suicídio. De acordo com a *Navdanya,* uma fundação de pesquisa

> em 1997, a Índia experimentou seu primeiro acesso de suicídios de lavradores e, desde essa época, mais de 25.000 lavradores tiraram sua própria vida. A crise originou-se de várias dificuldades que levaram a dívidas irreversíveis de lavradores pequenos e marginalizados, mesmo das regiões do país historicamente mais produtivas. A agricultura da Índia tornou-se uma economia negativa devido grandemente a três fatores principais: custos crescentes do cultivo, preços em queda das mercadorias de cultivo e falta de disponibilidade de crédito para pequenos lavradores. Muitos destes fatores podem ser atribuídos à globalização corporativa e às políticas de livre comércio injustas, implementadas pela Organização Mundial de Comércio.[5]

A privatização, agressiva frente da globalização, frequentemente entra em conflito com os objetivos da Justiça Social e do Bem Comum. Além da queda econômica, também houve um impacto negativo nas culturas locais e um ataque devastador no meio ambiente. Os teólogos eticistas em geral adotaram uma postura extremamente crítica contra a globalização. Eles basearam sua posição em uma crítica ao capitalismo e à economia de mercado, que é, na realidade, uma nova forma de imperialismo econômico, junto com os princípios que são parte do ensinamento social da Igreja:

Toda pessoa é sagrada e deve ser tratada com dignidade e igualdade.
O critério para avaliar os sistemas econômicos e as decisões é se eles protegem ou minam os direitos e a dignidade do indivíduo.
Todas as pessoas têm o direito de participar da vida econômica da sociedade como iguais.

---

[5] Ver http://www.navdanya.org/news/04july15.htm (acessado em 1 de julho de 2006).

A sociedade tem a obrigação especial de cuidar dos marginalizados.

O objetivo das instituições econômicas é o bem comum, e não vantagens garantidas legalmente.

Não pode haver bem comum sem justiça.[6]

Meio Ambiente

Como em qualquer outro lugar do mundo, há uma crise ecológica importante fermentando na Índia.[7] Como um teólogo responde? A abordagem dos teólogos indianos[8] é tirar da sabedoria dos povos indígenas que, através de seus mitos e rituais, seu respeito pela mãe terra e seu estilo de vida simples, cuidaram da conservação e de uma relação simbiótica com a natureza. Há muito a aprender também com as antigas religiões e suas escrituras, que revelam uma percepção mística da Terra como o lar onde se experimenta o poder vivificante do Divino. A reverência pela Terra e sua proteção são vistas como uma resposta ética lógica. Isso complementa a Teologia Cristã baseada nas inspirações bíblicas da criação e cuidado com a Terra.

---

[6] John Chathanatt, "Reclaiming our Vintage Values: This Hour of the Economic History of India", *Jeevadhara 26,* n. 156 (novembro de 1996): 435-456. Ver também I. John Mohan Razu, "An Ethical Critique of Asia's Globalizing Economy", in: *Towards a Just Economic Order,* ed. John Mohan Razu (Bangalore: NBCLC, n.d.g.), 9-26.

[7] George Mathew Nalunnakkal, *GreenLiberation: Towards an Integral Ecotheology* (Delhi: ISPCK,1999), 18-54. Ver também os artigos de Ipe M. Ipe, "Economic Crisis and Agenda for Mission", e Philip P. Eapen, "Poverty and environmental Degradation", in: *Ecological Challenges and Christian Mission,* eds. Krickwin C. Marak e Atul Y. Aghamkar (Delhi: ISPCK, 1998), 9-38.

[8] Ver as duas questões de *Jeevadhara* dedicadas às questões ecológicas, *Jeevadhara 18,* n. 103 (janeiro de 1988) e *Jeevadhara 21,* n. 126 (novembro de 1991), e a declaração da Associação Teológica Indiana, "Ecological Crisis: An Indian Christian Response", in: Jacob Parapally, ed., *Theologizing in Context: Statements of the Indian Theological Association* (Bangalore: Publicações Dharmaram, 2002), 252-264.

Há uma reação, entretanto, contra o uso do modelo de gerenciamento. Esse modelo, enquanto um aprimoramento do modelo de dominação, pode ir de mãos dadas com as estruturas opressivas sem necessariamente mudá-las. Ele ainda guarda as conotações antropocêntricas e instrumentais, ignora a dimensão do valor intrínseco da criação e, assim, não vai muito longe ao integrar os interesses do equilíbrio ecológico e da justiça social.

Uma ética do meio ambiente para a Índia requer uma denúncia das forças que conspiram para saquear a Terra, o suporte de campanhas para preservar a água que é vital, o ar e a terra, a preservação da biodiversidade junto com uma crítica da cultura e estilo de vida consumista e o estímulo de uma eco-espiritualidade. O que os ecoéticos indianos também ressaltam é a necessidade de reparar a violação da natureza, fazendo justiça com as vítimas dessa exploração.[9] As primeiras vítimas são sempre os pobres. Elas clamam por justiça aos recursos da Terra para a concretização das necessidades básicas do ser humano decente, que vive além do direito à moradia saudável e habitável.

Por exemplo, no estado de Kerala, a companhia ltda. da bebida Coca-Cola, no Industão, conseguiu permissão do governo para obter quarenta acres de terra localizados na vizinhança de um canal de irrigação essencial, um par de reservatórios e um rio importante. Eles abriram sessenta e cinco poços de perfuração e, de acordo com o relato da companhia, consumiram 600.000 litros de água por dia para os objetivos da produção. Isso criou escassez de água para as pessoas pobres da tribo nas proximidades. A contaminação cancerígena desnecessária da água disponível dentro de um raio de dois quilômetros atingiu um nível crítico, destruindo os sistemas de suporte do meio de vida das comunidades locais. Em um julgamento de alta corte sobre uma petição registrada por pessoas da região contra a companhia, o juiz afirmou que

---

[9] S. Arokiasamy, "Liberation Ethics of Ecology", *Jeevadhara 28,* n. 103 (janeiro de 1988): 32-39.

as fontes de água subterrâneas pertenciam às pessoas e o governo não tinha o direito de permitir que um grupo particular extraísse essa enorme quantidade de água subterrânea, que era "uma propriedade mantida por ele como garantia". A essência principal da lei pública é que o estado é um depositário de todos os recursos naturais e tem o dever legal de protegê-los. Esses escassos recursos são direcionados para uso público e não podem ser convertidos em posse particular.[10] Aqui está um caso claro de como uma das necessidades mais básicas da vida agora se torna uma mercadoria para o negócio e o lucro. Esse ato de privatização retira o governo de uma área básica de interesse social em que a verdadeira existência do pobre é ameaçada. Vê-se aqui por que a ética do meio ambiente deve estar ligada ao bem comum, não no sentido do bem da comunidade simplesmente local ou da comunidade humana, mas no sentido mais amplo e mais inclusivo de uma biosfera sustentada pela energia amorosa de Deus.

Bioética

Tem havido uma grande quantidade de artigos no campo da Bioética. Várias dissertações foram publicadas na Índia tratando de problemas individuais em áreas tão diversas como a qualidade de vida, transplantes de órgãos, genoma humano e controle populacional, mas, na abordagem, esses esforços apenas refletem a preocupação do resto do mundo e usam argumentos tradicionais. Deixe-me apresentar dois problemas: justiça no cuidado com a saúde e o HIV/AIDS.

---

[10] Ver Philip K. J., "A Theological and Ethical Response to Water Crisis in the Tribal Areas of Plachimada", in: *Waters of Life and Death: Ethical and Theological Responses to Contemporary Water Crises*, eds. Sam P. Mathew e Chandran Paul Martin (Delhi: ISPCK, 2005), 68-91. Ver também Ajit Muricken, "Source of Life for Sale in Bottles: Trade in Water Services", *Integral Liberation 9*, n. 2 (junho de 2005).

Os índices da saúde na Índia viram substancial melhora nas décadas recentes, mas a qualidade e os serviços de cuidado com a saúde de preços acessíveis continuam a iludir o pobre. Oferecer cuidado médico justo e de preço acessível para os pobres da área rural e urbana continua um desafio.[11]

A ironia na Índia é que ela tem os mais sofisticados meios de tratamento e expressa facilidades da arte médica, mas milhões morrem de doenças evitáveis, sem nenhum acesso a um cuidado primário de saúde. Um exemplo de como o pobre é afetado é a disponibilidade dos remédios. A globalização, com suas novas leis patenteadas, as práticas de monopólio das companhias farmacêuticas e a privatização crescente dos cuidados com a saúde colocam um enorme peso sobre os pobres que não podem ter acesso aos remédios que salvam a vida. O vínculo entre a profissão médica e as companhias farmacêuticas e a irracional prescrição de remédios e testes diagnósticos representam o pior lado da privatização.[12]

Por isso, um dos problemas de vital interesse para a Índia é a questão da justiça no cuidado da saúde e a justa distribuição de recursos. A abordagem é baseada no apelo aos Direitos Humanos. Há um direito fundamental para o cuidado com a saúde, um direito fundamentado na dignidade da pessoa humana. Este direito implica que o acesso ao cuidado da saúde deve ser concedido a todas as pessoas, independente da situação econômica, social ou legal, com especial atenção dada às necessidades dos pobres. O que é exigido é um cuidado compreensivo com a saúde, que se concentre não tanto no cuidado de doenças agudas e extensão da vida por meio de tecnologias sofisticadas, mas especialmente dar prioridade à medicina preventiva e à promoção da saúde po-

---

[11] Akash Acharya e Kent Ranson, "Health Care Financing for the Poor", *The Economic and Political Weekly* 40, n. 38 (7 de setembro de 2005): 4141.
[12] Ver *Health for All Now! The People's Health Source Book* (Chennai: AID-India, 2004), 10-60.

sitiva. Isso é feito eliminando as causas sociais e ambientais da doença e mudando o estilo de vida prejudicial à saúde, assim como educar as pessoas de forma que as capacite a tomar responsabilidade por sua própria saúde. Prioridade deve ser dada aos problemas dos mais incapazes, pouco informados e menos capazes de pagar.

A Índia hoje, provavelmente, tem o maior número de pessoas com AIDS. De acordo com as pesquisas pela Organização Nacional de Controle da AIDS, em 2005, o número estimado de adultos (grupo de idade de 15 a 49) vivendo com AIDS é 5.206 milhões.[13] Estranhamente, não houve muitos artigos tratando deste problema. Em uma variação modesta da abordagem do ABC, os teólogos eticistas ajudaram a Comissão da Saúde da Conferência dos Bispos Católicos da Índia a formular uma abordagem que fala de abstinência, ser fiel e conter a infecção como uma iniciativa para educar as pessoas e propiciar cuidados para os que estão com AIDS. Entretanto, houve relutância para falar sobre assuntos de camisinha (mesmo no contexto do casamento) e estar envolvido com ações que têm uma abordagem diferente daquela da Igreja.

Discriminação

Entre as vítimas da discriminação, dois grupos especialmente devem ser mencionados: as mulheres e os *dalits* (as oprimidas vítimas da discriminação de castas). Depois de observar isso, volto à discriminação sobre o fundamento da religião.

A discriminação de sexo e a negação de direitos às mulheres são difundidas na Índia. Um sinal alarmante é o aborto seletivo de bebês femininos e a queda do índice de natalidade de mulheres. Há também, infelizmente, repetidos incidentes de mortes por dote, violência doméstica, estupros e negação de direitos iguais às mulheres em matéria de

---

[13] Ver http://www.nacoonline.org/fnlapil06rprt.pdf (acessado em 1 de julho de 2006).

educação. Os teólogos eticistas não se encarregam de forma suficiente desses problemas e, as vozes são na maioria das vezes das mulheres ativistas e teólogas feministas.

A resposta moral à discriminação com base nas castas está em primeiro lugar como protesto. O protesto é não somente uma revolta contra as estruturas injustas, mas também um esforço para indicar a ausência de consciência pública. O protesto é uma ferramenta nas mãos dos impotentes, o primeiro passo na prática da libertação. O conteúdo moral do protesto é afirmar o valor moral e a dignidade da pessoa humana como indivíduo. Esse protesto envolve, por parte das vítimas, uma rejeição da visão do mundo do opressor e do sistema de valores do opressor, assim como uma não-conformidade com sua própria condição de vítima. Um passo final é dar apoio às vítimas para que se tornem agentes morais de seus próprios destinos. Este é um exemplo de uma Ética de Libertação.[14]

Finalmente, apesar de as grandes religiões indianas serem observadas por suas Escrituras profundas, suas tradições espirituais e contemplativas e seu espírito de tolerância, hoje a atmosfera é enfraquecida por um fundamentalismo religioso militante que não quer deixar nenhum espaço para o pluralismo religioso ou a liberdade religiosa. Muitos estados impuseram leis que tornam difícil a conversão de uma religião para a outra, a que o Papa Bento se referia como "a tentativa censurável de fazer leis de restrições claramente discriminatórias sobre o direito fundamental de liberdade religiosa".[15] A resposta teológica foi baseada nos Direitos Humanos e na liberdade de seguir sua própria consciência. Uma dimensão acrescentada é o restabelecimento da tradição profética da religião para reagir à tentação de usar a religião como uma ferramenta de alienação e legitimação de estruturas e práticas injustas.

---

[14] Xavier Ilango, "Morality from a Dalit Perspective", *Jeevadhara 28*, n. 168 (novembro de 1998), 426-440.

[15] *L'Osservatore Romano,* Edição Semanal em Inglês 21, n. 1945 (24 de maio de 2006): 5.

Violência e Terrorismo

Na terra do *ahimsa*, atos de violência e terrorismo são uma ocorrência diária. Alguns deles são por direitos políticos (como na Caxemira) e outros por justiça social e reforma agrária (como exemplo, *Peoples' War Groups*) e ainda outros inspirados por fundamentalismo religioso (exemplo, os tumultos em Gujarat). Os teólogos, tratando desses problemas, declaram que, embora esses atos de violência sem propósito contra vítimas inocentes devam ser condenados, não se deve perder de vista o fato de que frequentemente há uma forma de violência imposta pelas autoridades ou estruturas políticas pela negação dos direitos fundamentais e da justiça para vários grupos sociais. Essa é uma razão por que escrever sobre o pecado põe em foco o pecado social e as estruturas pecaminosas e acentua a necessidade de um conceito mais amplo de reconciliação.[16]

Frequentemente também a resposta ao terrorismo envolve atos de contra-terrorismo e leis perversas que ocultam os direitos e as liberdades das pessoas. Há, desse modo, uma espiral viciosa de violência. Não se deve esquecer que na raiz do terrorismo estão os reais sofrimentos: negação de direitos, injustiça sofrida, pobreza, aspirações frustradas e a exploração das pessoas, que sentem que não há outro meio fora a violência.[17] Esses problemas precisam ser reconhecidos e enfrentados primeiro e, somente então, podem o diálogo e as formas de não-violência levarem a resoluções pacíficas. Gandhi mostrou o caminho.[18]

---

[16] S. Arokiasamy e F. Podimattam, eds., *Social Sin: Its Challenges to Christian Life* (Bangalore: Claretian Publications, 1991).

[17] Ver *Populorum Progressio*, n. 30; e *Centesimus Annus*, n. 52.

[18] Ver Vimal Tirimanna, *Catholic Teaching on Violence, War and Peacein our Contemporary World* (Bangalore: Corporação de Comércio Asiático, 2006); George Therukaattil, "Violence: Moral Theological Perscpectives", *Jnanadeepa 6,* n.1 (janeiro de 2003): 121-137.

Direitos Humanos

Em um país injustamente dividido como a Índia, a violação dos Direitos Humanos dos impotentes e dos marginalizados é estruturalmente fácil. Uma abordagem ética, baseada na dignidade da pessoa humana, que é simplesmente individualista, é inadequada porque ela pode ser explorada em vantagem da elite ou da classe dominante. Outra abordagem é exigida.

Estranhamente, como Felix Wilfred salienta, nos tempos recentes, alguns países asiáticos querem distanciar-se do modelo comum dos Direitos Humanos adotado pelas Nações Unidas em 1948. Eles agem assim pela alegada diferença dos valores asiáticos. China e Cingapura são desses casos. Não há como negar a realidade das diferenças culturais derivadas de várias visões do mundo, histórias, tradições e culturas. Isso somente levaria a um novo discurso intercultural sobre os valores humanos e os direitos nos quais eles estão guardados como relíquia.

Wilfred argumenta que o entendimento moderno dos Direitos Humanos foi baseado na teoria da lei natural e no apelo à razão. Uma abordagem asiática seria mais espiritual no sentido de um movimento distante do mundo "do eu" na direção do mundo "do outro". É um movimento provocado pelo *dukha* ou o sofrimento do outro. Até Gandhi ressalta a importância do *ahimsa* não infligir sofrimento aos outros (que pode ser traduzido como uma não-violação dos direitos humanos). O que está indicado aqui é uma antropologia diferente da perspectiva das vítimas. Nessa Antropologia, "os seres humanos são definidos não simplesmente em termos da razão; os seres humanos são seres misericordiosos. Pela perspectiva antropológica, os seres humanos são expressões da compaixão pelos sofrimentos dos pobres. O sofrimento humano e a compaixão oferecem a chave antropológica e espiritual para interpretar os Direitos Humanos como direitos dos pobres".[19]

---

[19] Felix Wilfred, "Asia and Human Rights in the Age of Globalization", *Vaiharai* 5, n.1 (março de 2000): 44-45.

A abordagem dos eticistas para os Direitos Humanos, vista da perspectiva das vítimas, é, portanto, também social e comunitária com uma opção preferencial pelos direitos dos impotentes. A exigência pelos Direitos Humanos dos impotentes e dos marginalizados é também necessariamente uma luta pela libertação. Não é uma luta pelos direitos dentro de uma estrutura existente ou mesmo por uma reforma sob ela, mas por uma mudança social radical.[20]

Casamento e Sexualidade

Como é de se esperar, há vários livros e artigos publicados na área do casamento e da sexualidade. Apesar de haver algumas tentativas para estudar o casamento sob uma perspectiva indiana,[21] em geral a literatura trata essas questões de um ponto de vista teológico ocidental.[22]

Um problema de interesse pastoral crescente na Índia é o número de casamentos com disparidade de culto. Isso é inevitável pelo fato de que os cristãos são uma minoria muito expressiva no país e encontram-se misturados com outros em institutos educacionais, locais de trabalho e colônias de hospedagem. Embora as questões sobre a essência sacramental desses casamentos estejam crescendo[23] tradicionalmente não considerados estritamente sacramentais, alguns teólogos questionam se não haveria uma

---

[20] Ver S. Arokiasamy, "Human Rights: Collective, Societal and Liberational Perspectives", *Jeevadhara 21*, n. 121 (janeiro de 1991): 53-62; George V. Lobo, *Human Rights in the Indian Context* (Nova Delhi: Comissão para Justiça, Paz e Desenvolvimento, Conferência dos Bispos Católicos da Índia, 1991); Aloysius Pieris, "Human Rights Language and Liberation Theology", *Vidyajyoti Journal of Theological Reflection 51*, n. 11 (novembro de 1988): 522-536.

[21] Joseph Fonseca, *Marriage in India* (Bangalore: Redemptorist Publications, 1989).

[22] Um exemplo é Felix Podimattam, que escreveu prolificamente nesta área. Ver, por exemplo, seus livros: *Sex in Marriage and Morals* (Delhi: Media House, 1999); e *Sex Ethics: Critical Issue for the Third Millennium* (Delhi: Media House, 1999).

[23] Ver Astrid Lobo Gajiwala, "My Marriage Is Not a Sacrament", *Vidyajyoti Journal of Theological Reflection 53 (1989): 381-385.*

atitude mais positiva com relação a essas uniões. Suas razões são baseadas nas declarações positivas sobre outras crenças nos documentos do Vaticano II, especialmente *Lúmen Gentium* e *Nostrae Aetate,* nas origens divinas do amor humano e as possibilidades ecumênicas que eles abrem como sinais proféticos, indicando ao mundo que é possível para pessoas de diferentes crenças viverem juntas em paz.[24]

Moral Fundamental

Essa área da teologia apresenta um desafio real. Alguns anos atrás, uma teologia indiana dominante lamentava o fato de que, em muitos seminários na Índia, o texto básico usado é *Chistian Éthics* (Ética Cristã), de K. H. Peschke, que é um manual moderno escrito por um europeu.[25] Isso não é uma crítica do autor, mas um indicador da falta de abordagem genuinamente indiana da Teologia Moral. Embora muitos teólogos eticistas tenham feito sua pesquisa doutoral sobre escritos religiosos indianos e sobre pensadores indianos ou tratassem de questões pertinentes à Índia, não houve nenhuma tentativa sustentada para desenvolver uma Teologia Moral contextualizada. O desafio é tentar tecer os vários fios de sabedoria desses religiosos e poucas tradições juntamente com as percepções da Teologia cristã em um discurso moral compreensivo.

Houve alguns artigos exploratórios. No entanto, eles se ocuparam principalmente da Teologia Moral da perspectiva dos pobres, as "não-pessoas" da História. Os pobres apresentam um ponto de entrada para

---

[24] Ver George Lobo, *Moral and Pastoral Questions* (Anand, Gujarat: Gujarat Sahitya Prakash, 1985), 159-172; e Gerwin van Leeuwen, "Mixed Marriages: A Sharing on Our Pastoral Approach to Mixed Marriages", *Word and Worship13,* n. 4 (abril de 1980): 121-128.

[25] Karl H. Peschke, *Christian Ethics: Moral Theology in the Light of Vatican II,* vol. 1: General Moral Theology, *rev. ed.* (Bangalore: Theological Publications in India, 1991); e *Christian Ethics: Moral Theology in the Light of Vatican II,* vol. 2: *Special Moral Theology,* ver. ed. (Bangalore: Theological Publications in India, 1992).

engajar-se no diálogo em uma sociedade pluralista. O critério pelo qual avaliar qualquer paradigma ético é se esta moralidade se dedica em primeiro lugar à libertação e à transformação de cada pessoa na sociedade ou não, começando como o último e o menos.[26]

O Pluralismo também apresenta o desafio de criar uma Ética Teológica que seja universalmente compreensível, especialmente se deve-se participar de um debate público sobre problemas éticos. A abordagem mais comum é recorrer à lei natural ou apelar para o *humanum* em sua dimensão relacional e responsável ou buscar o campo comum no diálogo, baseado nos valores humanos partilhados e nos Direitos Humanos universais. O diálogo é vital. Temos muito a aprender, por exemplo, dos ensinamentos do Jainismo e Budismo sobre a pureza interior na ação ética e as formas de coexistência pacífica com todas as pessoas e, na verdade, com toda a criação. Como o Vaticano II nos aconselhou, devemos estar "ligados às outras pessoas na busca da verdade e para a solução correta de muitos problemas morais..."[27]

Associação de Teólogos Morais

Uma associação de teólogos morais da Índia foi formada em 1988. Seu objetivo era: a) ser um fórum para teólogos morais se encontrarem e discutirem problemas morais atuais; b) promover a reflexão ética cristã no contexto sociocultural da Índia; c) estimular a publicação de livros ou monografias úteis aos estudantes de teologia e à Igreja na Índia de forma geral. Infelizmente, apesar de encontros acontecerem regularmente e problemas atuais serem discutidos, muito pouco foi publicado.

---

[26] S. Arokiasamy, "Sarvodaya through de Antodaya: The Liberation of the Poor in the Contextualization of Morals", *Vidyajyoti Journal of Theological Reflection 51*, n. 11 (novembro de 1987): 545-564; ver também Xavier Ilango, "Theology from a Dalit Perspective".

[27] *Gaudium et Spes*, n. 16.

Essa é a maior falha dos teólogos eticistas na Índia. Como resultado, pouco está sendo contribuído para a Educação Moral no foro público, se for um problema maior, como a Índia indo para o problema nuclear, suborno e corrupção, o que é endêmico para a sociedade indiana nas esferas política e econômica.

Esperanças para o futuro

Vivo na esperança de que a Índia, que uma vez mostrou ao mundo uma forma não violenta de alcançar a liberdade política, encontrará uma forma não violenta de alcançar a paz dentro do país, baseada na justiça para todos com espaço para uma diversidade de religiões e culturas. Para alcançar esse fim, o único meio de ir para frente, em uma situação de pluralismo e dividida injustamente, é através do diálogo e da reconciliação. Minha esperança é:

- que os teólogos morais contribuam para esse processo, movendo-se além dos limites do ambiente de um seminário e tornando-se envolvidos em debates políticos sobre questões de interesse social urgente;
- que eles não se limitem à tarefa, embora seja importante, de encontrar soluções pastorais para os dilemas éticos que confrontam os indivíduos;
- que através do diálogo com outras religiões e culturas e com os pobres, eles possam participar da busca da humanidade pela verdade pela qual vivemos;
- que por causa de seu envolvimento nas lutas das pessoas, possa emergir uma Teologia Moral que seja contextualizada, verdadeiramente indiana, autenticamente humana e socialmente libertadora.

Europa

O painel europeu forneceu pontos de vista muito diversos. Depois de descrever o que Philippe Delhaye chamou de "guerra dos trinta anos" entre aqueles que queriam manter uma argumentação neoescolástica e aqueles que não queriam, Marciano Vidal volta aos desafios do horizonte para a Europa. São eles basicamente fundamentais e alguns conceituais, que precisam ser mais bem resolvidos a fim de responder aos problemas urgentes. Dois deles, tomando adequadamente as noções de secularidade e laicidade (que ele chama "a dimensão constitutiva da organização política do relacionamento social no nível mais elevado") permitiriam ao Catolicismo uma forma melhor de expressar sua visão moral no século XXI, não somente em consideração à comunidade europeia, mas também em seu próprio benefício. De modo semelhante, dois outros desafios, o pluralismo religioso assim como o autoentendimento progressivo e emergente da comunidade europeia, quando adequadamente encontrados, formarão a expressão da visão ética católica tanto para a sociedade como para a Igreja.

Esses urgentes desafios conceituais para a Ética Teológica confrontam inevitavelmente a realidade da Europa hoje. Marianne Heimbach-Steins fornece uma leitura extraordinariamente densa de uma sociedade europeia formada pelas profundas disparidades sociais e oportunidades desiguais de participação e desenvolvimento pessoal. No início, ela assinala dois fenômenos sociais: uma insegurança profundamente arraigada, tanto no nível individual como no coletivo, causada pela mudança política, crescendo a pressão econômica e as disparidades sociais, e uma pluralidade cultural e religiosa crescente, que força as diferentes identidades a encontrar-se e interagir dentro da mesma sociedade. Essa combinação de insegurança e pluralismo leva ao desafio de criar um consenso ético fundamental dentro dessas sociedades pluralistas. Esse desafio requer, então, formas de discurso que poderiam eventualmente chegar a esse consenso. Ela vê esse desafio como específico para os teólogos eticistas de hoje, a fim de que eles possam juntar os indivíduos cristãos, incluindo os ortodoxos, em um sustentado discurso ético crítico e ecumênico.

Se Vidal e Heimbach-Steins estão chamando para o discurso, então Piotr Mazurkiewicz quer provocar pelo menos a questão quanto a se os católicos que aderem aos ensinamentos imperiosos especificados serão capazes de participar daquele discurso. Mazurkiewicz é explicitamente provocativo quando considera três políticas recentes que surgiram no Parlamento Europeu sobre assuntos que tratam de homossexualidade e pesquisa de célula-tronco. Sua alegação é que católicos disciplinados são de fato excluídos de um debate muito necessário. Além disso, ele vê essa exclusão como um sinal de uma autorrejeição da própria tradição moral da Europa. Ele encerra, refletindo com os bispos espanhóis, dizendo que muitos teólogos estão cedendo por verdadeiras forças que estão silenciando seus católicos leigos mais partidários.

ÉTICA TEOLÓGICA NA EUROPA (ESPECIALMENTE NA EUROPA MERIDIONAL): PASSADO, PRESENTE E FUTURO

Marciano Vidal, C.Ss.R.

Devo advertir que o objeto de minha apresentação é expor o balanço do passado recente, a situação atual e a perspectiva previsível da reflexão teológico-moral católica na Europa, especialmente na Europa do Sul (França e países francófonos, Itália, Portugal e Espanha). Dentro do amplo campo do que hoje entendemos por ética teológica, fixarei minha atenção, de preferência, nas questões gerais e fundamentais.

Passado recente

Mudança de paradigma

Na segunda metade do século XX, a moral católica conheceu uma variação tão decisiva que marca o final de uma época e o começo de outra. De um lado, a reflexão teológico-moral como a vida moral dos crentes, se separa do *modelo casuístico* no qual se vinha forjando a vida e a teologia desde o Concílio de Trento. Por outro lado, diversos fatores convergentes propiciam a configuração de um *novo modelo* teológico-moral para se pensar e viver a dimensão ética da fé cristã.

Nenhum observador imparcial poderá deixar de reconhecer que, quarenta anos depois do Concílio Vaticano II, a reflexão teológico--moral apresenta na Europa um balanço notavelmente positivo. A *Teologia Moral,* emancipada do corpo teológico como disciplina autônoma, em fins do século XVI, foi transformada radicalmente. Isso se deveu aos teólogos moralistas de toda a Igreja, mas, de modo especial, aos que trabalharam e trabalham na Europa.

Como disciplina, a ética teológica deixou de ser um prontuário de soluções de casos de consciência em ordem à prática do sacramento da penitência e recobrou o estatuto epistemológico próprio do saber teológico. Em consequência disso, recuperou suas raízes bíblicas, suas fontes teologais e sua forma peculiar de procurar a verdadeira moral cristã.

Por outro lado, tem mantido um diálogo fecundo com a cultura de nosso tempo. De modo especial, preocupou-se em recuperar os elementos válidos da modernidade: o caráter crítico da razão e o valor inalienável da pessoa humana. Também foi sensível às variações mais recentes da chamada pós-modernidade.

Assim, pois, o acontecimento eclesial do Concílio Vaticano II marcou o fim da moral casuísta ou pós-tridentina e o começo de um novo paradigma. Essa mudança teve tons de "vitória" para uns e de "derrota" para outros, o que P. Delhaye chamava "guerra dos trinta anos" entre os partidários da moral casuísta e os que tentavam introduzir um alento novo na teologia moral católica.[1]

Tensões e dificuldades

A realização dos interesses indicados a recuperação da identidade teológica e o diálogo com a cultura do presente não foi feita sem dificuldade. Houve tensões internas e pressões de fora.

Nos tratados de moral fundamental houve debates sobre questões de notável importância e interesse. Da perspectiva do historiador L. Vereecke assinala os seguintes: o debate sobre a especificidade da moral cristã; a confrontação entre os modelos de uma moral autôno-

---

[1] Philippe Delhaye, "L'Utilisation des Textes du Vatican II en Théologie Morale", *Revue Théologique de Louvain* 2 (1971), 422.

ma e de uma ética da fé, a discussão sobre as normas da vida moral; a questão sobre a intervenção do Magistério no direito natural.[2]

Penso que todos esses debates estão vinculados entre si. Seu conjunto pode ser analisado na perspectiva de uma questão particular. Refiro-me ao debate entre os modelos ou paradigmas da "autonomia teônoma" e da "ética da fé". Nessa confrontação situa-se uma das chaves interpretativas das diferentes posturas que existem e que se contrapõem no campo da teologia moral católica atual.[3]

A ética teológica, como a moral vivida dos cristãos, se move dentro do horizonte da fé. A confissão cristológica de Jesus, a aceitação da presença de Deus na história, a vivência do Espírito na comunidade dos crentes e a segurança da esperança escatológica são os pontos de referência e as bases de apoio do compromisso moral dos cristãos. Mas, como deve ser interpretada a função da fé no mundo dos valores morais?

Simplificando a diversidade de posições, manifestam-se duas tendências no modo de compreender e de expor a influência da fé na ética dos cristãos. Para um grupo, a fé é "fonte" de uma ética específica, que deve ser entendida e vivida como uma ética própria da fé. Para outro grupo, a fé é "contexto" ou âmbito de referência para uma ética que tem de ser ao mesmo tempo ética da racionalidade autônoma. A primeira posição, ao sublinhar mais o papel da fé, entende a moral cristã como *ética da fé* (B. Stöckle, J. Schürmann, J. Ratzinger, U. von

---

[2] Louis Vereecke, "Historia de la Teología Moral", in: *Nuevo Diccionario de Teología Moral* (Madrid: Paulinas, 1992), 841-842.

[3] Há vários estudos monográficos sobre esse confronto: Sérgio Bastianel, *Autonomía Moral del Credente* (Brescia: Morcelliana, 1980); Vincent MacNamara, *Faith and Ethics: Recent Roman Catholicism* (Dublin: Gill & Macmillan, 1983); Eduoardo López Azpitarte, *La Ética Cristiana: ¿Fe o Razón? Discusiones en torno a su Fundamento* (Santander: Sal Terrae, 1988); Eric Gaziaux, *L'autonomie en Moral: Au Croisement de la Philosophie et de la Théologie* (Leuven: Leuven University Press, 1998).

Balthasar, K. Hilpert, J. Piegsa).[4] A Segunda posição, sublinhando mais o aspecto substantivo da moral, compreende a ética cristã como uma ética da *autonomia teônoma* (A. Auer, F. Böckle, J. Fuchs, D. Mieth, B. Schüller).[5]

Grandes teólogos prefeririam que, em vez de radicalizar a confrontação entre "autonomia", "heteronomia" e "teonomia" se pusesse mais ênfase na *cristonomia*. Para Congar, a "teonomia do Deus vivo" não é mais que a normatividade refletida em Cristo, isto é, a cristonomia.[6] Balthasar sustenta que "o imperativo cristão se situa além da problemática da autonomia e da heteronomia" e se concretiza na realidade da cristonomia.[7] Essa opção cristológica não obsta a que, em apreciação de outro grande teólogo, W. Kasper, deva-se entender a situação do cristianismo na cultura atual com as categorias de autonomia e de teonomia.[8]

---

[4] Ver Joseph Ratzinger et al., *Prinzipien Christlicher Ethik* (Freiburg: Johannes Verlag Einsiedeln, 1975); Bernhard Stöckle, *Grenzen der Autonomen Moral* (Munich: Ktisel, 1974); Karl Hilpert, "Die Theologische Ethik und der Autonomie-Anspruch", *Münchener Theologische Zeitschrift 28* (1977), 329-366; Joachim Piegsa, "Autonomie, Moral und Glaubensethik", *Münchener Theologische Zeitschrift 29* (1978), 20-35.

[5] Alfons Auer adicionou um apêndice útil à tradução italiana de seu trabalho, no qual ele revê a controvérsia em torno do conceito de autonomia na Teologia Moral Católica: "La controversa recezione del concetto di autonomia nell'etica teologica cattolica", in: Alfons Auer, *Morale Autônoma e Fe Cristiana* (Cinisello Balsamo: Paulinas, 1991), 211-248.

[6] Yves Congar, "Réflexion et propos sur l'originalité d'une ethique chrétienne", *Studia Moralia* 15 (1977), 40.

[7] Hans Urs Von Balthasar, "Nueve Tesis (Documento aprobado 'in forma generica') por la Comisión Teológica Internacional", in: Comisión Teológica Internacional, *Documentos 1969-1996* (Madrid, 1998): 89-90.

[8] Walter Kasper, "Autonomie und Theonomie: Zur Ortestimmung des Christentums in der Modern Welt", in: Helmut Weber e Dietmar Mieth, eds., *Anspruch der Wirklichkeit und Christlicher Glaube: Probleme und Wege Theologischer Ethik Heute* (Düsseldorf: Patmos, 1980), 37-38.

Balanço

Conscientes das tensões e das dificuldade pelas quais passou a reflexão teológico-moral na Europa nos decênios posteriores ao Concílio Vaticano II, podemos, não obstante, afirmar que o balanço pós-conciliar é francamente positivo. Tendo em conta a produção bibliográfica,[9] creio que se deve falar de uma autêntica *refundação* da disciplina teológico-moral. É essa a conclusão à qual chega V. Gómez Mier depois de um minucioso e original estudo sobre a mudança de "matriz disciplinar" nos manuais de moral publicados depois do Concílio Vaticano II.[10]

Recursos atuais

Certamente o presente da reflexão teológico-moral na Europa não é muito esperançoso, principalmente quanto ao ensino acadêmico da ética teológica. Estão diminuindo os estudantes de teologia e, consequentemente, está diminuindo também a dedicação aos estudos específicos da ética teológica. Também tendem a ser menores os esforços dedicados à produção teológico-moral. Essa apreciação é válida principalmente para os países francófonos e para a Espanha.

---

[9] Entre os mais significativos exames da literatura teológica moral na Europa estão: "La Teologia Morale in Europa Occidentale", de vários autores, na *Rivista di Teologia Morale* 29 (1997), n. 116, 465-494: James Keenan e Thomas Kopfensteiner, "Moral Theology Out of Western Europe", *Theological Studies 59* (1998), 107-135.

[10] Vincente Gómez Mier, *La Refundación de la Moral Católica: El Cambio de Matriz Disciplinar Después del Concilio Vaticano II* (Estella: Verbo Divino, 1995). Em uma visão contrária, Alberto Bonandi, depois de um resumido e bastante simplificado exame de quatro modelos de teologia moral, em "Modelli di Teologia Morale nem Ventesimo Secolo", *Teologia 24* (199): 89-138, 206-243, conclui que as novas posições moral-teológicas estão ainda situadas dentro do paradigma neoescolástico (239). Ele incorporou este estudo em seu livro *Il Difficile Rinnovamento: Percorsi Fondamentali della Teologia Morale Postconciliare* (Assisi: Cittadella, 2003). Numerosos comentaristas criticaram a parcialidade de algumas de suas afirmações e a falta de informação em numerosos aspectos.

Não obstante, considerando o presente, a reflexão teológico-moral na Europa ainda dispõe de recursos suficientes. Indico, a seguir, os de caráter mais estrutural.

- Há *centros acadêmicos* dedicados especificamente ao ensino e à investigação na área da ética teológica. A esses centros são vinculadas pessoas, bibliotecas, revistas e outras publicações. Podemos mencionar também a "Academia Alfonsiana" em Roma (com condição de ateneu romano) e o "Instituto Superior de Ciências Morais" em Madri.[11] Além disso, existem institutos sobre áreas de moral aplicada. Destacam-se os Centros de Bioética (na Europa do Sul) e os Institutos de Ética social no mundo germânico.

- Há revistas dedicadas exclusivamente aos temas teológico-morais. Mencionemos as três revistas de teologia moral católica: *Rivista di Teologia Morale* (Ed. Dehoniane, Bolonha), órgão de expressão da associação de moralistas italianos;[12] *Moralia* (Instituto Superior de Ciências Morais, Madri), órgão de expressão do citado Instituto;[13] *Le Supplément. Revue d'éthique et de théologie morale* (Ed. Cerf, Paris), órgão expressivo da associação de moralistas francófonos.[14] Mais: *Studies in Christian Ethics* (T. T. Clark, Edinburgo); *Zeitschrift für Evangelische Ethik* (Gerd, Mohn, Gütersloh); *Jahrbuch für Christiche Sozialwissenschaften* (Münster); *Ethica* (Innsbruck); *Studia Moralia* (Academia Alfonsiana, Roma).

- Há *Coleções de Estudos* nos quais aparecem com determinada regularidade obras dedicadas a temas morais. Merecem destaque a co-

---

[11] Para a análise de 25 anos, ver Marciano Vidal e Fabriciano Ferrero, "25 Años de Reflexión Moral, 1970-1995", *Moralia 19* (1996), 141-174.

[12] Para a análise de 25 anos, ver *Rivista di Teologia Morale* 25.100 (1993).

[13] Ver *Moralia* 19.70-71 (1996).

[14] Para a análise de 50 anos, ver Jean-Paul Durand, "La Revue a cinquante Ans!" *Le Supplément 200* (1997), 3-6. Ver Gérard Mathon, "L'evolution de la Théologie Morale dans l'Espace Francophone d'après la Revue 'Le Supplément', 1947-1996", *Le Supplément* 203 (1997), 5-46.

leção da universidade de Münster (com duas séries) e a coleção da universidade de Friburgo, na Suíça. E ainda: as coleções das edições das editoras Dehoniane (Bolonha) e Citadella (Assis) na Itália, e a editora Cerf na França.

- No espaço europeu funcionam *associações de moralistas*. Os da língua alemã se integram na *Societas Ethica*, de caráter interconfessional, desde 1964. No âmbito anglo-saxão mencionemos a *Society for the Study of Cristian Ethics*. São muito ativos os moralistas italianos (ATISM), tanto na associação de âmbito nacional (desde 1966) como nos agrupamentos regionais.[15] Os moralistas francófonos formam a ATEM, desde 1966. Os moralistas espanhóis e os portugueses são pouco associativos.

Desafios para o futuro

Os desafios que a reflexão teológico-moral na Europa tem diante de si são muitos e de ídole muito variada. Basta pensar nos problemas de moral aplicada: bioética, ética sexual, ética matrimonial, ética social (econômica, política, cultural) etc. Aludirei somente aos desafios de caráter geral. Divido-os em quatro grupos: desafios da cultura secular, desafios da sociedade laica, desafios do pluralismo religioso e desafios à Europa como unidade dentro do conjunto mundial.

A difícil (e ainda não realizada) aceitação da "secularidade" no campo da moral

As sociedades europeias, mesmo as de longa tradição católica, estão atravessando uma variação decisiva. Culturalmente tendem a ser sociedades cada vez mais seculares. Politicamente se organizam como sociedades laicas.

---

[15] Ver Píer David Guenzi, "Seminario ATISM: la Teología Morale in Italia a 40 anni dal Concilio Vaticano II", *Rivista di Teologia Morale* 37.148 (2005), 415-419.

Tanto a secularidade como a laicidade não são contrárias à fé cristã; mais ainda, em muitos de seus aspectos, elas têm suas raízes no cristianismo. Não obstante, a gestão concreta dessas duas condições comporta dificuldades para a ética cristã.

Hoje, a compreensão e a realização da moral cristã devem verificar-se dentro das exigências da secularidade.[16] Por secularidade da moral, entendo, de um lado, a justa autonomia do humano como foi formulada pelo Concílio Vaticano II (GS, n. 36), e por outro lado, a necessidade de se introduzir no discurso teológico-moral a "mediação racional" ou a criticidade sobre o humano.

Assume-se a secularidade na moral cristã se esta é vivida e formulada em chave de "autonomia teônoma" (seria melhor dizer: "cristônoma") e se o discurso teológico-moral funciona com a epistemologia proposta pelo Concílio Vaticano II: analisar as questões morais "à luz do Evangelho e da experiência humana" (GS, n. 46).

Se a ética teológica quiser ter significação pública nas sociedades europeias, deve responder com coerência aos seguintes pressupostos:

- A articulação da moral cristã no conjunto da fé cristã. O cristianismo não é uma moral; a fé cristã oferece um horizonte de sentido com o qual pensar e viver o compromisso intramundano, o qual deve ser discernido com "mediações socioantropológicas".
- A especificidade cristã dos conteúdos morais concretos. Referindo-se a esses conteúdos concretos e não ao horizonte de sentido da fé e à intencionalidade básica do crente, há anos já afirmava E. Schillebeeckx que "não exise uma ética cristã". Nessa mesma orientação se situam hoje vários teólogos.[17]
- A secularidade nas vertentes de autonomia e de mediação racional é ainda uma matéria pendente na moral católica. Nesse sentido é

---

[16] Marciano Vidal, "Secularización y Moral Cristiana", in: Jesús Equiza, ed., *Diez Palabras Claves sobre Secularización* (Estrella: Verbo Divino, 2002), 347-381.

[17] Andrés Torres Queiruga, "Moral y Relixión: Da Moral Relixiosa á Visión Relixiosa da Moral", *Encrucillada* 28 (2004), 2-23.

válida a afirmação dos que sustentam que pela teologia moral católica não passou a crítica da modernidade, e que precisamente por isso há na Igreja de hoje um "conflito moral", tendo sido superado esse conflito nos campos da hermenêutica bíblica (em começos do século XX) e da dogmática (em meados do século XX), precisamente porque neles foram assumidos os postulados válidos da modernidade.[18]

O novo desafio da "laicidade"

Não tendo sido dada resposta ao repto da "autonomia", outro desafio assoma no horizonte da humanidade: esse novo desafio é a *laicidade*. Não me refiro às formas de "gerir" politicamente o fenômeno da laicidade, seja nas formas extremas do "laicismo" (como na França) e da "religião civil" (como nos EUA), seja na forma intermédia do "aconfessionalismo" (como na Espanha). Penso na "laicidade" como dimensão constitutiva da organização política da convivência social em seu mais alto grau (o Estado).

Da laicidade entendida nesse último sentido há afirmações explicitamente positivas do magistério eclesiástico católico. Diz o Vaticano II: "A comunidade política e a Igreja são independentes entre si e autônomas em seu próprio campo. Não obstante, ambas, embora por títulos diferentes, estão a serviço da vocação pessoal e social dos mesmos homens" (GS, 76). João Paulo II, de forma um pouco surpreendente, concedeu que "o princípio da laicidade pertence à doutrina social da Igreja".[19] Bento XVI, por seu lado, aceitou a existência de uma "sã laicidade".[20]

---

[18] Dietmar Mieth, "Theologie: Profile und Entwicklungstendenzen im Internazionalen Umfeld", *Boletim ET 7* (1996), 25.

[19] João Paulo II, "Carta a los Obispos Franceses con Ocasión del I Centenario de la Ley de Separación entre el Estado Francés y la Iglesia" (11 de fevereiro de 2005), em *Ecclesia 3.248* (12 de março de 2005), 33-36.

[20] Bento XVI, "Discurso ao Presidente da República Italiana" (24 de junho de 2005), *Ecclesia* 3.264 (2 de julho de 2005), 34-35.

Essas afirmações teóricas não encontram o canal adequado de verificação quando se trata de apresentar os conteúdos morais cristãos na sociedade. Algumas vezes, porque os crentes permanecem "mudos" por causa das dificuldades na apresentação e principalmente na recepção de seus possíveis discursos. Outras vezes, porque as propostas não têm a coerência da laicidade:

- Não respeitando o pluralismo de opções éticas dentro da sociedade ou monopolizando o significado da "ética civil", a qual por sua definição não se identifica com nenhuma proposta moral cosmovisionada por universos religiosos ou ideológicos.
- Invadindo o campo do jurídico e não respeitando a justa autonomia do político, âmbitos esses (o jurídico e o político) não necessariamente coincidentes com as posições eclesiais nem sequer com todo o conteúdo da "lei natural".
- Não explicitando e, o que é pior, não submetendo à crítica científica a "mediação antropológica" da qual a cosmovisão cristã se serve para fazer determinadas afirmações (por exemplo, sobre a moralidade das novas formas de convivência afetiva etc.).
- Não sabendo viver em uma "normalidade plural, democrática e laica" e tendo de recorrer a uma ou outra das duas posições: do "martítio" ou da "cruzada".

O desafio da *laicidade* está vinculado estreitamente ao desafio da *secularidade*. Em minha opinião, não tomá-los em consideração ou partir de uma solução falsa é a causa fundamental do mal-estar moral do catolicismo atual.

A *laicidade* do Estado moderno exige pensar e atuar a função pública da ética teológica partindo de pressupostos novos, que nascem da resposta a estas duas perguntas:

- A relação dos valores cristãos com as leis. Que sentido têm as leis? Qual é a ordenação do jurídico com o moral? Que coerência moral deve ser pedida aos cristãos quando exercem funções públicas?

• O pluralismo de opções. Um Estado laico é, por necessidade, um gestor do pluralismo de opções. Em que medida podem ser apresentadas orientações da ética teológica com validade pública?

A resposta aos desafios da secularidade e da laicidade obriga a ética cristã a recolocar sua condição de ética "teológica". Se, de um lado, o pensamento teológico-moral deve manter sua condição "teológica", por outro, deve funcionar publicamente com formas de "desteologização".[21]

Desafios do pluralismo religioso

A Europa viveu, durante muitos séculos, em confronto religioso. Em primeiro lugar, com o inimigo religioso externo singular, o Islã. Em segundo lugar, com os hereges da própria religião. As cruzadas, as guerras religiosas e as perseguições dos hereges foram componentes significativos da história europeia. Todos nós conhecemos as implicações que esse fenômeno teve para a moral vivida e para a ética formulada dos cristãos europeus.

A Europa chegou a um grau tal de tolerância social e de respeito à liberdade de consciência pessoal que pareceria eliminado todo o perigo de conflito social por motivos religiosos ou ideológicos. Mas não é assim. A tensão do pluralismo religioso e cultural voltou à Europa por causa de muitos outros fatores, entre os quais a imigração. Hoje a Europa já é e será mais, em um futuro não distante, uma sociedade pluricultural e plurirreligiosa.

Pede-se à ética religiosa um esforço especial para gerir, com o menor custo possível e com as maiores vantagens desejáveis, a situação do pluralismo religioso (e cultural). Para isso impõe-se:

---

[21] Ver Cristoph Baumgartner, "¿Ética Teológica sin Teología? Sobre la Valorización de la Reflexión Etico-teológica acerca de las Exigencias Morales del Pluralismo con Respecto a su Relación con la Teología", *Concilium* 315 (2006): 61-73.

- O diálogo da ética cristã com outras éticas religiosas a fim de: 1) neutralizar os mecanismos violentos inerentes às religiões; 2) criar uma frente comum a favor dos valores básicos que dão forma à vida humana. Aqui cabem algumas propostas, como a defendida por H. Küng, sobre a convergência ética das grandes religiões.[22]

- Em concreto, a partir da genuína vivência religiosa e da correta reflexão teológica, é necessário desmascarar a falsa justificação religiosa de qualquer forma de violência. A afirmação de João Paulo II é lapidar: "O nome do Deus único deve ser cada vez mais, como já é por si, um nome de paz e um imperativo de paz".[23]

Desafios da Europa como unidade dentro do conjunto mundial

Dentro das dificuldades normais, a Europa vem adquirindo uma consciência cada vez maior de formar um espaço humano unificado. Essa consciência contribui com vantagens notáveis para o trabalho teológico-moral comum, mas traz também interrogações éticas novas. Desejo aludir a duas delas: uma é voltada para o interior da tradição cristã; a outra se refere à relação da Europa com o resto do mundo.

- Para dentro da própria tradição: a reflexão teológico-moral deve interrogar-se sobre as chamadas "raízes cristãs" da Europa. Sem nenhum desejo de confessionalizar a sociedade europeia, é conveniente perguntar: existem "valores" cujo solo nutrício tem sido o "húmus" cristão? Em que medida o cristianismo deveria continuar influindo para manter e desenvolver esses "valores"?

---

[22] Hans Küng, *Proyecto de una Ética Mundial* (Madrid, 1992).
[23] "Tertio millennio ineunte", 55. Em Latim: *"nomen pacis et monitum ad pacem" AAS 93* (2001): 306.

- Para o conjunto da humanidade: a Europa tem notáveis responsabilidades, para cujo discernimento e formulação deve colaborar a reflexão de ética-teológica. Penso de modo especial na defesa de um *ethos* da "inclusão" diante de tendências de exclusão que aparecem no mundo da não solidariedade. Na tradição judaico-cristã existem "relatos" suficientes, "símbolos" e "anúncios proféticos" que procuram orientar a humanidade para a práxis da "inclusão" do outro, seja ele estrangeiro, pecador ou até inimigo. Compete à Europa atualizar essa tradição.[24]

Concluo recordando as palavras com que Tindemans saudou o rei da Espanha Juan Carlos I, por ocasião da concessão a ele do prêmio Carlos Magno em Aquigrana (20/05/1982): "A Europa é mais que um continente. Ela é principalmente uma concepção da vida fundada em princípios humanistas e cristãos, orientados para a busca da justiça e da liberdade, uma e outra a serviço do bem comum e da dignidade do homem". Eis um bom programa de trabalho para a ética teológica na Europa do presente e do futuro.

---

[24] Enda McDonagh, "God as a Stranger in Ethics", *Bulletin ET 6* (1995), 37-43.

DESAFIOS POLÍTICOS E ÉTICOS NA EUROPA

Marianne Heimbach-Steins

Uma perspectiva cristã ético-social

Visto que é impossível apresentar a total variedade dos maiores desafios morais da Europa em um pequeno documento, gostaria de identificar algumas questões cruciais do ponto de vista da ética política.[1] Isto significa necessariamente deixar de lado outros problemas que não são, definitivamente, menos interessantes e urgentes, como o enorme campo dos desafios biomédicos.[2]

Desde 1989/1990, a Europa tem enfrentado desafios consideráveis. Pelo menos duas das maiores tendências sociais que marcam sérios desafios éticos no contexto político europeu resultam tanto dos processos de integração europeia como da dinâmica da globalização:

---

[1] Eu agradeço a Kerstin Clark, M. A., seus conselhos na tradução do inglês, a Andreas Barthel, por preparar a literatura secundária e ao Dr. Alexander Filipovic os debates úteis.

[2] Para uma ideia inicial sobre a variedade de tópicos dentro do campo da ética biomédica (católica), ver Konrad Hilpert e Dietmar Mieth, eds., *Kriterien biomedizinischer Ethik: Theologische Beiträge zum gesellschaftlichen Diskurs. Quaestiones Disputatae,* vol. 217 (Freiburg: Herder, 2006); Frank Haldemann, Hughes Poltier e Simone Romagnoli, eds., *La Bioéthique au carrefour des disciplines: Hommage à Alberto Bondolfi à loccasion de son 60ᵉ anniversaire* (Bern: Peter Lang, 2006).

- uma insegurança profundamente enraizada nos níveis individual e coletivo, causada pela *mudança política, crescente pressão econômica e disparidades sociais*;
- uma *crescente pluralidade cultural e religiosa* que força diferentes identidades a encontrar-se e a interagir dentro de uma mesma sociedade.[3]

Ambos os aspectos têm um forte impacto ético-social e requerem respostas em vários campos de ação, tais como Direito, Política Social, Educação e atividades religiosas e inter-religiosas. Ambos apontam para a dupla responsabilidade da Europa, como uma entidade política, e da Cristandade europeia, como parte da Igreja mundial. Por um lado, as dinâmicas social, política e econômica dentro das sociedades europeias causam certos problemas de coesão social e paz; por outro lado, os europeus têm de assumir a responsabilidade dentro da dinâmica global do poder, das disparidades sociais e das oportunidades desiguais de desenvolvimento.

Crescentes Disparidades Sociais e Insegurança

Estamos enfrentando crescentes disparidades sociais dentro das sociedades nacionais, tanto no nível continental como em uma dimensão mundial. Isso leva a questões de justiça.

Insegurança Social, Desigualdade e Problemas de Justiça

Na Alemanha e em outras sociedades europeias que se desenvolveram como estados prósperos, com um alto nível de suporte social e segurança, recentemente tivemos de observar certa ansiedade com relação à *insegu-*

---

[3] Ver os Procedimentos do Quinto Congresso Internacional da Sociedade Europeia para a Teologia Católica (2004): "Gespenster der Angst in Europa. Provokation der Theologie", Boletim ET, *Zeitschrift für Theologie in Europa* 15, n. 2 (2004).

rança social. Uma importante razão para isso é a ainda normativa predominância do trabalho servindo como o maior meio de ganhar o sustento da vida e a participação social para a vasta maioria da população. Isto está em contraste com a precariedade de emprego, com a qual um considerável número de pessoas se confronta.[4] Encontrar-se excluído do mercado de trabalho não causa apenas problemas econômicos, quanto mais isso dura, mais significa exclusão social. O círculo vicioso do desemprego, da pobreza e da exclusão social ameaça especialmente as pessoas que não receberam boa educação, como os membros das minorias com um antecedente de migração. Toda a questão tem sérias implicações em termos de desigualdade de sexos, tanto quanto o acesso das mulheres ao trabalho e à educação, e precisamente são relacionados aos salários, a insegurança social etc.[5] Mais e mais, a educação está transformando-se em uma questão-chave com relação ao acesso à participação social, econômica, política e cultural.

O impacto ético pode ser mais bem expresso em termos de *justiça* como uma questão da justa distribuição de bens, oportunidades e responsabilidades, mas também como acesso e participação na tomada de decisão social e ação política. Não é uma coincidência que, recentemente, um intensificado debate ético sobre o aspecto da justiça como participação tenha se desenvolvido, o que, naturalmente, está relacionado com a questão da distribuição.[6] Uma genealogia de referências

---

[4] Norbert Brieskorn e Johannes Wallacher, eds., *Arbeit im Umbruch: Sozialethische Maßstäbe für die Arbeitswelt von morgen. Globale Solidarität Schritte zu einer neuen Weltkultur,* vol. 3 (Stuttgart, 1999).

[5] Para dados, ver http://www.unfpa.org/swp/swpmain.htm (acessado em 7 de agosto de 2006); segundo relatório sobre pobreza e riqueza do governo alemão (2005), http://www. bmas.bund.de/BMAS/Navigation/Soziale-Sicherung/ berichte,did=89972.html (acessado 27 de julho de 2006).

[6] Ver Matthias Möhring-Hesse, *Die demokratische Ordnung der Verteilung: Eine Theorie der sozialen Gerechtigkeit* (Nova York: Campus, 2000); Heinrich Bedford-Strohm, *Vorrang für die Armen: Auf dem Weg zu einer theologischen Theorie der Gerechtigkeit. Öffentliche Theologie*, vol. 4 (Gütersloh: Kaiser, 1993); MatthiasTschirf et al., eds., *Was bleibt an sozialer Gerechtigkeit? Gesellschaft und Katholische Soziallebre im neuen Jahrtausend* (Viena: Verlag Österreich, 2000).

pode ser elaborada a partir de impulsos da Teologia da Libertação por um lado e da *Teoria da Justiça*, de John Rawls (primeiro publicada em 1971), por outro lado. A partir daí, tem havido um debate em constante desenvolvimento nos campos da Filosofia Prática e da Ética Social Cristã (tanto Católica Romana como Protestante) sobre o entendimento da Justiça Social. Há alguns marcos no ensinamento magisterial, tanto no nível universal como no local, também. Um texto muito importante nessa discussão é, naturalmente, a carta dos bispos dos Estados Unidos *Justiça Econômica para Todos* (1986), a qual é, muitas vezes, citada nos principais textos das igrejas locais europeias, assim como o documento *Por um Futuro Fundado na Solidariedade e Justiça. Uma Declaração sobre a Situação Econômica e Social na Alemanha*, pela Conferência dos Bispos Alemães e o Concílio da Igreja Protestante na Alemanha (1997).[7]

Para estabelecer uma conexão entre a teoria ética e o nível mais prático do processo legislativo e da tomada de decisão política, o problema pode também ser expresso em termos de *direitos humanos*. O complexo relacionamento entre ambos os tipos, os direitos individuais e as liberdades e os direitos sociais, econômicos e culturais, permaneceu e deveria permanecer, em minha opinião, um tópico muito importante da mais distante pesquisa ética. É por isso que nenhum grupo pode servir como uma base normativa para um desenvolvimento humano integral por si próprio ambos são complementos necessários. Os teólogos eticis-

---

[7] Friedhelm Hengsbach, S.J., "Eine amerikanische Herausforderung", in: *Gegen Unmenschlichkeit in der Wirtschaft: Der Hirtenbrief der katholischen Bischöfe der USA "Wirtschaftliche Gerechtigkeit für alle"*, ed. Friedhelm Hengsbach, S.J. (Freiburg: Herder, 1987), 201-318; idem, *Für eine Zukunft in Solidarität und Gerechtigkeit: Wort des Rates der Evangelischen Kirche in Deutschland und der Deutschen Bischofskonferenz zur wirtschaftlichen und sozialen Lage in Deutschland*. Introduzidos e anotados por Marianne Heimbach-Steins e Andreas Lienkamp (eds.) com a colaboração de Gerhard Kruip e Stefan Lunte (Munique, 1997). O próprio documento está também disponível online em inglês, francês, italiano e espanhol em http://dbk.de/schriften/fs_schriften.html (acessado em 27 de julho de 2006).

tas católicos são desafiados a realizar uma contribuição específica para essa questão, começando pelos esquemas de uma antropologia cristã e as orientações normativas básicas da ética social cristã e o ensinamento social da Igreja. Nesse contexto, a acolhida católica dos Direitos Humanos como foi delineada pelo Papa João XXIII na encíclica *Pacem in Terris* (1963) é digna de reexame.[8]

As Disparidades Sociais Mundiais e as Necessidades das Gerações Futuras

Os sistemas europeus em que o bem-estar é responsabilidade do Estado constantemente se confrontam com pressões crescentes, particularmente devido à mudança demográfica dentro de sociedades envelhecendo rapidamente, em pelo menos alguns países europeus. Ao mesmo tempo, a população mundial como um todo está crescendo de forma rápida e, assim também, as disparidades sociais entre aqueles países que estão participando das interações econômicas globalizadas e do desenvolvimento técnico e aqueles mais ou menos excluídos destas interações.[9] A necessidade de restaurar os sistemas de bem-estar de uma forma sustentável, ligada à necessidade do desenvolvimento sustentável em um entendimento mais geral (isto é, o tratamento dos recursos naturais, da energia e da política do clima), marca, portanto, outra di-

---

[8] Ver Marianne Heimbach-Steins, *Menschenrechte in Gesellschaft und Kirche: Lernprozesse Konfliktfelder Zukunftschancen* (Mainz, 2001); Konrad Hilpert, *Menschenreche und Theologie: Forschungsbeiträge zur ethischen Dimension der Menschenreche. Studien zur theologischen Ethik*, vol. 85 (Freiburg im Bresgau / Fribourg (CH): 2001); Thomas Hoppe, *Menschenrechte im Spannungsfeld von Freiheit Gleichheit und Solidarität: Grundlagen eines internationalen Ethos zwischen universalem Geltungsanspruch und Partikularitätsverdacht* (Stuttgart: 2002); Dieter Witschen: *Christliche Ethik der Menschenrechte: Systematische Studien. Studien der Moraltheologie*, vol. 28 (Münster: Lit, 2002).

[9] Ver Grupo de Lisboa, *Limits to Competition* (Cambridge, Mass.: Imprensa MIT, 1995).

mensão complexa da justiça que está tornando-se mais e mais crucial: a tensão entre a *justiça social intrageracional* (*dentro da geração*), em uma dimensão mundial, e a *justiça intergeracional* (*entre gerações*), para aqueles que nos seguirão na Terra e precisam de nós para cuidar do tratamento sustentável das pré-condições físicas de apoio à vida mais além.[10] Refletir sobre este desafio requer propriamente uma perspectiva global que, por um lado, leve em conta a extrema tensão entre *ter e não ter* (*os que têm e os que não têm*), como um desafio de justiça e uma ameaça à paz mundial. Na Europa, o asilo coerente e a política de migração requerem que se preste atenção não somente nos interesses econômicos, mas nas necessidades de solidariedade global também.[11] Deve-se prestar atenção na dimensão ecológica como um desafio à economia capitalista e um meio de vida orientado para o consumo.[12]

Na verdade, este é o maior desafio ético, não somente para a população dos países industrializados em geral, mas também para a ética cristã e as prioridades relacionadas a valor. Por décadas, temos observado bastante bem que as economias do norte e do ocidente, com suas

---

[10] Werner Veith, *Intergenerationelle Gerechtigkeit: Ein Beitrag zur sozialethischen Theoriebildung* (Stuttgart: Kohlhammer, 2006); Johannes Müller e Michael Reder, eds., *Der Mensch vor der Herausforderung nachhaltiger Solidarität. Globale Solidarität Schritte zu einer neuen Weltkultur* (Stuttgart, 2003); Markus Vogt, *Globale Nachbarschaft: Christliche Sozialethik vor neuen Herausforderungen. Benediktbeurer Hochschulschriften*, vol. 16 (Munique: Dom Bosco, 2000); Markus Vogt: "Natürliche Ressourcen und intergenerationelle Gerechtigkeit", in: *Christliche Sozialethik: Ein Lehrbuch*, vol. 2, editora Marianne Heimbach-Steins (Regensburg: 2005), 137-162.

[11] Ver Johannes Müller e Johannes Wallacher, "Die europäische Union unter dem Anspruch globaler Solidarität", in: *Ideen für europa: Christliche Perspektiven der Europapolitik: Forum Religion und Sozialkultur Abteilung A,* vol. 9, ed. Walter Fürst et al. (Münster, 2004), 305-328.

[12] A série "Globale Solidarität Schritte zu einer neuen Weltkultur", publicada pelo projeto de pesquisa da Fundação Rottendorf no Colégio Jesuíta para a Filosofia em Munique, cobre grande número de consideráveis contribuições para as mencionadas questões em seus volumes.

enormes necessidades de energia e recursos naturais, não podem ser globalizadas. Enquanto cerca de 20% da população mundial requer cerca de 80% dos recursos naturais, dos bens e do capital, temos um vergonhoso problema de injustiça distributiva, assim como participativa ou contributiva. Além dos desafios econômicos e políticos marcados por esses fatos, eles, ao mesmo tempo, desafiam nossas ideias sobre *qualidade de vida,* como deve ser uma boa vida, e com que finalidade nós nos submetemos a certo modo de vida "capitalista". A Europa se tornar uma união não só em termos de interações econômicas, mas também como uma entidade política e cultural que enfrenta suas responsabilidades globais, é um desafio ético ainda a ser decifrado.

O Anseio pela Segurança e o Desafio da Liberdade

Além dos aspectos socioeconômicos nos níveis nacionais e internacionais, a questão da segurança parece estar tendo ainda um outro impacto. É o do terrorismo globalizado que dá origem a um sério problema ético e político, tanto dentro das sociedades europeias, como nos Estados Unidos. O que deve ser observado como consequência do 11 de Setembro é uma disposição política surpreendente para limitar a liberdade pessoal em favor dos presumidos interesses de segurança como a limitação da liberdade de imprensa, liberdade de assembleias, a violação da esfera privada, da proteção de dados etc. Sem dúvida, pode-se imaginar certas situações que requerem urgentemente sérias limitações dos direitos individuais. Porém, no presente, parece ser uma tendência de pôr aqueles direitos em questão, bastante facilmente e sem qualquer prova suficiente da eficácia das medidas tomadas, em favor dos interesses da segurança.

Em termos de ética política, isso significa: (1) A relação entre os direitos humanos como direitos básicos dos cidadãos e a necessária limitação da liberdade pelo poder legítimo do Estado parece estar desequilibrada. (2) Os valores da cultura democrática e a transparência das estratégias políticas para os cidadãos, como uma importante condição para a confiança básica no Estado, estão sendo ameaçados.[13] (3) O anseio das pessoas de se sentirem seguras parece fazê-las acreditar, com demasiada facilidade, em uma promessa de segurança que pode ser, pelo menos parcialmente, uma ilusão populista. (4) Há uma urgente necessidade de fortalecer a consciência de liberdade como um bem e como um valor ético não em um sentido individualista limitado e meramente formal, mas como um meio de conduzir a própria vida de forma responsável e de agir profundamente como um cidadão.

A Ética Política Cristã deve estar ciente dessas tendências e, de forma crítica, comentar sobre o que está acontecendo no âmbito da lei e da tomada de decisão política. Além disso, essa parece ser uma questão para a Ética Educacional (como um campo de pesquisa da Ética Social Católica que recentemente parece estar tornando-se de maior interesse).[14] Devemos refletir sobre os objetivos e os fins da Educação como uma responsabilidade a ser tomada não somente pelos pais e famílias, mas também por vários agentes da esfera pública.

A Realidade da Guerra e o Desafio da Paz

Quando em 1989/1990, o Muro de Berlim e a Cortina de Ferro se quebraram dentro de um curto período, uma esperança vívida surgiu de

---

[13] Ver Hans F. Zacher, editor, *Democracy: Reality and Responsibility. The Proceedings of the Suxth Plenary Session of the pontifical Academy of Social Sciences. 23-26 February 2000* (Cidade do Vaticano: Pontifícia Academia de Ciências Sociais, 2001); Antonio Autiero, ed., *Ethik und Demokratie:28. Internationaler Fackongress für Moraltheologie und Sozialethik (Münster, setembro de 1997)* (Münster: Lit, 1998).

[14] Ver Karl Gabriel, ed., *Bildung und Bildungspolitik: Jahrbuch für Christliche Sozialwissenschaften*, vol. 40 (Münster: 1999); Marianne Heimbach-Steins e Gerard Kruip, eds., *Bildung und Beteiligungsgerechtigkeit: Sozialetische Sondierungen* (Bielefeld, 2003); os editores desse volume começaram recentemente um projeto de pesquisa socioética sobre o direito à educação; ver www.menschenrecht-auf-bildung.de (acessado em 27 de julho de 2006).

que isso poderia ser não só o fim definitivo da Guerra Fria, mas também o começo de uma nova era de paz. Em vez disso, seguiram-se tempos de violência e guerra no sul da Europa com a desagregação da antiga Iugoslávia e logo depois, no Oriente Médio, as guerras no Afeganistão e no Iraque. Os impactos éticos da guerra vieram a ser a questão principal na reflexão ética europeia.

O que realmente está acontecendo é o desenvolvimento de um novo estágio de reflexão ética sobre conflito e paz, que pode ser descrito como uma substituição exatamente da guerra para *exatamente a paz*. A principal ideia atrás disso, mais do que uma modificação marginal, é não somente definir as condições nítidas para uma eventual justificativa da guerra, mas também refletir sobre as condições sociais para prevenir a violência e a guerra, sobre as medidas a serem tomadas e as oportunidades de construção da paz nas situações de pós-guerra para superar as origens e as consequências da violência (incluindo os aspectos de gênero) de uma forma sustentável.[15] Assim, a reflexão sobre a guerra e a paz torna-se mais intimamente ligada às questões de desenvolvimento, questões socioeconômicas e ecológicas e até mesmo de educação.

A Necessidade Política e Cultural de Integrar uma Pluralidade de Identidades

Além de seus aspectos econômicos e sociais, o processo europeu de integração trouxe certas mudanças culturais e religiosas dentro das sociedades europeias que são de grande relevância ética. Assim, por exemplo, o tema do Congresso de 2004 da *Societas Ethica*, uma associação ecu-

---

[15] Ver a carta pastoral da Conferência dos Bispos Alemães, "A Just Peace", 27 de setembro de 2000, texto em alemão, inglês ou francês, http://dbk.de/schriften/fs_schriften.html (acessado 27 de julho de 2006); Johannes Müller e Matthias Kiefer, eds., *Globalisierung der Gewalt: Weltweite Solidarität angesichts neuer Fronten globaler (Un-)Sicherheit. Globale Solidarität Schritte zu einer neuen Weltkultur*, vol. 12 (Stuttgart, 2005).

mênica de eticistas (teólogos e filósofos), foi o "Pluralismo na Europa".[16] As modernas sociedades europeias são moldadas por uma grande variedade de identidades em termos de crenças religiosas e visões do mundo. Deixe-me comentar brevemente dois aspectos da multifacetada imagem religiosa das atuais sociedades europeias e de seus impactos éticos.

Primeiro, temos que compreender que o próprio Cristianismo revela múltiplas imagens no nível europeu: devido a diferentes caminhos da história política e desenvolvimento de pensamento, há diferenças profundamente arraigadas entre as tradições cristãs ocidentais por um lado, e as igrejas ortodoxas e suas teologias por outro lado. O modo de pensar sobre o Estado, sobre a relação entre a Igreja e o Estado, assim como entre a Igreja e a sociedade moderna, sobre se um ensinamento social cristão se desenvolveu ou não, difere entre o Cristianismo "oriental" e "ocidental" na Europa e produz relevantes consequências no processo de integração europeu. O processo de moldar o tratado constitucional da União Europeia com seu debate sem esperança sobre a religião ou a herança espiritual como sendo ou não uma fonte de valores básicos comuns pode ser interpretado como sintomático das diferenças existentes, até mesmo entre os países tradicionalmente cristãos na Europa.[17] Isso revela um importante desafio ético que requer grandes esforços para ampliar o entendimento mútuo e estabelecer uma plataforma comum da ética política cristã ecumenicamente delineada.[18]

Segundo, o fato de haver uma crescente população muçulmana (com origens em diferentes partes do mundo islâmico) em muitos paí-

---

[16] Ver Ética da Sociedade, a Sociedade Europeia para a Pesquisa em Ética, ed., *Pluralism in Europe? Annual Report 2004* (Conferência Anual, Ljubljana, Eslovênia, 25-29 de agosto de 2004).

[17] Ver Joseph H. H. Weiler, *Un'Europa cristiana: Un saggio esplorativo* (Milão: Rizzoli, 2003).

[18] Para uma visão inicial, ver Ingeborg Gabriel, Alexandros Papaderos e Ulrich H. J. Körtner, *Perspektiven ökumenischer Sozialethik: Der Auftrag der Kirchem im größeren Europa* (Mainz, 2005).

ses europeus não só provoca certos conflitos entre os grupos sociais, mas também a necessidade de combater certos preconceitos (às vezes racistas) que algumas vezes irrompem violentamente. Além disso, a presença de uma forte minoria muçulmana, cujos membros exigem o direito de expressar sua identidade muçulmana na esfera pública, causa específicos conflitos institucionais nas sociedades europeias. Por um lado, eles se referem às implicações do direito à liberdade religiosa e à neutralidade do Estado secular. Por outro lado, eles estão relacionados com a questão mais ampla de integração, a qual, tão intimamente ligada como é à religião, é, de preferência, um desafio político e social, mais que exclusivamente religioso.[19]

Essas observações tão curtas podem dar uma primeira ideia a respeito do que parecem ser os principais desafios ético-sociais.

O que necessitamos urgentemente é uma discussão intensificada das implicações e limites da liberdade religiosa, tanto como um direito individual como corporativo. Isso implica a necessidade de refletir sobre a posição das igrejas cristãs em relação a outras organizações religiosas dentro de um Estado secular. A fim de esclarecer o papel e a influência pública que a Igreja Católica pode ter a pretensão de assegurar para si, ela deve refletir mais profundamente sobre sua posição institucional dentro de uma sociedade pluralista.

Devemos preocupar-nos com a questão da integração, que, em nossas sociedades europeias, está relacionada com o problema do racismo.[20] A pesquisa deve ser intensificada a fim de desenvolver orientações éticas para as políticas de integração e para sólidas estratégias que possam ajudar-nos a lidar com os problemas relacionados ao racismo (antissemitismo, anti-islamismo, xenofobia) e ao radicalismo (isto é, o crescente problema

---

[19] Ver Brigitte Marechal et al, *Muslims in the Enlarged europe: Religion and Society* (Leiden: Brill, 2003); Jamal Malik, ed., *Muslimsin europe: From the Margin to the Centre* (Münster): Lit, 2004).

[20] Ver Marie-Jo Thiel, ed., *Europe, spiritualités et culture face au racisme* (Paris/Münster, 2004).

do extremismo de direita em várias sociedades europeias) por um lado, e a exclusão social e a descrença nas instituições políticas por outro lado.

Além disso, há uma forte necessidade de desenvolver conceitos de educação (em todos os níveis, incluindo as universidades) que ajudem os estudantes a construir identidades profundas e abertas, prontas a encontrar "os outros", sem ter medo de perder suas próprias raízes. A Ética Católica, com suas fundações antropológicas enraizadas na Bíblia, pode ser uma fonte rica para alimentar esses conceitos educacionais se ela for produzida de forma que encoraje o diálogo. Já que a Igreja Católica tem sido um importante agente no campo da educação escolar, nas universidades e em outras áreas da Educação, esse é de fato um ponto focal da prática cristã e do compromisso cultural.[21]

Todas essas questões, entre outras, são tratadas em diversas novas iniciativas de pesquisa e centros universitários que se estabeleceram recentemente, como o Centro de Ética Intercultural na Universidade de Tilburg (Holanda) e o Centro de Estudos Inter-religiosos na Universidade de Bamberg (Alemanha). Ambos são, naturalmente, instituições interdisciplinares, mas com um forte enfoque na pesquisa ética e com um alto nível de comprometimento por parte dos eticistas católicos.[22]

O Desafio de Criar um Consenso Ético Fundamental dentro das Sociedades Pluralistas

Em vez de traçar uma conclusão, eu gostaria de levantar outra questão que parece ser um problema verdadeiramente fundamental dentro da Ética Política Moderna (Cristã) e, assim, salientar todas as questões mencionadas: Há ou pode ser reformulado um campo comum, um con-

---

[21] Ver Marianne Heimbach-Steins, "Education for World Citizens in the Face of Dependency, Insecurity and Loss of Control", *Studies in Christian Ethics* 19, n. 1 (2006), 63-80, esp. 66-70.

[22] Para maior informação, ver www.tilburguniversity.nl.faculties/tft/cie/ (acessado em 27 de julho de 2006) e www.zis.uni.bamberg.de (acessado em 27 de julho de 2006).

senso fundamental de valores e princípios éticos, dentro de sociedades pluralistas e seculares, em termos de pertença cultural, crenças religiosas ou visões do mundo? E como devemos elaborar nossas próprias convicções e contribuições para torná-las uma voz relevante dentro de um concerto de múltiplas vozes dos conceitos éticos, teorias de justiça e ideias de uma vida boa?[23]

Algumas Esperanças para o Futuro

Para tornar a Ética Católica um fator influente dentro do processo de transformar a Europa em uma união política e um espaço de troca cultural pacífica, precisamos aperfeiçoar nossa comunicação de forma que permita um discurso frutífero com outras visões do mundo, sejam elas moldadas secularmente ou religiosamente. Essa é uma questão tanto de identidade como de relevância da fé católica e seus impactos éticos.

Quanto mais formos bem-sucedidos em desenvolver um *discurso ético ecumênico,* que incluam as igrejas ortodoxas nos países da Europa Oriental, mais os cristãos se tornarão capazes de contribuir para a solução dos urgentes problemas de viver juntos em uma Europa de múltiplas facetas em termos de identidades culturais e crenças religiosas ou visões do mundo.

Uma esperança verdadeiramente basilar é que, se os cristãos aprenderem a manifestar-se livremente, com uma voz comum nas sociedades europeias, eles contribuirão mais para o cultivo do respeito pela vida e pela dignidade de cada indivíduo, qualquer que possa ser sua formação ou convicção étnica, cultural e religiosa. E isso, na verdade, parece-me a necessidade principal na sociedade europeia que é moldada por profundas disparidades sociais e oportunidades desiguais de participação e desenvolvimento pessoal.

---

[23] Ver os procedimentos da Conferência da Associação Internacional para Teologia Moral e Socioética, Berlim, 2003; Andreas Lob-Hüdepohl, ed., *Ethik im Konflikt der Überzeugungen. Studien zur theologischen Ethik,* vol. 105 (Freiburg im Bresgau, Fribourg (CH), 2004).

SOBRE CÉLULAS-TRONCO E HOMOFOBIA

Piotr Mazurkiewicz

Proponho olhar os desafios morais que confrontam a Igreja Católica na Europa, vistos da perspectiva de certas ações tomadas pelo Parlamento Europeu nesse ano. Eu gostaria de sugerir que este seja o objetivo final das atividades do Parlamento Europeu, mas, desde que fui convidado para provocar a discussão, achei esses exemplos muito provocativos. O primeiro desafio é a EP *Resolução sobre Homofobia*, adotada pelo Parlamento em 18 de janeiro de 2006.[1] Outro é a *resolução sobre o crescimento da violência racista e homofóbica na Europa*, de 15 de junho de 2006.[2] O terceiro desafio é a votação de 15 de junho de 2006, no *Sétimo Programa de Sistema/Estrutura*, segundo o qual a União Europeia financiaria a pesquisa com embriões humanos e células-tronco embrionárias.[3]

---

[1] O Parlamento Europeu, "Resolution on Homophobia in Europe", http://www.europarl.europa.eu/sides/getDoc.do?pubRef=-//EP//Text+TA=P6-TA-2006-0018+0+DOC+XML+VO//EN (acessado em 15 de janeiro de 2007).

[2] O Parlamento Europeu, "Resolution on the Increase in Racist and Homophobic Violence in Europe", http://www.europarl.europa.eu/sides/getDoc.do?pub-Ref=//EP//Text+TA+P6-TA-2006-0273+0+DOC+XML+VO//EN (acessado 15 de janeiro de 2007).

[3] O Parlamento Europeu, "Resolução Legislativa do Parlamento Europeu sobre a Proposta para uma Decisão do Parlamento Europeu e do Conselho com relação ao Sétimo Programa-Quadro da Comunidade Europeia para Pesquisa, Desenvolvimento Tecnológico e Atividades de Demonstração(2007a2013)", http://www.europarl.europa.eu/sides/getDoc.do?pub-Ref=//EP//Text+TA+P6-TA-2006-0265+0+DOC+XML+VO//EN&language=EN (acessado 15 de janeiro de 2007). A seguir designado como "Sétimo Programa-Quadro".

No primeiro dos documentos, a verdadeira definição de homofobia levanta questões fundamentais. Ele interpreta como se segue: "a homofobia pode ser definida como um medo irracional e uma aversão pela homossexualidade e por pessoas lésbicas, gays, bissexuais e transsexuais (LGBT), baseando-se no preconceito, semelhante ao racismo, xenofobia, antissemitismo e sexismo".[4] Entre as manifestações de homofobia, os autores mencionam o assassinato, atos de violência física, juntamente com o "discurso do ódio", a zombaria ou a violência verbal. Eles também se referem à proibição das Paradas Gays, assim como o fato de que, em alguns Estados Membros, parceiros do mesmo sexo não podem usufruir de todos os direitos e proteções que os parceiros de sexos opostos casados têm, incluindo o reconhecimento de famílias do mesmo sexo.[5]

Apesar de todos os apelos por "definições sonoras e claras",[6] os autores da primeira resolução escolheram adotar uma descrição de homofobia muito ampla e, através dela, uma descrição ideológica. Ela se aplica igualmente às reais manifestações de discriminação e a uma situação em que as uniões de mesmo sexo legais (significando não punidas por lei) não usufruem de proteção legal e privilégios que são devidos aos casamentos heterossexuais sob o sistema legal nacional.

A verdadeira estrutura do termo "homofobia" é interessante. Ele contém uma medida de potencial manipulativo. A raiz grega *homo* nessa palavra (significando "idêntico", "o mesmo") é provavelmente associada por muitos europeus, não tão bem versados em grego, com o latim *homo* (homem). O grego *phobos*, que significa "medo" (do qual a neolatina *fobia* é derivada para descrever o estado de medo em pessoas que sofrem de uma neuropatia) sugere que o julgamento do comportamento homossexual ou diferença nos privilégios legais para estes relaciona-

---

[4] "Resolution on Homophobia in Europe", A.
[5] Ibidem, E, F.
[6] "Resolution on the Increase of Racist and Homophobic Violence in Europe", 17.

mentos é somente uma consequência do preconceito irracional.[7] Então, pessoas que não partilham a mesma opinião, como os autores do texto, deveriam ser tratadas ou talvez mesmo sujeitas à terapia compulsória, visto que os Estados Membros são encorajados a aumentar a luta contra a homofobia através de meios administrativos, judiciais e legislativos.[8] Até recentemente, a homossexualidade era vista como uma condição de doença; agora os autores da resolução sugerem tomar mais ou menos a mesma abordagem na direção da desaprovação do comportamento homossexual. Isso tem uma influência muito significativa sobre a vida pública, bloqueando todos os discursos racionais do problema. Dado que todas as formas de crítica, de acordo com os autores da resolução, são fundadas somente em emoções negativas, é virtualmente impossível conseguir quaisquer argumentos racionais dos oponentes. Dessa forma, as pessoas que têm diferentes pontos de vista sobre a questão, independente de suas realizações eruditas, são vistas como pessoas guiadas apenas pelo preconceito. Daí, elas não deveriam ter nenhum direito de esclarecer seus pontos de vista ou de participar de um debate público.

Não é absolutamente uma coincidência que a homofobia tenha sido colocada na mesma lista próxima ao racismo, xenofobia e antissemitismo. Os autores da *resolução sobre o crescimento da violência racista e homofóbica na Europa* claramente querem estender o entendimento da noção de "discriminação" para essa nova área. Ao mesmo tempo, eles esperam que os Estados Membros "intensifiquem as medidas de lei criminal apontadas para a apreciação das penas por estes crimes por toda a União Europeia".[9] O objeto dessas ações é fazer com que a convicção sobre homossexualidade seja um desvio da norma, uma relíquia vergonhosa fora de lugar no debate político de tendência predominante, e também uma opinião que não pode possivelmente ser professada por pessoas

---

[7] Ibidem, A.
[8] "Resolution on Homophobia in Europe", 5.
[9] "Resolution on the Increase of Racist and Homophobic Violence in Europe", 1.

civilizadas de diferentes visões, assim como outros fenômenos nesta lista são, com razão, banidos como inadmissíveis.[10] Os autores também acreditam que os argumentos de ordem pública, liberdade religiosa e o direito de objeção consciente não são razões suficientes para tornar as opiniões opostas àquelas que eles declaram palatáveis e legais em público.[11]

Poucos se espantam que o Cardeal Joseph Ratzinger tenha expressado a seguinte preocupação: "O conceito de discriminação é cada vez mais ampliado e, assim, a proibição da discriminação pode ser progressivamente transformada em uma limitação da liberdade de opinião e liberdade religiosa. Muito cedo não será possível afirmar que a homossexualidade, como a Igreja Católica ensina, é um distúrbio objetivo na estrutura da existência humana".[12] Se a real palavra "homofobia" significa que a avaliação moral do comportamento homossexual foi banida, então o ensinamento da Igreja Católica nos Estados Membros deveria ser legalmente proibido, e a Igreja deveria ser vista como uma fortaleza do "conservadorismo homofóbico". Assim, o caso de Rocco Buttiglione, comentando o fato de que sua candidatura para a posição de membro do conselho da União Europeia foi rejeitada, adverte: "Eles queriam humilhar um cristão a fim de ameaçar os outros. Eles queriam demonstrar que não é uma coincidência que a invocação de Deus foi excluída da Constituição, e, de modo oposto, que essa mentira é uma manifestação de outra fé, uma fé de relativismo ateísta e anticristã. Porém há mais sobre isso. Um poderoso lobby em Bruxelas quer impor a todos os Estados Membros o reconhecimento do casamento entre pessoas do mesmo sexo e uma ativa promoção do estilo de vida homossexual pelo Estado".[13]

---

[10] Tomasz Wiścicki, "Kościól, homoseksualism, czlowiek i ... kultura" Więź 569, n. 3 (março de 2006): 87-88.

[11] "Resolution on Homophobia in Europe", B.

[12] Joseph Ratzinger, "The Europe of Benedict in the crisis of cultures", http://www.tcrnews2.com/BenedictXVIC.html (acessado em 15 de janeiro de 2007).

[13] Rocco Buttiglione, *Prymat sumienia w polityce (The primacy of conscience in politics)* (Poznań: Księgarnia w. Wojciecha Publishing House, 2005), 19.

O exemplo da Polônia também pode ser mencionado aqui, o país difamado pela resolução de 15 de junho de 2006, e carregado com o racismo, antissemitismo e homofobia (que aconteceu simplesmente poucos dias depois das entusiásticas saudações concedidas na Polônia ao Papa Bento XVI). Na Polônia, durante uma manifestação legal gay, os participantes gritavam a seguinte frase: *Giertych do wora. Wór do jeziora* (Vamos pôr Giertych em um saco. Vamos jogá-lo no lago.). Roman Giertych é, atualmente, o Ministro da Educação, enquanto que o saco e o lago são alusões a como o Padre Jerzy Popieluszko foi assassinado pelo regime comunista. Portanto, uma questão pode ser levantada: o boicote é contra a pregação do pensamento católico e tenta intimidar os católicos a não manifestação de discriminação? Não é uma grave discriminação questionar a primeira de todas as liberdades, a liberdade religiosa?

Nessa conjuntura é valioso trazer de volta o que trata o assim chamado ensinamento homofóbico da Igreja Católica, por exemplo o que lemos no *Catecismo* (2.358): "O número de homens e mulheres que têm tendências homossexuais arraigadas não é desprezível. Esta inclinação, que é objetivamente perturbada, constitui para muitos deles um teste. Eles devem ser aceitos com respeito, compaixão e sensibilidade. Todo sinal de discriminação injusta a seu respeito deveria ser evitada". Na Carta *Homosexualitatis Problema,* da Congregação para a Doutrina da Fé, encontramos o seguinte: "É deplorável que as pessoas homossexuais tenham sido e sejam o objeto de violenta maldade no discurso e na ação. Tal tratamento merece a condenação dos pastores da Igreja onde quer que ela ocorra. Ele revela uma espécie de indiferença pelos outros que põe em perigo os mais fundamentais princípios de uma sociedade sadia. A dignidade intrínseca de cada pessoa deve sempre ser respeitada na palavra, na ação e na lei".[14]

---

[14] Congregação para a Doutrina da Fé, "Letter to the Bishops of the Catholic Church on the Pastoral Care of Homossexual Persons", http://www.vatican.va/roman_curia/congregations/cfaith/documents/rc_con_cfaith_doc_19861001_homosexual-persons_en.html, 10 (acessado em 15 de janeiro de 2007).

Deve-se observar a diferença entre o respeito por uma pessoa, independente de sua orientação sexual, e a exigência de ter legalmente reconhecidas as uniões de mesmo sexo e garantir-lhes privilégios, incluindo o direito de adotar uma criança. O sistema legal que garante às uniões de mesmo sexo o status de uma instituição legal de acordo com o ensinamento oficial da Igreja é contrário à razão. Inclinações nessa direção significam "ir além da estrutura da história da moralidade humana".[15] "Permitir que crianças sejam adotadas por pessoas que vivem nestas uniões significaria realmente praticar violência com estas crianças, no sentido de que sua condição de dependência seria usada para colocá-las em um ambiente que não conduz a seu completo desenvolvimento humano."[16] Algumas estimativas éticas dos postulados levantadas pela comunidade gay torna necessário aos católicos opor-se às tentativas de garantir o reconhecimento legal às uniões homossexuais e ao tratamento legal de igual valor das uniões e casamentos homossexuais, juntamente com o usufruir de direitos que são garantidos nos casamentos. Em uma situação em que um estado já fez essa mudança, os católicos têm o dever de opor-se a essa lei de forma clara e inequívoca. Se estas leis obviamente injustas são levadas em conta, todos podem utilizar-se do direito da objeção consciente.[17]

Outro problema europeu é ilustrado pelo consentimento expresso pelo Parlamento Europeu, em 15 de junho de 2006, para o financiamento de pesquisa da União Europeia sobre embriões humanos e células

---

[15] Joseph Ratzinger, *Europa, jej podwaliny dzisiaj i jutro (Europe: Its Spiritual Foundations of Yesterday, Today, and Tomorrow)* (Kielce: Publishing House Jednosc, 2005), 30.

[16] Congregação para a Doutrina da Fé, "Considerations Regarding Proposals to Give Legal Recognition to Unions Between Homosexual Persons", http://www.vatican.va/roman_curia/congregations/cfaith/documents/rc_con_cfaith_doc_20030731_homosexual-unions en.html, 7 (acessado em 15 de janeiro de 2007).

[17] Congregação para a Doutrina da Fé, "Considerations Regarding Proposals to Give Legal Recognition to Unions Between Homosexual Persons", 5.

embrionárias humanas dentro do Sétimo Programa de Estrutura sobre pesquisa e desenvolvimento científico. O problema básico consiste na maneira pela qual um embrião humano é tratado: como uma espécie de objeto, um objeto de experimentos que pode ser destruído no curso deles. Isso abre a porta para a instrumentalização da vida humana, que é uma flagrante violação da dignidade humana. Ele é contra a *Carta dos Direitos Fundamentais*, que contém a seguinte condição: "A dignidade humana é inviolável. Ela deve ser respeitada e protegida".[18]

Além disso, a votação do EP levanta objeções fundamentais como para a obediência de sua decisão com a União Europeia, cancelando o princípio de subsidiariedade. Espera-se que a União Europeia forneça financiamento para uma pesquisa que é incompatível com os sistemas legais nacionais no lugar dos Estados Membros. A área que provoca essa controvérsia: o regulamento das questões éticas pertence somente à competência dos Estados Membros. Alguns deles têm salvaguardado esse fato através de protocolos e declarações ligadas a seus tratados de acesso. A decisão da EP, incompatível com a posição da Comissão Legal da EP, é uma tentativa de contornar o assunto, já que, formalmente, ele pertence somente à pesquisa científica e como ela é financiada. Apesar de todas as provisões contidas com relação ao respeito da lei nacional, ele pode ser interpretado como um meio de promover medidas não permitidas pela lei nacional. Como resultado, as questões éticas seriam resolvidas por decisões de natureza econômica. A pesquisa que é ilegal sob a lei nacional deve ser financiada pelo orçamento da União Europeia, e pelas contribuições dos estados onde esta pesquisa é ilegal.

Isso nos leva a um problema bastante sensível, de usar o Parlamento Europeu para exercer pressão sobre os Estados Membros para mudar a lei nacional. Aplica-se igualmente à pesquisa com embriões e à garantia de que relações do mesmo sexo usufruam dos mesmos direitos garanti-

---

[18] *Charter of Fundamental Rights,* http://ec.europa.eu/justice_home/unit/charte/index_en.html, artigo 1 (acessado em 15 de janeiro de 2007).

dos aos casamento entre heterossexuais. Pierre de Charentenay observa que isso é uma tentativa de "impor uma concepção moral particular à União Europeia como um todo, sem o respeito pela diversidade que está escrita na parte central do sistema europeu. Com uma ideia muito específica querem impor aos mais liberais conceitos morais praticados no norte da Europa. Estão usando a plataforma do Parlamento Europeu para campanhas muito específicas. O Parlamento, assim, torna-se um ferro a vapor para levar a cabo uma visão moral particular que desestabilizará as culturas locais e as formas de vida consagradas nos vários países da União Europeia. Esse comportamento desacredita o papel do Parlamento Europeu".[19]

Os problemas acima são uma manifestação da crise cultural mais profunda que assolou a Europa, a crise definida pelo Cardeal Ratzinger como "o quase patológico ódio de si mesmo do Ocidente".[20] O objetivo de muitas atividades tomadas pelos vários grupos dos europeus é voltar-se para o paradigma da visão do homem e da cultura. O fenômeno é com razão envolvido pelo que Nietzche chamou "a reavaliação de todos os valores". Isso pode provavelmente corresponder à condição designada pelos doutores "a autoagressão de um sistema imunológico"; esse sistema, quando sujeito à forte irritação não pode ver a diferença entre o estranho e ele mesmo, e ataca tudo aleatoriamente.

A promoção da cultura gay não deveria ser observada como um fenômeno independente, isolado de um contexto mais amplo. O que vemos na Europa hoje é uma dramática crise do casamento e da família, que uma vez serviu de base para o desenvolvimento da cultura da Europa. Isso é expresso tanto pelo questionamento da indissolubilidade do casamento, como pelo reconhecimento cada vez mais universal da coa-

---

[19] Pierre de Charentenay, "Rights and Respect for Diversity", *Europe Infos* 45, n. 1 (janeiro de 2003), http://www.comece.org/comece.taf?_function=ei_new&sub_id=7&id=36&language=en (acessado em 15 de janeiro de 2007).

[20] Ratzinger, *Europa, jej podwaliny dzisiaj i jutro (Europe: Its Spiritual Foundations of Yesterday, Today, and Tomorrow)*, 31.

bitação de homens e mulheres, a qual não é fundamentada na instituição legal do casamento. O empenho em desvalorizar o casamento através do questionamento de sua definição é somente um de muitos sintomas dessa crise mais ampla.

O esforço para valorizar tudo em torno de nós conta, em grande parte, com o conceito individualista de uma pessoa que está ganhando terreno na consciência pública. Seu significado é claramente bem entendido na seguinte passagem de Louis de Bonald:

> A filosofia do século anterior (XVIII) tinha apenas o homem e o universo diante de seus olhos, e não a sociedade. Por um lado e aqui eu posso recorrer a um termo coloquial culinário ela "cortava em pedaços" estados e famílias, sem decifrar pais, mães, filhos, senhores, empregados, autoridades, servidores civis ou sujeitos, apenas pessoas, isto é, indivíduos, cada um tendo seus próprios direitos garantidos, mas não pessoas inter-relacionadas umas com as outras... Por outro lado, éramos encorajados a amar a humanidade somente.

Tzvetan Todorov acrescenta o comentário seguinte à passagem acima: "Esta proposição ampla exclui qualquer ligação genuína. A verdadeira ideia de um contrato social: a tentativa de assentar tudo no desejo de negociar indivíduos é corrompida com o conceito 'individualista' e profundamente ilusório da humanidade".[21] A presunção de que a sociedade foi estabelecida como resultado de um contrato social entre adultos, autônomos, seres racionais anteriormente isolados uns dos outros, é uma ferramenta conveniente que facilita todos os tipos de reformas, mas facilmente comprime todas as fundações axiológicas da vida social. Geralmente ela falha em levar suficientemente em conta o bem das pessoas que não se encaixam na descrição antropológica dessa espécie, especialmente as crianças. Dessa forma, todas as regras da vida

---

[21] Louis de Bonald, *Melánges littéraies,* vol. 2. Citado em Tzvetan Todorov, *Ogród niedoskonaly (Um jardim imperfeito)* (Warsaw: Spóldzielnia Wydawnicza Czytelnik, 2003), 22.

social, incluindo as normas éticas, são apenas frutos de negociações entre os pais fundadores no momento da transição do "estado natural" para o "social". Sob circunstâncias de mudança, todas elas podem ser livremente negociadas. A presunção ateísta implícita facilmente escapa da atenção das pessoas, mas é frequentemente vista tanto como obrigatória, como pré-condição para alguém ser admitido à participação no discurso público, sob o pretexto de absoluta necessidade de garantir sua neutralidade.

João Paulo II mencionou a fragmentação existencial como resultado de que a humanidade é deixada sozinha no fórum da vida.[22] É também nesse contexto que a exortação sobre a Europa menciona o termo "medo". Alguém poderia, portanto, dizer, com uma medida de perfídia, que a fobia da homofobia é o fruto de muitas outras fobias até mais sérias. Em primeiro lugar, relaciona-se com "cristofobia" como foi descrito por Joseph Weiler, um medo sintomático do Cristianismo. Em sua extremidade, ela abastece as tentativas de apagar o Cristianismo e todos os traços da herança cristã do espaço público. Em segundo lugar, envolve o medo do futuro, que, uma vez separado do passado, parece ser muito exposto e incerto. Isto é também porque há uma má vontade universal para procriar; chamar novas pessoas a existir quando alguém falha em ver razões suficientes para viver e o objetivo da própria vida parece ser um crime. Assim, vemos dramaticamente baixas taxas de nascimento, a má vontade de casar-se, assumir compromissos permanentes para com outra pessoa; nisso há "uma tentação de obscurecer a esperança".[23]

O que a Igreja pode tentar fazer? Primeiro, dados os novos desafios, o ensinamento mais preciso da Igreja Católica é fornecido nesses en-

---

[22] João Paulo II, "Ecclesia in Europa", http://www.vatican.va/holy_father/john_paul_ii/apost_exhortations/documents/hf_jp-ii_exh_20030628_ecclesia-in-europa_en.html, 8 (acessado em 15 de janeiro de 2007).

[23] João Paulo II, "Ecclesia in Europa", 7.

saios. Segundo, através da Comissão dos Episcopados da Comunidade Europeia (COMECE) e através das conferências nacionais dos bispos, ela intercede em favor de soluções compatíveis com a mente justa. Terceiro, ela espalha a palavra entre os fiéis. Mas a verdadeira esperança para a Europa brilhará somente uma vez, como lemos no título da exortação: a Europa redescobre a pessoa de Jesus Cristo.

O que poderia ser surpreendente, como lemos na *Instrução Pastoral sobre Teologia e Secularização* na Espanha, é que não apenas as pessoas leigas, mas também os teólogos podem ter problemas com o entendimento correto do mistério de Jesus Cristo.[24] Assim, como os bispos espanhóis sugerem, bastante frequentemente, os teólogos seguem a forma mundana de abordar os desafios contemporâneos em vez do magistério. Consequentemente, eles podem ser corresponsáveis pelos efeitos dos processos de secularização. Este é um diagnóstico muito difícil, alguns podem dizer até injusto; mas, se há uma pequena parte de verdade nele, a redescoberta de toda a verdade da pessoa de Jesus Cristo e sua relação com a igreja poderia ser muito útil também.

---

[24] Conferência Episcopal Espanhola, "Teología y secularización en España. A los cuarenta años de la clausura del Concilio Vaticano II", Instrução Pastoral, Madrid, 30 de março de 2006, http://www.conferenciaepiscopal.es/documentos/Conferencia/teologia.htm (acessado em 15 de janeiro de 2007).

América Latina

A enorme complexidade da América Latina é capturada pelos escritos de três teólogos eticistas que refletem sobre a situação de suas nações específicas: Brasil, México e Chile. Enquanto a pobreza e a influência da globalização passam através de cada ensaio, eles diferem consideravelmente nos desafios, recursos teológicos e propostas estratégicas que cada um descreve.

Com uma honestidade quase brutal, Ronaldo Zacharias fornece um quadro da vida moral no Brasil: insensibilidade com a exclusão social, desenraizamento cultural, pobreza desumanizante com o surgimento presente do fundamentalismo religioso. A Ética Teológica está, nesse meio tempo, frequentemente distante da realidade, analisando normas não observadas e precisando encontrar maiores engajamentos interdisciplinares. Finalmente, Zacharias reconhece um fenômeno que não pode ser ignorado, isto é, a forma como os católicos brasileiros diferenciam sua fidelidade ao culto de sua adesão aos ensinamentos morais magisteriais. Conhecido como o "jeitinho brasileiro", ele constitui uma espécie de bênção social à desobediência formal. As pessoas, então, têm uma estratégia "que permite que um país predominantemente católico não encontre nenhum problema moral em amar a Igreja, enquanto presta pouca atenção a alguns de seus ensinamentos oficiais". Ele observa: "Como mediadores entre a voz da autoridade de ensino da Igreja e as necessidades dos fiéis, nossa posição como teólogos morais torna-se muito desordenada e desestabilizada: somos chamados para reconciliar estes dois mundos diferentes, mas não sabemos como adquirir o equilíbrio no meio de tal desequilíbrio".

O ensaio de Sebastian Mier é consideravelmente diferente de Zacharias. Mier aponta para muitos problemas semelhantes: corrupção, pobreza, compromisso moral. Mas seu ensaio, escrito muito no contexto da Teologia da Libertação, sorve esperançosamente da riqueza da Palavra de Deus, do poder do Espírito e da solidariedade do Povo de Deus. E ainda, esses recursos permitem que ele enfrente os desafios econômicos, sociais e culturais específicos que confrontam o México quando ele se defronta com um mundo globalizado que toma muito do México, deixando-o com poucas alternativas para olhar para outro lugar.

Finalmente, Tony Mifsud reflete sobre a vida no Chile e encontra uma individualização progressiva que resiste aos apelos da tradição (moral, familiar, religiosa, social), e tenta forjar novas condições para a possível relação predominantemente através do consumo. Como Giacometti descreve, os chilenos são vistos como não mais conectados ao bem comum ou, mais especificamente, ao pobre vizinho; da mesma maneira, sua única associação com a Igreja está em sua sustentação espiritual e não em seus apelos morais ou sociais. Mifsud propõe três tarefas para o teólogo eticista de hoje: 1) refletir mais profundamente sobre a alienação do outro, olhando não primeiro para a pobreza, mas especialmente para as causas da desigualdade social; 2) articular uma ética sexual, a fim de encontrar as necessidades da sociedade contemporânea não familiar com um discurso significativo sobre o amor, incapaz de expressar a significação do comprometimento, confundido pelos apelos do casamento; e 3) criar um renovado sentido de identidade cristã, que ajude os indivíduos a ver sua incorporação no Corpo de Cristo.

SONHANDO COM UMA NOVA TEOLOGIA MORAL PARA O BRASIL[1]

Ronaldo Zacharias[2]

Embora o painel tivesse de focar o continente latino-americano, falei como representante do Brasil. Não há dúvida de que os problemas brasileiros são os mesmos, em maior ou menor escala, que os de outros países latino-americanos. Mas para evitar o risco de generalizações indevidas e, portanto, desrespeitosas dos vários contextos, optei por uma perspectiva mais restrita, mas talvez mais realista.

Tendo em mente que o objetivo do Congresso era o de envolver a todos num diálogo multicultural motivado pela compaixão e pelo respeito, desde o início da elaboração deste artigo estive consciente de que daria apenas uma colaboração para tal diálogo, colaboração enriquecida pela contribuição dos teólogos citados acima, mas condicionada pelo meu modo particular de redigi-la. Sem nenhuma pretensão, coloquei-me na perspectiva de quem tinha a obrigação de suscitar a discussão e a partilha de ideias e experiências.

---

[1] Artigo publicado em James F. Keenan (ed.). Catholic Theological Ethics in the World Church. The Plenary Papers from the First Cross-cultural Conference on Catholic Theological Ethics. New York-London: Continuum, 2007; "Dreaming of a New Moral Theology for Brazil" (p. 116-123); "Notes" (p. 277-281).

[2] Ronaldo Zacharias é doutor em Teologia Moral (Weston Jesuit School of Theology Cambridge/USA 2002) e docente no Centro Universitário Salesiano de São Paulo (UNISAL). http://lattes.cnpq.br/3151031277743196

As questões discutidas apresentam alguns problemas morais no Brasil

Falta de sensibilidade ao fenômeno da exclusão social

Vivemos em um contexto de injustiça institucionalizada: há escândalos em todos os setores da sociedade. Tanto o Estado quanto os políticos estão imersos num mar de corrupção. Não tendo objetivos específicos quanto às reformas sociais, eles se limitam a desenvolver projetos que favorecem, sobretudo, o crescimento econômico e os interesses do sistema econômico. Negociam acordos que respondem aos interesses dos grupos de pressão. Podemos ver com nossos olhos e tocar com nossas mãos o enfraquecimento do Estado e a ameaça que representam as razões pelas quais muitos partidos políticos são criados. Servindo aos interesses econômicos e aos próprios interesses, os políticos eleitos pelo povo ignoram a importância de desenvolver projetos sociais responsáveis. A política tem sido identificada com o lugar propício para exploradores e ladrões. A credibilidade do Estado e dos políticos nunca foi tão baixa como no momento presente. A situação é chocante. No entanto, ainda mais chocante é a indiferença que caracteriza a atitude do povo em relação à falta de moralidade dos políticos, o modo com que é ridicularizado tudo o que tem a ver com o bem público e a total falta de sensibilidade quanto à corrupção e às suas consequências sociais. Os escândalos políticos acabaram tornando-se espetáculos de diversão para o grande público.[3]

---

[3] José Comblin, *O neoliberalismo: Ideologia dominante na virada do século*, 2ª ed. (Petrópolis: Vozes, 2000); José Comblin, *Cristãos rumo ao século XXI: nova caminhada de libertação*, 2d ed. (São Paulo: Paulus, 1996); Jung Mo Sung, *Deus numa economia sem coração. Pobreza e neoliberalismo, um desafio à evangelização* (São Paulo: Paulinas, 1992); Marcos Arruda e Leonardo Boff, *Globalização: desafios socioeconômicos, éticos e educativos. Uma visão a partir do Sul* (Petrópolis: Vozes, 2000); Júlio de Santa Ana, *O amor e as paixões. Crítica teológica à Economia Política*. Teologia Moral na América Latina 5 (Aparecida, SP: Santuário, 1989).

Desumanas formas de pobreza

A pobreza, em todas as suas formas desumanizadoras, tem-se tornado uma praga que se manifesta de diversas formas: falta de comida, de habitação, de trabalho, de assistência médica, de trabalho e de respeito à dignidade de cada pessoa. E todos assistem tranquilamente como extremas formas de pobreza têm dado origem a explosivos conflitos sociais. A globalização da miséria constitui para nós um desafio de proporções incalculáveis: como podemos começar a responder às necessidades dos excluídos, dos marginalizados e daqueles que perderam tudo? Atraídos para as grandes cidades como se fossem "terras prometidas", a grande maioria dos brasileiros não teve a oportunidade de aprender o que significa ser cidadão, como membro engajado e participante da cidade. Devido ao fato de a população das cidades ter crescido, as cidades também se expandiram. Do ponto de vista material, as cidades espelham a estrutura da sociedade brasileira: dividida, desorganizada, improvisada e justaposta. Nossas cidades estão explodindo: os que têm a chance de escapar delas fogem para condomínios paradisíacos, isto é, longe dos centros urbanos, convencidos de que, quanto mais longe dos centros urbanos melhor. A ironia é que, para assegurar a própria fuga, tais pessoas acabam usufruindo os melhores recursos que o município pode oferecer. Os que não têm nenhum recurso, se "refugiam" nas cidades e contam apenas com as sobras que restaram para ver se conseguem "construir" alguma coisa. Resultado: a violência explode. O Estado, portanto, perde o controle da situação. O crime organizado acaba ocupando, por conta própria, um espaço social cada vez maior e se impõe como uma poderosa força social cujos interesses envolvem também o controle das cidades.[4]

---

[4] José Comblin, *Os desafios da cidade no século XXI* (São Paulo: Paulus, 2002); José Comblin, *Cristãos rumo ao século XXI: nova caminhada de libertação*, 2ª ed. (São Paulo: Paulus, 1996); Jung Mo Sung, *A idolatria do capital e a morte dos pobres: uma reflexão teológica a partir da dívida externa* (São Paulo: Paulinas, 1989); Jung Mo Sung, "Fundamentalismo econômico," *Estudos de Re-*

Desenraizamento cultural

Vivemos num contexto no qual todos os tipos de objeto podem ser manipulados pela cultura científica dominante. O único limite à pesquisa científica é o tempo necessário para inventar algo novo e este tempo fica, a cada dia, menor. A ciência dá poder, cria poder e torna-se poder. No entanto, este poder não está nas mãos dos cientistas, mas nas mãos dos grupos que têm interesses econômicos. Uma vez que a ciência, assim como a cultura, transforma-se em um produto de valor econômico, o mercado determina o que tem valor e o que não tem, o que produzir e o que descartar, quem merece viver e quem pode ser dispensável. Pior ainda é quando a ciência é controlada por grupos de interesse e a cultura passa a ser nada mais do que um objeto folclórico de curiosidade, uma atração turística. Quando isso ocorre, a ciência deixa de estar a serviço das pessoas e a cultura, de ser uma expressão da identidade de um povo. Nessas circunstâncias, surge uma questão importante: o que significa inculturar-se? Quando a ciência e as suas vantagens econômicas passam a ter prioridade sobre todas as outras coisas, a cultura acaba sendo relegada a uma função secundária. Parece ser essa a postura assumida por muita gente. No entanto, quando as pessoas se integram na cultura dominante acreditando que serão mais capazes de controlar a própria vida, na realidade, a cultura dominante acaba por relegá-las às margens do progresso.[5]

---

ligião 10, n. 11 (1995): 101-108; Jung Mo Sung, "Exclusão social: um tema teológico?," Estudos de Religião 11, n. 13 (1997): 134-158; Jung Mo Sung, "Violência e ação pastoral," Convergência 37, n. 350 (2002): 103-114; João Batista Libânio, "Globalização na perspectiva da fé," Perspectiva Teológica 35, n. 95 (2003): 95-103; João Batista Libânio, As lógicas da cidade. O impacto sobre a fé e sob o impacto da fé, 2ª ed. (São Paulo: Loyola, 2002); Nilo Agostini, "A cidade e a evangelização," Convergência 35, n. 336 (2000): 471-488.

[5] José Comblin, Cristãos rumo ao século XXI: nova caminhada de libertação, 2ª ed. (São Paulo: Paulus, 1996); José Comblin, Teologia da cidade (São Paulo: Paulinas, 1991); Luiz Carlos Susin, "Cultura e inculturação," Revista de Catequese 13, n. 52 (1990): 15-21; Afonso Maria Ligório Soares, "Inculturação ou

A atração pelo fundamentalismo religioso

Estamos vivendo num período em que os fundamentalismos crescem de forma assustadora. Sejam quais forem os fundamentalismos, eles absolutizam doutrinas, costumes e rituais. Eles assumem certas expressões históricas como imutáveis e inquestionáveis e a elas aderem. E para que tais posições cresçam cada vez mais, os fundamentalistas procuram dar uma forma definitiva, imutável e sagrada às instituições religiosas. Se por um lado não é difícil para ninguém tomar consciência deste fenômeno, por outro lado, pouca coisa é feita no sentido de entender os desafios que os fundamentalismos apresentam. Como consequência, resulta-nos impossível entender o porquê, ao mesmo tempo em que as seitas, igrejas e movimentos se proliferam aumenta a atração por uma moral tradicional descomprometida, vaga quanto ao conteúdo, mas extremamente precisa quando à forma. Se por um lado a proliferação de seitas, igrejas e movimentos corresponde também às necessidades e aos desejos das pessoas, é curioso que, por outro lado, esse fenômeno esteja muito longe de ser capaz de levar as pessoas a um maior nível de compromisso com as pessoas e com a sociedade. O que está em jogo não é tanto a sinceridade com a

---

sincretismo? Considerações acerca de algumas opções terminológicas," *Revista de Cultura Teológica* 9, n. 37 (2001): 87-102; Márcio Fabri dos Anjos, coord., *Teologia da inculturação e inculturação da teologia* (Petrópolis: Vozes e São Paulo: SOTER, 1995); Márcio Fabri dos Anjos, org., *Inculturação: desafios de hoje* (Petrópolis: Vozes e São Paulo: SOTER, 1994); Nilo Agostini, "O instituído e sua construção ética: teologia moral ante os desafios da inculturação", *Revista Eclesiástica Brasileira* 61, no. 242 (2001): 389-408; Leonardo Boff, *Virtudes para um outro mundo possível. Vol. I, Hospitalidade: direito e dever de todos* (Petrópolis: Vozes, 2005); Leonardo Boff, *Saber cuidar. Ética do humano compaixão pela terra*, 6ª ed. (Petrópolis, Vozes, 2000); Márcio Fabri dos Anjos, coord., *Teologia Moral e cultura. Teologia Moral na América Latina 8* (Aparecida, SP: Santuário, 1992); Antônio Moser, "Moral e cultura: entre o diálogo e o etnocentrismo", in *Teologia Moral e cultura*, coord. Márcio Fabri dos Anjos (Aparecida, SP: Santuário, 1992), 65-80; Luiza Etsuko Tomita, Marcelo Barros e José Maria Vigil, orgs., *Teologia Latino-Americana pluralista da libertação* (São Paulo: Paulinas, 2006).

qual as pessoas procuram a Deus, mas o papel que tais perspectivas ético--morais têm em definir, dirigir e sustentar um projeto que, por sua própria natureza, deveria estar a serviço da vida, um projeto que tem muito pouco a ver com as características da própria vida, isto é, com flexibilidade, adaptabilidade, mudança e transformação.[6]

A compreensão da ética teológica enquanto tal

Muitas vezes, no ensino da teologia moral, nós nos preocupamos mais com a correta formulação de um objetivo conjunto de normas e diretrizes para a ação, do que com as pessoas e as decisões como agentes morais que carregam o peso das próprias realidades históricas e dos próprios contextos sociais. Em si mesma, a fria racionalidade de um conjunto de normas ou o acrítico eco de uma fórmula abstrata, não leva ninguém a lugar algum. É comum a prudência, infelizmente, acabar sendo o manto usado para encobrir o medo e a covardia e, portanto, deixar de ocupar um lugar mais especial no nosso trabalho como teólogos moralistas e, consequentemente, na educação moral das pessoas

---

[6] José Comblin, "A teologia das religiões a partir da América Latina," in *Pluralismo e Libertação. Por uma teologia latino-americana pluralista a partir da fé cristã*, orgs. Luiza E. Tomita, Marcelo Barros e José María Vigil (São Paulo: Loyola e ASETT EATWOT, 2005), 47-70; Alberto Antoniazzi, "Por que o panorama religioso no Brasil mudou tanto?," *Horizonte* 3, n. 5 (2004): 13-39; José Oscar Beozzo, "Grandes questões da caminhada do Cristianismo na América Latina e Caribe," *Religião e Cultura* 3, n. 5 (2004): 27-65; José Oscar Beozzo, "Vaticano II e as transformações culturais na América Latina e no Caribe," *Religião e Cultura* 4, n. 8 (2005): 57-102; Clodovis Boff, "Carismáticos e libertadores na Igreja," *Revista Eclesiástica Brasileira* 60, n. 237 (2000): 36-53; Leonardo Boff, *Fundamentalismo. A globalização e o futuro da humanidade* (Rio de Janeiro: Sextante, 2002); Francisco Catão e Magno Vilela, *O monopólio do sagrado* (São Paulo: Bestseller e Círculo do Livro, 1994); João Batista Libânio, *Crer num mundo de muitas crenças e pouca libertação* (São Paulo: Paulinas e Valencia, ESP: Siquem, 2003); Carlos Josaphat, "Globalização, religião, mídia e mercado," *Religião e Cultura* 3, n. 5 (2004): 91-110.

que formamos e às quais servimos. Mesmo que fôssemos enciclopédias ambulantes de teologia moral, não teríamos serventia alguma se, por medo ou covardia, ao invés de assumirmos o papel do bom samaritano, deixássemos morrer nas ruas aqueles que foram seriamente machucados pelos ladrões. É importante reconhecer que, com mais frequência do que parece, na Igreja ou em nome dela, comunicamos nosso conhecimento com tanta arrogância que afastamos as pessoas ao invés de ajudá-las na caminhada diária.[7]

A necessidade de uma perspectiva interdisciplinar

Novos problemas sempre emergem e precisamos ficar atentos a eles se não quisermos que nossas propostas e projetos sejam insignificantes. No entanto, a insignificância de qualquer proposta e projeto depende, hoje em dia, de como consideramos a interdisciplinaridade. Se prestar atenção aos novos problemas é importante, mais importante ainda é prestar atenção às novas perspectivas. Hoje, um significativo número de biblistas, historiadores, teólogos, juntamente com professores e especialistas em outras disciplinas, estão na posição de aliados dos teólogos moralistas, considerando o fato de que muitos deles incorporam no próprio trabalho uma perspectiva ética. Precisamos prestar atenção ao trabalho dessas pessoas do mesmo modo como prestamos atenção

---

[7] José Roque Junges, *Evento Cristo e ação humana. Temas fundamentais de ética teológica* (São Leopoldo: UNISINOS, 2001); João Aloysio Konzen, *Ética teológica fundamental* (São Paulo: Paulinas, 2001); Leonardo Boff, *Ética e Moral. A busca dos fundamentos* (Petrópolis: Vozes, 2003); Carlos Josaphat, *Moral, amor e humor,*(Rio de Janeiro: Nova Era, 1997); Paulo Sérgio Lopes Gonçalves, "A relação entre teologia e espiritualidade cristã", *Revista de Cultura Teológica* 6, n. 24 (1998): 37-58; José Trasferetti e Paulo Sérgio Lopes Gonçalves, orgs., *Teologia na pós-modernidade. Abordagens epistemológica, sistemática e teórico-prática* (São Paulo: Paulinas, 2003); Antônio Moser e Bernardino Leers, *Teologia Moral: impasses e alternativas.* Série III: A Libertação na História, 2ª ed. (São Paulo: Vozes, 1988).

ao Magistério da Igreja. O que o Magistério diz é importante, mas se o objetivo das nossas propostas e projetos limita-se a repetir o que o Magistério diz, corremos o risco de falhar nas "conexões" ou, o que é pior, acabamos transmitindo sinais que não podem ser captados por outras pessoas e, portanto, acabam sendo impossíveis de serem considerados.[8]

A tarefa de repensar a Teologia Moral

Muitos dos teólogos moralistas no Brasil tiveram uma formação teológica europeia. Sem perder a capacidade de dialogar com as teologias elaboradas em outros contextos, precisamos atentar para a produção e articulação das nossas teologias se quisermos contribuir no processo de repensar a teologia moral. Quando consideramos esta tarefa, corremos o risco de achar que tal tarefa pertence, exclusivamente, a nós, teólogos

---

[8] Márcio Fabri dos Anjos, coord., *Articulação da Teologia Moral na América Latina*. Teologia Moral na América Latina 2 (Aparecida, SP: Santuário, 1987); Luiz Carlos Susin, "Fazer teologia em tempos de globalização. Nota sobre método em Teologia", *Perspectiva Teológica* 31, n. 83 (1999): 97-108; Leonardo Boff, *Igreja: carisma e poder. Ensaios de Eclesiologia Militante* (São Paulo: Ática, 1994); Clodovis Boff, *Teoria do método teológico*, 2ª ed. (Petrópolis: Vozes, 1999); Márcio Fabri dos Anjos, org., *Teologia e novos paradigmas* (São Paulo: Loyola e SOTER, 1996); Bernardino Leers, *Moral cristã e autoridade do Magistério eclesiástico: conflito-diálogo*. Teologia Moral na América Latina 7 (Aparecida, SP: Santuário 1991); Márcio Fabri dos Anjos, coord., *Ética na relação entre Igreja e sociedade*. Teologia Moral na América Latina 10 (Aparecida, SP: Santuário, 1994); Alberto Antoniazzi, João Batista Libânio e José S. Fernandes, orgs., *Novas fronteiras da moral no Brasil*. Teologia Moral na América Latina 9 (Aparecida, SP: Santuário, 1992); Fábio Konder Comparato, *Ética: direito, moral e religião no mundo moderno* (São Paulo: Companhia das Letras, 2006); Antônio Moser, *Teologia Moral: questões vitais* (Petrópolis: Vozes, 2004); Antônio Moser, *Teologia Moral. Desafios atuais* (Petrópolis: Vozes, 1991), Comissão Episcopal de Doutrina (CED-CNBB), *A Teologia Moral em meio a evoluções históricas*. Subsídios Doutrinais da CNBB 2 (São Paulo: Paulinas, 1992); Conferência Nacional dos Bispos do Brasil, *Ética: pessoa e sociedade*. 31ª Assembleia Geral (Itaici-SP, 28 de abril a 07 de maio de 1993). Documentos da CNBB 50 (São Paulo: Paulinas, 1993).

moralistas. Sem dúvida alguma, nós temos uma responsabilidade específica nesse trabalho e isso é inegável. Mas pensar que a tarefa de repensar a teologia moral depende somente de nós é pura ilusão. Graças à Teologia da Libertação fomos obrigados a reconhecer que o fenômeno da exclusão é um desafio, tanto para quem é excluído quanto para quem exclui. Essa lição serve para nós quando assumirmos a tarefa de repensar a teologia moral. Se a nossa comunidade eclesial exclui alguém devido ao modo como esse alguém elabora e apresenta as exigências éticas do Evangelho, então ela tem o dever moral de repensar a sua prática à luz das ações de Jesus. O repensar a proposta moral não pode acontecer no vácuo. A comunidade eclesial precisa abrir-se e ouvir as vozes daqueles que são ou que se sentem excluídos. Isso significa dar prioridade às pessoas e deixá-las exprimirem suas necessidades, dificuldades, sonhos e esperanças. Se acreditamos que as "sementes do Verbo" estão em todo lugar, não podemos ignorar o fato de que aquelas pessoas que são ou se sentem excluídas, podem encontrar modos de encarnar certos valores, mesmo em contextos que se distanciam do ideal evangélico.[9]

[9] Márcio Fabri dos Anjos, org., *Teologia e novos paradigmas* (São Paulo: Loyola e SOTER, 1996); Leonardo Boff, *Novas fronteiras da Igreja. O futuro de um povo a caminho* (Campinas: Verus, 2004); Leonardo Boff, *Ethos mundial: um consenso mínimo entre os humanos* (Rio de Janeiro: Sextante, 2003); Francisco A. C. Catão, *A pedagogia ética* (Petrópolis: Vozes, 1995); José Roque Junges, *Evento Cristo e ação humana. Temas fundamentais de ética teológica* (São Leopoldo: UNISINOS, 2001); Nilo Agostini, *Introdução à Teologia Moral. O grande "sim" de Deus à vida*, 2d ed. (Petrópolis: Vozes, 2005); Nilo Agostini, *Ética e evangelização. A dinâmica da alteridade na recriação da moral*, 2ª ed. (Petrópolis: Vozes, 1994); Nilo Agostini, *Ética cristã. Vivência comunitária da fé* (Petrópolis: Vozes, 2003); Leonardo Boff e Frei Betto, *Mística e espiritualidade* (Rio de Janeiro: Rocco, 1994); Leonardo Boff, org., *A Teologia da Libertação. Balanço e perspectivas* (São Paulo: Ática, 1996); Leonardo Boff, *Ética e eco-espiritualidade* (Campinas: Verus, 2003); Leonardo Boff, *Civilização planetária. Desafios à sociedade e ao cristianismo* (Rio de Janeiro: Sextante, 2003); Luiz Carlos Susin, org., *O mar se abriu. Trinta anos de teologia na América Latina* (São Paulo: Loyola e SOTER, 2000); Jung Mo Sung, *Sementes de esperança. A fé em um mundo em crise* (Petrópolis: Vozes, 2005); Hugo Assmann

Um fenômeno que não pode ser ignorado

Embora o Brasil seja um país predominantemente católico, ser católico no Brasil mesmo um católico praticante –, e não seguir as normas do Magistério da Igreja, não são experiências que se excluem mutuamente. Essa é uma realidade que não pode ser ignorada. Para entender nosso papel como teólogos moralistas nesse contexto, precisamos considerar uma habilidade criada pelo povo brasileiro conhecida como "jeitinho brasileiro". Esse fenômeno se caracteriza pela criatividade das soluções encontradas diante da dificuldade de aceitar como normativas certas perspectivas morais que pretendem ser universais. Ao priorizar o emocional em relação ao racional, os aspectos humanos das relações, mais do que os institucionais, o "jeitinho" pode ser descrito tanto como um jeito "es-

---

e Jung Mo Sung, *Competência e sensibilidade solidária. Educar para a esperança* (Petrópolis: Vozes, 2000); Maria Clara Lucchetti Bingemer, "A mulher na Igreja hoje. A partir e além do Concílio Vaticano II", *Revista Eclesiástica Brasileira* 63, n. 249 (2003): 23-46; Maria Clara Lucchetti Bingemer, "Saborear a fé em meio à pluralidade. Os caminhos da teologia em meio ao diálogo inter-religioso", *Perspectiva Teológica* 36, n. 99 (2004): 221-239; Bernardino Leers, *A moral do burro* (São Paulo: Paulinas, 2004); João Batista Libânio, *Olhando para o futuro. Prospectivas teológicas e pastorais do Cristianismo na América Latina* (São Paulo: Loyola, 2003); Ivone Gebara, "A mulher, contribuição à teologia moral na América Latina", in *Temas Latino-Americanos de Ética*, coord. Márcio Fabri dos Anjos (Aparecida, SP: Santuário, 1988), 195-209; Leonard M. Martin, "Exílio, Sodoma e o Deserto: uma ética teológica a partir das culturas dos submundos", in *Teologia Moral e cultura*, coord. Márcio Fabri dos Anjos (Aparecida, SP: Santuário, 1992), 89-113; Ivone Gebara, *Teologia Ecofeminista. Ensaio para repensar o conhecimento e a religião* (São Paulo: Olho d´Água, 1997); Ivone Gebara, *Teologia em ritmo de mulher* (São Paulo: Paulinas, 1994); Ivone Gebara, *As incômodas filhas de Eva na Igreja da América Latina*, 2ª ed. (São Paulo: Paulinas, 1990); Ivone Gebara e Maria Clara Lucchetti Bingemer, *A mulher faz Teologia* (Petrópolis: Vozes, 1986); Ivone Gebara, *As águas do meu poço. Reflexões sobre experiências de liberdade* (São Paulo: Paulinas, 2005); José Antônio Trasferetti, *Entre e po-ética e a política. Teologia moral e espiritualidade* (Petrópolis: Vozes, 1998); Maria Luiza Marcílio e Ernesto Lopes Ramos, orgs., *Ética na virada do século. Busca do sentido da vida*. Coleção Instituto Jacques Maritain (São Paulo: LTr, 1997).

pecial" que se expressa pela transgressão da norma e pela conciliação entre malícia e habilidade de resolver um problema, uma dificuldade ou uma situação proibida, quanto como uma solução criativa diante de uma eventual emergência. Tal estratégia permeia tanto a cultura brasileira que é impossível entender como as pessoas reagem às normas da Igreja sem considerá-la. O "jeitinho brasileiro" constitui um tipo de bênção social à desobediência formal. E é exatamente tal estratégia que permite que um país predominantemente católico não encontre problema algum em amar a Igreja e não prestar atenção aos seus ensinamentos oficiais. Não há dúvida de que o sentido de eclesialidade e comunhão entre o povo de Deus fica comprometido num contexto como esse. Quanto mais aumenta a distância entre o Magistério da Igreja e os fiéis, mais correm risco a credibilidade e a significatividade dos ensinamentos da Igreja. O resultado é que acabamos tendo dois mundos diferentes, com sensibilidades irreconciliáveis e valores radicalmente distintos. Enquanto mediadores entre a voz do ensinamento da Igreja e as necessidades dos fiéis, nossa posição como teólogos moralistas acaba sendo muito desconfortável e delicada: somos chamados a reconciliar dois mundos diferentes, mas não sabemos como alcançar o equilíbrio no meio de tamanho desequilíbrio.[10]

Como os teólogos moralistas estão enfrentando esses problemas?

É muito difícil dar uma única resposta a essa questão que seja igualmente válida para todos os que trabalham no campo da teologia moral. Prefiro, sendo assim, indicar alguns pontos que possam oferecer uma visão panorâmica mais abrangente dos problemas que enfrentamos ao lidar com tudo o que foi mencionado até agora:

---

[10] Bernardino Leers, *Jeito brasileiro e norma absoluta* (Petrópolis: Vozes, 1982); Lívia Barbosa, *O Jeitinho brasileiro. A arte de ser mais igual que os outros* (Rio de Janeiro: Campus, 1992); Bernardino Leers, "Ensinar Teologia Moral na América Latina", in *Temas Latino-Americanos de Ética*, coord. Márcio Fabri dos Anjos (Aparecida, SP: Santuário, 1988), 279-310.

- A maioria dos nossos teólogos moralistas no Brasil ensinam em seminários. Embora isso não seja, em si mesmo, um problema, as questões morais enfrentadas tendem a estar em direta relação com a formação de futuros ministros. Tais questões passam, então, a ser consideradas a partir de uma perspectiva eclesiástica.

- A vasta maioria dos nossos teólogos moralistas têm outras atividades pelas quais são responsáveis, além do ensino. Imersos em preocupações e problemas administrativos, o tempo que têm à disposição é usado para preparar as próprias aulas. São poucos os que têm a oportunidade, em termos de tempo e liberdade de outras responsabilidades, de escrever e pesquisar.

- Devido a essas circunstâncias, a maioria de nós não tem tempo de desenvolver uma proposta moral e, muito menos, de repensar a teologia moral. Corremos o risco de assumir um discurso que está muito longe da realidade, do necessário diálogo com as culturas e ciências e dos agentes morais que deveriam ser o sujeito do nosso discurso. A consequência prática é a de reduzir a moralidade à sua dimensão deontológica.

- Mesmo se poucos, alguns dos nossos teólogos moralistas contribuíram de modo significativo com a Teologia Moral, empenhando-se em entender os desafios e as mudanças do nosso tempo, propondo uma reflexão crítica durante períodos de crise, tratando determinados problemas morais em perspectiva multidisciplinar, confrontando realidade e fé. No entanto, é interessante notar que alguns dos nossos teólogos moralistas passaram a se dedicar à Bioética e não querem mais investir o próprio tempo e esforço em elaborar perspectivas mais significativas para a moral fundamental, moral social e moral sexual. Talvez esse seja um sinal de que o que a maioria de nós quer, quando se trata de ensinar e escrever sobre teologia moral, pode ser encontrado ou ao menos favorecido num campo que, pela própria natureza, exige diálogo e abertura às ciências e às culturas.

- Precisamos prestar atenção ao dinamismo cultural que dirige a maioria dos processos sociais. Ao lidar com tantas batalhas culturais, carecemos da habilidade de revelar a dimensão mística da moral cristã. Precisamos, também, reconhecer que deixamos de aprofundar a dimensão escatológica da vida moral, delegando à Espiritualidade as exigências éticas da fé, da esperança e da caridade. Precisamos, ainda, assumir o desafio de reconciliar a construção da justiça com a atenção devida aos processos culturais e ao diálogo inter-religioso.

Visitando as fontes

É impossível negar que há uma abundância de literatura representativa das disciplinas teológicas que incluem estudos histórico--critíco-literários da Sagrada Escritura, que se concentram na interpretação sistemática das Escrituras e da tradição e que analisam a ação humana do ponto de vista antropológico, psicológico, social e cultural. Em outras palavras, diversidade de métodos e perspectivas é um dado de fato quando procuramos uma maior unidade entre Escritura, História da Igreja, Teologia Sistemática e Teologia Moral.

Infelizmente, nossos esforços interdisciplinares são barrados pela rigidez do currículo, sua consequente fragmentação e pelo fato de contarmos com poucos professores que trabalham a partir de uma perspectiva unitária do saber teológico.

Sentimos necessidade de fontes produzidas no Brasil. Ainda temos como referência obras produzidas em outros contextos. Ao mesmo tempo, também precisamos de um acesso mais consistente à adequada bibliografia, nacional e internacional.

Constatamos que o número de teólogos moralistas, e dos que estão conseguindo obter títulos de mestrado e doutorado, está aumentando entre nós. Mas também constatamos que quase cem por cento são padres ou religiosos. Mulheres e homens leigos, apesar da importância que têm para a Igreja, ainda são pouco representados entre nós.

Desde 1977, os Encontros Nacionais de Teólogos Moralistas têm sido realizados no Brasil a cada ano. Esses encontros proporcionam oportunidades para discutir, estudar e trocar experiências, especialmente as que se referem ao ensino acadêmico. A Sociedade Brasileira de Teologia Moral foi fundada (há 29 anos) para garantir a intelectual e afetiva articulação da Teologia Moral. Nos anos de ouro da Teologia da Libertação, nossa Sociedade estava profundamente comprometida em elaborar uma teologia moral para o continente latino-americano. Hoje, ela se tornou o lugar onde encontramos forças para continuar acreditando no nosso trabalho com e para a Igreja.

Por causa das mudanças que aconteceram na Igreja do Brasil durante as últimas décadas (um novo rosto da Igreja foi o resultado do pontificado de João Paulo II), tem-se tornado cada vez mais difícil dialogar com as autoridades da Igreja. Há uma falta de confiança e sinceridade entre teólogos e autoridades da Igreja, exceção feita àqueles que desejam fazer carreira. Exigir lealdade sem dá-la e subestimar o valor da reciprocidade são artigos cada vez mais difíceis de serem comercializados no mercado das relações. E as consequências parecem ser evidentes.

Perspectivas de futuro

Muitas são as perspectivas que podem ser elencadas em relação ao futuro. Enquanto estava fazendo uma lista de algumas das possibilidades, lembrei-me de uma poesia escrita e apresentada na conclusão no III Congresso Latino-Americano de Teologia Moral, por uma jovem estudante de Teologia Moral, Luzenir Maria Caixeta.[11] Deixando de lado o que eu tinha escrito, decidi assumir o risco de criar um espaço onde essa poesia pudesse fazer-se ouvir. Estou convencido de que se nós quisermos realmente que o nosso trabalho na Igreja seja significativo e profético, as palavras de Luzenir são mais eficazes do que as minhas no sentido de oferecer algumas pistas sobre como poderíamos pensar a elaboração de uma Teologia Moral significativa.

---

[11] Luzenir Maria Caixeta, Juan Carlos Gutiérrez e Pedro Lariço Fernandez, "Ousando sonhar", in *Ética na relação entre Igreja e sociedade*, coord. Márcio Fabri dos Anjos (Aparecida, SP: Santuário 1994), 194-195.

"Sonho com uma Teologia
que transite entre o imanente e o transcendente,
mas que se defina pelo compromisso imanente
com a produção e reprodução
da vida no planeta.
Uma Teologia que parta de uma visão
unitária da pessoa humana,
situada na história.
Uma Teologia palpável e sensível,
com rosto latino-americano:
rosto do pobre,
rosto de mulher,
rosto de negro e indígena,
rosto leigo,
rosto jovem...
Uma Teologia com odor de suores
do trabalho e do amor.
Matizada pela cor
das diferentes culturas e ciências.
Marcada, em suma, pela intersubjetividade,
pela interdisciplinaridade,
pela pluralidade,
pela alteridade.
Uma Teologia capaz de conjugar o rigor científico
de regras tantas
de epistemologia, hermenêutica, métodos,
com o cotidiano de seus sujeitos e interlocutores,
com sua vida parca ou tanta
de luta e sobrevivência,
de festas, prazeres e dores,
de resistência e partilha solidária,
de botecos e tantos amores!
Uma Teologia coletiva, feita em mutirão
e reconhecida por toda a gente como sua.
Trago essa Teologia nas entranhas, pele e pêlos.
Dela necessito para viver e sobreviver
(nem só da Palavra sobrevive o teólogo;
precisa também de pão...).
Sonho viver, dignamente, com o fruto do labor teológico!
Poderá ser este o perfil da Teologia Moral
no limiar do Terceiro Milênio?"

ESPERANÇA EM MEIO A ENORMES DESAFIOS NO MÉXICO

Sebastian Mier, S.J.

Esclareço que não pretendo apresentar uma visão complexiva do tema, mas tão somente uma contribuição significativa e fundamentada, com ênfase na perspectiva do México.

No tocante aos desafios, desde os começos da teologia da libertação na América Latina, ficou claro que o importante não é a teologia como tal, mas a libertação real do povo, sua vida plena e integral. E a teologia deve ser uma ajuda para essa libertação na vida diária, uma contribuição que nós teólogos queremos oferecer para a vinda do reino de Deus. Então os principais desafios para a teologia moral são os que nosso povo enfrenta para viver plenamente, e não tanto uma questão doutrinal ou acadêmica.

Com relação à teologia moral, desenvolveu-se a consciência de uma estreita vinculação entre os ramos da teologia, de modo que a reflexão ética se alimenta ricamente da teologia bíblica e da sistemática, e suas motivações combinam com a espiritualidade.[1]

---

[1] A literatura respectiva é ampla, e nós temos três coleções de ensaios com sínteses magníficas de autores interessados. A primeira coleção foi publicada em 1990, vinte e dois anos após o CELAM em Medelín (1968), que simboliza o nascimento de uma teologia especificamente latino-americana, uma época em que o muro de Berlim estava caindo, e poucos meses depois do martírio dos jesuítas em São Salvador. Sua primeira parte apresenta a história e a metodologia, enquanto a segunda dá o "conteúdo sistemático", que cobre praticamente todos os campos da Teologia. O livro é de Ignácio Ellacuría e Jon Sobrino, redatores, *Mysterium Liberations: Conceptos Fundamentales de la Teología de Liberación,* 2 volumes. (Madrid: Editorial Trotta, 1990).

Os desafios fundamentais

No tocante aos desafios, recordo brevemente que nosso continente vive há séculos numa situação de miséria e submissão a potências estrangeiras e, que, nas últimas três décadas o modelo de globalização imposto pelo sistema neoliberal aumenta ainda mais a distância entre uns poucos que abundam em riqueza, poder e meios de comunicação também em níveis superiores a muitos no primeiro mundo e as grandes maiorias que carecem do necessário e com frequência até do indispensável em alimentação, saúde, moradia, educação e de um trabalho digno.[2]

Essa situação produziu uma enorme emigração do campo para as cidades e também aos Estados Unidos, que impõem um livre trânsito para seus capitais e mercadorias e o restringem para os trabalhadores, obrigando-os a emigrar em condições "ilegais", sumamente desfavoráveis, e muitas vezes com risco de vida. Um olhar mais amplo leva a reconhecer que os migrantes centro-americanos frequentemente recebem no México um tratamento tão injusto como o que denunciamos dos Estados Unidos.[3]

Em política, prevalece o fastio da população frente a governantes, de um lado, submetidos aos poderes econômicos transnacionais e, de outro,

---

A segunda apresenta uma jornada de trinta anos com oito mulheres e vinte e seis homens narrando suas experiências, influências e trabalhos. O livro claramente mostra uma evolução através de décadas, mas conserva seus fundamentos originais. A forma como eles ampliam seus temas e diversificam seu foco social e eclesial é especialmente relevante. O livro é de Juan Tamayo e Juan Bosch (ed.), *Panorama de la Teología Latinoamericana* (Estella, España: Verbo Divino, 2001).

A terceira apareceu este ano, com vinte e cinco ensaios sobre Teologia e seu contexto socioeconômico: Pablo Bonavía, ed., *Tejiendo Redes de Vida y Esperanza* (Bogotá: Indo-American Press Service, 2006).

[2] A evolução desta situação é ilustrada pelos documentos das Conferências Episcopais da América Latina, de Medelín (1968), Puebla (1979) e Santo Domingo (1992). *Tejiendo Redes* oferece um quadro amplo da realidade corrente.

[3] Ver vários artigos em *Christus* 703 (novembro de 1997) e 752 (janeiro de 2006). Também Rosita Milesi, "Peregrinos da Exclusão", em *Tejiendo Redes*.

mais preocupados com seus interesses pessoais e partidários do que com o bem do povo, o que se manifesta em litígios asquerosos entre eles e em grandes níveis de corrupção. Isso predomina, embora em alguns países como explicarei mais adiante haja mudanças significativas.

Além disso, os meios de comunicação de massa se transformaram em tremendo poder que, de um lado, divertem e manipulam as multidões e, do outro, orientam seu enorme influxo a favor dos empresários e dos governos neoliberais.

Temos assim alguns desafios mais para o interior da própria elaboração ética e outros que visam sua articulação mais eficaz possível com outras forças sociais.

Os caminhos de solução na vida do povo

Diante desses grandes traços que se impõem acima de outros, também importantes, as soluções devem vir e de certa forma já estão vindo não tanto das reflexões, mas das ações em todos os campos sociais.

Entre eles destaca-se em nível continental a organização do Fórum Social Mundial. De origem brasileira, conseguiu um eco muito vasto tanto na América Latina como em outros continentes. Ele passou por mudanças tanto em seus objetivos mais concretos como em suas sedes e tipos de convocação. Conseguiu reunir cem mil representantes de organizações, que em todos os campos da sociedade lutam para melhorar as condições de vida do povo. Nesse número, relativamente grande,[4] há

---

[4] Quero explicar e reafirmar essa expressão "relativamente ampla". Considerando as condições terrivelmente adversas nas quais estamos sobrevivendo, essas centenas de milhares que representam milhões de pessoas são uma fonte de admiração e esperança. Se focalizarmos em seu poder efetivo de transformar estas condições, podemos cair no realismo, indiferença e ceticismo ou uma esperança altamente difícil. Teologicamente, vêm à mente as expressões bíblicas "os restos de Israel", "os pobres de Jeová". Vários artigos em *Christus 747* (março de 2005) e *Theologica Xaveriana* 154 (abril de 2005) tratam do tema da esperança.

uma ampla gama de enfoques e métodos, e também grande variedade na consecução de seus objetivos; não obstante, eles constituem uma manifestação muito viva de esperança operativa.[5]

Em nosso país ganha relevo a organização indígena Exército Zapatista de Libertação Nacional (EZLN). Ele tem suas raízes no trabalho evangelizador da diocese de San Cristóbal de Las Casas. E logo recebeu a influência de outros movimentos sociais e, em 1º de janeiro de 1994, decidiu "levantar-se em armas" contra um sistema obstinada e astuciosamente injusto. Diante da repressão militar, grandes setores da sociedade mexicana clamaram pela busca de uma saída dialogada, e desde então os zapatistas procuram outras táticas, em união com muitas organizações mexicanas e com a solidariedade de numerosos grupos em outros países e continentes, entre os quais obtiveram um notável significado simbólico.

Em linhas gerais, reconhece-se amplamente que no Brasil (Lula, 2002), na Argentina (Kirchner, 2003), no Uruguai ("Tabaré", 2004), na Bolívia (Evo Morales, 2006) e no Chile (Bachelet, 2006) chegaram à presidência pessoas mais representativas dos verdadeiros interesses do povo. Isso não significa que já esteja tudo resolvido, porque as classes trabalhadoras ainda estão muito submetidas aos poderes ecomômicos e políticos, nacionais e internacionais (que continuam encontrando modos de impor condições e que não duvidariam em recorrer em caso de necessidade a argumentos militares, mais persuasivos) e também porque elas enfrentam problemas mais ou menos sérios em seus partidos. Não obstante, as presidências acima citadas não deixam de ser ganhos valiosos, esforços combinados da reflexão "ético-científica"[6] e da organização sociopolítica.

---

[5] Há vários artigos sobre o Foro Social Mundial em *Christus* 749 (julho de 2005); ver também Chico Whitaker, "O que é que o Foro Mundial traz? Em *Tecendo Redes,* 141-151.

[6] Sobre a metodologia da Ética Teológica, em relação a outros ramos da Teologia e ciências variadas, ver os vários artigos em *Theologica Xaveriana* 150 (abril de 2004) e 153 (junho de 2005).

Como já aludi nas últimas linhas, é inegável que também a reflexão tem um papel importante para iluminar as inteligências, para orientar e motivar os corações. Aqui se situa o papel da ética em geral e da moral teológica em particular. Embora sua eficácia não seja tão rápida como gostaríamos e como requerem as condições de vida das maiorias, elas ajudaram a despertar as consciências e a fortalecer os ânimos para conseguirem avanços na caminhada para o "reino de Deus".

Os recursos da ética teológica

Para enfrentarmos esses árduos desafios, contamos principalmente com três nutritivas fontes: a palavra de Deus, a força do Espírito e a sabedoria do povo.

Na revelação, destaca-se a palavra de Jesus. Com efeito, os evangelhos, ouvidos muitas vezes na solidariedade afetuosa e cotidiana com o povo, recobraram sua clareza e valores proféticos. Recordamos que "o Espírito do Senhor nos consagrou para levarmos boas notícias aos pobres... e libertar os oprimidos" (Lc 4,16-26); que "quero misericórdia, e não sacrifícios" (Mt 9,13; 12,7); que o caminho da vida autêntica é o amor a Deus Pai acima das riquezas, dos poderes e das ideologias, e que ele se manifesta pela atenção às multidões assaltadas ao descerem de Jerusalém (Lc 10, 25-37); que o ser humano não foi feito para submeter-se ao sábado, mas o sábado é que foi feito em função do ser humano (Mc 2,27) ("giro antropocêntrico" do próprio filho de Deus). Que nós, seus discípulos, seremos reconhecidos pelo amor mútuo" (Jo 13,35), que seremos felizes quando tivermos espírito de pobres, fome de justiça e quando formos perseguidos por sua causa... (Mt 5,1-12). Que a ortodoxia e os sacramentos devem estar a serviço do Amor, e que Ele nos pede amor e justiça (Mt 25,31-46).

Toda essa série de ensinamentos simples e profundos que reconhecemos como divinos, devem inspirar o esforço teológico e ético, mesmo que não tenham sutileza filosófica nem título acadêmico. O que não significa que a filosofia e a universidade não tenham importância, mas que não são prioridades na fé cristã.

As palavras recordadas dão concreção a um símbolo central dos sinóticos, que está inspirando profundamente nossa teologia: o "reino de Deus". Jesus proclama que ele já está próximo, considera-o como o centro de sua missão e nos ensina a desejá-lo no Pai-Nosso. Ele consiste em reconhecer Deus como Pai, e vivermos entre nós como irmãos, em amor afetivo e serviçal, na libertação do pecado e opressão, na realização da justiça recreativa, comunicando a vida em abundância. Tudo isso já na história presente, com abertura para sua plenitude escatológica.[7]

Detenho-me aqui tão só nesses elementos fundamentais dos evangelhos, mas também estamos recorrendo frutuosamente a outros livros, tanto da antiga como da nova aliança.[8]

Da centralidade do reino do Pai assim compreendido seguem-se dentre muitas duas consequências relevantes para a ética teológia. Uma é o convite de Jesus para "estarmos com ele e sermos enviados" (Mc 3,14) para colaborarmos com sua missão, que estamos exprimindo como seguimento de Jesus com a consciência viva de que devemos tomar em consideração a diversidade das circunstâncias históricas. A outra é que o reino de Deus não coincide com a Igreja, mas é mais amplo do que ela. A Igreja não é fim, e sim meio, importante, mas somente meio.[9]

Dessas duas consequências, cremos que a força do Espírito nos impele a sermos abertos e valorosos. Abertos a todas as manifestações

---

[7] Ver Jon Sobrino, "Centralidade do Reino de Deus" em *Mysterium Liberationis*, vol.1, 467-510; e Leonardo Boff, "Trindade" em *Mysterium Liberationis*, vol. 1, 513-530; ver também o desenvolvimento do tema de Sobrino em *Tejiendo Redes*, 267-288.

[8] A *Revista de Interpretación Bíblica Latinoamericana* em geral é uma boa fonte de material sobre este tema.

[9] Ver Javier Jiménez, "Sufrimiento, Muerte, Cruz y Martirio" em *Mysterium Liberationis*, vol. 2, 477-493; Jon Sobrino, "Espiritualidad y Seguimiento de Jesús", em *Mysterium Liberationis*, vol. 2, 449-475; e Álvaro Quiroz, "Eclesiología en la Teología de Libertación", em *Mysterium Liberationis*, vol.1, 253-272.

da verdade dentro da Igreja, e também fora dela. A fidelidade à palavra revelada não se limita a repetir o magistério, nem tem inveja das contribuições provenientes de outras religiões, de outros pensamentos ou de outras ciências; nem desejo de mostrar superioridade sobre elas. Antes, admira-as e incorpora, com respeito, a diversidade de cultura, e agradece à Fonte de toda a verdade, que "sopra onde quer" (Jo 3,8) e a quem reconhecemos por seus frutos. Valentes para afrontar as ameaças dos poderosos em defesa dos humilhados.[10]

O "povo" não é perfeito, mas tem uma sabedoria recebida também d'Aquele que "quis dar-se a conhecer aos pequenos" (Mt 10,25). Nós, teólogos da América Latina, estamos aprendendo a dialogar com essas fontes de sabedoria popular, com frequência mais vivida do que formulada. Uma das principais é a religião do povo, significativamente revalorizada agora, depois de uma crise nos primeiros anos pós-conciliares; nela ocupa um lugar central a Mãe de Deus e, no México, Tonantzin Guadalupe.[11] Outras fontes são a vida cotidiana das pessoas, com seus mecanismos de sobrevivência, com seu rico e humano sentido da festa comunitária, com suas mobilizações e lutas de diversa índole. Mas em vinculação com a Igreja desempenham papel importante as comunidades eclesiais de base.[12] E mais recentemente sobretudo a patir da forte consciência suscitada por ocasião do 5º centenário da chegada dos eu-

---

[10] Sobre esse diálogo, ver José Maria Vigil, "Pluralismo Cultural y Religioso", in: *Tejiendo Redes*, 229-240; e Camilo Maccise, "Espiritualidad Macroecuménica e Mística", em *Tejiendo Redes,* 373-386.

[11] Ver Ricardo Falla, *Esa muerte que nos Hace Vivir* (San Salvador: UCA editores, 1984); Diego Irrazával, "Religión Popular" em *Mysterium Liberationis*, vol. 2, 345-376; Sebastián Mier, *María en el Evangelio Liberador* (Mexico: Buena Prensa, 2006).

[12] Ver Gustavo Gutiérrez, "La Opción Profética de una Iglesia", em *Tejiendo Redes,* 307-320; Marcelo Azevedo, "Comunidades eclesiales de base", in: *Mysterium Liberationis,* vol.2, 245-266; e minha tese doutoral, Sebastián Mier, "El Sujeto Social en Moral Fundamental. Una Verificación: las CEBs en Mexico" (Ph.D, Mexico, Universidad Pontificia, 1996).

ropeus contamos com as contribuições dos povos indígenas e, mais em particular, da teologia indígena.[13]

Desafios mais concretos

Depois da panorâmica inicial e com essa base sólida, considero alguns desafios concretos e o modo pelo qual os estamos abordando.

Nos campos econômico e político

As grandes empresas transnacionais e os grandes capitalistas reivindicam libertade de mercado e independência das leis econômicas. Diante disso, proclamamos obstinadamente contra todos os desejos de lucro, contra o deslumbramento da técnica e a inclemência da competitividade, que os trabalhadores e a natureza não foram feitos em função da riqueza, mas que a economia está a serviço dos seres humanos, de modo que os recursos da Mãe Terra satisfaçam não as ambições dos ricos, mas as necessidades de todos os seus filhos, apesar da surdez e do cinismo dos poderosos e da relativa impotência de nossas vozes.

Além disso, reconhecemos a tarefa enorme e laboriosa de continuar dialogando com as ciências e as técnicas em busca de soluções não meramente voluntaristas porque tão pouco basta a mera denúncia, nem a boa vontade mas eficazes (embora nesse terreno com frequência já tenhamos ultrapassado o propriamente ético, mas as fronteiras do serviço à vida e à libertação do povo não estão estritamente delimitadas).[14]

Os povos indígenas, com sua vida simplicíssima, recordam-nos que não desejam um crescimento ilimitado de progresso técnico, de confor-

---

[13] Eleazar López, "Mi Itinerario Teológico-Pastoral", in: *Panorama*, 317-336; e vários artigos em *Christus* 756 (setembro de 2006).

[14] Carlos Novoa, "¿Favorece el TLC a las Mayorías Empobrecidas?", in: *Theologica Xavieriana* 156 (outubro de 2005), 643-666. Ver também vários artigos em *Tejiendo Redes*.

to e dinheiro, mas basicamene "saúde, casa, roupa e sustento", e agora também um emprego digno.[15]

Os políticos não pronunciam mais o discurso dos monarcas absolutos; aprenderam a linguagem da democracia formal e até a do serviço do povo, pelo que podemos reconhecer uma certa conquista da contribuição ética. Mas a prática de muitos deles é cheia do desejo de dinheiro e/ou de poder, e para isso eles usam todos os meios: mentiras, manipulação, corrupção, impunidade, suborno ou eliminação dos opositores. Os partidos políticos, em boa medida, são agrupamentos desse tipo de gente e provocaram profunda desilusão em vários setores da população.

Diante disso, a ética se defronta com o desafio de uma linguagem desgastada, e os teólogos com o de uma coerência de vida na qual o "clericalismo" com diversas variantes constitui um antitestemunho.[16]

Para a proposta de modelos viáveis é também necessário um diálogo com as ciências, as técnicas e as experiências bem-sucedidas. Aqui o exemplo das autoridades indígenas nos mostra uma estrutura de verdadeiro serviço, na qual longe de receber remuneração ou de prestar-se a enriquecimento têm de trabalhar fazendo horas-extras para atender aos assuntos da comunidade, porque continuam com suas ocupações normais, e para fazer economia a fim de celebrar adiante a festa patronal do povo.[17]

Nos âmbitos culturais

Aqui as dificuldades são muito mais complexas. Por um lado, cada uma das diversas culturas de nosso continente está evoluindo; por outro

---

[15] Em acréscimo à citação na nota 13, ver Ricardo Robles, "Los derechos Colectivos de los Pueblos Indios", em *Christus* 724 (maio de 2001): 46-51.
[16] Marina Hilário, "Corrupción e Impunidad", em *Tejiendo Redes*.
[17] Floriberto Diaz, "Principios Comunitarios", em *Mexico Indígena,* 34.

há uma relação maior entre elas e uma sujeição do conjunto ao que nos chega do "primeiro mundo", em particular dos Estados Unidos. A isso se somam as crescentes correntes migratórias. Tudo isso provocou uma "crise de valores" que se agravou depois do Concílio. Crise que não significa necessariamente deterioração, como pensam muitos, mas mudanças profundas com mistura de "trigo e cizânia" difíceis de conduzir.

Um exemplo claro disso é o ser e o trabalho da mulher. "Antes do Concílio", tudo estava determinado e nítido; agora se reconhece que nessa "ordem acostumada" havia junto com valores pessoais e sociais muitas discriminações e injustiças que é necessário superar. Não obstante, não temos clareza sobre o modo de preservar aqueles e superar estas, tanto nas famílias como na Igreja, e nos diversos âmbitos sociais. Segue-se que é difícil conseguir uma formulação adequada de "direitos e deveres", por assim dizer. E, evidentemente, se é árduo estabelecer o "farol que nos guie", muito mais é o caminho para nos aproximarmos dele.[18]

Mas há muitos outros desafios à ética nos campos da sexualidade (seu sentido, sua vinculação com a afetividade, o compromisso definitivo e a procriação, a homossexualidade, sua comercialização mais ou menos escravizante), das relações familiares (entre adultos, crianças e anciãos, mães solteiras; sua dimensão eclesial e social) e da bioética (discriminalização do aborto, distribuição de recursos, comercialização da medicina tradicional, engenharia genética, questões ecológicas) que na atualidade são abordados por muitas revistas, e que nos setores pobres majoritários da América Latina têm circunstâncias especiais que não podemos omitir. Defrontamo-nos também com outras questões im-

---

[18] A própria conferência exemplificou esse ponto. No plenário, fui indagado sobre a diferença entre "teologias de mulheres" e "teologias feministas", e minha opinião acendeu alguns comentários emocionais. Isto sugere uma necessidade de diálogo no mais alto nível possível de respeito e sinceridade, já que estamos claramente tratando de experiências de vida dolorosas. Os artigos de Maria Clara Luchetti Bingemer e Pilar Aquino em *Panorama* exemplificam as posições de algumas mulheres latino-americanas.

portantes para a vida de nosso povo, as quais não estão recebendo a devida atenção nos terrenos da educação tanto escolar como informal, da comunicação interpessoal (um sintoma de suas falhas é a enorme multiplicação das psicoterapias), das práticas religiosas (revisão dos sacramentos, novos "ecumenismos" etc.).

Diante dessas questões, o Evangelho nos dá o critério fundamental da dignidade de toda pessoa humana e a opção pelos humilhados, cuja libertação devemos procurar; com essa base vamos dialogando com pessoas e grupos de variadas índoles que a admitem.

Uma esperança agradecida, esforçada e paciente

Primeiramente sintetizo os desafios.

Em economia e política há uma coincidência básica entre os que compartilham de uma ética humanista crente ou secular e que veem que os problemas mais urgentes se encontram no nível técnico (para encontrarem caminhos mais eficazes) e da organização social (para terem força suficiente a fim de levarem adiante um projeto de justiça). Em compensação, no cultural e religioso, as questões propriamente éticas estão longe de encontrarem consenso, sendo necessária uma busca sincera e dialogante, respeitosa da diversidade das culturas e das crenças.

No âmbito da comunicação de massa encontramos uma combinação de questões econômico-políticas de um lado, e culturais, do outro. De novo, em torno das primeiras há maior acordo "humanista" (denúncia de todas as opressões e incapacidade de superá-las); e em relação às culturais há maiores diferenças e, por isso, necessidade de diálogo ético.

E formulo a esperança.

Certamente os desafios a partir da realidade atual de nossos povos e para o reino de Deus são muito grandes, quase esmagadores; mas é também muito grande a força que nos trouxe até aqui e que nos impele para frente. Deus Mãe-Pai, presente ao longo de nossa história por meio de muitos "servos de Jahweh", cujo protótipo é Jesus, filho seu e de Maria, camponesa de Nazaré. Jesus, que nos acompanha, revelando um Deus mais todo-amoroso que todo-poderoso, cuja "onipotência" manifesta-se num amor invencível, que o leva à entrega plena, prestativa e libertadora até a morte e ressurreição. E que, com a força de seu Espírito, continua presente em muitas pessoas e comunidades.

Que nos pôs com seu povo e nos deu uma teologia misericordiosa, solidária e libertadora, dentro de suas limitações. Teologia que já deu suas contribuições, e que requer que continuemos trabalhando com confiança e dedicação. E também com paciência, porque apesar da grandeza das calamidades do povo os ritmos divinos são mais lentos que nossas ansiedades. O ressuscitado e seu Espírito levam a história adiante de um modo misterioso, que nos ilumina e conforta, mas que não nos dá logo todas as soluções, que vamos continuar procurando junto com o povo, e muitos serviços e ministérios entre os quais o da teologia moral colaborando dentro e fora da Igreja.

REFLEXÃO MORAL NA AMÉRICA LATINA

Tony Mifsud, S.J.

Desafios e propostas para a realidade chilena

A implantação de um modelo econômico neoliberal, a passagem política da ditadura para a democracia e a globalização, que questionou os valores tradicionais, produziram uma mudadança social acelerada e profunda, de tal maneira que não só o futuro, mas também o presente são vividos como um imenso desafio. Assim, a permanente ruptura social, a qual impede que todos tenham uma oportunidade igual de acesso aos benefícios produzidos, continua vigente, mas mudou o contexto. O Chile progride, mas a distribuição dos bens e serviços não chega de modo equitativo à população, havendo um setor totalmente marginalizado.[1]

---

[1] De acordo com os últimos valores disponíveis (para 2003), 18,7% da população viviam em condições de pobreza; 4,7% em indigência ou extrema pobreza.

Uma individualização associal

A sociedade está passando por uma profunda mudança cultural.[2] O problema não é tanto a perda dos antigos modelos da sociedade, mas a fraqueza dos novos imaginários coletivos, que não conseguem configurar um *nós* compartilhado. A modernização vai mudando não só exteriormente os países, mas também a fisionomia da sociedade. O processo de mundialização (o global afeta o local, e o local se compreende totalmente só pelo global), o redimensionamento do estado-nação (a identificação do público com o Estado foi superada pela lógica do neoliberalismo) e a mediatização das comunicações (a presença de uma realidade virtual que estabeleceu outra noção do espaço público) estão mudando radicalmente o contexto no qual a sociedade se desenvolve.

Mas o traço mais impactante da sociedade atual é *o processo de individualização*. Hoje em dia o indivíduo toma distância das tradições herdadas e afirma o direito de definir por sua conta e risco o que quer fazer de sua vida. Esse processo pode significar uma reformulação dos vínculos sociais, mas pode também desembocar em uma mentalidade associal. A individualização como categoria social implica a maior autoconstrução intencional da pessoa individual, o direito à autodeterminação a ser uma pessoa protagonista de sua biografia, a ser ela mesma. Por isso, esse conceito não pode ser identificado com o egoísmo (categoria ética), nem com a apatia (categoria política).

No entanto, essa necessidade de autoconstrução da própria identidade não encontra apoio na sociedade, porque a pessoa não se sen-

---

[2] Ver o Programa de Desenvolvimento das Nações Unidas (United Nations Development Programme UNDP), *Informe sobre el Desarrollo Humano: Nosotros los Chilenos, un Desafío Cultural* (Santiago, 2002); Jorge Larraín, *Identidad Chilena* (Santiago: LOM, 2001); Eugenio Tironi, *El Sueño Chileno* (Santiago: Taurus, 2005).

te interpretada nem representada pelos sistemas sociais e, por isso, seu processo de individualização tende a tomar o rumo do individualismo ético, já que ela se sente cada vez mais distanciada e marginalizada da organização atual da sociedade.

Este pequeno, e por certo incompleto retrato da sociedade não é catastrófico, mas simplesmente corresponde a uma *mudança de época,* na qual o grande desafio consiste em ressignificar e reformular o tecido social segundo as novas experiências e o contexto contemporâneo emergente. Isso só será possível na medida em que se reconheça a tradição (o passado, que dá identidade coletiva no tempo), se distingam as tendências atuais (fortalecer a nova expressão de valores e ser crítico diante dos obstáculos) e se construa entre todos um projeto de sociedade (um futuro que seja responsável por toda a cidadania). Essa tarefa não se realiza na confrontação (intolerância perante o diferente), nem na negação do peso do passado (que faz parte do presente), mas mediante o diálogo (respeito às diferenças das diversas identidades para buscar espaços comuns que permitam a convivência).

O contexto sociocultural

Passou-se da razão crítica da modernidade (os mestres da suspeita: Nietzsche, Freud e Marx) à *fruição* do momento presente, mediante o consumo (o sensacional, o erótico, o atrevido, as viagens da droga etc.). Não está na moda pensar, mas alegrar-se e passar bem, porque amanhã é outro dia.

A secularização chegou com atraso, em comparação com a Europa, devido basicamente à ditadura militar, que era liberal no econômico e conservadora nos valores (de fato, com a passagem para a democracia, começaram as discussões sobre o divórcio, o aborto, a eutanásia e a homossexualidade).

Exagerou-se o grau de secularização (entendida como declinação da religião) na sociedade atual. As próprias incertezas, riscos e dúvidas que a modernidade trouxe contribuíram para o surgimento da *religiosidade*. Não obstante, o catolicismo deixou de ser o elemento central da identidade nacional; continua, porém, sendo um elemento importante entre outros, mas não é mais o único, nem o decisivo. A religião perdeu seu papel central na sociedade, e, por isso, o processo de secularização significou mais uma perda progressiva da influência da religião oficial sobre as esferas mais importantes da vida social. Nesse sentido, no Chile, a secularização não implicou o fim da religião ou do sentimento religioso, mas sim a perda da centralidade e a chegada do pluralismo. Às vezes essa religiosidade se caracteriza mais pelo *massivo* do que pelo comunitário, mais pelo *terapêutico* do que pela conversão, mais pelo *cósmico* do que por um compromisso social, mais por uma *divindade* difusa, sem rosto, do que por um Deus pessoal.

A cultura de *consumo* está muito presente na sociedade atual. A novidade consiste em que hoje grande parte da população tem acesso a bens e serviços, que até poucos anos atrás lhe estavam vedados e que eram privilégio exclusivo das elites. O consumo é mais que a possibilidade de comprar, porque diz respeito à própria identidade. Isto é, ao possuir ou adquirir bens materiais, o indivíduo projeta neles seu próprio eu. Ele vê a si mesmo nas coisas. A identidade de uma pessoa se forma, em parte, em função das opiniões e das espectativas de pessoas que são significativas para ela. Por isso, ter coisas exprime uma pertença a um grupo e o reconhecimento do grupo ao indivíduo. Então, a pessoa chega a sentir-se alguém pelo fato de ter alguma coisa. Isso ainda é reforçado por uma sociedade que reconhece o indivíduo na medida em que ele tem poder aquisitivo. Por isso, esse problema não é pessoal, mas basicamente social e cultural.

Não obstante, existe também *um mal-estar da cultura,* porque no meio do crescimento econômico e do consumo ampliado, o cidadão tende a sentir-se inseguro e infeliz por causa dos níveis mais altos de estresse em sua vida, pelo endividamento, pelo congestionamento, pela poluição das cidades e pela delinquência crescente. Vivencia-se uma falta de complementaridade entre a modernização e a subjetividade, no sentido de que o indivíduo se sente cada vez mais vulnerável e menos considerado nesse novo contexto.

O contexto eclesial

Embora persista uma enraizada tradição cristã-católica, pode-se constatar uma série de fatos: (a) um *número* menor de católicos, b) a Igreja, como instituição, deixou de ser *centro* (agente de significado) na sociedade; (c) *questionada* publicamente por alguns de seus próprios membros, e d) questionada a própria *norma* (não se trata de cumprimento, mas de conteúdo).[3]

Não obstante, as pessoas se dizem *religiosas* (mais de 90% crê em Deus), embora não necessariamente eclesiais (a crise de identificação com instituições, típica da pós-modernidade). Vários sinais indicam que estamos em uma época de buscas pessoais, de espiritualidade, de transcendência e de comunidade, se bem que muitas delas não passam pela institucionalidade religiosa. É a ênfase na busca autônoma acima do que foi recebido tradicionalmente, o crescimento da desinstitucionalização e a privatização da religião.

No Chile, com relação à *conduta moral,* enquanto a convivência homossexual, o adultério, as drogas e o aborto aparecem fortemente desaprovados pelos católicos, a anticoncepção, o divórcio e a convivência pré-matrimonial dos jovens recebem bastante aprovação.

Com relação às declarações oficiais da Igreja, questiona-se o *estilo* (condenatório), o *conteúdo* (não é aceito), a *legitimação* (invasão da vida privada) e a *fundamentação* (as razões eclesiais não convencem).

---

[3] Isto é indicado pelas seguintes pesquisas realizadas no Chile: Censo de 2002; Centro de Estudos Públicos, pesquisas sociais e enquetes de opinião pública, junho de 1998 e novembro de 2001; Fundação Futuro, 2001; "Encuesta Nacional de la Iglesia Católica", realizada pela Direção de Estudos Sociológicos da Universidade Católica, 2001; Centro de Ética, Universidade Alberto Hurtado, 2001; pesquisa realizada por *El Mercúrio*-OPINA, março de 2006.

Por isso, o problema não se situa só no não cumprimento das normas, mas também no questionamento delas e de quem as emite, geralmente considerado distanciado da realidade concreta e cotidiana.

Por último, no contexto de uma cultura de mercado de sentido individualista, a preocupação ética em torno do discurso sobre a pobreza e suas causas, que em seu tempo produziu uma reflexão conflitiva e confrontacional, mas também criativa, inovadora e motivadora, parece ter diminuído. Se bem que às vezes surja um discurso em torno do eixo da solidariedade, que se contrapõe ao mero paternalismo e indiferentismo social.

Antes, o esforço ético se dirigia basicamente a provar a existência da pobreza massiva e aprofundar-se em suas causas, já que se questionava o postulado anterior de que a presença da pobreza se devia a um fenômeno natural e casual. Por isso, se colocava que a pobreza depende de causas concretas e históricas, e que sua superação se constitui em desafio ético, que implica a liberdade e a responsabilidade humanas perante o social.

Mas na sociedade atual não predomina tanto uma postura de confronto a esse respeito, porque os fatos já são inegáveis, mas tende-se mais para se perceber uma ruptura entre aqueles que se comprometem diante dessa realidade e os que simplesmente ficam indiferentes, fruto também do individualismo imperante. Se antes o paradigma ético era a parábola do juízo final (cf. Mt 25,31-46), agora é mais a parábola do homem rico e do pobre Lázaro (cf. Lc 16,19-31). Em outras palavras, não se tende a considerar o social como parte integrante da agenda de valores da sociedade.

Três caminhos prioritários

Os desafios atuais à reflexão ética sugerem priorizar três caminhos: (a) reflexão sobre a desigualdade cultural como fonte de pobreza econômica; (b) reformulação da ética da sexualidade; e (c) um discurso dialogante com a sociedade sobre a identidade da experiência religiosa.

Da pobreza à desigualdade

A política econômica neoliberal conseguiu diminuir os índices de pobreza, mas a desigualdade social permanece.[4] Uma das causas maiores das diferenças provém do diferente capital social trazido da família e do acesso segmentado aos estabelecimentos educacionais de nível muito diferente. Além disso, a ausência de uma sólida e extensa classe média gera um setor da população economicamente vulnerável, já que uma situação imprevista (uma enfermidade, a perda de trabalho...) ou uma crise econômica voltam a aumentar a curva da pobreza. Por conseguinte, essa população flutuante não assegura a validade da medição do progresso em termos de simples diminuição de índices, uma vez que, no decorrer do tempo, não são estáveis.

Grande parte da desiguadade está em relação às grandes diferenças salariais, que, por sua vez, refletem uma distribuição desigual da quantidade e da qualidade da educação, as diferenças de gênero e do emprego formal e informal como também das rendas rurais e urbanas.[5] As maiores diferenças educacionais têm sua origem na educação pré-escolar, que posteriormente condiciona o desenvolvimento de competências mais complexas.

A precariedade da maioria dos salários, o forte classismo, que privilegia algumas classes sociais (pertença a um grupo social mais do que meritocracia no campo do trabalho),[6] uma educação pública deficiente, que tende a reproduzir e gerar as desigualdades sociais, o extenso trabalho informal sem provi-

---

[4] O relatório do Banco de Desenvolvimento Interamericano, *América Latina frente la Desigualdad* (Washington, 1998, 28) mostra a distribuição de renda diferencial para o Chile, com 1,3% para o menor décimo da população, 45,8% para o décimo mais elevado.

[5] Ver Jorge Marshall, "A Política Monetária e a Distribuição de Renda" em *Economia Chilena 2*, n. 1 (abril de 1999): 5-22; Banco de Desenvolvimento Interamericano, *América Latina frente la Desigualdad* (Washington, 1998): 1-26.

[6] Ver Javier Nuñez e Roberto Gutiérrez, "Class Discrimination and Meritocracy in the Labor Market: Evidence from Chile", em *Estudios de Economía 31*, n. 2 (dezembro de 2004): 113-132.

dência social e a desigualdade do acesso aos sistemas de saúde formam, entre outros, um contexto econômico-cultural que impede a superação da pobreza.

É certo que os governos democráticos priorizaram as políticas sociais, mas dever-se-ia perguntar se o caminho da solução consiste na focalização das situações de pobreza (uma economia de mercado para os que têm poder aquisitivo, e uma economia estatal de subvenções para os outros), ou melhor, na criação de condições sociais capazes de mitigar as desigualdades mediante, por exemplo, o melhoramento da qualidade da educação pública, o desenvolvimento das competências básicas para a entrada no mundo do trabalho e o apoio decidido a micro e pequenas empresas, que constituem 80% da força de trabalho.

A reformulação de uma ética da sexualidade

Existe, sem dúvida, a percepção (se correto ou não, chega a ser secundário diante do fato de que existe a percepção) de uma Igreja Católica oficial totalmente diferente da dos tempos da ditadura militar, predominando nela a preocupação com o campo da sexualidade.

Produziu-se uma crescente desidentificação com a Igreja como instituição, junto com uma insipiente perda de credibilidade social pelo bombardeio de notícias sobre casos de pedofilia, seja em nível nacional, seja em nível internacional. Cresce assim o número de católicos para os quais a Igreja oficial é ponto de referência, mas não de pertença (católicos que se dizem não praticantes). Além disso, essa desidentificação faz parte também da mentalidade pós-moderna, da qual um dos traços é a crítica a toda instituição.

A discrepância entre a ética proposta pela Igreja Católica e a tendência a ser ignorada, especialmente por um grupo significativo da juventude, coloca uma série de interrogações.[7] De um lado, encontra-se

---

[7] Ver Centro de Investigaciones Socioculturales, *Jóvenes: Orientaciones Valóricas, Religión e Iglesia Católica* (Santiago: CISOC, 2005).

uma juventude que identifica a relação sexual (um ato) com o amor (o valor que dá significado humano ao ato), sem recurso ao institucional, mas, às vezes, não se especifica o que se entende por amor (um sentimento que pode ser passageiro ou uma opção pela vida? Mutável ou comprometido no tempo?). Em outras palavras, qual é o significado específico que se dá à relação sexual? Que coisa implica entre duas pessoas? Isso é muito importante, porque, de outro modo, a relação sexual se reduz a uma fusão unicamente corporal, sem um encontro significativo entre duas pessoas.

Por outro lado, descobre-se um significativo desconhecimento do conteúdo religioso que deveria fundamentar e explicar as posições propostas pela Igreja. Cabe, então, perguntar se existe uma pedagogia adequada, capaz de interpelar o universo juvenil atual. Se existe, é ela uma pedagogia normativo-condenatória ou persuasivo-interpeladora? Dirige-se ela à liberdade do jovem ou é imposta? Respeita ela uma educação evolutiva que passe do ensino da norma à formação para o discernimento?

Dever-se-ia também aprofundar a crítica segundo a qual a igreja tende a ser antiquada na temática da ética sexual. Essa afirmação poderia indicar que se está dando respostas de ontem a perguntas de hoje, isto é, que não se estão tomando em consideração as mudanças culturais. Mas essa crítica se refere à própria mensagem (conteúdo da orientação) ou à sua apresentação (estilo e fundamentação)? O mais importante é evitarem-se dois extremos: descartar, sem maior consideração, a crítica ou adaptar-se à moda do tempo sem se aprofundarem as fontes da ética cristã. Vale a pena aprofundar-se na possível aplicação do *sensus fidelium* ao campo da moral. Evidentemente não se trata de um simples clamor da maioria, mas de uma convicção profunda no tocante à fé, quando "desde os bispos até os últimos fiéis leigos" (Santo Agostinho) "dão seu consentimento universal às coisas de fé e costumes".[8]

---

[8] *Lumen Gentium*, n. 12.

Não se deveria tomar mais a sério a afirmação da *Gaudium et Spes* (n. 33): A Igreja "nem sempre tem à mão uma resposta para cada questão"? Impõe-se uma reflexão séria sobre a necessidade de se manter o ideal, mas assumindo-se a fragilidade humana. Como responsabilizar-se pelas situações concretas de erro ou fracasso no matrimônio? A urgência desse desafio está em que nenhuma situação pode ficar sem solução pastoral. Além disso, torna-se cada vez mais urgente um debate teológico e moral sério e responsável sobre matérias candentes (sem prévias condenações nem recurso a proibições), porque em sua ausência está-se criando um modo duplo de pensar: um, segundo o discurso oficial; o outro, segundo uma opção alternativa. Por último, no campo da sexualidade dever-se-ia evitar uma normativa redutora dos atos (descorporalização) e aprofundar mais o horizonte do sentido e da motivação (corporeidade).

Identidade e diálogo

Em sua primeira Encíclica (25 de dezembro de 2005), o Papa Bento XVI apresenta a vocação do cristão em termos muito relevantes para se ressituar a relação entre o discurso ético e a experiência cristã: "Temos fé no amor de Deus: assim pode o cristão exprimir a opção fundamental de sua vida. Não se começa a ser cristão por uma decisão ética ou por uma grande ideia, mas pelo encontro com um acontecimento, com uma Pessoa, que dá um novo horizonte à vida, e, com isso, uma orientação decisiva" (n. 1).

No horizonte desse "nexo intrínseco e indivisível entre fé e moral"[9] existiu uma tendência, influenciada pelo pensamento kantiano (o dever ser do imperativo categórico),[10] de privilegiar o movimento da moral para a fé, no sentido de um cumprimento para se conseguir um prêmio ou de uma obediência para se assegurar a salvação. Frequentemente esse enfoque tem sido gerador de um forte sentido de culpabilidade (o cumprimen-

---

[9] João Paulo II, *Veritatis Splendor*, n. 4.
[10] Immanuel Kant, *Crítica de la Razón Práctica* (Madrid: Espasa-Calpe, 1984), 181.

to do *dever ser* como referente à autoestima religiosa) e de uma perspectiva normativo-legalista (o *dever ser* sem fundamentação ulterior). Além disso, geralmente se associa o catolicismo à dimensão moral do cristianismo. De fato, a sociedade pluralista costuma identificar a Igreja Católica com suas posturas éticas, principalmente no campo da sexualidade e da bioética (especialmente nos temas do aborto e da eutanásia).

Não obstante, o cristianismo não é primariamente uma moral, mas fundamentalmente um âmbito de *sentido transcendente* (a fé) e de *celebração* (esperança), que conduzem a um determinado *estilo de vida (a caridade)*. A ação ética do cristão consiste justamente na mediação desse sentido último vivido em um contexto de profunda confiança na ação do Espírito.

A ética cristã, vivida e formulada, precisa recuperar seu lugar teológico,[11] situando-se no horizonte do sentido para motivar um correspondente estilo de vida na história. Uma moral de sentido que fundamente uma ética da obrigação como expressão da coerência e da consequência, uma moral de conteúdo (o seguimento da pessoa de Cristo, guiado pela ação do Espírito, na construção do Reino do Pai) seja a motivação básica do atuar e do pensar a ética segundo a fé.[12]

O fato de privilegiar o enfoque de uma ética que brote da fé ou de uma moral segundo a fé, inaugura uma relação de coerência e de consequência no cotidiano da vida dentro do contexto da gratuidade, que convida à responsabilidade de uma ética motivada pela constante referência à pessoa de Jesus de Nazaré, proclamado como o Cristo por Deus Pai.[13]

Não obstante, essa perspectiva não significa a moralização da fé (reduzindo a religião ao cumprimento moral), nem um fundamentalismo religioso da moral (incapaz de entrar em diálogo com outras éticas).

---

[11] Ver Marciano Vidal, *Nueva Moral Fundamental: El hogar teológico de la Ética* (Bilbao: Desclée de Brouwer, 2000).

[12] Ver São João Crisóstomo, *Homilias sobre Mateus* 1, n. 1; São Tomás de Aquino, *Summa Theologica*, I-II, q. 106, art. 1.

[13] Atos 2,22-36.

Pelo contrário, esse enfoque sublinha a necessidade de *uma fé que se expresse em obras concretas,*[14] evitando a tentação de um espiritualismo sem compromisso. A atuação ética verifica (*verum facit* faz verdadeiro) a experiência espiritual.[15] Não se trata de agir para merecer a fé, mas da necessidade das obras para expressar agradecimento pelo e coerência com o dom da fé.

Por conseguinte, um dos grandes desafios na formulação da ética cristã no contexto de uma sociedade tradicionalmente cristã, mas cada vez mais pluralista em seu pensamento e em seu estilo de vida consiste na elaboração de uma *fundamentação teológica* (identidade) e em uma *apresentação arrazoada e razoável* (diálogo) e no oferecimento de um projeto alternativo, inspirado no Evangelho, para a sociedade de hoje.

---

[14] João 4,20-21; Tiago 2,17.

[15] Sobre a relação entre espiritualidade e moralidade, ver Sérgio Bastianel, *Prayer in the Christian Moral Life* (Mahwah, N.J.: Paulist Press, 1998); Mark O'Keefe, O.S.B., *Becoming Good, Becoming Holy: on the Relationship of Christian Ethics and Spirituality* (Mahway, N.J.: Paulist Press, 1997); Marciano Vidal, *Moral y Espiritualidad: de la Separación a la Convergencia* (Madrid: Editorial P.S., 1997); Tony Mifsud, S.J., *Una Fe Comprometida con la Vida: Espiritualidad y Ética, Hoy* (Santiago: Ediciones San Pablo, 2002).

América do Norte

David Hollenbach começa seu ensaio com um caso oportuno: sua experiência de dirigir a faculdade, enfrentando a homenageada de sua universidade (jesuíta), a Secretária de Estado dos Estados Unidos, Condoleezza Rice, como oradora inicial e recebedora do título de doutora honorária em leis. Hollenbach narra como o jornal arquidiocesano local redigiu um editorial a favor da presença de Rice no evento, sugerindo que, se a oradora fosse a favor de políticas que permitissem o aborto, a objeção à sua presença seria apropriada. Mas, já que a guerra não é imoral em todos os casos, a objeção à homenageada Rice era uma "divergência política, não de um dogma ou de uma doutrina". Usando este caso como base, ele explora três desafios importantes para os teólogos eticistas católicos dos Estados Unidos: a necessidade de evitar a política de um problema isolado; a necessidade de tomar o contexto e as circunstâncias seriamente; e a necessidade de entender e desafiar o singular poder dos Estados Unidos. Para este último ponto, como alguém que foi continuamente edificado na Conferência de Pádua, Hollenbach fala-nos do "cosmopolitanismo arraigado" de Kwame Anthony Appiah. Esta "abordagem cosmopolita", escreve Hollenbach, "toma a humanidade de todas as pessoas com seriedade moral e resiste à divisão do mundo em nós contra eles. Ao mesmo tempo, uma abordagem genuinamente cosmopolita está interessada, de maneira profunda, em entender as pessoas como elas são, por isso reconhece as particularidades que tornam as pessoas e as culturas diferentes umas das outras".

Jean Porter põe em evidência a contínua erosão do processo justo nos Estados Unidos (e em outros lugares), particularmente para salvaguardar os direitos das pessoas. Porter é motivado pelas ações da presente administração nos Estados Unidos, na qual a vigilância doméstica, a detenção criminal sem acusações ou representação, e agora até a prática da tortura são alguns dos mais perigosos e explícitos desafios ao domínio da lei. Ele examina este fenômeno recordando que os apelos teológicos no século XII estabeleceram um código de leis na Igreja, no qual os direitos pessoais existiam em benefício do florescimento do bem comum. Este apelo teológico original incita Porter a indagar por que os teólogos não veem a necessidade semelhante de revisitar e criticar teologicamente a redução contínua dos procedimentos legais. Ele também pergunta se o tipo de responsabilidade e confiança que os modelos canônicos, uma vez desenvolvidos através da Igreja, são capazes de sobreviver nas estruturas do governo eclesiástico romano católico contemporâneo, nas quais a responsabilidade geralmente diminui quanto mais alto alguém sobe na hierarquia.

Kenneth Melchin argumenta que o ensinamento social católico (CST) desfruta de muito pouca atenção no Canadá, e que a hierarquia raramente o transmite ou chama a Igreja canadense a dar atenção a ele. Melchin obviamente quer ver uma inversão nesta matéria, mas é também importante que alguém possa clamar que o CST não se enquadre com a tradição sobre a usura, que foi o ensinamento central da Igreja de 1150 a 1750. Há qualquer continuidade entre a tradição da usura e o mais recente CST? Voltando ao legado do grande teólogo canadense Bernard Lonergan, a fim de considerar a natureza da continuidade e desenvolvimento teológico, Melchin invoca a noção de "doutrina" de Lonergan e levanta um importante caso em que os pilares da Caridade e da Justiça, tão fortificados na tradição da usura, são igualmente evidentes no mais recente CST. Assim, para desenvolver mais o CST, ele conclui voltando aos teólogos canadenses Gregory Baum e Christopher Lind para mostrar como seus escritos sobre o Desenvolvimento Econômico da Comunidade (CED) fazem avançar a visão do CST e sua busca por um "terceiro caminho" entre o capitalismo do mercado livre e o socialismo de estado.

ÉTICA CATÓLICA NA IGREJA MUNDIAL

David Hollenbach, S.J.

A Visão dos Estados Unidos

Meus comentários sobre os desafios que confrontam a Ética Social Católica nos Estados Unidos começam com o caso de uma recente controvérsia na universidade onde leciono. Na cerimônia de graduação em 22 de maio de 2006, a Faculdade de Boston convidou a Secretária de Estado dos Estados Unidos, Condoleezza Rice, para ser a principal oradora e para receber um título de doutora honorária de leis. Em companhia de outro eticista social na faculdade, eu preparei uma carta protestando contra esse convite na qual afirmava: "Nos níveis tanto do princípio moral como do julgamento prático moral, a abordagem de questões internacionais da Secretária Rice está em fundamental conflito com o compromisso da Faculdade de Boston, com os valores das tradições católica e jesuíta, e é inconsistente com os valores humanísticos que inspiram o trabalho da Universidade".[1] Esta declaração foi assinada por mais de duzentos outros professores. A administração da Universidade claramente discordou de nossa posição, já que o título honorário foi concedido e a secretária Rice fez o discurso. Além disso, o jornal da arquidiocese de Boston redigiu o editorial em favor da

---

[1] A Declaração foi preparada pelo Professor Kenneth R. Himes, O.F.M., e eu, e era intitulada: "Letter to the President and Board of Trustees of Boston College: Condoleeza Rice Does Not Deserve a Boston College Honorary Degree". Excertos da Carta foram publicados em *Origins 36*, n. 1 (18 de maio de 2006).

presença de Rice no evento. Eles lembraram que, se a oradora fosse a favor de políticas permitindo o aborto, pesquisa de célula tronco embrionária ou eutanásia, a objeção à sua presença teria sido apropriada. Mas já que a guerra não é imoral em todos os casos e, desde que "a doutrina católica permita a consideração das circunstâncias particulares de cada caso", a objeção à homenageada Rice era uma discordância política, e não de um dogma ou de uma doutrina".[2] Aqui, o arquidiocesano estava repetindo uma afirmação do então cardeal Joseph Ratzinger em uma carta ao cardeal Theodore McCarrick sobre a relação da moralidade católica com a política no meio da eleição dos Estados Unidos em 2004: "Pode haver uma diversidade legítima de opinião mesmo entre católicos sobre travar uma guerra e aplicar a pena de morte; não, entretanto, com relação ao aborto e eutanásia".[3]

Da reflexão sobre esta controvérsia, quero destacar três desafios éticos que confrontam a comunidade católica, as respostas dos teólogos para estes desafios e várias de minhas esperanças para a Teologia Moral nos Estados Unidos hoje.

O Desafio da Ética e da Política de Tema Único

Primeiro, a controvérsia revela uma tendência fixada firmemente, algumas vezes apoiada pelo Magistério, para tornar a ética do sexo e da reprodução matérias mais importantes na preocupação da moral católica do que são as questões de ética social, como guerra, direitos humanos, tortura ou justiça econômica. Um bispo chamou o aborto de "o tema que triunfa sobre todos os outros temas".[4] Esta declaração implica que os

---

[2] "Hiding Behind the Veil", *Pilot* (12 de maio de 2006), 12.

[3] Cardeal Joseph Ratzinger, "Worthiness to Receive Holy Communion: General Principles", *Origins* 34, n. 9 (29 de julho de 2004), 133-134.

[4] Bispo Michael J. Sheridan, "A Pastoral Letter to the Catholic Faithful of the Diocese of Colorado Springs on the Duties of Catholic Politicians and Voters", http://www.diocesecs.Org/CPC/Corner/pastoralletters/2004/May.pdf (acessado em 31 de dezembro de 2004).

católicos deveriam estar publicamente engajados no tema único ético/ político do aborto de uma forma que superasse de longe o envolvimento com outras preocupações morais. O aborto e a eutanásia são certamente importantes questões morais. Tanto o sexo como a reprodução também levantam importantes desafios éticos hoje e necessitam de cuidadosa reflexão.[5] Estes temas, entretanto, não são seguramente as únicas questões importantes nas vidas moldadas pela fé cristã. Assim, nos Estados Unidos hoje, é um perigo real o desafio dos profetas para trazer a justiça aos pobres e o chamado de Jesus para serem pacificadores se estiverem perdidos da vida da igreja por uma abordagem que enfoca, de forma injusta e simplificada demais, matérias relacionadas a sexo, reprodução e proteção da vida humana em contextos da Medicina. Os assuntos de guerra, de Direitos Humanos sobre não ser torturado e não ser preso sem julgamento e a justiça econômica são também matérias nas quais "uma consciência cristã bem formada não permite que se vote em um programa político ou uma lei individual que contradiga os conteúdos fundamentais da fé e da moral".[6] A ética de um só tema, levando a um só tema político, tornou-se o maior desafio que confronta a Igreja Católica nos Estados Unidos hoje.[7]

---

[5] Sobre ética sexual, ver especialmente Margaret A. Farley, *Just Love: A Framework for a Christian Sexual Ethics* (New York: Continuum, 2006).

[6] Congregação para a Doutrina da Fé, "Doctrinal Note on Some Questions Regarding the Participation of Catholics in Political Life", 24 de novembro de 2002, n. 4, http://www.vatican.va/roman_curia/congregations/cfaith/documents/rc_con_cfaith_doc_20021124_politica_en.html (acessado em 31 de dezembro de 2004).

[7] Para uma discussão mais aprofundada do papel do Catolicismo e da recente política dos Estados Unidos, ver Thomas Massaro, S.J., "Catholic Bishops and Politicians: Concerns about Recent Developments", *Josephinum Journal of Theology 12*, n. 2 (2005); *Taking Faith Seriously*, eds. Mary Jo Bane, Brent Coffin e Richard Higgins (Cambridge, Mass.: Harvard University Press, 2005); *The Catholic Church, Morality, and Politics,* ed. Charles E. Curran e Leslie Griffin (New York: Paulist Press, 2001); Kristin E. Heyer, *Prophetic and Public: The Social Witness of U.S. Catholicism* (Washington, D.C.: Georgetown University Press, 2006). Os bispos católicos dos Estados Unidos coletaram um número de declarações da recente igreja oficial sobre este tópico em *Readings on Catholic in Political Life* (Washington, D.C.: Conferência de Bispos Católicos dos Estados Unidos, 2006).

A resposta mais influente hoje para este desafio tão grande foi o esforço do falecido Cardeal Joseph Bernardin, com a ajuda do teólogo moral J. Bryan Hehir, para articular uma "consistente ética da vida". Bernardin procurou formar uma postura ética voltada para a vida pública americana, baseada no respeito pela dignidade e vida humanas de forma consistente. Ele insistiu a este respeito através de um banco de dados de questões práticas, estendendo-se do respeito aos que ainda não nasceram ou que enfrentam uma doença terminal aos esforços para eliminar a pobreza para proporcionar cuidado adequado com a saúde para todos, a uma abordagem baseada nos Direitos Humanos para as necessidades dos países em desenvolvimento e a um engajamento crítico com a política militar e estratégica dos Estados Unidos.[8]

Este esforço para promover uma Ética consistente tem paralelos nas recentes discussões dos Direitos Humanos, tanto na análise secular como na religiosa, quando se acentuou progressivamente que todos os direitos humanos são interdependentes. A variedade completa dos direitos humanos, incluindo os direitos à vida e à segurança pessoal, direitos políticos expressos classicamente na autonomia democrática, e o direito econômico à concretização das mais básicas necessidades do pobre são todos partes essenciais de uma postura especial, defendendo a completa dignidade da pessoa.[9] Um argumento empírico também

---

[8] Ver Joseph Cardinal Bernardin, *Consistent Ethic of Life*, ed. Thomas G. Fuechtmann (Kansas City, Mo: Sheed & Ward, 1988): e idem, *A Moral Vision for America*, ed. John P. Langan (Washington, D.C.: Georgetown University Press, 1998).

[9] Para um exemplo desta espécie de argumento na literatura secular, ver R. J. Vincent, *Human Rights and International Relations* (Cambridge: Cambridge University Press, 1995), 143-151. Mary Ann Glendon, uma estudiosa cujo trabalho leva a discussões seculares e católicas, apresentou um argumento semelhante em seu estudo da escrita da Declaração Universal dos Direitos Humanos: *A World Made New: Eleanor Roosevelt and the Universal Declaration of Human Rights* (New York: Random House: 2001), esp. 172-191, e 240, em que ela vê todos os direitos humanos ligados em uma "ecologia da liberdade". Eu resumi esta aproximação com os direitos humanos em R. Bruce Douglas e David Hollenbach, eds., *Catholicism and Liberalism: Contributions to American Public Philosophy* (Cambridge/New York: Cambridge University Press, 1994), capítulo 5 e posfácio.

foi proposto recentemente nos Estados Unidos para a interconexão dos direitos à vida e à concretização das necessidades econômicas básicas. Foi destacado que um declínio no número de abortos nos Estados Unidos, durante o ano de 1990, acompanhou a melhora das condições econômicas enfrentadas pelas mulheres grávidas, enquanto o inverso ocorreu desde 2000.[10] De forma análoga, alguns argumentaram que os direitos de proteção às pessoas não sujeitas a ataques terroristas estão ligados, pelo menos indiretamente, à superação da marginalização social e econômica de pessoas incitadas a táticas terroristas no Oriente Médio e em outros lugares. Desse modo, as considerações tanto normativas como empíricas sugerem que uma abordagem inclusiva para a variedade completa dos Direitos Humanos é necessária e que o foco limitado sobre um problema ou direito será contraprodutivo. Além disso, eu argumentaria que se requer atenção a todas as dimensões da dignidade humana em uma comunidade interdependente na Ética católica, que coloca maior valor em promover o completo bem comum de todas as pessoas na sociedade.[11] Minha esperança é que os argumentos para esta abordagem inclusiva serão desenvolvidos, além disso, uma ética inclusiva e consistente tornar-se-á a estrutura guia para o engajamento católico na vida pública dos Estados Unidos. Ver a ética social como uma parte íntegra e indispensável da contribuição moral católica para

---

[10] Ver Glen Harold Stassen, "Pro-life? Look at the Fruits", no web site de Sojourners, *Sojomail: A Weekly Email-zine of Spirituality, Politics, and Culture,* 13 de outubro de 2004, http://www.sojo.net/index.cfm?action=sojomail.display&issue=041013#5 (acessado em 19 de maio de 2006). Esse site eletrônico também contém links para subsequentes debates sobre os dados empíricos e o que eles demonstram.

[11] Eu discuti as possibilidades de desenvolver uma ética do bem comum, que respeite a liberdade em uma sociedade pluralística, em meu *The Common Good and Christian Ethics* (Cambridge: Cambridge University Press, 2002). Esta aproximação para relacionar o pensamento católico à política nos Estados Unidos está sendo buscada por dois grupos de defesa: A Aliança Católica para o Bem Comum e o Instituto de Democracia Católico. Ver seus websites: http://www.thecatholicalliance.org (acessado em 24 de maio de 2006) e http://www.catholicdemocracy.org (acessado em 24 de maio de 2006).

a vida nos Estados Unidos é um dos maiores desafios enfrentados pela Igreja hoje. Eu espero que os teólogos trabalhem vigorosamente para ocasionar uma resposta criativa a este desafio.

O Desafio de Tomar Seriamente o Contexto e as Circunstâncias

Um segundo desafio é entender a relação dos princípios morais básicos e das virtudes com o complexo contexto social e político dos Estados Unidos e da sociedade global hoje. Um relativamente pequeno, porém influente grupo de teólogos e bispos hoje sugere que as conclusões éticas podem ser descritas sobre temas como aborto ou eutanásia, independentemente de consideração séria do contexto ou circunstâncias dentro das quais estas ações podem ocorrer. Ao mesmo tempo, esses pensadores argumentam que o contexto e as circunstâncias desempenhariam um papel determinante nas conclusões alcançadas sobre a ética da guerra ou da pena capital. Assim, eles sugerem que a ética do aborto e a eutanásia são matérias de fé, enquanto julgamentos sobre a guerra ou a pena capital são grandemente questões políticas. Esta é outra forma de remover questões de Ética Social do centro da identidade cristã.

Em meu julgamento, a avaliação do contexto e das circunstâncias deve desempenhar um papel na formação dos julgamentos éticos alcançados sobre exemplos particulares de todas essas práticas. Então, o conhecimento embriológico contemporâneo sobre o processo de desenvolvimento do feto deve ser levado em conta totalmente ao avaliar a moralidade de um caso pessoal de aborto. Essa avaliação requer cuidadosa atenção ao estágio de gravidez no qual ele ocorre. Além disso, as conclusões alcançadas sobre uma lei civil particular tratando de aborto exigem a avaliação do contexto das ações legislativas alternativas e outras questões políticas.

Cuidadosa consideração do contexto e das alternativas é admitida no argumento moral sobre a moralidade da guerra. Julgamentos sobre uma ação militar pessoal não são certamente matérias da verdade eterna; assim, eles deveriam ser realizados com modéstia intelectual e cautela.

A importância do contexto em todos os julgamentos particulares sobre a guerra, entretanto, não significam que todas as conclusões sobre um conflito são igualmente aceitáveis do ponto de vista cristão. Há graus de conexão entre os julgamentos prudentes sobre casos concretos e as exigências centrais da identidade cristã. Alguns julgamentos prudentes são muito próximos ao centro de ser um cristão do que outros.[12] Portanto, o fato de que um julgamento sobre a moralidade da guerra dos Estados Unidos no Iraque não é matéria da doutrina eterna cristã não significa que todos os julgamentos sobre a guerra sejam igualmente aceitáveis. Na verdade, eu acredito que as normas da guerra justa apontam fortemente para a conclusão de que a guerra do Iraque é injusta e, portanto, os fiéis cristãos deveriam opor-se a ela. O fato de que esta conclusão não é um dogma não significa que os cristãos são livres simplesmente para deixá-la de lado como uma matéria de preferência política ou de ideologia. De modo semelhante, o conhecimento da importância das circunstâncias certamente não significa que todos os abortos são justificáveis. Mas não significa que as decisões das mulheres que enfrentam a ameaça da gravidez e os julgamentos dos legisladores e cidadãos com relação à lei e à política do aborto não podem ser avaliados somente recorrendo às proibições supostamente eternas e absolutas.

A comunidade católica nos Estados Unidos é, deste modo, desafiada a mover-se além de uma busca ilusória pela certeza que mantém o engajamento moral restrito ao domínio da Ética sexual e médica estreitamente entendida. Os católicos são chamados a reconhecer que assuntos muito importantes da identidade cristã estão frequentemente envolvidos em respostas para a guerra, a pobreza e outros problemas sociais éticos. Os teólogos estão respondendo a estes desafios, fornecendo a análise detalhada de como os valores em jogo nestas matérias podem ser percebidos em diversos contextos, desenvolvendo apropria-

---

[12] Eu sou grato a James F. Keenan por chamar minha atenção para este ponto em uma conversa pessoal.

damente uma cuidadosa discussão através de uma variação de questões práticas.[13] Minha esperança é que esta verdadeira tarefa tradicional de Teologia Moral seja tomada seriamente o bastante para capacitar a Igreja a responder muito mais efetivamente às complexas realidades da sociedade dos Estados Unidos.

O Desafio do Poder dos Estados Unidos

Terceiro desafio: o caso da Secretária Rice na Faculdade de Boston revela de certo modo que os católicos nos Estados Unidos ainda não tinham começado a lidar adequadamente com o fato de que eram cidadãos da nação mais poderosa do mundo. Alguns apoiaram Rice ao receber um título honorário na cerimônia da Faculdade de Boston porque sua presença acrescentaria importância à Universidade. Esta motivação pode ser um vestígio dos dias em que os católicos dos Estados Unidos eram imigrantes muito pobres que buscavam promover seu status na cultura dos Estados Unidos e que precisavam mostrar que eram cidadãos americanos patriotas. Embora haja muitos novos imigrantes entre os católicos dos Estados Unidos hoje, os católicos americanos atualmente estão entre os mais bem-educados, os mais ricos e os mais influentes dos cidadãos dos Estados Unidos.[14] Em meu julgamento, estes católicos educados, saudáveis e influentes precisam de reflexão cuidadosa sobre como sua identidade cristã deveria ser vivida no meio da cultura do poder e riqueza americanos. Por ser seu país uma força tão dominante no cenário mundial de hoje, os cidadãos católicos devem determinar onde se colocam em relação a este poder.

---

[13] Para recentes discussões da importância da casuística, ver Albert R. Jonsen e Stephen Toulmin, *The Abuse of Casuistry* (Berkeley, California: California University Press, 1988); James F. Keenan e Thomas A. Shannon, eds., *The Context of Casuistry* (Washington, D.C.: Georgetown University Press, 1995).

[14] Ver Andrew Greeley, *The American Catholic: A Social Portrait* (New York: Basic Books, 1977), capítulo 3.

De fato, os Estados Unidos são o mais poderoso país no mundo. Alguns falam da hegemonia americana, exageradamente, sobre o resto do mundo; outros falam dos Estados Unidos como um império. Esse poder é evidentemente militar. Os Estados Unidos gastam mais na defesa do que todas as outras nações do mundo juntas.[15] Se os Estados Unidos usassem o poder militar que possuem, é difícil imaginá-los sendo derrotados em um conflito militar real. Além disso, a Estratégia de Segurança Nacional dos Estados Unidos, de 2002, afirmava que eles pretendem não somente reter este poder predominante, mas também prevenir adversários potenciais de "sobrepujar ou igualar" seu poder.[16] Este poder político-militar é avaliado positivamente por alguns. Por exemplo, o comentarista neoconservador Charles Krauhammer observou que nos Estados Unidos "nós administramos um império benigno de modo único".[17] Alguns católicos conservadores apoiaram esse ponto de vista.[18] Por outro lado, Andrew Bacevich, um antigo oficial militar católico que se tornou um forte crítico da administração política dos Estados Unidos, argumenta que, se eles continuarem no presente curso de domínio político, a "América seguramente partilhará a sorte de todos aqueles que no passado olharam a guerra e o poder militar para preencher seu destino".[19] Os católicos americanos precisam tornar-se seriamente en-

---

[15] Bruce Berkowitz, *The New Face of War: How War Will Be Fought in the 21st Century* (New York: Free Press, 2003), 4.

[16] *National Security Strategy of the United States of America,* setembro, 2002, 30, http://www.whitehouse.gov/nsc/nss/2002/nss.pdf (acessado em 15 de maio de 2006).

[17] Charles Krauthammer, "The Bush Doctrine", *Weekly Standard 6*, n. 36 (4 de junho de 2001), 21-25, at 24.

[18] Ver H. W. Crocker III, "The Case for an American Empire", *Crisis*, outubro de 2004, http://www.crisismagazine.com/october2004/crocker.htm (acessado 24 de maio de 2006), e Daniel McCarthy, "Bush vs. Benedict", *The American Conservative*, 29 de agosto de 2005, http://www.amconmag.com/2005/2005_08_29/article.html (acessado em 24 de maio de 2006).

[19] Andrew J. Bacevich, *The New American Militarism: How Americans Are Seduced by War* (New York: Oxford University Press, 2005), 225.

gajados em avaliar a relação entre sua fé e as questões levantadas pelo poder militar de seu país. O mesmo pode ser dito sobre a relação entre a fé cristã e a influência cultural e econômica ou a hegemonia exercida pelos Estados Unidos.

Várias posições dentro da Teologia podem ser observadas em resposta a este desafio da relação entre Catolicismo e poder dos Estados Unidos. Alguns teólogos adotaram uma postura fortemente contracultural que busca colocar distância entre as comunidades católicas e civis nos Estados Unidos. Por exemplo, William Cavanaugh chamou a Igreja a tornar-se envolvida na "contrapolítica", que é severamente descontínua com o mundo de atividade política normal.[20] Esta posição teológica representa a postura da resistência à guerra e à injustiça, por muito tempo associadas ao Movimento dos Trabalhadores Católicos nos Estados Unidos e dada uma expressão sistemática nova pelo assim chamado movimento Ortodoxo Radical, que se originou no Reino Unido.[21] Esta abordagem antevê a Igreja como uma comunidade, cuja forma de vida contrasta severamente com a violência e a injustiça da política secular. Ela rejeita a carga que retira do mundo de forma radical. Particularmente, ela vê a Igreja e especialmente sua liturgia como fornecendo uma forma alternativa de vida que chama o mundo para um modo de ação mais pacífico e justo.

Uma forte alternativa para a abordagem da sociedade da Igreja como contraste é defendida por aqueles que argumentam que a política secular é propriamente baseada na razão em vez de diretamente nas Escrituras ou na Teologia. Pensadores diversos, como o Papa Bento XVI, J. Bryan Heir e George Weigel rejeitam uma mudança direta da Teologia e Eclesiologia para a Ética Social ou de uma visão do Reino

---

[20] William T. Cavanaugh, *Torture and the Eucharist* (Oxford: Blackwell, 1998), p. 13-14 e cap. 6.

[21] Ver John Milbank, Catherine Pickstock e Graham Ward, eds., *Radical Orthodoxy: A New Theology* (London: Routledge, 1999).

de Deus para o que a política secular buscaria alcançar.[22] Essa mudança arrisca reduzir o reino de Deus para uma pauta política secular. Ou, inversamente, ela pode subestimar a integridade da ordem política como criada por Deus e colocar em risco a legítima autonomia da política do controle pela Igreja.

Em meu ponto de vista, a ética social deveria ser baseada não em uma Teologia e Eclesiologia de uma maneira sem intermediários, nem simplesmente em um fundamento de lei racional, natural. Nenhuma abordagem será adequada para desenvolver uma visão efetiva do papel da comunidade católica que se dirige para as realidades do poder e pluralismo nos Estados Unidos de hoje. Por um lado, uma resposta teológica genuína ao poder americano será incapaz de efetivo engajamento com os contextos pluralísticos da Igreja nos Estados Unidos. Por outro lado, o poder hegemônico dos Estados Unidos pode muito facilmente distorcer o que parece ser razoável: que o desafio do Evangelho precisa ser ouvido continuamente se a Igreja deve permanecer verdadeira com sua autêntica missão social.[23] Ao mesmo tempo, o Evangelho deve ser trazido para um diálogo inteligente com as comunidades plurais e formas de pensamento que estão obviamente presentes tanto dentro da sociedade dos Estados Unidos quanto globalmente.

---

[22] Ver Bento XVI, *Deus Caritas Est*, encíclica editada em 25 de dezembro de 2005, http://www.vatican.va/holy_father/benedict_xvi/encyclicals/index_en.htm (acessado em 24 de maio de 2006); J. Brian Hehir, "The Just-War Ethic and Catholic Theology: Dynamics of Change and Continuity", in: Thomas A. Shannon, ed., *War or Peace? The Search for New Answers* (Maryknoll, N.Y.: Orbis, 1980), 15-39; George Weigel, *Tranquillitas Ordinis: The Present Failure and Future Promise of American Catholic Thought on War and Peace* (New York: Oxford University Press, 1987). Outros exemplos do pensamento destes autores poderiam também ser citados.

[23] Para a clássica discussão da ética teológica nos Estados Unidos das possíveis distorções que podem ser introduzidas no julgamento moral pela posse de significativo poder, ver Reinhold Niebuhr, *The Nature and Destiny of Man*, vol. 1 (New York: Scribner's, 1941), capítulos 7 e 8.

Em outras palavras, a Ética Social Católica precisa ser fundamentada na particularidade e clareza da crença cristã, enquanto está simultaneamente engajada em um diálogo abrangente e na interação com os diversos modos de pensar e as culturas nas quais ela está imersa.[24] Esta tarefa é análoga à posição político-cultural voltada para nosso mundo pluralístico e progressivamente interdependente, que Kwane Anthony Appiah chamou de "cosmopolitanismo arraigado".[25] Uma abordagem cosmopolita toma a humanidade de todas as pessoas com a seriedade moral e opõe-se à divisão do mundo em nós contra eles. Ao mesmo tempo, uma abordagem genuinamente cosmopolita está profundamente interessada em entender as pessoas como elas são, assim, ela reconhece as particularidades que tornam as pessoas e culturas diferentes umas das outras. Além disso, um genuíno cosmopolitano reconhece que ela é fixada em uma tradição pessoal que não só faz com que ela seja o que é como ao mesmo tempo a capacita a aceitar as pessoas e apreciar os valores que vêm de outras tradições. Este cosmopolita arraigado pode, então, ser um patriota que celebra sua própria cultura, enquanto simultaneamente afirma a dignidade humana e os direitos das pessoas de tradições e culturas diferentes. De forma análoga, a Ética Social Católica deve ser profundamente fixada nas tradições de Israel e de Jesus, embora sendo aberta à interação equilibrada com as pessoas de outras tradições. Esta Ética pode afirmar tanto a clareza do chamado dos profetas à justiça para com os pobres como o chamado de Jesus a serem pacificadores, enquanto simultaneamente sustenta os Direitos Humanos universais de todas as pessoas. Pode-se chamar este humanismo universal de fixado na nitidez cristã.

---

[24] Ver meu *The Global Face of Public Faith: Politics, Human Rights, and Christian Ethics* (Washington, D.C.: Georgetown University Press, 2003), esp. capítulos 1, 2 e 12. Ver também Lisa Sowle Cahill, *Between the Sexes: Foundations for a Christian Ethics of Sexuality* (Philadelphia: Fortress Press, 1985).

[25] Ver Kwame Anthony Appiah, *The Ethics of Identity* (Princeton, N.J.: Princeton University Press, 2005), capítulo 6; e idem, *Cosmopolitanism: Ethics in a World of Strangers* (New York: W. W. Norton, 2006), capítulo 1.

Minha esperança é que esta abordagem da Ética Social possa levar os católicos dos Estados Unidos a serem suficientemente fiéis à nitidez de sua fé cristã, a desafiarem os impulsos hegemônicos da política e da cultura americana contemporânea. O aspecto cosmopolita desta postura social também capacitará a Ética Católica a sustentar uma vigorosa busca dos Direitos Humanos e da Justiça para todos e opor-se às formas com que as tentações do poder imperial podem adulterar os apelos éticos da razão de forma chauvinista. Ao mesmo tempo, uma ética que é autocriticamente fixada na identidade americana capacitará os católicos a levar a mensagem do Evangelho para tolerar os reais desafios que os confrontam como cidadãos dos Estados Unidos, em vez de simplesmente permanecer contra ou fora da situação americana. Este universalismo fixado no chamado distinto e poderoso do Evangelho de Jesus Cristo é essencial, se os católicos dos Estados Unidos derem contribuições genuínas à Justiça e à Paz no mundo, onde seu país exerce progressivamente dominante poder. É minha esperança que esta Ética possa ser muito mais avançada através das conversações que emanam desta conferência.

PROCESSO JUSTO E O DOMÍNIO DA LEI

Jean Porter

Um Desafio Moral/Teológico

Qual é o desafio moral mais importante que confronta o continente norte-americano hoje? Estritamente interpretada, esta questão seria impossível de se responder. Exatamente um pouco mais de cinco anos atrás, o novo século apresentou-se a nós com tantos desafios que é quase impossível determinar todos muito menos identificar apenas um como o mais importante. Ainda, esta questão nos estimula a focalizar nos temas aquele que chama por particular atenção, por causa de seu poderoso impacto, ou as questões distintivamente teológicas que eles levantam, ou ambas as coisas juntas. Pelo que se segue, quero examinar cada problema que em meu ponto de vista não recebeu ainda a exigida atenção que merece dos teólogos e eticistas cristãos.

O que tenho em mente é um modelo emergente de indiferença, ou pior, de rejeição absoluta de um ideal fundamental do domínio da lei incluindo, acima de tudo, os requisitos elementares do processo justo, juntamente com as normas de consistência, transparência e outros elementos do que poderia ser descrito como um ideal de legalidade adequada. Os perigos colocados pelo terrorismo e violência do mundo criaram um clima no qual o domínio autoritário e a negligência dos direitos individuais parecem ser, para muitos, não somente justificados, mas necessários.[1] Ju-

---

[1] As evoluções resumidas aqui foram largamente documentadas e debatidas na imprensa nacional e internacional. Para um bom resumo dos relevantes clamores legais e debates, ver Bruce Ackerman, *Before the Next Attack: Preserving Civil Liberties in an Age of Terrorism* (New Haven: Yale University Press, 2006), 13-76.

ristas eminentes argumentam que o presidente tem o poder de agir sem observar as restrições do Congresso ou a revisão judicial, somente com a condição de que ele faça isso em virtude de seus poderes, como o comandante em tempo de guerra e, já que estamos agora aparentemente sempre em guerra, isso comprova não ser restrição absolutamente. Os cidadãos dos Estados Unidos e os estrangeiros estão sendo mantidos incomunicáveis, sem mesmo serem acusados de um crime, muito menos tendo uma oportunidade de responder às acusações contra eles ou de receber uma audiência diante de um tribunal imparcial. Funcionários do governo, sob o comando do presidente, executaram domesticamente vigilância eletrônica clandestina, em desacato a leis explícitas e sem observar mesmo os mínimos aspectos de responsabilidade dentro dessas leis. E o pior de tudo: a prática da tortura foi recentemente defendida em princípio e incorporada nas práticas dos Estados Unidos.[2]

Em uma extensão bastante considerável, a responsabilidade por estas e semelhantes práticas está nas mãos do Presidente Bush, do Vice-Presidente Cheney e outros membros do ramo executivo do governo dos Estados Unidos. Estas práticas foram contestadas quase desde o início, tanto por funcionários do governo como por uma grande amostragem do público em geral. No *Hamdan* x *Rumsfeld*, decidido em 29 de junho de 2006, a Suprema Corte derrubou o sistema de tribunais secretos instalados para os detentos na Baía de Guantánamo. Ainda seria insensato acomodar-se muito com esses desenvolvimentos. O que as

---

[2] William Cavanaugh e Jeremy Waldron fornecem dois frios e teologicamente sensíveis relatos e avaliações de processos, através dos quais a tortura se tornou "normalizada" dentro da prática governamental e, de forma crescente, na percepção social; ver, respectivamente, "Making Enemies: The Imagination of Torture in Chile and the United States" e "What Can Christian Teaching Add to the Debate about Torture?", in: *Theology Today* 63, n. 3 (outubro de 2006), 307-323; 330-343. Além disso, ver Jane Mayer, "The Memo", *The New Yorker* (27 de fevereiro de 2006), 32-41, para maiores detalhes sobre a defesa da tortura dentro do governo dos Estados Unidos.

cortes deram, as cortes podem tomar, especialmente porque que nosso Judiciário é profundamente dividido nessas matérias. E mais, a atual administração dos Estados Unidos não poderia ter agido como fez sem amplo suporte, ou, pelo menos, sem a aquiescência do Congresso e do público em geral. Apesar de ser considerável e crescente a oposição às políticas de administração nesse aspecto, ela pode também contar com o suporte público frequente para aquilo que é visto como esforços pró--ativos para preservar a segurança pública, juntamente com a indiferença espalhada aos clamores da legalidade justa.

Ainda como o jurista Bruce Ackerman observou recentemente, mesmo o ataque do pior terrorista não ameaçaria a existência dos Estados Unidos como comunidade política isto é, ele não destruiria o governo ou os ideais políticos e sociais que nosso governo, no que tem de melhor, incorpora.[3] O perigo real é nós mesmos minarmos nossas instituições e ideais políticos em nossa resposta a esses ataques. Na medida em que concordamos com a indiferença progressiva do processo justo, é correto o que nós fizemos. E isto, eu quero sugerir, apresenta um desafio moral tanto político como legal.

As reivindicações do processo justo e a legalidade adequada não são simples abstrações ou detalhes técnicos, mas expressões de um direito fundamental à voz ativa, reconhecida e protegida em público nos encontros da pessoa com a comunidade que atua através de seus representantes políticos. Aqueles a quem o processo justo é negado são tratados injustamente, sujeitos a prejuízos injustos e têm negados os direitos fundamentais. Resumindo, eles estão sujeitos a erros morais que deveriam preocupar todos nós. Da mesma maneira, a indiferença às reivindicações do processo justo e da legalidade apropriada minam nossa integridade, enquanto uma espécie particular de comunidade moral, uma que no que tem de melhor aspira a um ideal de autoridade política fundamentada em princípios racionais e consenso comum, em vez de arbitrário, retrocederá pelo uso da força.

---

[3] Ackerman, *Before the Next Attack*, 20-21.

Fazendo estas observações, não quero indicar que outras sociedades carecem de seus próprios meios especiais de incorporar a racionalidade e a retidão, e eu, mais certamente, não quero alegar que somente o Ocidente ou as culturas cristãs podem manter estes ideais. As práticas que sustentam o processo justo e a legalidade apropriada nas sociedades ocidentais estão de modo insolúvel associadas aos sistemas legais mais amplos, distintivos para aquelas sociedades, e não é sempre claro qual significado essas práticas poderiam ou deveriam ter além desses sistemas. Mais especificamente, esses sistemas são caracterizados pela autonomia relativa das estruturas legais de considerações morais mais gerais, assim como interesses amplamente pragmáticos, e esta autonomia, sucessivamente, parece estar inextricavelmente associada ao caráter centralizado e burocrático dessas sociedades. Não ficaríamos surpresos se essas considerações de procedimento legal desempenhassem um papel diferente nas sociedades organizadas com diferentes linhas e se possuíssem muitas formas diferentes de disposições legais. Naturalmente, essas sociedades podem e incorporam ideais de racionalidade pública e equidade em seus próprios meios distintivos, que nem sempre se parecem com nossas próprias expressões destes ideais.[4] Contudo, dentro da ecologia moral das sociedades ocidentais, a racionalidade pública e a equidade há muito foram incorporadas nas práticas do processo justo e no respeito pelo domí-

---

[4] Para uma discussão iluminada dessas questões, ver Lawrence Rosen, *The Anthropology of Justice: Law as Culture in Islamic Society* (Cambridge: Cambridge University Press, 1989). As observações de Rose são particularmente oportunas à luz do fato de que a supostamente repressiva ou negativa característica das tradicionais sociedades muçulmanas é manifestada, entre outros fatos, por sua negligência com o estado de direito. Eu não tenho nenhuma vontade de dar crédito a essa espécie de moralização fácil. Meu ponto, até, é que para nós, dada nossa própria história, contexto e regimes legais, procedimentos de devido processo legal representam uma das mais importantes formas de expressar e salvaguardar os ideais de razoabilidade pública e equidade; correlativamente, nós não podemos enfraquecer esses procedimentos sem comprometer e, em última análise, enfraquecer esses ideais para não falar dos danos que infligimos aos indivíduos e comunidades ao longo do caminho.

nio da lei, e é difícil ver como esses ideais podem ser sustentados dentro desse contexto, se essas práticas estão minadas.

Em meu ponto de vista, os teólogos morais foram lentos em identificar a indiferença do processo justo e do domínio da lei como um problema moral de forma distintiva. Outra vez, eu não quero indicar que não houve nenhuma resposta ou minimizar sua importância. Muitos teólogos cristãos e eticistas sociais, juntamente com outros cidadãos, através de um largo espectro de visões religiosas e ideológicas, opuseram-se à negação do processo justo e práticas relacionadas. Ao mesmo tempo, entretanto, os problemas mais amplos aumentaram por essas práticas, ou seja, a delicada, contudo penetrante, erosão dos ideais da legalidade, a pressão e a responsabilidade foram ofuscadas de certa forma por suas manifestações mais notórias, particularmente a tortura.[5] Além do mais, mesmo os cristãos mais socialmente engajados nem sempre entenderam os valores teológicos em jogo de forma distintiva para manter os ideais do processo justo e da legalidade fundamental. E ainda, dentro das sociedades americana e europeia, os ideais e as práticas do processo justo podem ser traçados, na parte principal, se não inteiramente, para uma trajetória histórico-social que tem suas origens imediatas na expansão e reforma das leis europeias e da Igreja, começando no final do século XI. Como tal, eles são profundamente fixados em uma visão teológica da pessoa humana e dos tipos de respeito que são devidos a ela, como alguém cujo julgamento e liberdade são as mais verdadeiras imagens de Deus na visível criação.

Como o historiador de Direito Kenneth Pennington (entre outros) argumentou, a ideia do processo justo judicial começou a emergir no co-

---

[5] Ainda sobre essa questão, os teólogos cristãos e os líderes da Igreja não se pronunciaram tão vigorosamente como poderíamos esperar, segundo aponta Waldron: "Para a maior parte deste período (no qual a tortura foi debatida), as vozes dos líderes cristãos clérigos e leigos se silenciaram" (Waldron, "What Can Christian Teaching Add", 331). Os ensaios geralmente excelentes coletados no volume de *Theology Today*, citado acima, incluem um exemplo bem-vindo desta observação geral.

meço do século XII, como resultado do gradual abandono dos procedimentos em julgamentos por experimentação e sua substituição pelo que eram claramente julgamentos humanos, da parte dos juízes ou corpo de jurados.[6] A crescente confiança no julgamento humano em vez dos julgamentos ostensivamente divinos manifestados através da experimentação despertou o pensamento de que os processos judiciais deveriam ser entendidos e, tanto quanto possível, salvaguardar-se contra a falibilidade e a corrupção dos julgamentos humanos, enquanto ao mesmo tempo manifestar o devido respeito às reivindicações dos litigantes e do acusado. A corte papal, com sua insistência em observar a *ordo judiciarius* em todos os procedimentos judiciais eclesiásticos, desempenhou um papel central neste processo e, correlativamente, os advogados de Direito Canônico, nos séculos XII e XIII, traçaram planos para a fundação defender e elaborar processos justos. No início do século XII, o advogado de Direito Canônico Paucapalea expressa uma defesa retórica do processo justo, apelando para as considerações mais persuasivas conhecidas para sua sociedade ou seja, a prática do próprio Deus, como manifestada nas verdadeiras origens da História Humana. Como Pennington observa: "Ele apontou que a *ordo judiciarius* originou-se no paraíso quando Adão alegou ser inocente da acusação do Senhor... A observação de Paucapalea é sutil, mas não deveria ser perdida nos juristas posteriores: embora Deus seja onisciente, ele também deve convocar os acusados/réus e ouvir suas alegações".[7] Um pouco mais tarde, o advogado de Direito Canônico Stephen de Tournai apresentou a primeira definição da *ordo*, incluindo: uma intimação judicial na forma devida a uma corte que tenha jurisdição própria, o direito por parte do réu a algum impedimento, requisitos que a acusação possa colocar na composição escrita e que a testemunha possa

---

[6] Kenneth Pennington, *The Prince and the Law, 1200-1600: Sovereignty and Rights in the Western Legal Tradition* (Berkeley, California: California University Press, 1993), 132-164.

[7] Ibidem, 143.

propor, que a presunção de inocência seja mantida até uma convicção formal, e que a decisão final seja passada na composição escrita.[8] Embora esses requisitos não sejam exatamente equivalentes a nossas próprias ideias do processo justo, eles refletem os mesmos propósitos amplos, ou seja, que os procedimentos judiciais sejam cumpridos de acordo com os processos formais estabelecidos, colocados de forma a salvaguardar o direito do acusado de confrontar o caso contra ele e responder a isso antes de ser condenado.

Os fundamentos eclesiásticos do processo justo foram, por muito tempo, obscuros, mas talvez o tempo tenha vindo recuperá-los pelo menos por aqueles entre nós que refletem sobre estas questões do ponto de vista da Teologia Moral Católica. Ao mesmo tempo, se nós e aqui eu quero dizer especificamente nós, como teólogos católicos devemos responsabilizar-nos por esta reclamação, primeiro precisamos engajar-nos no processo de autoexame. Há questões reais sobre a extensão na quais as estruturas e as práticas da Igreja Católica Romana hoje refletem nossos melhores ideais do processo justo e da correta legalidade. Estou pensando não muito neste contexto de negações do processo justo embora eu pense que temos problemas neste aspecto, como autoritarismo, estruturas "de cima para baixo" do governo da Igreja, culminando no próprio papado.[9] Para muitos, este estilo de governo reflete a vontade divina ou a necessidade teológica, e, como tal, está além da crítica. Esta percepção é reforçada pela tendência, espalhada entre críticos, assim

---

[8] Ibidem, 143-144.

[9] Sobre o direito ao processo legal devido no Direito Canônico, ver James F. Keenan, "Framing the Ethical Rights of Priests", *Review for Religious*, 64, n. 2 (2005), 135-151; Keenan, "Toward an Ecclesial Professional Ethics", in: *Church ethics and Its Organizational Context*, ed. Jean M. Bartunek, Mary Ann Hinsdale e James F. Keenan (Lanham, Md.: Rowman & Litlefield, 2006); John Beal, "It Shall Not Be So Among You! Crisis in the Church, Crisis in Church Law", 88-102, in: *Governance, Accountability, and the Future of the Catholic Church*, ed. Francis Oakley e Bruce Russett (New York: Continuum, 2004), 88-102.

como defensores das atuais estruturas da Igreja, de supor que a Igreja Católica sempre foi governada nesse modelo.

Ainda, como Francis Oakley e outros historiadores recentemente argumentaram, as atuais estruturas do governo da Igreja não são de forma alguma inevitáveis pelo menos, não se a História é um guia. Longe de refletir os velhos ideais cristãos ou preconceitos, essas estruturas refletem uma opção distintivamente moderna para uma espécie de regra monárquica, excessivamente contra o modelo mais constitucional oferecido pelo movimento conciliarista que surgiu no antigo período medieval. A marca deste movimento repousa em sua insistência, nas palavras de Oakley, de que a "dimensão de comunidade e de corporação" da Igreja requer expressão institucional, mais notadamente através da "assembleia de conselhos gerais, representando toda a comunidade dos fiéis e não necessariamente limitada a sua sociedade que vota, portanto, para os postos do episcopado somente".[10] Este modelo de governo da Igreja não é necessariamente democrático, mas ele, pelo menos, prepara-se para limites e sistemas de responsabilidade para o exercício do poder eclesiástico então, pelo menos cria um contexto institucional hospitaleiro aos ideais do processo justo e do respeito pela lei.

Isto é significativo, porque independentemente do que possa ser dito na defesa do papado como atualmente constituído, é difícil ver como a concentração do poder quase totalmente jurídico nas mãos de um indivíduo pode ser consistente com um compromisso com o domínio da lei. E, ainda mais, o *ethos* autoritário gerado por nossas estruturas de governo da Igreja não pode ser limitado aos assuntos internos da Igreja; ele inevitavelmente se espalha em nossas atitudes voltadas para as autoridades políticas também. Como Oakley observa, os argumentos de que a Igreja, sendo divinamente instituída, não é apenas um departamento de estado entre outros "são quase sempre posicionados na tentativa de

---

[10] Francis Oakley, *The Conciliarist Tradition: Constitutionalism in the Catholic Chruch 1300-1870* (Oxford: Oxford University Press, 2003), 14-15.

justificar as estruturas eclesiásticas altamente autoritárias ou as práticas que têm, no geral, muito mais em comum com as dos regimes seculares autoritários ou mesmo totalitários".[11] Em qualquer caso, significando aqui, católicos comprometidos com as democracias norte-americanas encontramo-nos em uma posição complicada, comprometidos com o respeito pela lei, democracia e igualdade política na esfera pública, enquanto que, ao mesmo tempo (pelo menos tacitamente), endossando um estilo autoritário de governo na comunidade da Igreja. Na melhor das hipóteses, esta situação gera uma tensão objetiva entre dois ideais muito diferentes da vida política e de comunidade. Na pior das hipóteses, ela encoraja atitudes de paternalismo autoritário, levando a uma indiferença pela exatidão de procedimento diante de objetivos vitais e sociais urgentes e vale a pena enfatizar que essas atitudes podem ser encontradas através do espectro das posturas políticas e eclesiásticas, entre liberais e conservadores da mesma forma.

Deixe-me terminar com uma observação mais positiva. Há pelo menos um contexto dentro do qual os ideais do processo justo e da correta legalidade são mais uma vez salientados pelos católicos através do espectro político. Estou referindo-me às extensivas conversações geradas por escândalos de abusos sexuais além da década passada conversações que já estão começando a produzir frutos na forma de criação e reforma institucional, embora em pequena escala.[12] Esta espécie de investigação não pode progredir muito sem levantar os verdadeiros problemas do processo justo e do respeito pela lei que tenho identificado, e, na verdade, esses problemas já estão sendo movidos para a frente da conversação. Este é um desenvolvimento muito esperançoso, tanto para a Igreja como para a sociedade mais ampla. Temos muito que aprender

---

[11] Oakley, "Constitutionalism in Church?", in: *Governance, Accountability, and the Future of the Catholic Church*, 76-87, at 81.

[12] Os ensaios coletados em *Governance, Accountability*, junto com as observações introdutórias de Oakley em *The Conciliarist Tradition*, 1-19, fornecem uma bela entrada nestas discussões.

com nossos cidadãos, como refletirmos no que significa ser uma Igreja da lei a serviço da graça. Da mesma maneira, temos muito a oferecer em defesa dos ideais fundamentais do processo justo e da legalidade, especialmente uma vez que temos nos reapropriado das lições de nossa própria tradição e começado a colocá-las em prática em nossa própria vida comum, como uma comunidade da Igreja.

O DESAFIO DA POBREZA MUNDIAL

Kenneth R. Melchin

Continuidade e Mudança na Ética Teológica de uma Perspectiva Canadense

Em junho de 2006, as manchetes de jornal canadenses noticiaram que um bilhão de pessoas em volta do mundo agora vivem em terrível pobreza nas favelas urbanas.[1] Muitos católicos conhecem essa realidade intimamente. Eu sou canadense, e meu foco é sobre a ausência trágica no Canadá de uma voz pública da tradição católica forte e clara sobre a pobreza mundial. Meu interesse está em explorar algumas razões teológicas sobre esta situação e oferecer meios teológicos que possam promover direções para a mudança.

A percepção pública no Canadá é que a voz da religião é a voz da direita politicamente conservadora.[2] Tradicionalmente, os problemas da pobreza e justiça social têm sido promovidos pela política de esquerda, mas, na América do Norte, a esquerda é considerada a voz de

---

[1] Don Butler, "Slum", *Otawa Citizen*, seção A1, A7-10, 18 de junho de 2006.

[2] Ver, por exemplo, Anthony Westell, "We Need Separation of Church and Politics", *CBC News*, 15 de junho de 2005, http://www.cbc.ca/newa/viewpoint/vp_westell/20050615.html (acessado em 3 de julho de 2006); Arthur Sheps, "Religion and Politics: The Religious Component of Public Life", *CBC News*, 28 de junho de 2004, http://www.cbc.ca/canadavotes2004/analysiscommentary/religionandpolitics.html (acessado em 3 de julho de 2006).

secularismo.³ As estatísticas mostram que a justiça social está situada na parte inferior das prioridades do ministério nas igrejas cristãs canadenses.⁴ Ouvem-se os líderes da Igreja Católica Canadense falando fortemente sobre tópicos como casamento e família, mas sobre a pobreza mundial suas vozes são fracas e difusas. Em décadas passadas, teólogos como Gregory Baum devotaram considerável esforço em elevar a consciência de Justiça Social entre os católicos.⁵ Dentro da Comissão de Temas Sociais dos bispos canadenses, Tony Clark e Joe Gunn trabalharam incansavelmente para cultivar o interesse na Justiça Social. Mas seu trabalho não recebeu suporte. Nos quatro anos passados, somente dois dos duzentos e nove "Comunicados da Imprensa" da Conferência Canadense dos Bispos Católicos e somente sete das cento e vinte e nove "Declarações Públicas" focalizaram a pobreza mundial.⁶ Dado isto, os canadenses deixaram de acreditar que religião significa conservadorismo político, e os católicos não sentem o chamado de sua tradição de fé sobre a pobreza mundial.

Eu acredito que os fundamentos deste problema incluem assuntos teológicos e metodológicos. Os líderes da Igreja Católica estão, com razão, preocupados com a fidelidade à tradição. Isto pode gerar problemas, entretanto, quando eles não são claros sobre sua tradição. Teólogos como

---

³ Ver, por exemplo, Leigh Eric Schmidt, "Spirit Wars: American Religion in Progressive Politics", *The Pew Forum on Religion & Public Life,* 6 de dezembro de 2005, http://pewforum.org/events/index.php?EventID=94 (acessado em 3 de julho de 200.

⁴ Reginald Bibby, *Restless churches: How Canada's Churches Can Contribute to the Emerging Religious Renaissance* (Toronto: Novalis, 2004), 170-172.

⁵ Gregory Baum, *The Priority of Labor: A Commentary on "Laborem exercens", Encyclical Letter of Pope John* (New York: Paulist Press, 1982); idem, *Karl Polanyi on Ethics and Economics* (Montreal: McGill-Queens University Press, 1996); Gregory Baum e Duncan Cameron, *Ethics and Economics: Canada's Catholic Bishops on the economic Crisis* (Toronto: James Lorimer, 1984).

⁶ Ver http://www.ccb.ca/MediaReleases.htm (acessado em 3 de julho de 2006); e http://www.ccb.ca/PublicStatements.htm (acessado em 3 de julho de 2006). Eu enfoco de junho de 2002 a maio de 2006.

David Hollenbach, Charles Curran, Donal Dorr e Michael Schuck trabalharam para promover a tradição encíclica social católica que chegou a ser conhecida como Pensamento Social Católico (CST)[7] Esta é principalmente uma tradição do século XX que focaliza documentos da Igreja Católica desde a *Rerum Novarum,* de Leão XIII (1891). Schuck situa as origens do CST em respostas católicas à industrialização em 1740, e Curran e Hollenbach identificam raízes bíblicas e do Tomismo no CST. O que é interessante, entretanto, é que o CST faz pouca referência à tradição sobre a pobreza e justiça econômica que dominaram o mundo católico por seiscentos anos, de 1150 a 1750, a tradição sobre a usura.

Por seis séculos, o ensinamento da Igreja sobre a pobreza e a justiça econômica foi definido pela tradição da usura. Agora, entretanto, estamos envolvidos pela tradição da usura. Como podemos pensar que seria errado receber juros sobre nossos depósitos bancários? Sentimos que estávamos errados na ética de empréstimo, e teólogos como John Noonan e John Thiel declaram que o ensinamento sobre usura foi modificado.[8] O que os líderes da Igreja Católica devem fazer com esta aparente descontinuidade e reversão? O CST é um novo-rico recente? Devemos acreditar que a Igreja foi errada em suas reflexões éticas sobre justiça econômica? Se for assim, como podemos confiar que o ensina-

---

[7] David Hollenbach, *The Common Good and Christian Ethics* (Cambridge, Mass.: Cambridge University Press, 2002); Charles Curran, *Catholic Social Teaching, 1891-Present: A Historical Theological and Ethical Analysis* (Washington, D.C.: Georgetown University Press, 2002); Donal Dorr, *Option for the Poor: A Hundred Years of Vatican Social Teaching* (Maryknoll, New York: Orbis Books, 1983); Michael Schuck, *The Social Teachings of the Papal Encyclicas, 1740-1989* (Washington, D.C.: Georgetown University Press, 1991).

[8] John T. Norman Jr., "Development in Moral Doctrine", *Theological Studies 54*, n. 4 (dezembro de 1993), 662-663; idem, "Experience and the Development of Moral Doctrine", *The Catholic Theological Society of America Proceedings* 54 (1999, 47-49; John E. Thiel, "Faithfulness to Tradition: A Roman Catholic Perspective", *The Cresset* (Páscoa de 2006), 8, http://www.valpo.edu/cresset/2006_Easter_Thiel.pdf (acessado em 3 de julho de 2006).

mento recente da Igreja sobre a pobreza pertence às suas tradições mais antigas e mais confiáveis?

Gostaria de ajudar a responder algumas destas perguntas, argumentando para a continuidade doutrinal que unifique o CST e as tradições da usura. Eu argumento que, apesar da mudança nas questões éticas pessoais, há uma profunda continuidade unindo as duas tradições que reflete a tradição da Igreja mais antiga e mais autêntica sobre a pobreza e a justiça econômica. Falar de continuidade e mudança na Doutrina Ética, entretanto, exige algumas reflexões preliminares sobre o que significam doutrina e desenvolvimento doutrinal.

Desenvolvimento Doutrinal

O tópico do desenvolvimento doutrinal atraiu considerável atenção da Teologia Católica.[9] Em 1999, a Sociedade Teológica Católica da América fez dele o tema de sua convenção anual. John Noonan e Richard McCormick apresentaram exemplos históricos de mudanças na Doutrina Ética da Igreja e propuseram critérios para entender como esta mudança poderia ser entendida como autêntica e racional.[10] Eles também observaram, no entanto, que falar de desenvolvimento é falar não simplesmente de mudança, mas de continuidade. Como Cathleen Kaveny argumentou, para a mudança ser verdadeiramente desenvolvimento, ela deve basear-se no ensinamento passado e transportá-lo adiante. Além disso, há diversos modelos de desenvolvimento da Doutrina, e assim, argumentar criticamente para o desenvolvimento doutrinal requer argumentar criticamente em favor de uma estrutura ou modelo.[11]

---

[9] Ver John E. Thiel, "Perspectives on Tradition", *Catholic Theological Society of America Proceedings* 54 (1999): 1-18; "The Analogy of Tradition: Method and Theological Judgment", *Theological Studies* 66, n. 2 (junho de 2005): 358-380.

[10] Noonan, "Experience", 43-56; Richard A. McCormick, "Moral Doctrine: Stability and Development", *Catholic Theological Society of America Proceedings* 54 (1999), 92-100.

[11] M. Cathleen Kaveny, "A Response to John T. Noonan Jr.", *Catholic Theological Society of America Proceedings* 54 (1999), 57-64.

Proponho relembrar um entendimento particular da *doutrina* fixada no trabalho de Bernard Lonergan. Lonergan distingue várias especialidades funcionais na Teologia como passos metodológicos no processo de trabalho através das questões teológicas.[12] Os oito especialistas estão fixados nas operações de entendimento humano e função das doutrinas no nível de verificação e julgamento. São julgamentos de verdade e valor em que podemos confiar porque se originaram de uma tradição autêntica da Igreja. Nas palavras de Lonergan, eles se originaram das fundações da conversão religiosa, moral e intelectual. As doutrinas, como entendidas aqui, não são os primeiros princípios no argumento lógico, nem são elas afirmações abstratas que obrigam aplicações concretas em um sentido puramente lógico. Especialmente, são julgamentos que funcionam para apontar-nos para direções confiáveis em nosso trabalho de restauração teológica e inovação.

Julgamentos vêm para funcionar como doutrinas, não simplesmente porque são tradicionais, mas porque são autênticos; eles são julgados novamente por toda a História para serem fixados em um estado de caráter ou virtude que foi transformado religiosa, moral e intelectualmente. Eu me lembro de que esta abordagem é refletida nos próprios esforços de Noonan para repensar a continuidade na Doutrina Moral em termos de uma "percepção empírica, fundamentada em Cristo".[13]

O que é interessante, entretanto, é que as doutrinas afirmam a verdade sem delimitar o alcance das percepções mais distantes que podem ser descobertas, verificadas, revisadas, corrigidas e desenvolvidas à luz desta verdade. Este trabalho subsequente de inovação e verificação é a tarefa da sistemática. As doutrinas funcionam para fornecer direção

---

[12] Ver Bernard Lonergan, *Method in Theology* (1972; repr., Toronto: University of Toronto Press, 1990), 125-145; 365-367. Ver também Charles Hefling, *Why Doctrines?* (Chesnut Hill, Massachusetts: Instituto Lonergan no Boston College, 2000); e Robert M. Doran, *What is Systematic Theology?* (Toronto: University of Toronto Press, 2005).

[13] Ver Noonan, "Development", 672-677; idem, "Experience", 54-56.

e guia na vida e na busca por percepções, e elas fazem isso afirmando que alguma coisa é verdadeira ou verdadeiramente valiosa. Sem ajuda, no entanto, elas não suplantam ou causam curto-circuito no trabalho progressivo da inovação para responder aos modernos desafios da época. Elas não nos dizem o que a doutrina pode significar com respeito a um contexto particular, experiência ou questão. Na Ética, as doutrinas podem permanecer válidas, mesmo quando novos contextos e desafios chamam por novas e diferentes respostas a novas e diferentes perguntas éticas. Através dos séculos, podemos contar com as doutrinas, mesmo quando perseguimos vigorosamente o trabalho inovador da sistemática. Quando exploramos como as doutrinas devem sobreviver nos já novos contextos culturais e históricos, podemos esperar essa inovação dar origem a diferenciações e transposições que serão sentidas, eventualmente, em novas formulações doutrinais.[14] O que permanece sólido através das diferenciações e transposições, no entanto, é o dinamismo provido pelas próprias doutrinas.

O que as doutrinas fornecem é uma orientação que guia os católicos em suas vidas e guia os teólogos em seu trabalho de inovação e verificação. Elas proveem indicadores, linhas de questionamento e direções para o compromisso na perseguição do conhecimento e da justiça. Elas criam um horizonte de cuidado e avaliação para a investigação empírica e ética da sistemática. Enquanto a sistemática admite diversidade, debate e progressiva verificação, as doutrinas proveem direção e guia. Os líderes da Igreja podem contar com as doutrinas e apelar aos resultados da sistemática, como provavelmente uma opinião verificada para guiar a política e a ação. Nas questões que per-

---

[14] Sobre o desenvolvimento doutrinal, ver Lonergan, *Method,* 319-330; "Doctrinal Pluralism", in: *Philosophical and Theological Papers 1965-1980,* ed. Robert Croken e Robert Doran (Toronto: University of Toronto Press, 2004), 70-104; "Theology as Christian Phenomenon", in: *Philosophical and Theological Papers 1958-1964,* eds. Robert Croken, Frederick Crowe e Robet Doran (Toronto: University of Toronto Press, 1996), 244-272.

tencem à sistemática, os líderes podem admitir diferenças culturais e contextuais, assim como um desacordo respeitoso. Eles podem aguardar ansiosamente pela inovação para resolver velhos problemas, corrigir erros e responder a novas questões quando elas aparecem. Com as doutrinas eles podem exercitar a liderança e chamar os católicos ao compromisso e ação.

Continuidade Doutrinal através da Usura e Tradições do CST

Lembro que este modelo pode ajudar a esclarecer algum pensamento relacionado com a tradição católica e a pobreza mundial. John Noonan forneceu uma análise histórica detalhada da usura. Depois de anos, o trabalho de Noonan foi citado para mostrar que o ensinamento ético pode mudar.[15] Ele também afirma, entretanto, que seu trabalho apoia o argumento para a continuidade,[16] e eu lembro que podemos compreender a continuidade doutrinal unificando a usura e as tradições do CST.

Noonan argumenta que os dois pilares que suportam a tradição da usura por toda a sua história foram os valores da caridade e da justiça.[17] O primeiro deles, a caridade, fornece as fundações religiosas que coloca a tradição em movimento.[18] Os textos autorizados do Velho Testamento situam a usura no contexto da responsabilidade pelo pobre. Emprestar ao pobre é uma obrigação fixada na fé religiosa, e a usura significava explorar a vulnerabilidade do pobre para lucro pessoal.[19] Desde os primeiros dias da tradição escolástica, os usurários foram aqueles que lu-

---

[15] Noonan, "Development", 662-663; idem, "Experience", 47-49; Thiel, "Faithfulness", 8.

[16] John T. Noonan Jr., "A Backward Look", in: "John T. Noonan Jr.: Retrospective", *Religious Studies Review* 18, n. 2 (abril de 1992), 111-112.

[17] Ibidem, 111. Ver também John T. Noonan Jr., *The Scholastic Analysis of Usury* (Cambridge, Mass.: Harvard University Press, 1957), 407-408.

[18] Noonan, *Scholastic*, 14, 17, 45-47, 49-50, 72.

[19] Ibidem, 15-17, 33-35, 42, 45-46, 48-50, 74, 401.

cravam com a necessidade dos pobres.[20] Quando Urbano III cita o texto de Lucas 6,35 aprovando a condenação, a usura torna-se uma violação das mais altas obrigações da Caridade Cristã.[21]

Os desafios apresentados por diversas transações comerciais, contudo, requerem o entendimento do que exatamente é calculado como usura. Para encontrar estes desafios, a Escolástica invocou o segundo pilar da tradição, as fundações da lei natural da justiça.[22] O dinheiro tem uma natureza e um propósito, e a justiça exige a ação para ajustar-se a este propósito.[23] A mais forte formulação deste propósito foi de Aquina.[24] Ele argumentava que, com os bens de consumo, a posse não pode ser separada do uso porque os bens se tornam do usuário quando são usados ou consumidos. Diferentes de fazendas ou animais, os bens de consumo não podem ser usados novamente para produzir outras coisas. Este é o caso da usura. Desse modo, o preço da posse é o reembolso do principal e não há nenhuma justificativa moral para um encargo adicional pelo uso.

O argumento de Aquina estabeleceu uma tradição ética de funções diferenciadas e obrigações fundamentadas de justiça em discernimentos em um propósito natural. Além disso, eu argumento que isto estabelece uma distinção entre obrigações éticas ligadas a transações do consumidor e do produtor que permanecem válidas até hoje. Esta distinção é refletida em nosso entendimento contemporâneo das responsabilidades públicas de negócio na organização da vida econômica.[25] E lembro que ela é mais clara-

---

[20] Ibidem, 34-35.

[21] Ibidem, 19-20.

[22] Ver a discussão de Jean Porter sobre a tradição da lei natural em *Natural and Divine Law: Reclaiming the Tradition for Christian Ethics* (Grand Rapids, Michigan: Eerdmans; Ottawa: Novalis, 1999).

[23] Noonan, *Scholastic*, 38-39, 41-42, 46-47, 51-57, 80-81.

[24] Ibidem, 51-57, 80-81, 193-195, 358-362, 395-396.

[25] Ver, como exemplo, Jean-Yves Calvez e Michael Naughton, "Ensinamento Social Católico e o Objetivo da Organização Empresarial: Um Desenvolvimento de Tradição", em *Repensando o Objetivo Empresarial: Ensaios da Tradição Social Católica*, ed. Cortright and Michael Naughton S.A. (Notre Dame, Ind.: University of Notre Dame Press, 2002), 3-19.

mente articulada na economia de Lonergan, com sua distinção entre circuitos do consumidor e do produtor e sua análise de diversas obrigações éticas fixadas nas várias fases destes circuitos.[26] Finalmente, os líderes da Igreja reconheceram que diversos tipos de transações comerciais exigiam vários julgamentos éticos sobre empréstimos, e o resultado foi um reconhecimento crescente de que muitos tipos de transações poderiam admitir e mesmo requerer a obrigação do lucro. Noonan mostra ainda como a justificação ética progressiva de várias formas de juros foi fixada neste mesmo trabalho de discernir e diferenciar o objetivo natural no serviço da justiça.[27]

O que permaneceu constante e autoritário através da tradição foram as obrigações de caridade e as fundações de justiça da lei natural. O que surgiu foi um entendimento mais empiricamente fundamentado e diferenciado do que isso exigia dos cristãos. Nós agora reconhecemos meios mais novos de entender a ética dos tipos particulares de empréstimo. Ainda, o argumento de Noonan mostra como os dois pilares da caridade e da justiça resistiram, mesmo quando eles assentaram as bases para os mais novos argumentos que desenvolveriam o pensamento ético católico. Eu lembro que esses pilares funcionaram doutrinalmente no sentido do termo de Lonergan, e o trabalho inovador de diferenciação e transposição pode ser entendido como o trabalho da sistemática.

Observo que estes dois pilares doutrinais permanecem autoritários hoje, e podem-se verificar a orientação e o direcionamento do trabalho inovador da sistemática no Pensamento Social Católico contemporâneo. O primeiro deles, a virtude da Caridade com sua obrigação ética pelos pobres, encontra expressão no princípio da "opção pelos pobres".[28] Teólogos católicos como Donal Dorr, Stephen Pope e Patrick

---

[26] Bernard J. Lonergan, *Macroeconomic Dynamics: An Essay in Circulation Analysis*, eds. Frederick Lawrence, Patrick Byrne e Charles Hefling (Toronto: University of Toronto Press, 1999).

[27] Noonan, *Scholastic*, 358-362, 377-378.

[28] Ver Doran, *What Is Systematic Theology?*, 40-41.

Byrne argumentam que a própria solidariedade de Deus com as vítimas do pecado nos chama à ação diante da pobreza e da injustiça estrutural.[29] Sobreviver a este chamado é não só nossa iniciativa, mas também a participação no próprio trabalho redentor de Deus, e fixa-se na mais autêntica tradição da Igreja. E mais, discernir o que isto requer de nós exige considerável inovação e diversidade, e nós podemos observar em seu trabalho a tarefa da sistemática, diferenciando e transpondo a doutrina em relação a diversas questões e contextos.

O segundo pilar da justiça, eu lembro, é capturado no princípio do "bem comum".[30] David Hollenbach argumenta que o bem comum é uma estrutura de relações sociais, que é um bem em si mesmo e essencial para o florescimento das pessoas.[31] Em sua forma moderna, o bem comum é constituído pelo discurso compartilhado e a ação corporativa de cidadãos autodeterminados. Como uma estrutura para discernir as obrigações éticas relacionadas à pobreza e à justiça econômica, ele chama para a análise das estruturas de interdependência e solidariedade que fundamentam as condições para a completa e livre participação de todos.[32] Eu acredito que podemos observar na análise de Hollenbach uma versão diferenciada e transposta das fundações de justiça econômica da lei natural de Aquina. O argumento ético procede da análise da "natureza" ou estrutura do bem comum para o discernimento de como essa estrutura satisfaz o mais alto propósito da pessoa humana, e essa estrutura fundamenta obrigações éticas para promover a Justiça eco-

---

[29] Dorr, *Option;* Stephen J. Pope, "Proper and Improper Partiality and the Preferential Option for the Poor", *Theological Studies 54*, n. 2 (junho de 1993): 242-271; Patrick H. Byrne, "Ressentment and the Preferential Option for the Poor", *Theological Studies 54*, n. 2 (junho de 1993): 213-241.

[30] Ver Hollenbach, *Common Good.* Ver também Lisa Sowle Cahill, "Globalization and the Common Good", in: *Globalization and Catholic Social Thought: Present Crisis, Future Hope,* ed. John Coleman e William F. Ryan (Ottawa: Novalis; Maryknoll, N.Y.: Orbis Books, 2005), 42-54.

[31] Hollenbach, *Common Good*, 65-86.

[32] Ibidem, 173-200.

nômica. Eu sugiro que observemos aqui um exemplo do que Jean Porter chama de um "processo de interpretação dialética" na continuidade com o trabalho da tradição escolástica da lei natural sobre a usura.[33]

Novas Direções

Eu argumento que os católicos podem descansar confiantes apoiando o trabalho dos teólogos que promovem o CST em resposta aos desafios da pobreza mundial e da Justiça Social. Uma das mais criativas direções neste trabalho é o Desenvolvimento Econômico da Comunidade (CED).[34] Os teólogos canadenses Gregory Baum e Christopher Lind veem o CED como uma visão do bem comum, do avançado CST e sua busca por um "terceiro caminho" entre o Capitalismo do mercado livre e o Socialismo de estado. Baum situa o CED dentro do chamado de Karl Polanyi para uma economia moralmente informada em que as transações de mercado estão reencaixadas nas redes das relações sociais e culturais que formam as comunidades.[35] Lind descreve a estrutura da Economia em uma comunidade para analisar a crise na agricultura canadense que se levantou devido às forças da globalização.[36] Interna-

---

[33] Porter, *Natural and Divine*, 310.

[34] Ver, como exemplo, Eric Shragge e Jean-Marc Fontan, *Social Economy: International Debates and Perspectives* (Montreal: Black Rose Books, 2000); Chantier de l'Économie Sociale, *Social Economy and Community Economic Development in Canada: Next Steps for Public Policy* (Montréal: Chantier de l'Économie Sociale, 2005), http://www.ccednet-rdec.c/en/docs/pibs/Issues%20 Paper_Sept_2005.pdf (acessado em 12 de setembro de 2006).

[35] Gregory Baum, *Karl Polanyi*; ver também "Religion and Globalization", in: *Globalization and Catholic Social Thought*, 141-156. Ver também a série em cinco partes de David Cayley "Markets and Society", difundida na série "Ideas" da CBC Rádio do Canadá, de 4 de julho a 1 de agosto de 2005, http://www.cbc.ca/ideas/calendar/2005/07_july.html (acessado em 12 de setembro de 2006).

[36] Cristopher Lind, *Something's Wrong Somewhere: Globalization, Community and the Moral Economy of the Farm Crisis* (Halifax: Fernwood Publishing, 1995).

cionalmente, os teóricos e os práticos do CED apontam para o Grameen Bank e a Cooperativa Mondragon na região basca da Espanha como exemplos do sucesso do CED no combate à pobreza.[37] E historiadores investigam as raízes do CED para pioneiros católicos, como Moses Coady, que foi inspirado pelas antigas encíclicas sociais para desenvolver o movimento cooperativo no Canadá e em torno do mundo.[38]

Uma segunda direção no avançado CST sobre a pobreza e a justiça econômica é o trabalho de repensar o propósito do negócio.[39] Além da década passada, os teólogos católicos como Daniel Finn e Dennis McCann trabalharam com economistas e teóricos de gerenciamento, como Charles Clark e Michael Naughton, para explorar como o CST pode informar uma abordagem fundamentada ética e teologicamente para negócios e currículos econômicos nas universidades católicas.[40] Eles argumentam que o negócio tem um propósito de "bem comum" que deve redefinir a forma como fazemos negócio na economia mundial. O objetivo do negócio não pode mais ser entendido simplesmente como o retorno de um lucro para o acionista. Especialmente, o negócio tem um objetivo que fundamenta as obrigações éticas de justiça, equidade e

---

[37] Ver htpp://www.grameen-info.org/ (acessado em 12 de setembro de 2006); http://www.UNESCO.org/education/poverty/grameen.shtml (acessado em 12 de setembro de 2006); e http://www.justpeace.org/mondragon.htm (acessado em 12 de setembro de 2006).

[38] Jim Lotz, *The Humble Giant: Moses Coady, Canada's Rural Revolutionary* (Ottawa: Novalis, 2005).

[39] Ver Kenneth R. Melchin, "What Is 'the Good' of Business? Insights from the Work of Bernanard Lonergan", *Anglican Theological Review* 87, n. 1 (inverno de 2005): 43-62.

[40] Cortright e Naughton, eds., *Rethinking the Purpose of Business*; Helen Alford, Charles Clark, S. A. Cortright e Michael Naughton, eds., *Rediscovering Abundance: Interdisciplinary Essays on Wealth, Income and Their Distribution in the Catholic Social Tradition* (Notre Dame, Ind.: University of Notre Dame Press, 2005); Helen Alford e Michael Naughton, *Managing As If Faith Mattered: Christian Social Principles in the Modern Organization* (Notre Dame, Ind.: University of Notre Dame Press, 2001).

o alívio da pobreza. Além do mais, o trabalho ético do negócio avança dentro de uma estrutura de mercado que deve ser entendida não como um mecanismo de autolucro, mas como uma "ecologia moral" de atores eticamente responsáveis.[41]

Lembro que a especialização funcional do entendimento pode ajudar os teólogos a diferenciar e sustentar tanto a tradição como a inovação em todas as áreas da Ética Católica. Sobre a pobreza e a justiça econômica, indico que os dois pilares da Caridade e da Justiça funcionam doutrinalmente para fundamentar a continuidade e unificar as tradições da usura e do Pensamento Social Católico. Mais importante, este trabalho pode ajudar os líderes da Igreja a expressar-se em voz alta e claramente da mais autêntica tradição da Igreja sobre um dos grandes desafios do milênio, a pobreza mundial.

---

[41] Daniel K. Finn, *The Moral Ecology of Markets: Assessing Claims about Markets and Justice* (Cambridge, U.K.: Cambridge University Press, 2006).

Terceira Parte

OS TEMAS CENTRAIS

1

HERMENÊUTICA E AS FONTES DA ÉTICA TEOLÓGICA

Os três ensaios nesta seção levam-nos a diferentes direções. Por um lado, a universalidade do sofrimento permite que Robert Gascoigne focalize a centralidade desta experiência compartilhada como uma fonte para a Ética Teológica, em qualquer lugar. Por outro lado, Dionisio Miranda argumenta que a exclusividade do contexto asiático faz a própria cultura particular e a própria história fontes para a Ética. Maureen Junker-Kenny junta ambas as declarações e fornece um exame fundacional completo da especificidade da declaração hermenêutica e da universalidade da declaração deontológica.

Já que a experiência é uma fonte para a Ética Teológica, Robert Gascoigne volta-se para a experiência do sofrimento, que coloca o maior desafio à reflexão ética. O sofrimento, acima de tudo, "ameaça fazer a proclamação cristã nula ou vazia, subjugar nossas tentativas de antever uma vida de bondade e esperança e entender os complexos fios da experiência humana, quando mantidos unidos por uma dignidade dada por Deus. Embora o sofrimento que mais confunde nossa busca por inteligibilidade ética, seja o da mesma forma o sofrimento é a mais profunda fonte de discernimento e conversão". O sofrimento, então, prepara-nos para sermos atraídos mais profundamente para o mistério do amor redimido de Cristo, manifestado na experiência humana. Estes dois poderes do sofrimento de intimidar e nos fazer silenciosos, por um lado, e revelar e converter, por outro, permite-nos "apreciar" o sofrimento como uma fonte distintiva da Ética Teológica. E mais, em nossa situação contemporânea, na qual somos chamados a eliminar, da melhor maneira que pudermos, as causas do sofrimento humano, somos contraditos pelo fato de que fomos a causa deste enorme sofrimento. Por esta razão, a Ética Teológica, refletindo sobre o sofrimento humano, volta-se inevitavelmente para a conversão que responde ao sofrimento através da compaixão, isto é, "uma identificação ativa com o sofredor em sua dor". Gascoigne conclui: "A compaixão pode levar à esperança, quando a tristeza e o ultraje no sofrimento humano provocam um sentimento intenso de nossa verdadeira natureza e destino, da dissonância entre a dor presente e como Deus quer que vivamos como habitantes do Reino".

Maureen Junker-Kenny começa seu ensaio examinando cada uma das quatro fontes da tradição ética teológica: as Escrituras, a tradição, a experiência e a ciência e acha que a hermenêutica desempenha um papel significativo dentro de cada uma das quatro fontes da Ética Cristã. Nisto ele argumenta pela inevitabilidade da hermenêutica para uma Ética baseada nas Escrituras e para sua interpretação de cultura específica e transformadora. A reivindicação, entretanto, é uma abordagem suficiente sobre suas próprias necessidades para ser rejeitada por razões filosóficas e teológicas. A única forma de preveni-la de se degenerar em um *ethos* etnocêntrico, particularístico de uma específica comunidade, é introduzir o nível de moralidade deontológico, incondicional e universal. Ela conclui com um projeto católico de desenvolver um universalismo que não é mantido a custo da particularidade, engajando Paul Ricoeur na descoberta da "ideia universal incipiente".

No centro deste ensaio muito radical, Dionísio Miranda argumenta "que os pobres precisam tornar-se as fontes e a hermenêutica da Ética Teológica asiática". Apesar de Miranda concentrar-se no local, é precisamente a ideia universal que ele critica. Por exemplo, ele escreve: "Universalmente, um princípio primário da Ética é fazer o bem e evitar o mal. De forma não crítica, as versões cristãs elaboradas a partir do mesmo princípio, entretanto, podem orientar a ação quase exclusivamente para as abordagens tradicionais, caritativas e paliativas muito fracas para os desafios de construir uma nova civilização de amor ou edificar uma ordem sólida dos Direitos Humanos". Seu ensaio, então, representa tornar as reivindicações de Junker-Kenny possíveis somente no contexto de uma dialética mutuamente dinâmica no lugar em que o universal e o particular estão continuamente engajados e criticados. Miranda argumenta, dessa forma, que, juntamente com os pobres, a cultura local e a História "são as fontes primárias de nosso discernimento moral". Dessa maneira, o teólogo eticista pode somente *fazer* a Ética Teológica imitando Jesus e perguntando aos pobres: "O que você quer que eu faça por você?". Dessa forma, "nós somos desafiados a extrair nossas questões teológicas das questões existenciais que delas surgem; a desenvolver nossas questões em conjunto com suas estruturas; a encontrar respostas que satisfarão não somente nossas mentes, mas também nossos corações".

O SOFRIMENTO E A ÉTICA TEOLÓGICA

Robert Gascoigne

Intimidação e Esperança

É um lugar-comum da Teologia contemporânea que a experiência humana é uma fonte de reflexão teológica isto é especialmente claro na Ética, que reflete em nossa experiência do bem a luz da tradição da fé cristã. No campo da experiência humana, é a experiência do sofrimento que coloca o maior desafio à reflexão ética. É o sofrimento, acima de tudo, que ameaça fazer a proclamação cristã nula e vazia, subjugar nossas tentativas de antever uma vida de bondade e esperança e entender os complexos fios da experiência humana, quando mantidos unidos por uma dignidade dada por Deus. Ainda, embora seja o sofrimento que mais confunde nossa busca por inteligibilidade ética, da mesma forma é o sofrimento a mais profunda fonte de discernimento e conversão. É através do encontro com o sofrimento que a Ética Teológica é envolvida em uma resposta mesmo mais profunda para o mistério do amor redimido de Cristo manifestado na experiência humana. Este ensaio tentará traçar estes aspectos do sofrimento como uma fonte da Ética Teológica: tanto seu poder para intimidar, atacar os tolos, como seu poder para revelar e converter à luz da fé o sofrimento redimido de Cristo.

De muitas formas o sofrimento tem um caráter decisivo, especialmente em nosso próprio tempo, já que o desenvolvimento da tecnologia deu a oportunidade de infligir sofrimento e morte em uma escala inimaginável e a tecnologia também nos deu a oportunidade de gravar esse sofrimento e tornar-nos friamente conscientes de seu horror e enormidade. Este sofrimento ameaça sobrepujar todos os nossos sistemas de significação, nossas tentativas humanas de desenvolver e reforçar os discernimentos éticos e os padrões mínimos partilhados de comportamento ético. Especialmente quando este sofrimento é infligido por seres humanos sobre seus companheiros, ele ameaça reduzir todos os esforços na comunicação ética e na educação para a frágil irrelevância: quando membros de culturas e comunidades que foram expostos à prece cristã por séculos são, todavia, culpados de tais atrocidades, que esperança há para a Ética Cristã como um projeto que busca não somente entender a vida humana à luz do Evangelho, mas também ensinar e converter, ajudar as comunidades humanas formadas?

O poder do sofrimento para adormecer e repelir a simpatia e a inteligibilidade é resumido na descrição de Isaías do servo sofredor: "Ele foi desprezado e rejeitado pelos outros... como alguém de quem os outros escondem suas faces" (Isaías 53,3).[1] Como pode a Ética Teológica

---

[1] Claus Westermann acentua que este verso "é enfático ao afirmar que o sofrimento do servo o isolou na comunidade este é também o caso nos salmos de lamentação e que ele foi *desprezado e mantido afastado com aversão*". Ver *Isaiah 40-66* (London: SCM, 1969), 262. Em seu "The New Anthropological Subject at the Heart of the Mystical Body of Christ", M. Shawn Copeland reconta e reflete sobre a história de Fátima Yusif, relatada no *Times* de Londres (12 de fevereiro de 1992): "A situação de uma mulher somali que deu à luz sem assistência ao lado de uma estrada no sul da Itália, enquanto uma multidão permanecia por ali e ignorava as solicitações de chamadas telefônicas anteriores de solidariedade e ofertas de emprego..., eu me lembrarei daquelas faces enquanto eu viver". A senhora Yusif, que nasceu em Mogadishu, contou ao *Corriere della Sera* como ela se recuperou no hospital. "Eles estavam passando por ali, eles iriam parar e ficar ali, como se estivessem no cinema, com cuidado para não perder nada do espetáculo. Havia um garoto que, zombando, disse: 'Olhem o que a negra está fazendo'". Ver *Proceedings of the Fifity-Third Annual Convention of the Catholic Theological Society of America* 53 (11 a 14 de junho, Ottawa, 1998), 37. Em seu *When Bad Things Happen to Other People* (New York: Routledge, 2000), John Portman observa que "ao contrário da dor, o sofrimento sempre implica um componente social e/ou psicológico... Enquanto a dor clama por medicamento ou curativos, o sofrimento espera simpatia. A experiência do sofrimento marginaliza todos nós, isolando-nos das outras pessoas" (52).

ajudar a superar este poder alienador do sofrimento na Igreja e na sociedade? De que forma ele foi tentado a "esconder sua face" do rosto terrível do sofrimento humano?

Em certo nível, este "desprezo e rejeição" foi evidente nas racionalizações do sofrimento que denunciou uma indiferença escandalosa: racionalizações que aceitaram o sofrimento social como inevitável, expresso na prece que incentivava aqueles que sofriam a suportar seu destino na vida como uma preparação para o mundo a vir. Assim, muitas reações católicas aos apuros das classes trabalhadoras no começo do século XIX revelam esta resposta, abdicando da esperança de encontrar uma solução ética humana para os apuros das vítimas da revolução social e econômica e consolá-los somente com pensamentos do próximo mundo.[2] Os meios pelos quais estas respostas deram crédito à rejeição ateísta da religião como uma ideologia desumanizante e alienadora são muito bem conhecidos.[3] A trágica inadequação desta resposta tornou-se,

---

[2] "No meio do século passado, quando crianças de dez anos estavam passando por agonias nas fábricas da França e os de trinta anos estavam sendo demitidos como velhos, um bispo escreveu à sua diocese, na qual os pobres perfaziam 40% da população: 'Confortem-se a si mesmos com o pensamento de que a Divina Sabedoria quis colocá-los na mais feliz situação de trabalho para sua salvação, dando-lhes uma quota em seu cálice de necessidade e privação e, se vocês compartilharem estas coisas, vocês compartilharão a coroa da glória... Pois ela castiga (mesmo os bons) neste mundo conforme sua misericórdia de modo a não puni-los com seu espírito de justiça no outro mundo'". Ver Norbert Greinacher, "The Ambivalence of Failure and Human Ambivalence", in: *Coping with Failure,* eds. Norbert Greinacher e Norbert Mette (*Concilium,* 1990/5), 4, citando M. Legree, "Die Sprache der Ordnung" (*Concilium* 12, 1976), 555. Em seu *Social Catholicism in Europe: From the Onset of Industrialization to the First World War* (New York: Crossroad, 1991), Paul Misner observa que, mesmo para os eminentes católicos liberais franceses do século XIX Lacordaire e Montalembert (em contraste com Frederic Ozanam), "o compromisso com a liberdade na sociedade segue junto com a falta de sensibilidade com o problema da desigualdade social e econômica" (85).

[3] Em seu comentário sobre o Artigo 21 da *Gaudium et Spes,* Joseph Ratzinger argumenta que a afirmação do documento da harmonia entre a esperança escatológica e a preocupação com este mundo falhou por não incluir um reconhecimento dos fracassos da Igreja no campo social no século XIX: "Aqui, também,

naturalmente, um poderoso estímulo para a conversão, levando ao desenvolvimento da tradição do moderno ensinamento social católico.[4] Ainda: quantos outros contextos do sofrimento humano foram respondidos muito tarde porque preferimos "esconder nossas faces" do sofrimento que faz tais exigências de nossa simpatia, de nossa disposição de entender e de agir com entendimento?

Entretanto, a consciência do fracasso da Igreja em responder de forma oportuna, adequada à crise ética da industrialização europeia, foi um incentivo para que a Ética Teológica fosse aberta e consciente com relação ao sofrimento humano, especialmente o sofrimento dos marginalizados e sem voz. Felizmente, estamos muito menos aptos a ouvir as racionalizações e as teodiceias alienadoras que caracterizaram algumas preces e teologias do século XIX. Estas foram grandemente superadas por uma teologia baseada em um sentido muito maior de responsabilidade cristã para e dentro da mudança histórica.[5] A Ética Teológica con-

---

um exame de consciência mais profundo foi necessário, e deve ter sido admitido que no fundo, afinal, devemos isso ao ataque dos ateístas, pelo qual nos tornamos propriamente conscientes, uma vez mais, de nossos próprios deveres". Ver *Commentary on the Documents of Vatican II*, vol. 5: *Pastoral Constitution on the Church in the Modern-World,* ed. H. Vorgrimler (New York/London: Herder & Herder/Burns & Oates, 1969), 156.

[4] Para estudos abrangentes deste desenvolvimento, ver, por exemplo, Charles Curran, *Catholic Social Teaching 1891- Present: A Historical, Theological and Ethical Analysis* (Washington, D.C.: Georgetown University Press, 2002) e Kenneth R. Himes, eds., *Modern Catholic Social Teaching: Commentaries and Interpretations* (Washington, D.C.: Georgetown University Press, 2004).

[5] Como, por exemplo, na evidente urgência que ressoou nestas palavras de Paulo VI em *Populorum Progressio,* 53: "Incontáveis milhões estão famintos, incontáveis famílias estão desamparadas, incontáveis homens estão mergulhados na ignorância; incontáveis pessoas precisam de escolas, hospitais e lares dignos deste nome. Nestas circunstâncias, não podemos tolerar gastos públicos e privados de muito desperdício; não podemos senão condenar ostentações de riquezas por nações ou indivíduos; não podemos aprovar uma corrida armamentista debilitante. É nosso solene dever clamar contra eles. Se ao menos líderes mundiais nos ouvissem, antes que seja tarde demais!".

temporânea não observa a eliminação do sofrimento como seu objetivo prioritário: ela sabe que algum sofrimento deve ser tolerado como parte de nossa reverência pelos bens da criação, especialmente a santidade da vida humana inocente. Mesmo assim, dentro deste contexto, ela tenta alcançar os limites da possibilidade humana em erradicar as causas do sofrimento. Punida pelo fracasso das primeiras respostas da Igreja à crise de mudança social, ela busca trazer a luz do Evangelho ao sofrimento humano, de forma a evitar as racionalizações e a indiferença consequente do passado.

Todavia, uma Ética que evita estas racionalizações é, através disso, confrontada com a realidade absolutamente devastadora do sofrimento humano, e uma Teologia que busca dar voz aos sem-voz e marginalizados arrisca ser devastada pelo som da lamentação. Por superar falsas respostas e expor-se ao som do sofrimento, ela arrisca ser golpeada no silêncio. Neste caso, a Teologia não mais "desprezaria ou rejeitaria", mas ainda "esconderia sua face" fora de um sentido de absoluta inadequação diante daqueles que choram por seus filhos e "se recusam a ser consolados, porque eles já não existem" (Mt 2,18).[6]

Hoje este devastador, intratável caráter do sofrimento humano é manifestado na escala e complexidade absoluta de desafios geopolíticos interconectados: terrorismo, armas nucleares, religião fundamentalista, combustível fóssil, pobreza global e o meio ambiente, para nomear somente alguns aspectos de nossa situação. Esta disposição sem precedentes de problemas urgentes e interdependentes faz as mais severas exigências da Ética: como ela pode encontrar os recursos de coragem e entendimento para espalhar

---

[6] Na introdução de seus editores para *The Spectre of Mass Death* (Concilium; London/Maryknoll, N.Y.: SCM/Orbis Books, 1993), David Power e Kabasele Limbala falam de guerras e massacres do século XX como uma época de "morte absurda": nesta época, não somente há morte "sem razão, mas também frequentemente ela é provocada pela insensatez, vício ou, mais prosaicamente, pelo comportamento insensível de sociedades humanas. E ela sempre abre no coração a questão da ausência de Deus" (viii).

luz em nossa situação contemporânea? Como ela pode resistir à tentação de "esconder sua face" diante disto e permanecer contente com as respostas que já desenvolveu para muitos problemas familiares? Como podem estas formas contemporâneas de sofrimento se tornarem uma fonte de vida nova na Ética Teológica, em vez de uma fonte de intimidação?

Lendo as Escrituras à luz deste campo de experiência ameaçador e confuso, podemos identificar-nos com os discípulos no caminho de Emaús, cuja própria Ética política foi resumida no grito desesperador: "Nós esperamos aquele que foi o único a redimir Israel" (Lc 24,21). A destruição desta esperança, como eles a conceberam, a absoluta incoerência devastadora dos acontecimentos que acabaram de ocorrer, é o contexto para a resposta de Jesus: "Não foi necessário que o Messias sofresse estas coisas e então entrasse na sua glória?" (Lc 24,26).[7] O poder avassalador do sofrimento, fazendo a experiência ininteligível, é o verdadeiro lugar onde o significado da Redenção é revelado, "começando com Moisés e todos os profetas". Talvez a afirmação de Jesus no Credo, "descendo ao inferno", possa ser entendida de forma semelhante: a morte do Messias abrange e redime todos os infernos do sofrimento humano.[8] Nenhum deles é intocável pela compaixão, coragem e entendimento que busca seguir o Messias no discipulado.

---

[7] Em seu *The Gospel According to Luke X-XXIV* (Anchor Bible; New York: Doubleday, 1985), Joseph Fitzmyer observa que este verso é a primeira menção do "especificamente Lucan Christologoumenon que o Messias deve sofrer", alguma coisa desconhecida no Velho Testamento ou judaísmo pré-cristão (1565).

[8] Ver, por exemplo, a discussão da Teologia do Sábado Santo de von Balthazar em Anne Hunt, *The Trinity and the Paschal Mystery: A Development in Recent* (Collegeville, Minn.: Michael Glazier, 1997), "The descent into hell", 68-76: "Descendo ao inferno, Jesus está morto com os mortos: ele está em solidariedade com a humanidade na experiência da morte" (69); e em "Deus no coração do inferno: da Teodiceia à Palavra da Cruz", de Michel Deneken, em *O Espectro da Morte em Massa*: "Assim Deus está em solidariedade ao ponto de o Filho estar entre os mortos. A teologia oriental sempre atribuiu um valor soteriológico a esta descida ao inferno. Deus está morto lá, mas, no dinamismo da ressurreição, ele também tira a humanidade da morte eterna dando a mão a Adão" (61).

Este testemunho das Escrituras e da tradição afirma que o poder do amor redimido de Deus pode ser encontrado dentro de todos os sofrimentos: para a Ética Teológica, esta convicção de fé pode expressar-se na coragem para confrontar o sofrimento, não como um poder que nos deixa abismados, mas como um chamado para a conversão.[9] Incontáveis testemunhas humanas cristãos e não-cristãos falam do encontro com o sofrimento como um caminho para a conversão: a preciosa fragilidade da pessoa humana é reconhecida mais claramente no meio de sua profanação, seu valor experimentado mais profundamente na dor de sua perda.[10] Para a Ética Cristã, o ato de fé inspirado em buscar o amor

---

[9] Para Paulo, em Romanos 5,3-4, nós podemos "nos vangloriar em nossos sofrimentos, sabendo que o sofrimento produz a tolerância, e a tolerância produz o caráter, e o caráter produz a esperança". Na exegese deste verso em seu *Romanos* (Sacra Pagina; Collegeville, Minn.: Michael Glazier/Imprensa Litúrgica, 1996), Brendan Byrne observa que Paulo pressupõe tanto as concepções judaicas como estoicas de sofrimento "disciplinar", ao passo que, para os modernos, o sofrimento pode levar à amargura e ao desespero, e a esperança é vista como ilusória. Para Paulo, "o que exclui isto é o sentimento do amor de Deus tornado palpável na experiência do Espírito" (Romanos 5,5), que é "o presente escatológico por excelência" (167). Em seu *Suffering and Hope: The Biblical Vision and the Human Predicament* (Grand Rapids, Mich.: Eerdmans, 1987), J. Christian Beker argumenta que o poder da resposta de Paulo ao sofrimento provém de sua combinação de duas respostas teológicas distintas: uma postura vigorosamente profética contra o sofrimento causado pela injustiça humana e idolatria juntamente com uma esperança apocalíptica em face do sofrimento causado pelo poder da morte (103). Se o sofrimento e a esperança estiverem separados em contraste com a visão de Paulo o sofrimento leva ao desespero e a esperança se torna meramente pensamento ansioso (115).

[10] Para Oliver Davies, em seu *A Theology of Compassion: Metaphysics of Difference and the Renewal of Tradition* (Grand Rapids, Mich.: Eerdmans, 2001), "na compaixão podemos dizer que a própria pessoa reencena a alienação e o despojamento daquele que sofre através de um ato voluntário de deslocamento e despojamento". Baseando-se no pensamento de Edith Stein, Davies argumenta que na compaixão experimentamos o outro como uma "epifania", deslocando nosso próprio egocentrismo no mundo e "abrindo um novo horizonte como uma existência fortalecida e enriquecida, que nós temos buscado". Neste sentido, a compaixão tem uma dimensão ontológica: o autoesvaziamento pode levar a ex-

redimido de Cristo no meio do sofrimento ininteligível é o começo da conversão que pode trazer um novo reino de significado na consciência ética. A desgraça da classe trabalhadora explorada provocou uma conversão que se expressou gradualmente em uma Ética Social que é agora uma dimensão constitutiva da tradição católica. De forma semelhante, o movimento feminista e a ética do meio ambiente são reinos de significado ético e discernimento que se desenvolveram da experiência de conversão diante da exclusão e profanação.

Como pode a resposta teológica ao sofrimento evitar novas e sutis racionalizações, encontrando significado no que para muitos causa simplesmente amargura e desespero? O próprio sofrimento é sem sentido, ainda que possa ser a ocasião para o discernimento moral e espiritual. O que é crucial é que a resposta ao sofrimento começa com a compaixão, uma identificação ativa com o sofredor em sua dor. A compaixão pode levar à esperança, quando a tristeza e o ultraje no sofrimento humano provocam um sentimento intenso de nossa verdadeira natureza e destino, da dissonância entre a dor presente e como Deus quer que vivamos como habitantes do Reino. Esta visão esperançosa de nosso verdadeiro destino pode dar a confiança de buscar o entendimento, em vez de sucumbir ao desespero na escala do sofrimento humano. Neste sentido, a solidariedade compassiva com o sofrimento pode levar a novos entendimentos de situações humanas e de mudança social. A tarefa da Ética Teológica é ser capaz de desenvolver estes discernimentos de forma que sejam sempre baseados em uma atenção por aqueles que sofrem e inspirados pela esperança, pela comunidade baseada na dignidade humana.

---

perimentar o outro, "não como um objeto de conhecimento, mas primordialmente como a mutualidade ou a sociabilidade da própria consciência" (232-233). Davies introduz suas reflexões com três narrativas de "autocompaixão", extraídas de diários e cartas de Edith Stein, Etty Hillesum e Ivica Jurilj (uma mulher capturada na guerra da Bósnia-Herzegovina nos anos 90). *Suffering* de Dorothee Sölle (Philadelphia: Fortress Press, 1975) também oferece uma reflexão cristã sobre o sofrimento, baseada em várias de narrativas.

Este desafio encara-nos na tentativa contínua de desenvolver uma ética de justiça econômica, igualdade entre sexos e consciência ambiental e é obrigado a reemergir constantemente em outros contextos dos quais estamos agora dificilmente conscientes.

No sentido hermenêutico, estes desenvolvimentos são exemplos dos meios nos quais uma resposta à experiência, inspirada e autorizada pela tradição, pode desenvolver o escopo e o significado daquela própria tradição.[11] Em seu *Salvifici Doloris*, refletindo sobre a afirmação do escritor da Carta aos Colossenses, "em minha carne vou completando o que falta aos sofrimentos de Cristo em favor de seu corpo, que é a Igreja" (1,24), João Paulo II escreve que "no mistério da Igreja como seu Corpo, Cristo, em um sentido, abriu seu próprio sofrimento redentor ao sofrimento de todos os humanos. Até que um homem (*sic.*) tornou-se um participante dos sofrimentos de Cristo em qualquer parte do mundo e em qualquer tempo na história naquela extensão, ele, à sua maneira, completa o sofrimento através do qual Cristo cumpriu a Redenção no mundo" (SD 24).[12] De forma análoga, na medida em que a conversão

---

[11] Para uma discussão das formas pelas quais o encontro com o "outro" na experiência histórica pode desenvolver a tradição cristã, ver minha "Revelation and a Theology of Meditation", *The Public Forum and Christian Ethics* (Cambridge: Cambridge University Press, 2001), 127-136.

[12] Como Charles Curran observa em sua *The Moral Theology of John Paul II* (Washington, D.C.; Georgetown University Press, 2005), João Paulo "distingue entre a dimensão divina no mistério da redenção e a dimensão humana" (70). Claramente, sua reflexão sobre o significado do sofrimento, em *Salvifici Doloris,* inclui a possibilidade de que o sofrimento humano pode ser parte desta "dimensão humana" da redenção, mesmo na medida em que, embora "Cristo tenha alcançado a redenção completamente e no verdadeiro limite... parece ser parte da verdadeira essência do sofrimento redentor de Cristo que este sofrimento deva ser incessantemente completado" (24). Em seu comentário sobre *Colossences* (Anchor Bible; New York: Doubleday, 1994), Markus Barth e Helmut Blamke observam a interpretação de Colossenses 1,24 por Ernst Percy, que argumentou que "se diz que Paulo está sofrendo agora pelo mesmo objetivo que Cristo... isto é, na execução de sua missão e, daí, para o crescimento externo e interno da

que este sofrimento inspira habilita a Ética Teológica a responder mais profundamente às "alegrias e esperanças, tristezas e ansiedades" (*Gaudes et Spes 1)* da condição humana, neste extremo ela descobre o significado e o alvo da Redenção de Cristo em novos e imprevisíveis meios.

Diferentemente dos discípulos no caminho de Emaús, nós vivemos na luz da Ressurreição e sabemos que Cristo já "desceu ao inferno" para o nosso bem. Como eles, entretanto, nós juntos o reconhecemos "no partir do pão" e, ao mesmo tempo, devemos seguir adiante sem sua imediata e visível companhia. O sofrimento sempre reterá seu poder para intimidar e abismar, mas nós nos engajamos na Ética Teológica Cristã na fé em que a esperança de conversão e com ela a luz do amor e do discernimento pode originar-se da desolação da dor.

---

comunidade" (294). Em seu próprio julgamento, entretanto, o verso se refere à necessidade de Paulo de submeter-se a uma medida predeterminada de sofrimento como parte de sua própria missão de apóstolo, em vez de como qualquer complementação do sofrimento de Cristo. Parte de sua justificativa para esta exegese é a necessidade de evitar qualquer implicação de que o sofrimento de Cristo é incompleto. Ainda, a interpretação de João Paulo sobre esta passagem busca antes manter unidas as dimensões humana e divina da redenção, reconhecendo que o sofrimento humano pode ser uma forma pela qual a redenção de Cristo é realizada na história humana.

A HERMENÊUTICA E AS FONTES DA ÉTICA TEOLÓGICA

Maureen Junker-Kenny

As fontes da ética teológica incluem:

- as Escrituras;
- sua recepção e interpretação na prática das comunidades cristãs e nas tradições do pensamento teológico;
- um conceito geral filosófico do "normativamente humano" e
- a ciência humana para interpretar a experiência humana em sua ação e receptividade, suas instituições e práticas.[1]

Meus dois companheiros membros da equipe, da Austrália e das Filipinas, estão explorando diferentes aspectos da experiência humana. Robert Gascoigne descobre, no encontro com o desafio progressivo do *sofrimento evitável*, a possibilidade de "um caminho para a conversão: a preciosa fragilidade da pessoa humana é reconhecida mais claramente no meio da profanação".[2] Um passo semelhante da vulnerabilidade ao valor incondicional da pessoa humana pode ser encontrado na Declaração Universal dos Direitos Humanos de 1948,

---

[1] Ver Lisa Sowle Cahill, *Between the Sexes* (Philadelphia: Fortress Press, 1985), 4-8, 12-13, com referência ao teste "quadrilateral" Metodista inspirado por John Wesley, para Robert J. Daly e para James M. Gustafson.

[2] Ver Robert Gascoigne, "O sofrimento e a Ética Teológica", páginas 287-296 neste volume.

que mostra os traços de sua origem nas experiências do trauma do Holocausto e da Segunda Guerra Mundial.

Dionísio Miranda aponta especificamente os desafios *asiáticos* colocados à Ética ligada à Igreja pela pobreza, pluralismo cultural e diversidade religiosa. Comparado com a urgência das questões da sobrevivência de todos os dias e a coexistência respeitosa, muitos dos debates da Ética Teológica ocidental católica romana devem parecer remotos e irrelevantes. Todavia, eu gostaria de mostrar que, em algumas de suas reflexões sistemáticas correntes, ela atinge mais que uma "tradição agonizante" ou uma "importação" que ameaça outras culturas.[3] Tornando o caso tanto para a abordagem hermenêutica de um contexto transcendente, de posição universalista, como contra ela, quero defender a possibilidade de um universalismo na Ética culturalmente sensível, não desprezível, que para mim é também a marca de seu entendimento católico.

Primeiro, eu mostrarei a inevitabilidade da hermenêutica para uma Ética baseada nas Escrituras e para sua interpretação de cultura específica, de cultura transformadora. Segundo, meu alvo é apontar os limites inerentes de uma hermenêutica simples ou um entendimento prudente da Ética. O único meio de afastá-la de se degenerar dentro de um *ethos* ético etnocêntrico e eclesiocêntrico de um comunitarianismo eclesiástico ou aristotélico é introduzir o deontológico, incondicional e universal nível da moralidade. Eu concluiria com o projeto de desenvolver um universalismo que não seja mantido ao custo da particularidade (isto é, especialmente ao custo de culturas, visões do mundo, formas de vida e autoentendimentos não ocidentais), juntando-me a Paul Ricoeur na descoberta do "pressuposto universal incipiente".[4]

---

[3] Ver Dionísio Miranda, "O que você quer que eu faça por você? A agenda de ética teológica sob uma perspectiva asiática", páginas 311-326, neste volume.

[4] Paul Ricoeur, *Oneself as Another*, trans. K. Blamey (Chicago: University of Chicago Press, 1992), 289.

A Inevitabilidade da Hermenêutica

Não há nenhuma alternativa para incluir a hermenêutica em uma abordagem da Ética Cristã com referência a cada uma das fontes acima mencionadas, com a Bíblia e a tradição cristã como bases teológicas, e a ciência "normativamente humana" e a social como recursos filosóficos e interpretativos.

As Escrituras e a Tradição

A tarefa para a Teologia sistemática de responsabilizar-se pela identidade da fé cristã pode ser descrita somente em termos hermenêuticos. A Hermenêutica é necessária por razões teológicas: a verdade cristã é dada por Deus. A autorrevelação de Deus é testemunhada nas Escrituras mas não identificada com ela, e aí a encontramos em uma forma já interpretada. Para estabelecer a continuidade dessa fé nas tradições subsequentes, a identidade de sua verdade nas formas que se alteram de sua recepção progressiva, é preciso reconstruir os meios nos quais a questão da salvação foi colocada em cada época e cultura. Em vez de um processo sólido de abertura linear, deve-se contar com processos de tradução e transformação que tentamos identificar do ponto de vista da presente fé da Igreja.[5] Este horizonte contemporâneo vem a nós, entretanto, somente em sua forma local particular. Eu falo aqui da tradição da Cristandade Latina que desenvolveu um entendimento da Teologia como ciência, tão distinta da Teologia como o comentário em um texto sagrado, como a sabedoria ou como a prática, como Robert Schreiter aponta em sua útil classificação baseada em uma análise sociológica das formas culturais de conheci-

---

[5] Esta passagem resume a exposição de Thomas Pröper do problema em "Exkurs 2: Ist das Identische der Tradition identifizierbar? Zur Aufgabe und Hauptschwierigkeit einer historichen Rekonstruktion der Überlieferungsgeschichte des christlichen Glaubens", in: *Erlösungsglaube und Freiheitsgeschichte*, 3ª ed. (Munich: Kösel, 1991), 230-235.

mento.⁶ Então, como Thomas Pröpper conclui, a reconstrução da tradição de Jesus e sua apropriação crítica contemporânea caminham juntas.

A descrição bem fundada de Dionísio Miranda da tarefa da Teologia Moral exemplifica como o ponto de vantagem local e a definição da essência da fé cristã se interconectam:

> Se a Moral Teológica é essencialmente a busca sistemática para que a vontade de Deus possa manifestar-se em Jesus Cristo, um desejo pela vida em sua totalidade, sua extinção rotineira ou degradação colocam uma questão continuada para a consciência do eticista. Para a Ásia-Pacífico, o conteúdo principal ou o tema da Ética Teológica não pode, porém, ser as questões de justiça, paz e integridade da Criação provocadas pela pobreza.⁷

O *ponto de vantagem contemporâneo* para definir o conteúdo que a Ética Cristã deve atender revela-se claramente em identificar "a justiça, a paz e a integridade da Criação" como interesse primário. A *designação teológica* da Teologia Moral como a exploração da "vontade de Deus manifestada em Jesus Cristo, um desejo pela vida em sua totalidade", é baseada em um número de suposições e decisões interpretativas. Ela pressupõe um entendimento da missão de Jesus, morte e ressurreição, de Deus como o poder que resgata da morte e da pessoa humana como a que exige resposta e é responsável por manifestar a vontade de Deus. Questões hermenêuticas mais específicas surgem de cada uma delas. Por exemplo, Jesus foi motivado pela criação ou por uma espiritualidade do Êxodo? Sua crítica do Sião tem influência em como devemos entender a Igreja Cristã e aqueles fora dela?⁸

---

⁶ Robert Schreiter, *Constructing Local Theologies* (Maryknoll, New York: Orbis Books, 1985), 75-94.

⁷ Ver Miranda, "What Will You Have Me Do for You?".

⁸ Eu tratei os debates destas questões do exegeta irlandês Sean Freyne em seu *Jesus, a Jewish Galilean* (London: T & T Clark, 2004) em meu artigo "Virtues and the God Who Makes Everything New", in: *Recognising the Margins: Essays in Honour of Sean Freyne*, ed. Andrew Mayes e Werner Jeanrond (Dublin: Columba Press, 2006), 298-320.

Imagem da Pessoa Humana e Ciência Humana

A especialização hermenêutica é também exigida ao traçar o desenvolvimento da visão da pessoa humana da Antiguidade aos dias atuais, e para calcular uma posição dentro das antropologias de competição corrente com suas diferentes pressuposições fundamentadas.

Como se reconstrói a genealogia do "normativamente humano" depende destas suposições. Deve-se tomar posição e argumentar a favor da própria posição. Por exemplo, pode-se falar de uma genealogia da razão prática que vê o conceito da interferência moral como se originando historicamente de um entendimento monoteísta do *coram Deo* da pessoa humana, como faz o eticista do discurso ético Jürgen Habermas? Ou deveríamos seguir Nietzsche ao julgar o platonismo, o cristianismo, o kantianismo e o socialismo como "moralidades escravas" que interromperam a prévia e nobre ordem natural do forte contra o fraco? É a ênfase moderna na liberdade uma contraposição à insistência nominalista sobre a onipotência divina, o uso arbitrário do que é chamado abrigo em um conceito de autonomia humana, como o filósofo Hans Blumenberg declarou? Ou é a liberdade o centro do que *imago Dei* significa e, assim, uma consequência da experiência cristã do relacionamento divino-humano?

É útil que um teórico crítico social como Jürgen Habermas esclareça no debate entre diferentes conceitos do humano que, já que "também o conhecimento secular concede às convicções religiosas uma posição epistêmica que não é simplesmente (*schlechthin*) irracional (...), as visões do mundo naturalista não usufruem, de qualquer forma, de uma prioridade de evidência aparente sobre a visão do mundo competitivo (*weltanschaulichen*) ou as concepções religiosas".[9]

---

[9] Jürgen Habermas, "Vorpolitische Grundlagen des demokratischen Rechtsstaates?", in: *Zwischen Naturalismus und Religion: Philosophische Aufsätze* (Frankfurt: Suhrkamp, 2005), 106-118, 118.

Já que o "normativamente humano" não é restrito a concepções da pessoa humana como indivíduo, mas inclui as dimensões de sociedade e de justiça, as discussões correntes que levam a uma hermenêutica da cultura precisam ser direcionadas: por exemplo, como estabelecer prioridades na ordem dos bens (Michael Walzer), o relacionamento entre justiça como distribuição e como reconhecimento (Nancy Frazer, Axel Honneth) e entre bens e habilidades (Amartya Sen, John Rawls). O criticismo de Rawls é que

> a orientação para os bens primários deve ser dada em favor de uma orientação para as habilidades da pessoa em realizar certas funções humanas... Uma distribuição igual ou a medida de recursos de acordo com os bens primários não fazem justiça com pessoas desiguais que podem utilizar estes bens diferentemente por causa de habilidades desiguais (...), como, por exemplo, pessoas aleijadas... o princípio da diferença requer e permite uma contextualização mais forte, discursiva.[10]

Não só as habilidades devem ser decompostas em esquemas de justiça distributiva. Também os bens primários, nos quais a alocação de recurso é condição básica, são matéria de debate. Por exemplo: desembarcando na Itália, *la mère des arts*, de acordo com meu Guia Michelin Francês, a pessoa questiona como é possível excluir de uma lista de "bens primários" a aspiração pela beleza. Aqueles fornecidos por John Rawls "direitos e liberdades, oportunidades e poderes, rendimento e saúde... um sentido do próprio valor da pessoa"[11] indicam uma cultura individualista, que valoriza a habilidade de escolher como a expressão principal de liberdade. Uma antropologia diferente

---

[10] Ver Rainer Forst, *Contexts of Justice: Political Philosophy between Liberalism and Communitarianism*, trad. J. M. M. Farrell (Berkeley: University of California Press, 2002), 142, 188.

[11] John Rawls, *A Theory of Justice* (Cambridge, Mass.: Harvard University Press, 1971), 92.

começaria com a dignidade humana como a primeira expectativa justificada para o sistema social e como a condição básica de qualquer plano de vida que possa ser chamado "racional" em um sentido não cuidadoso. Todos estes debates em andamento tornam claro que a exploração da terceira fonte, o "humano normativamente", abre-se no reino da hermenêutica cultural.

Ciências Humanas

Finalmente, com relação à quarta fonte, as Ciências Humanas não deveriam ser tomadas exatamente como ferramentas analíticas de livre valor, mas como produtos que se constituem e espelhos de suas culturas específicas, como o teólogo prático protestante Friedrich Schweitzer indicou.[12] Esta percepção levanta a questão de como a "cultura" e as "experiências" que as Ciências Humanas refletem se relacionam umas com as outras. O que, então, é mais fundamental? As experiências humanas elementares são interculturalmente as mesmas, exatamente como as necessidades básicas parecem ser? Ou as experiências são como a dor, o luto, a intimidade, a infância e os estágios subsequentes da vida, realização no trabalho, alegrias paternas e o interesse encontrado nos meios de cultura e gêneros específicos, que são mais fundamentais que as experiências supostamente universais? Estas questões não podem simplesmente ser postas em teste em investigações empíricas. Em vez disso, elas primeiro chamam por uma estrutura conceitual que não afastam as percepções múltiplas e as interpretações variadas. Por exemplo, se alguém usa uma estrutura Foucauldiana para analisar a interação entre crianças e adultos, será

---

[12] Friedrich Schweitzer, "Practical Theology, Contemporary Culture, and the Social Sciences Interdisciplinary Relations and the Unity of Practical Theology as a Discipline", in: *Practical Theology International debates,* eds. Friedrich Schweitzer e Johannes Van der Vem (Frankfurt: P. Lang, 1999), 307-321, 317.

difícil descobrir outra dimensão além daquela do poder de um lado. A possibilidade de aprendizagem mútua não aparece no horizonte, já que todo movimento pode somente expressar uma coisa: dominação ou submissão. A decisão básica, como Paul Ricouer apontou em seu livro final, é se alguém reconstrói a vida humana e suas instituições em termos de reconhecimento ou em termos de luta pela autopreservação biológica em um mundo hostil.[13] Se é verdade que a linha divisória entre um Hegeliano ou um Hobbesiano, entre uma reconstrução de Kant ou Nietzsch, ressurgirá nas suposições básicas das teorias de domínio específico, a decisão filosófica e intelectual ética que informa as Ciências Humanas individuais empíricas precisa ser destacada. O papel de contribuição da Filosofia dentro das Ciências Humanas foi igualmente apontado por Jürgen Habermas. Ela age como um "substituto" (Platzhalter) para questões universalistas.[14] Entretanto, sua disponibilidade para reduzi-lo ao método de teorias que podem ser falsificadas foi criticada como abrindo mão do que é específico para a Filosofia: seu procedimento de investigação transcendental, reflexivo, neoempírico.

A evidência alegada até aqui, mencionando alguns dos debates em andamento na Filosofia Social, justifica a conclusão de que a Hermenêutica desempenha um papel significativo dentro de cada uma das quatro fontes da Ética Cristã. A declaração, no entanto, de que é uma abordagem suficiente por si só precisa ser rejeitada por razões filosóficas e teológicas.

---

[13] Paul Ricoeur, *Parcours de la Renaissance* (Paris: Ed. Stock, 2004), 226, traduzido para o inglês como *The Course of Recognition*, trad. D. Pellauer (Cambridge, Mass.: Harvard University Press, 2005), 152.

[14] Jürgen Habermas, "Philosophy as Stand-In and Interpreter", in: *Moral Consciousness and Communicative Action*, trad. C. Lenhardt e S. W. Nicholson (Cambridge, Mass.: MIT Press, 1991), 1-20.

Os Limites de uma Abordagem Hermenêutica para a Ética

A perspectiva interior do entendimento hermenêutico da Ética como uma disposição biográfica ou cultural dos objetivos da vida ou bens oferece uma dimensão que perde tanto nos sistemas morais, que estão centrados somente na obrigação, como nos sistemas teológicos, que estão focalizados na revelação e comando de Deus. Além disso, tomada como uma alternativa completa e autossuficiente, a abordagem hermenêutica omite a significação do incondicional no reino da moralidade e da inquestionabilidade da verdade de Deus.

Deontologia e Hermenêutica

A desvantagem de um "ethos ético" simples é que ele pode somente recomendar valores prudentes. A inclinação em favor do *ethos* existente da cultura e suas instituições tende a desfazer a dialética entre a comunidade e o indivíduo, cuja subjetividade e dom individual da consciência são suspeitos. O conceito da dignidade humana, quando é atingido, não denota a ideia de singularidade insubstituível e que não volta que um entendimento não contextual da moralidade, como um ato incondicional de liberdade implica.

> Kant é o primeiro filósofo a dar a posição de uma ideia universal ao que não se repete, aquele que é especial e não pode ser mudado... a batalha por uma autodefinição dos seres humanos na qual o incondicional, o reinado de fins, é trazido para apoiar-se contra o poder prolongado dos meios e as técnicas intercambiáveis do poder atravessa um arco de Cícero a Kant.[15]

---

[15] Ver Oskar Negt, "The Unrepeatable: Changes in the Cultural Concept of Dignity", in: *The Discourse of Human Dignity, Concilium* 2003/2, eds. Regina Ammicht-Quinn, Maureen Junker-Kenny e Elsa Tamez (London: SCM Press, 2003), 25-34, 26, 28-29.

A crítica do filósofo de Cambridge Onora O'Neill das abordagens hermenêuticas neoaristotélicas é pertinente também para as igrejas. Ela pode ser relacionada à advertência de Dionísio Miranda das estruturas sociais pecaminosas, muitas das quais são culturais.[16]

> As falhas das descrições particularistas do raciocínio (prático) repousam... em sua suposição de que a necessidade de raciocínio possa ser seguida somente por uma audiência restrita que já compartilha normas ou práticas bastante específicas, sensibilidades ou compromissos.
>
> Embora o raciocínio particularista possa considerar que as normas ou compromissos podem ser revisados através do tempo, na luz de outras normas e compromissos (... não é, contrário a algumas críticas, intrinsicamente conservador), ele não pode levar em conta o pensamento de que uma extensão da razão prática pode ter audiências múltiplas e discordantes. O raciocínio particularista é intrinsicamente o raciocínio dos "associados". Dependendo do contexto, pode-se dizer que ele é etnocêntrico (mais lisonjeiramente: comunitário) ou simplesmente egocêntrico (mais lisonjeiramente: autêntico). A defesa da ação é tomada não para trabalhar através de qualquer limite, seja entre "associados" ou "observadores de fora": é raciocínio para aqueles que interiorizaram uma forma dada de pensamento ou a vida e suas normas ou tradições, suas sensibilidades, abordagens ou compromissos.[17]

Por isso, a abordagem hermenêutica precisa ser ligada ao nível deontológico e universalista. A ética de Paul Ricoeur mostra como a "rede das normas" forma um segundo passo necessário que deriva de Kant para observar criticamente o primeiro nível aristotélico do "apontando para a 'boa vida' com e para os outros, em instituições justas".[18] Igualmente, o papel do ethos-independente da legalidade para o qual Jean Porter

---

[16] Ver Miranda, "What Will You Have Me Do for You?".

[17] Onora O'Neill, *Towards Justice and Virtue: A Constructive Account of Practical Reasoning* (Cambridge: Cambridge University Press, 1996), 52.

[18] Ricoeur, *Oneself as Another*, Sétimo ao Nono Estudo, 169-296, 172.

apontou tão decisivamente em sua contribuição da Equipe Continental da América do Norte na conferência de Pádua necessita de uma fundação deontológica que vá além de um entendimento comunitário do escopo da Ética.[19]

A Verdade Teológica e a Hermenêutica

Na primeira seção, eu sustentei a abordagem teológica do entendimento hermenêutico da verdade dada a nós nas Escrituras. Entretanto, exatamente como na Ética filosófica, o papel da Hermenêutica deve ser restrito também por razões teológicas. Esta necessidade tornou-se óbvia sempre que o contexto corrente aparece para ser totalmente definido. Então, não é mais possível ver o "texto" como uma contrapartida e resumo, como crítica, resistência e promessa que necessita ser salvaguardada em face da presente cultura na qual ela é lida e reconstruída. É verdade que o texto foi mediado para nosso tempo através de sua história de recepção que tem "adicionada" a ele e parte da recepção progressiva, infelizmente, deve desfazer alguns de seus usos ideológicos prévios. As histórias do colonialismo e do patriarcado são claros exemplos para o trabalho crítico de hoje, de não-construção e reconstrução. Ainda, há uma necessidade para o equilíbrio que o teólogo protestante Lewis Mudge expressou como se segue:

> Não é simplesmente uma questão de adaptação ou aplicação do Evangelho para as circunstâncias, mas especialmente as diferenças fundamentais de perspectiva, formas divergentes de conceber o que é o Evangelho. Quando o pluralismo atinge certo ponto, contextualmente começa a tornar-se mais importante do

---

[19] O desafio que o conceito kantiano de legalidade coloca para a ética neoaristotélica foi assinalado por Herbert Schnädelbach em "Was ist Neoaristotelismus?", in: *Zur Rehabilitierung des animal rationale* (Frankfurt: Suhrkamp, 1992), 205-230, esp. 227-228.

que a tradição, mais importante do que qualquer ideal ou unidade essencial que a fé possa possuir. Até onde este caminho é legitimado a ir?[20]

Essa questão atinge uma margem prática com muitos problemas no domínio específico da Ética que não podem ser encontrados na Bíblia, como a Engenharia Genética de cultivo, de novas raças humanas ou de descendência aprimorada. Mas, fora a argumentação específica chamada em cada um destes problemas, a questão fundamental de como julgar o que é um testemunho cristão justificado e autêntico deve ser apresentada. Por um lado, é importante acentuar que o que é dado não são exatamente formas religiosas da autoexpressão humana que proveem a Teologia com o material para sua investigação. No autoentendimento da fé cristã, a autocomunicação de Deus na pessoa de Jesus é a verdade que inspira as experiências religiosas subsequentes de seus seguidores. Por outro lado, o entendimento cristão da revelação de Deus inclui a promessa do Espírito de nos introduzir e ajudar a reinterpretar a verdade de Jesus dentro de nossas próprias condições culturais. Esta liberdade para forjar novas sínteses no Espírito de Cristo marca uma importante diferença com outro tipo de fé monoteísta, como o Islamismo, no qual o Qu'ran constitui a completa palavra de Deus. Assim, o discernimento de que as Escrituras são uma forma já interpretada da palavra encarnada de Deus, que chama por transmissão em outras linguagens, não significa que a Bíblia está sendo reduzida a uma simples invenção humana. É a tarefa de uma teologia de culturas para apreciar as novas riquezas das práticas cristãs e entendimentos na igreja mundial e para esclarecer a unidade permanente dentro das formas correntes do discipulado.[21]

---

[20] Lewis Mudge, *The Sense of a People: Toward a Church for the Human Future* (Philadelphia: Trinity Press, 1992), 88.
[21] Ver, por exemplo, Margit Eckholt, *Poetik der Kultur: Bausteine einer interkulturellen dogmatischen Methodenlehre* (Freiburg: Herder, 2002).

Na direção de um Universalismo Incoativo

Eu quero concluir com dois pensamentos finais sobre o relacionamento entre universalidade e particularidade. Primeiro, ele não deve ser um "ou/ou".

O filósofo e socialista Hans Joas localiza a origem de valores que sustentam e regeneram normas as quais ele chama "experiências de autotranscendência e de autotransformação", como, por exemplo, em religiões. Ele mostra que a particularidade das tradições que habilita essas experiências não precisa estar em divergência com a universalidade de princípios:

> Nenhuma cultura pode administrar sem um sistema definido de valores particular e uma interpretação do mundo particular definida. "Particular" aqui não significa, naturalmente, "particularista"; a distinção cultural não leva a uma inabilidade de tomar pontos de vista universalistas em conta. Pelo contrário, as perguntas são: quais tradições culturais particulares do ponto de vista da universalidade do direito estão mais prontamente comprometidas, e como podem outras tradições culturais estar criativamente em continuidade e transformadas deste ponto de vista?[22]

Culturas diferentes podem oferecer ajuda mútua para encorajar outra além de seu próprio etnocentrismo não visto. A tentativa de John May e Linda Hogan de encontrar pontos ligados para o conceito de dignidade humana e direitos humanos em culturas não ocidentais mostra que a ideia universal está incrustada no particular,[23] que os traços particulares de uma cultura podem ser julgados à luz do universal, por exemplo, justiça ou a integridade de natureza não-humana.

---

[22] Hans Joas, *The Genesis of Values*, trad. G. Moore (Chicago: University of Chicago, 2000), 174.
[23] John May e Linda Hogan, "Constructing the Human: Dignity in Interreligious Dialogue", in: *Discourse of Human Dignity*, 78-89.

Segundo, as reconciliações entre culturas globais e particulares podem somente acontecer se culturas particulares se virem como cidadãs globais, quiserem ser parte de um conjunto maior, e esclarecerem seus recursos para contribuir como somente *elas* podem oferecer. Esta visão se aplica a culturas exatamente tanto quanto a igrejas locais, cujas riquezas são uma parte necessária da descrição completa do Catolicismo. A teóloga de sistemas Margit Eckholt lembra-nos de duas condições que são necessárias: "Diante de múltiplas conquistas que destroem a vida, da modernidade ocidental e do universalismo equacionado com o pensamento ocidental... a capacidade de identificar-se com histórias de sofrimento, descontinuidades, diversidade; e o desenvolvimento de estruturas de diálogo nas quais o reconhecimento do outro se torna concreto".[24]

O pensamento moral católico seria um pensamento universalista, baseado na universalidade da vontade salvadora de Deus, primeiro manifestada na Criação. Isso assegura que a razão humana e a liberdade sobreviveram à queda que abasteceria seu interesse em diversas formas que as apropriações específicas da mensagem da salvação continuam a realizar.

Finalmente, a raiz e o ponto de referência deste pensamento universalista que leva a uma cultura de reconhecimento que, por sua vez, implica em direitos, não exatamente a caridade é um entendimento pessoal da justiça como consideração ao que Robert Gascoigne em seu ensaio chama de "a preciosa fragilidade da pessoa humana". É crucial para o tipo de entendimento universalista que eu esteja confirmando que esta base deve ser conservada viva, e não considerada substituída. Origina-se do profeta Isaías em cuja herança Jesus entendeu seu ministério:

> Não quebrará o caniço rachado,
> Nem extinguirá a mecha que ainda fumega (Is 42,3).

---

[24] M. Eckholt, "Kultur Zwischen Universalität und Partikularität. Annäherung an eine kulturphilosophische Interpretation Paul Ricoeur", in: *Das herausgeforderte Selbst: Perspektiven auf Paul Ricoeur*, eds. Andris Breitling, Stefan Orth e Birgit Schaaff (Würzburg: Würzburg und Neumann, 1999), 95-115, 98-100.

O QUE VOCÊ QUER QUE EU FAÇA POR VOCÊ?

Dionisio M. Miranda, S.V.D.

A Agenda de Ética Teológica sob uma Perspectiva Asiática

Se o mundo fosse uma aldeia global de 100 pessoas, assim mostram certas estatísticas, 61 seriam asiáticos, 13 africanos, 12 europeus, 8 sul-americanos (com o México), 5 americanos e canadenses e 1 da Oceania. Orientação religiosa: 32 seriam cristãos, 19 muçulmanos, 13 hindus, 12 chamanistas-animistas, 6 budistas, 4 bahaístas e de grupos semelhantes, 1 judeu, 15 não teriam nenhuma religião. Outros dados indicavam que 20% dos países de renda mais alta contavam com 86% do total de despesas com consumo pessoal, enquanto os mais pobres dos 20% contavam com uma minúscula porcentagem de 1,3%; para apresentar uma ilustração, o quinto mais rico consumia 45% de todo o alimento e peixes, enquanto o quinto mais pobre consumia apenas 5%. Estes dados constituem um excelente ponto de partida para localizar as preocupações declaradas nesta conferência. Eles definem um contexto e, na planilha do processo, as prioridades teológicas[1] para o eticista na ampla construção sociopolítica que vem sob o nome de "Ásia".

---

[1] Stephen Bevans, *Models of Contextual Theology* (Maryknoll, N.Y.: Orbis Books, 2002); Adolfo Nicolas, "Christianity in Crisis: Asia. Which Asia? Which Christianity? Which Crisis?", in: *Concilium* 2005/3: *Christianity in Crisis?*, eds. Jon Sobrino e Felix Wilfred (London: SCM Press, 2005), 64-70.

Embora a Ásia pareça participar apenas desordenadamente da conversação global entre os teólogos eticistas, um olhar mais próximo revela uma significativa troca progressiva em certos círculos, sobre diferentes preocupações e com diferentes intensidades. Mesmo a mais superficial análise dos contextos explicaria o consenso de que a Ética Teológica asiática colocaria, e na verdade não pode, as mesmas questões levantadas em outro lugar. Entre muitas, portanto, estas três tarefas tornaram-se indiscutíveis, a saber: a) desaprender ou, pelo menos, prescindir do modo ocidental de fazer Ética Teológica impregnada do treinamento antigo;[2] b) explorar e desenvolver meios adequados de fazer Ética Teológica na ausência de modelos locais, por um lado, e excesso de modelos estrangeiros competitivos, por outro lado; e c) engajar suas assembleias no espírito do "diálogo profético", para emprestar um conceito contemporâneo nos estudos missionários.[3]

Dois indícios úteis são propostos pela Conferência da Federação dos Bispos Asiáticos (FABC), em cuja luz certas generalizações, mesmo se formuladas primariamente da experiência da Igreja Filipina, não podem ser inaplicáveis para muitas outras partes da região. Do verdadeiro início, a FABC construiu suas respostas para questões religiosas em correlação com o que é considerado como as três mais importantes características de nosso "continente", um mundo que é lar para uma multiplicidade de culturas, de populações marcadas, em muitos casos, por extrema pobreza, de diversos grupos pertencendo a uma variedade de tradições religiosas. As igrejas asiáticas engajadas em um diálogo triplo com pessoas pobres, culturas e religiões têm urgência de realizar este trabalho através do método pastoral de "ver, julgar e agir"[4] uma

---

[2] Felix Wilfred, "Christianity between Decline and Resurgence", em *Concilium* 2005/3, 27-37.

[3] Stephen Bevans e Roger Schroeder, *Constants in Context: A Theology of Mission for Today* (Maryknoll, N.Y.: Orbis Books, 2004).

[4] Os documentos FABC estão disponíveis em http://www.fabc.org (acessado em 15 de janeiro de 2007) ou http://www.ucanews.com (acessado em 15 de janeiro de 2007).

metodologia que não pode, mas tem um impacto na Teologia Moral regional também.[5] Neste ensaio, três grandes temas serão tecidos juntos resumidamente: as três questões colocadas para a Ética Teológica por esta conferência, a metodologia transformando a Ética Teológica asiática e os interesses da Hermenêutica e fontes deste painel.

A Pobreza Generalizada como Desafio Moral

De forma crescente, o convite da FABC para seus teólogos prestarem mais atenção nas realidades locais foi tomado seriamente; a Ética Teológica do passado era, de forma clara, incongruente em sua indiferença pelos problemas graves da região.[6] Por razões econômicas, língua e outros motivos, o único manual disponível regionalmente, pelo menos por duas décadas, foi o de Karl-Heinz Pesche,[7] e, ainda, por seu conteúdo a pessoa nunca adivinharia que foi produzido na Ásia ou tinha em vista a Ásia. Mesmo hoje, as preferências contemporâneas para o exame moral detalhado permanecem limitadas e previsíveis, passando repetidamente por temas escritos com excessivos detalhes. E mais, se a Ética Cristã está no centro da busca metódica pela vontade humanizadora de Deus, e um desejo pela vida em sua totalidade foi manifestado em Jesus Cristo, a rotineira extinção ou degradação da vida humana através da ausência ou negação das necessidades básicas, como alimento, água e abrigo, não pode, mas é seu conteúdo principal ou tema, como o próprio Evangelho é testemunha. Portanto, já que os governos, a ideologia capitalista, a mídia e quaisquer outras forças conspiram para impedir o pobre de Deus de ser

---

[5] James Bretzke, "Moral Theology Out of East Asia", *Theological Studies* 61 (2000): 106-21; George Evers, *The Churches in Asia* (Delhi: ISPCK, 2005).

[6] Jaime Belita, *From Logos to Diwa: A Synthesis of Theological Research in Catholic Graduate Schools in the Philippines (1965-1985)* (Manila: De La Salle University Press, 1986).

[7] Karl-Heinz Pesche, *Christian Ethics,* 2 volumes (Alcester e Dublin: C. Goodliffe Neale, 1997).

visto, ouvido e atendido seriamente em seus problemas por toda a vida, a tarefa da Ética Teológica asiática deve ser mantê-los bem-sucedidos.

Uma Ética Teológica asiática, que não só percebe, mas luta contra a pobreza e problemas de sobrevivência, instintivamente procura aliados no Ocidente, mas busca em vão pela orientação da literatura de primeiro mundo. Muito da ética ocidental, no julgamento de seus próprios teólogos, tornou-se vulgar, indiferente aos problemas do terceiro mundo, como reforma agrária, violência, tráfico humano, fuga de talentos, migração por trabalho, conflitos culturais, perseguição religiosa, biopirataria, dívida internacional, para citar alguns dos mais proeminentes. Alguns são paralisados pela panóplia dos desafios, dolorosamente conscientes de que os sistemas (sejam sociais, econômicos, políticos etc.) são tantos e tão complexos que os problemas comuns como conflito de interesses, responsabilidade corporativa, suborno e corrupção, unilateralismo e outros não podem ser questionados da mesma forma, nem se pode "agir sobre eles" com princípios universais ou abordagens de modelos. Finalmente e inexplicavelmente, apesar da urgência e intensidade dos problemas como a fome, epidemias e desalojamentos, outros se recusam a dialogar com as teologias cujos métodos e soluções trazem os da própria Igreja ao questionamento e olham para eles com suspeitas ou embotam suas implicações. Carentes de infraestrutura, instituições e recursos para pesquisa e bolsas de estudo concedidas pelo Ocidente, os teólogos eticistas locais devem frequentemente assumir um papael genérico, de elaborar respostas apressadas para problemas em constante mudança, um ponto que desenvolverei em outros parágrafos mais adiante.

Nunca é suficiente que a Ética Cristã "fique advertindo" aqueles que não se interessam pelos outros, e "cuide" preferencialmente de suas preocupações; a tarefa que se agrega é assegurar que os pobres quaisquer que sejam as faces desumanizadas que possam apresentar, como mulheres, crianças, migrantes, indígenas, aleijados, idosos, escravizados, endividados, oprimidos etc. sejam encarados menos como objetos de piedade e mais como sujeitos em interação, convidados realmente a participar como defensores ou "juízes associados" de suas causas. Em vez de alguma disputa secreta na tradição entre desconhecidos irreconhecíveis, é a história progressiva do sofrimento, sob a desigualdade e violência com seres humanos vivendo e morrendo, que clama aos céus por respostas. Esta luta começou a gerar frutos na literatura local, que está crescentemente mais experiente, baseada no conteúdo e comprometida com suas assembleias.[8]

Mesmo quando glorificava os jovens ricos por sua obediência religiosa, Jesus não deixava nenhuma dúvida de que, sem sua validação nas consequências em favor dos pobres, nenhum tipo de perfeição religiosa pode garantir a salvação (Lc 18,18-30). A pobreza generalizada é um desafio em uma extensão que nos convida a tornar o pobre um elemento indispensável de nossa reflexão religiosa e moral. Nós ousamos originar nossas questões teológicas das questões existenciais de que elas surgem, para formar nossas questões em conjunto com suas estruturas, para encontrar respostas que satisfarão não somente nossas mentes, mas também seus corações. É neste sentido que os pobres precisam tornar-se a fonte e a hermenêutica da Ética Teológica asiática.

Pluralismo Cultural como Desafio Ético

O teólogo eticista é constantemente lembrado por seu próprio ambiente que a Ásia é um continente de muitos *ethos*, que faz da inculturação moral um inevitável desafio e uma resposta indispensável ao contexto.[9] Por causa de uma diferença no temperamento e a sistemática

---

[8] Evelyn Monteiro e Antoinette Gutzler, eds., *Ecclesia of Women in Asia* (Delhi: ISPCK, 2005); Virginia Fabella e Sun Ai Lee Park, eds., *We Dare to Dream: Doing Theology as Asian Women* (Manila: EATWOT Comissão de Mulheres na Ásia, 1989); Victoria Tauli-Corpuz, diretora do Fórum Permanente sobre Assuntos Indígenas (UNPFII), Fundação Tebtebba (Centro Internacional dos Povos Indígenas para Política de Pesquisa e Educação) em www.tebtebba.org (acessado em 15 de janeiro de 2007).

[9] Ladislav Nemet, *Inculturation in the Philippines: A Theological Study of the Question of Inculturation in the Documents of CBCP and Selected Filipino Theolofians in the Light of Vatican II and the Documents of FABC* (Rome: Gregorian University, 1994).

alienação da Ética Teológica asiática de suas contrapartidas, a inculturação precisará considerar a indigenização como hermenêutica e usar a Cultura e a História mais como prismas.

Universalmente, um princípio ético primário é fazer o bem e evitar o mal. As versões cristãs sobre isso elaboradas não criticamente, entretanto, podem orientar a ação quase exclusivamente na direção das abordagens tradicionais, caritativas e paliativas, muito fracas para os desafios de construir uma nova civilização de amor ou de edificar uma sólida ordem dos Direitos Humanos. Seguramente, a ética do Evangelho também é sobre a resistência ao mal, não violenta mas resoluta, e a conquista do mal pelo bem e com o bem. Por que é frequentemente questionado na Ásia os eticistas cristãos são tão velozes em condenar o mal (nos sentidos muito especiais e estreitos de ética sexual e reprodutiva) e são ainda notadamente inibidos em proporcionar efetiva orientação sobre a promoção de estruturas da graça no lugar de estruturas sociais, políticas e econômicas pecaminosas muitas delas culturais e coloniais? Por que a Ética se tornou tão identificada com o negativo e o crítico, mas raramente com o inspiracional e construtivo?

Já que a Ética Fundamental, o prisma através do qual a moralidade ocidental analisa os problemas e responde a eles, está ela mesma em crise devido aos desafios hermenêuticos à tradição,[10] os teólogos eticistas asiáticos estão hesitantes em aculturar uma herança obsoleta ou importá-la dentro do idioma; pode-se exatamente justificar também derramando vinho velho em frágeis barris. Os problemas da pobreza, que o Ocidente considera praticamente passado, são desafios de todos os dias; os problemas da cultura, que o Ocidente interpreta de forma "pós-moderna", fracassam ao conectar-se com muitas culturas pré-modernas; o avanço da secularização ressoa diferentemente das tradições religiosas muito antigas. Aqueles que insistem em replicar aos discursos ocidentais no solo da Ásia não se admirariam que a

---

[10] Brian Johnstone, "Can Tradition Be a Source of Moral Truth?" *Studia Moralia* 37, n. 2 (1999), 431-451.

Ética Teológica seja frequentemente vista com desconfiança como um debate esotérico entre um clube exclusivo, inteligível, se for absolutamente, apenas para assembleias cristãs, sem sentido para a vasta maioria, pouco interessante em seus resultados, e medíocre em seu testemunho efetivo.

Depois de um ano de ensino, eu mudei do inglês para o idioma local, a fim de aceitar que o que eu assumira era apenas uma deficiência linguística, somente para fazer uma desconcertante descoberta que mudaria minha abordagem à Ética sistemática radicalmente. Comunicar a Teologia Moral não para a cultura local, mas fora dela, exige considerações tanto hermenêuticas como pedagógicas; reconceituar a consciência, por exemplo, não é uma questão de semântica somente, mas da própria cultura.[11] Para o inclinado teoricamente, portanto, *Ephpheta!* é um formidável desafio à afasia ética da cultura de alguém, uma intimação para a exegese de seu vocabulário moral, para construir suas estruturas incipientes, para testar as conexões entre as categorias que são editadas em diferentes imperativos ilegíveis fora de suas matrizes resumindo, para configurar os traços éticos da Ética cultural a fim de que o agente indígena possa enfrentar cada problema moral em toda a sua força primitiva e urgência.

O diálogo profético de Jesus com as multidões, seus discípulos e a crítica religiosa é instrutivo de como a ética inculturada e contextual pode ocorrer: ele proclamava o bem que encontrou em sua Cultura e História, ainda não abrigando ilusões sobre o pecado como tal. Apesar da importância da cultura local e história aceitas pelas outras disciplinas como condicionamentos poderosos em termos de paradigmas e modelos, valores e normas, instituições e padrões,[12] a Ética Teológica tem ainda que dar

---

[11] Dionísio Miranda, *Kaloob ni Kristo: A Filipino Christian Account of Conscience* (Manila: Logos Publications, 2003); Osamu Takeuchi, *Conscience and Personality: A New Understanding of Conscience and Its Inculturation in Japanese Moral Theology* (Chiba: Kyoyusha, 2003).

[12] Tonia Bock, "A Consideration of Culture in Moral Theme Comprehension: Comparing Native and European American Students", *Journal of Moral Education 35,* n. 1 (março de 2006), 71-87.

a ambas o devido, e elas continuam duas das influências pouco examinadas, não só na consciência pessoal, mas nas estruturas sociais e sistemas que constituem o contexto dos desafios morais para as mesmas. Nem é um contexto absoluto; ambas são fontes primárias de nosso discernimento moral. Mais do que tópicos adjuntos como multiculturalismo, inculturação e semelhantes, a Cultura e a História estão desenvolvendo-se hoje em prismas para estudar política, sexualidade, saúde, economia e outras questões morais. No diálogo com a mulher sirofenícia (Mc 7,24-30), Jesus ilustra o que significa ser tirado do etnocentrismo reflexo, simplesmente por permitir-se ser vulnerável ao desespero universal dos humanos sobre o sofrimento e dor de uma pessoa amada.

A Diversidade Religiosa como Desafio Ético

Em um continente de religiões e sistemas éticos há muito estabelecidos, alguns antecedendo os cristãos, o teólogo eticista asiático é desafiado incessantemente a dialogar em dois níveis entrelaçados simultaneamente: o religioso e o moral, cada um mais complexo que o outro. Diferente do continente dos cristãos da América do Sul batizados, porém muito sociais, e diferente do continente dos secularizados e autodeclarados pós-cristãos europeus, porém somente em alguma coisa como a África, com relação às religiões biocósmicas e o Islamismo, a Ásia como um continente, nunca foi absolutamente cristã e vê pouco incentivo para tornar-se cristã logo. Textos introdutórios da missão na Ásia apontam para complexidades de diálogo religioso, sem mesmo cruzar o limiar moral.[13] Em meu ponto de vista, o livro que explore ex-

---

[13] Walbert Bühlmann, *The Search for God: An encounter with the Peoples and Religions of Asia* (Maryknoll, N.Y.: Orbis Books, 1980; K. C. Abraham, *Third World Theologies: Commonalities and Divergence* (Maryknoll, N.Y.: Orbis Books, 1990); William Burrows, *Redemption and Dialogue: Reading Redemptoris Missio and Dialogue and Proclamation* (Maryknoll, N.Y.: Orbis Books, 1994).

plicitamente o diálogo entre o Cristianismo e outras religiões nos níveis moral, ético e metaético tem ainda que ser escrito. Todos esses níveis estão em débito pela curiosa omissão da Teologia Moral entre as disciplinas a serem inculturadas pela Igreja no continente.[14]

a) Ambientes intelectuais ou lares religiosos? Que diferença ou contribuição a fé traz para a moralidade? Uma forma de estabelecer um identificador na questão da ética ocidental é considerar a questão central, frequentemente levantada, mas também frequentemente deixada de lado: Qual é o chamado, a missão, o teste e a concretização da Ética Teológica como uma disciplina, particularmente na época da secularização e pluralismo? O problema fundamental da "Ética Teológica" pode, então, ser colocado como se segue: sobre o que é a Ética de forma total, e o que a Teologia tem a ver com ela? Referindo-se ao problema da "Teologia Moral", poderia ser que a teologia fosse sobre tudo, e a moralidade fluiria dela. Desde o Vaticano II, a Ética cristã tem se projetado muito de sua tendência extremamente filosófica como ética autônoma e tem readquirido de forma consciente mais de suas fundações bíblicas, perspectivas pastorais e dimensões espirituais.[15] A nova integração da Ética com a Teologia (se uma opta por uma visão teocêntrica como exigido pela fé da pessoa[16] ou escolhe trazer a ética autôno-

---

[14] João Paulo II, *Ecclesia in Asia: Apostolic Exhortation on Jesus Christ the Savior and his Mission of Love and Service in Asia* (Manila: Paulinas, 1999).

[15] Servais Pinckaers, *The Sources of Christian Ethics* (Washington, D.C.: Catholic University of America Press, 1995); *Morality: The Catholic View* (Notre Dame, Ind.: St. Augustine's Press, 2000); Vicente Gómez Mier, *La Refundación de la Moral Catolica: El Cambio de matriz disciplinar después del Concilio Vaticano II* (Estella: Verbo Divino); Terence Kennedy, "Paths of Reception: How *Gaudium et Spes* Shaped Fundamental Moral Theology", *Studia Moralia* 42/2 (2004), 115-145.

[16] James Gustafson, *Ethics from a Theocentric Perspective*, vol. 1: *Theology and Ethics* (Chicago: University of Chicago Press, 1983); *Ethics from a Theocentric Perspective*, vol. 2: *Ethics and Theology* (Chicago: University of Chicago Press, 1992); Harlan Beckley e Charles Swezey, eds., *Ethics from a Theocentric Perspective: Interpretations and Assessments* (Macon, Ga.: Mercer University Press, 1988).

ma para sua morada teológica)[17] resgata o sentido original de "dar uma explicação moral da fé de alguém". Todavia, fica-se admirado se estas sínteses oferecem maior credibilidade para o pós-cristianismo, que parece ter voltado sua atenção para outro lugar, como a Ética global.[18]

Para o teólogo eticista da Ásia, a questão apresenta-se diferentemente. Se foi legitimado por Agostinho buscar esclarecimento em Platão, e Tomás em Aristóteles, por que os eticistas asiáticos seriam suspeitos quando se aventurassem em explorações teóricas de suas próprias tradições legais, sapienciais e proféticas, sejam elas hindus, budistas, confucianas ou muçulmanas, como Jesus fez com o Judaísmo? Se a inculturação significa encontrar nossa própria voz, por que não deveriam os inter-religiosos dialogar da mesma forma que beber de nossos próprios poços? As religiões primárias, tribais ou biocósmicas apresentam desafios peculiares. Na ausência de interlocutores oficiais e diante de um sistema amorfo, o moralista cristão é forçado a ouvir mesmo, mais profundamente, os "gemidos da Cultura", usando uma imagem de Paulo, já que este sistema de crença primordial e difundido provou ser bastante abrangente, como mostrado nas questões de saúde ou de meio ambiente.[19] A Bioética, na forma não ocidental, para dar um exemplo, necessitará retomar os problemas de saúde mais imediatos e importan-

---

[17] Marciano Vidal García, *Nueva Moral Fundamental: El Hogar Teológico de la ética* (Bilbao: Desclée de Brouwer, 2000).

[18] Hans Küng, *A Global Ethic for Global Politics and Economics* (New York: Oxford University Press, 1998); Jean Porter, "The Search for a Global Ethic", *Theological Studies* 62 (2001), 105-121; Lisa Sowle Cahill, "Toward Global Ethic", *Theological Studies* 63 (2002): 324-344; William Schweiker, *Theological Ethics and Global Dynamics* (Oxford: Blackwell, 2004); Arthur Dyck, "Taking Responsibility for our Common Morality", *Harvard Theological Review* 98:4 (2005), 391-417.

[19] Dionísio Miranda, *Pagkamakabuhay: On the Side of Life, Prolegomena for Bioethics from a Filipino-Christian Perspective* (Manila: Logos Publications, 1994); Hyun Kyung Chung, "Opium or the Seed of Revolution? Shamanism: Women Centred Popular Religiosity in Korea", *Concilium 1988/5: Theologies of the Third World, Convergences and Differences*, eds. Virgil Elizondo e Leonardo Boff (London: SCM): 96-104.

tes, envolvendo crenças etno-médicas e políticas públicas tanto quanto ela precisa conservar um espaço com problemas biotecnológicos sofisticados colocados pela ciência médica.

b) Ceticismo Moral face-a-face com Autoridade Moral. Dadas algumas perspectivas de que a crença cristã encontrará um lar na Ásia, o desafio da Ética Teológica como prática cristã torna-se mesmo mais agudo. Em muitos lugares da Ásia, a Igreja foi e continua a ser uma pequena minoria (por exemplo, Mongólia, Tailândia, Bangladesh, Campucheia, Laos, Japão e Coreia), tolerada em alguns (Índia, Indonésia), perseguida em outros (por exemplo, China, Vietnã). No caso atípico em que os católicos são a maioria, a autoridade e a credibilidade da hierarquia filipina são algumas vezes desafiadas toda hora que essa hierarquia expressa seu direito de falar em público.[20] O fato de que missionários isolados reagiram e ofereceram suas vidas em protesto contra as políticas coloniais e o fato de que João Paulo II se desculpou pelos pecados do Ocidente não apagam o fato maior de que o Cristianismo se tornou consolidado em partes da Ásia, apesar de seu recorde abismal e do silêncio espantoso de seus teólogos morais como um todo. Tendo provado amargos frutos de seus primeiros encontros, a Ásia espera não mais as palavras teológicas, mas testemunhos convincentes, como os da abençoada Teresa de Calcutá.

As questões que são colocadas para o Cristianismo são se ele é realmente uma religião redentora ou um *ethos* que oferece um significado mais satisfatório, não em uma vida depois, mas no aqui e agora. Enquanto os asiáticos não estão impressionados pela sofisticação analítica da Ética Teológica ocidental, há um desejo maior por compromissos transformacionais, uma demanda por ortopraxis mais do que por ortodoxia. Se o Deus cristão do amor é tão totalmente diferente dos deuses asiáticos do poder, esta convicção deve tornar-se acreditável da mesma forma que Je-

---

[20] Conferência dos Bispos Católicos das Filipinas (CBCP), *Acts and Decrees of the Second Plenary Council of the Philippines*, 20 de janeiro a 17 de fevereiro de 1991 (Manila, 1992).

sus demonstrou. Os não-cristãos são atraídos a Jesus porque sua ética foi muito coerente com sua visão do reino de Deus. Essencialmente, em uma região onde o *ethos* enfatiza o ser sobre o fazer, o *próprio* ou o *específico* da Ética cristã deve ser buscado no discipulado, e a Ética Teológica está precisamente neste melhor evangélico quando ele se torna boas novas, oferecendo a salvação para os oprimidos e a redenção para os opressores.

Estar à Altura dos Desafios

Quando o cego foi apresentado a ele (Lc 18,35-43), Jesus mostrou o que deve ter parecido para o espectador uma questão assombrosamente obtusa o homem, como todos podiam ver, era cego. O que mais podia ele ter pedido, senão ver? Em outro lugar, as pessoas de boa intenção supõem que moradores de favela, por exemplo, devem querer casa; cientistas sociais sabem que empregos frequentemente têm precedência em sua lista de desejos. O ponto é que não importa quão evidente a agenda ética teológica pode parecer para nós, eticistas, a sabedoria estimula alguma suspeita hermenêutica, quando perguntamos ao pobre, ao pária, ao desconhecido e ao não-crente, respeitosamente e sem presunção: "O que você deseja que eu faça por você?". A Ética Teológica, afinal de contas, foi feita para o povo de Deus, e não o povo de Deus para a Ética Teológica.

A teologia moral é um projeto dialógico contextual. Supondo, então, que identificamos corretamente as reais necessidades da Ética Teológica na Ásia, de acordo com seus beneficiários intencionais; a próxima questão é como, ou talvez mesmo se, seus praticantes podem enfrentar esses desafios. Há dificuldades assombrosas para os eticistas cristãos, para não dizer para os eticistas católicos, para estabelecer uma agenda comum, a linguagem, a metodologia, a organização, pessoal e recursos, como refletido na verdadeira história do FABC (que organizou sua primeira assembleia somente em 1974) e seu ramo teológico. Para estimular as teologias indígenas asiáticas relevantes para seus povos, a FABC fundou a Comissão Consultiva Teológica (TAC) em 1987 e somente o elevou a Escritório de Interesses Teológicos (OTC) em 1997.

Um discernimento mais claro pode ser possível focalizando um caso como exemplo. Nas Filipinas, tudo que temos são testemunhas orais da formação de uma associação de teólogos nos anos de 1960 e 1970, mas nenhum registro recuperável de sua composição ou atividades. No ano de 1980, houve uma tentativa renovada de reunir os teólogos em um fórum (primeiro sistemática, depois incluindo a bíblica, finalmente convidando "até" os moralistas). Em 1990, Jaime Cardinal Sin esforçou-se para organizar uma associação de colégios teológicos a fim de que as vozes incipientes da Ásia pudessem finalmente ter a oportunidade de articular suas preocupações exclusivas e com maior sensibilidade ao contexto. Institucionalmente, o objetivo expresso era estar apto a lançar doutorados de Teologia Sagrada fora da Índia um fator que leva à Escola de Teologia Loyola, que se tornou a única outra universidade pontifical do país, ao lado da Universidade de Santo Tomás. É uma esperança forte que as associações recentes e os novos jornais sobreviverão a suas dores de nascimento. Muitos seminários são capazes de manter a continuidade de programas somente por causa das congregações religiosas patrocinando-os para serem capazes de associar professores internacionalmente. Esta situação obtida nas Filipinas, de forma argumentável, é uma entre as melhores, posicionada para levar a educação teológica na região, diz muito do que a situação da Ética Teológica Católica em particular pode ser em outros lugares, exceto o subcontinente da Índia, que pode vangloriar-se de uma funcional, embora jovem, Associação de Teólogos Morais.

Um conteúdo sábio mais um plano de estudos basicamente se dividem em duas partes. A Teologia Moral geral apresenta um pálido reflexo da divisão encontrada na teologia como tal, com evidências entre acadêmica e pastoral, magisterial e popular, internacional e regional. Em geral, professores estrangeiros e substitutos locais mostram um foco mais global, somente poucos nativos com objetivos explicitamente nos acentos locais. A Teologia Moral especial segue a divisão manual para a compreensão ou enfatiza tópicos especiais como Ética sexual ou Bioética. Os problemas sociais são distribuídos junto com a segunda metade do Decálogo com a ênfase tradicional em debates herdados ou abordados junto com as perspectivas de justiça, paz e liberação e a integridade da criação. Foi no último formato que a Moral Clássica foi enriquecida por outras correntes teológicas, como as teologias liberacionista, feminista, ambiental e cultural. Com efeito, é mais no nível casuístico que algumas tendências de inclinações podem ser identificadas: institucional ou magisterial, anti-institucional e, ocasionalmente, dissidente e, finalmente, defesas altamente contextuais. Nunca obrigados à separação da Moral da Teologia geral ou mesmo um esquema particular, os protestantes sempre começaram do teológico e, então, mais prontamente explorados, inspiraram moralmente as Teologias políticas, como revolucionária, *dalit*, *minjung* ou Teologia da luta.

Os católicos filipinos têm muito poucos teólogos eticistas profissionalmente treinados, somente uns poucos que ensinam em tempo integral e ainda menos os que publicam. Os clérigos são frequentemente explorados com muitos trabalhos administrativos, deveres de formação e atividades pastorais competindo com sua profissão principal; professores leigos têm de batalhar muito com as exigências práticas de sobrevivência e problemas de família. No final, ambos são incapazes de se concentrar em seus problemas profissionais ou de designar programas mais bem adaptados para a educação teológica ou aprendizagem relevante, reduzindo seu ensino para tarefa de casa ou trabalho escolar, não deixando espaço para trabalho de campo. Onde eles são capazes de perseguir certos interesses, a urgência do local e a frouxidão de suas gravatas com colegas os impede de expandir suas visões e atividades para planos mais amplos. Além disso, o desenvolvimento requer bibliotecas, recursos e congressos como o presente com que os países de Terceiro Mundo podem somente sonhar. Portanto, um desafio para a comunidade dos teólogos eticistas é explorar como os institutos do Primeiro Mundo podem compartilhar seus recursos humanos com o resto do mundo, estabelecendo alguma espécie de rede de comunicações, coordenação e colaboração nos níveis internacional, regional ou nacional. A solidariedade pode estender-se a outros recursos: o contraste entre o modelo de livre acesso do Linux, IBM, Wikipedia e outros e o modelo proprietário da Microsoft convida-nos a reconsiderar se nossa abordagem aos direitos de propriedade intelectual com relação à literatura moral não pode duplicar algumas das contradições que nós moralistas presumimos resolver para os outros.

Fora raras considerações de como eles vieram a ser e crescer como teólogos morais (penso em Enrico Chiavacci, Bernard Häring, Charles Curran), raramente alguém se depara com reflexões mantidas e sistemáticas sobre estas questões: Qual é o chamado, a missão e a realização do teólogo eticista? Embora alguns estudos históricos possam ser úteis,[21] as questões existenciais permanecem. Ele deveria ser um educador moral ou analista técnico, um guia ou conselheiro, um orientador ou modelo?[22] Ele deveria ser crítico e profeta, fazendo perguntas duras, mas irrespondíveis? O chamado da liderança, focalizado mais em pessoas do que em ideias, está pronto e desejoso de assumir os custos do discipulado? É a defesa a missão, como ação afirmativa em favor dos setores mal representados, acentuando vozes incipientes, promovendo comunicação mais vertical, em vez de horizontal? Deveria o papel ser animação e suporte do distante ou ativismo prático? Se o magistério pode justificadamente ver-se como o guardião da ortodoxia moral, segue-se que os eticistas devem ser sua polícia moral? Se os eticistas devem ser a consciência do mundo, em que níveis isso deveria ocorrer e como? Claramente depende muito de

---

[21] Peter Black e James Keenan, "A Autocompreensão em Evolução da Moral Teológica, 1900-2000", *Studia Moralia 39* (2001), 291-327.

[22] Karen Lebacqz, "The Ethics of Ethical Advising: Confessions of an Ethical Advisor" (14 de maio de 2003), no Centro Markkula para Ética Aplicada, primavera de 2003. Eventos Éticos em www.scu.edu/ethics/publications (acessado em 15 de janeiro de 2007).

como o teólogo eticista define seu papel, uma matéria na qual ainda temos que chegar a um consenso.[23]

Nossa parte do mundo está repleta de problemas muito importantes para serem deixados sem endereçamento na ausência de profissionais moralistas, que são uma rara espécie. Para a Ética Teológica ter uma mínima influência ela terá que lançar sua rede de forma mais ampla. Felizmente para a Igreja, o Espírito forneceu outros parceiros, começando com as vozes oficiais dos bispos, como indivíduos e em conferências, falando de questões particulares e temas abrangente.[24] Preenchendo o vazio teológico ético, há colegas de disciplinas[25] teológicas ligadas e campos relacionados. Finalmente, há os defensores leigos em movimentos, ideologias ou reuniões ligando-se e trabalhando em rede, por exemplo, a Anistia Internacional ou Transparência Internacional. Em um sentido real é o laicado consciente que mantém muitos dos debates morais vivos, seja em colunas de jornal, "talk shows" ou "cafeterias". Estamos em mais forte companhia quando vemos os desafios e respostas, fazendo parte do grande Povo de Deus, em vez de a um restrito grupo de especialistas. Esta multidão de fiéis, pequena como é, pode assumir a fé e fixar suas esperanças no Mestre que nos reassegura, que nos acompanha em nosso caminho. Sempre.

---

[23] Sabatino Majorano, "Il Teologo Moralista Oggi", *Studia Moralia* 33, n. 1 (1995): 21-44; Basilio Petrà, "Le Sfide del Teologo Moralista Oggi", *Studia Moralia 33*, n. 1 (1995), 5-20.

[24] Conferência dos Bispos Católicos das Filipinas (CBCP), *Pastoral Exhortation on the Church and Politics* (Manila: Paulinas, 1997); CBCP, *Pastoral Exhortation on Economy* (1998); CBCP, *Pastoral Exhortation on Philippine Culture* (CBCP-ECC, 2000).

[25] Associação Ecumênica dos Teólogos do Terceiro Mundo, webmaster@eatwot.org (acessado em 15 de janeiro de 2007).

2

SENSUS FIDELIUM E DISCERNIMENTO MORAL

Paul Valadier começa seu ensaio descrevendo como o *sensus fidelium* é fixado na antiga tradição da Igreja, validado e promulgado através da *Lumen Gentium*, do Vaticano II. Os ensinamentos reconhecem o papel constitutivo que o *sensus fidelium* tem em ajudar a hierarquia da Igreja a formular e articular seu magistério. O *Sensus Fidelium* não é simplesmente uma eleição da fé para saber em que acreditar; ele é sim a inteligibilidade da fé quando ela nasce dos fiéis. Dessa forma, o magistério da hierarquia só é realmente possível na extensão em que ele expressa a fé que foi recebida. Sem ela, o laicado torna-se passivo, e a hierarquia, remota, levando a um abismo de suspeita de ambos os lados da vertente. Valadier argumenta que há indicações presentes, especialmente nos ensinamentos hierárquicos, de uma suspeita do *sensus fidelium*, porque ele poderia levar à discórdia, mas ele argumenta que, de modo geral, qualquer falha da hierarquia convence os fiéis de que a correção de seu ensinamento pode não ser devido ao temperamento desobediente nos fiéis, mas sim uma falha da hierarquia em entender os fiéis da Igreja. Por causa desta suspeita, Valadier sugere que a liderança encoraje toda a Igreja em um discurso mais dinâmico, honesto e respeitoso para melhor discernir a fé que é e necessita ser expressa.

> Inculturação e amor: isto é o que devem oferecer a estrutura e a inspiração para nosso entendimento da fé, a fim de que a reflexão teológica (especialmente no campo ético) possa gerar um conhecimento vivo de Deus. É essencial que a inculturação e o amor moldem a discussão dos vários problemas conectados com o magistério e o discernimento moral.

Dessa forma, Nathaniel Soédé, tendo fornecido várias percepções, fecha este ensaio, mas aqui consideramos três. Primeiro, o *sensus fidelium* pode servir como um contínuo catalizador para ajudar os batizados a amadurecer nos discípulos de Cristo. Segundo, os professores magisteriais devem estar muito atentos às necessidades inculturadas na expressão local do *sensus fidelium*. Soédé pergunta à hierarquia: "Eles estão conscientes de que estes cristãos se encontram (conscientemente ou não) em um país estrangeiro, quando eles traduzem sua fé para uma linguagem filosófica, teológica, litúrgica ou legal que expressa, não muito a catolicidade da Igreja, mas a forma ocidental que esta catolicidade toma nos países do Terceiro Mundo que gemem sob o jugo colonial do Ocidente?". Finalmente, se nós realmente queremos um autêntico ensinamento, então devemos deixar nosso ensinamento ser formado pelas raízes, a radicalidade de nossa comunidade local, porque aí nós encontraremos o Espírito.

Giuseppe Angelini acredita que o *sensus fidelium* não foi parte da história da Teologia Moral de sua concepção em Trento mesmo até o Vaticano II. Assim, no despertar do Vaticano II, "respondendo aos aspectos insatisfatórios das respostas dadas pelo magistério aos novos problemas morais, especialmente aqueles relativos à esfera do comportamento sexual, a moderna teologia faz uma acusação precisa: o magistério ignora o *sensus fidelium*". Angelini propõe outra estratégia: "Do que basicamente sentimos falta hoje não é de fato uma referência ao *sensus fidelium* nos documentos do magistério, mas sim a elaboração de um *sensus fidelium* efetivo, um comum *sentire* por parte dos crentes com relação aos novos problemas de escolha com os quais eles se confrontam pelo contexto transformado da sociedade". Angelini argumenta que muitos igualam o *sensus fidelium* a uma opinião pública intermediada pela comunicação de massas e frequentemente expressando o coletivo de afirmações individuais de autonomia pessoal. Ele, de preferência, olha para as Escrituras, por exemplo, a pregação dos apóstolos depois de Pentecostes, quando os ouvintes da palavra encontram seus corações penetrados, a qual, em retorno, leva à sua conversão e vida de crentes fiéis. Estas consciências crentes devem ser o ponto de partida para tentar descobrir e expressar o *sentire* comum apropriado à teologia moral.

O CONCEITO DE *SENSUS FIDELIUM* CAIU EM DESUSO?

Paul Valadier, S.J.

O conceito de *sensus fidelium* desempenha um papel central na Teologia Cristã Católica. Ele é uma forma de fazer justiça ao tema bíblico do sacerdócio comum aos fiéis (de acordo com 1Pd 2,17 e numerosas outras passagens no Novo Testamento, como 1Cor 12,4-11 e Ef 4,4-6), e ele permite-nos expressar a ideia de que, através do Batismo, o Espírito Santo é derramado sobre todos que acreditam em Cristo, na concretização da promessa feita por Deus aos profetas do velho pacto (especialmente Jeremias e Ezequiel). Consequentemente, este conceito abrange a ideia da efetiva realização do novo pacto de compartilhar o dom de Deus que é dado a todos os batizados; ele também alude à ideia de que a comunidade inteira que acredita segue o ensinamento de Cristo, e alude também à tradução deste ensinamento em suas vidas.

Em sua Constituição Dogmática da Igreja, o Magistério do Vaticano II ofereceu uma formulação clássica deste *sensus fidelium*: "O corpo completo dos fiéis que têm uma unção que vem do Espírito Sagrado (cf. 1Jo 2,20 e 27) não pode errar em matéria de crença. Esta característica é mostrada na apreciação sobrenatural da fé (*sensus fidei*) de todas as pessoas, quando, 'dos bispos ao último dos fiéis' (Santo Agostinho), manifestam um consentimento universal em matéria de fé e moral... A pessoa incessantemente adere a esta fé, penetra-a profundamente com o julgamento correto e aplica-a mais totalmente na vida diária" (*Lumen Gentium*, n. 12).

Através da citação de Santo Agostinho, o conselho fundamenta sua afirmação sobre um grande número de padres da Igreja que ou aludiram a este *sensus fidelium,* ou demonstraram sua importância. Recordamos também a declaração da frase de Vincent de Lérins em seu *Commonitorium* (Patrologia Latina 50, 615-666): "que tem sido acreditado em todos os lugares, sempre, e por todos" constitui o conteúdo deste *sensus* que é compartilhado na Igreja. Nos tempos modernos, devemos a mais poderosa ilustração teológica deste tema tradicional ao Cardeal Newman,[1] que baseou seus argumentos na forte resistência do povo cristão ao Arianismo, em um tempo em que a grande maioria da hierarquia se deixava seduzir pelas teses heréticas. Ele também mostra como Maria desenvolveu com base neste *sensus fidelium,* que leva os fiéis, sem qualquer prescrição dogmática no sentido estrito do termo ou qualquer imposição "de cima", a desenvolver a veneração da Mãe de Deus e até acreditar na assunção da Virgem para unir-se a seu Filho na glória algo que se tornou um dogma somente muito depois, em 1950! Foi graças a uma percepção muito aguda de sua própria fé que o povo crente intuitivamente sentiu o lugar de Maria na revelação da salvação, mesmo antes

---

[1] Especialmente em um artigo publicado no *Rambler* em 1859, "On Consulting the Faithful on Matters of Doctrine". Esta posição é mantida completamente na obra inteira de Newman. Ver *Essays Critical and Historical*, 2 volumes (London: Pickering,1881). Outros trabalhos sobre o assunto incluem: Cardeal Yves Congar, "Les laïcs et la fonction prophétique dans l'Église", in: *Jalons pour une théologie du laïcat* (Paris: Cerf, 1959), capítulo 6; idem, *Église et papauté: Regards historiques* (Paris: Cerf, 1964), capítulo 11; Jan Kerkhofs, "Le peuple de Dieu est-il infaillible? L'importance du *'sensus fidelium'* das l'Église postconciliaire", *Freiburg Zeitschrift für Philosophie und Theologie 35* (1988), 3-19; Cardeal Leo Scheffczyk, "Le *'sensus fidelium'*, la force de la comunauté", *Jornal Internacional Católico/Communio* 13 (1988), 84-100; Bernard Sesboüé, "Le *'sensus fidelium'* en morale à la lumière de Vatican II", *Le Supplément 181* (julho de 1992), 153-156; Francis Sullivan, *Magisterium: Teaching Authority in the Catholic Church* (New York: Gill & MacMillan, 1983; idem, *Creating Fidelity: Weighing and Interpreting Documents of the Magisterium* (Dublin: Gill & MacMillan, 1986); Jean-Marie Tillard, "Magistère, théologie et *sensus fidelium*", *Introduction à la pratique de la théologie*, vol. 1 (Paris: Cerf, 1982), capítulo 3, 163-182.

que houvesse qualquer formulação doutoral disto ou qualquer teologia explícita respaldada por argumentos técnicos.

Eu recordei estes dados básicos brevemente e de uma maneira alusiva somente porque eu quero observar e deplorar o fato de que este assunto fundamental tem muito frequentemente sido o objeto de suspeita, ou pelo menos que ele não usufruiu do lugar e da importância na vida e pensamento da Igreja, que é de fato seu dever. A intenção do presente ensaio é mostrar o preço que a Igreja deve pagar em termos de sua vitalidade interna e seu elã missionário, se aceitarmos a diminuição deste tema.

Não é difícil ver que o conceito de *sensus fidelium* desperta desconfiança, especialmente por parte da hierarquia romana. Por exemplo, a *Instrução sobre a Vocação Eclesial do Teólogo*, promulgada pela Congregação para a Doutrina da Fé em 1990, expressa reservas consideráveis sobre este assunto; na verdade, ela nega no n. 27 que há uma pluralidade de "magistérios" na Igreja uma afirmação de Tomás de Aquino que o texto rejeita sem oferecer quaisquer argumentos. Esta pluralidade indica que nem tudo vem "de cima"; de preferência, uma abordagem eclesiológica sadia terá consciência da fé que é partilhada por todos e da diversidade interna do Corpo de Cristo especialmente no nível dos carismas. E toda proposição que vem do magistério eclesiástico deve necessariamente ser "recebida" pelo povo de Deus se é para ter o poder de convicção e de vida. Em vez de tomar uma posição firme no consenso de uma fé comum, este documento romano insiste quase exclusivamente no lugar da hierarquia eclesiástica no regulamento e afirmação da fé. Apesar das palavras muito claras do *Lumen Gentium* que citei acima, este texto, permeado por uma atitude de suspeita, traz de forma primitiva uma assombrosa falta de confiança em face da Igreja. O *sensus fidelium* é suspeito aqui de justificar a "discórdia". E assim o texto o desacredita e preferiria vê-lo esquecido.[2] Entretanto, eu gostaria de mos-

---

[2] Consequentemente, não devemos substituir a tradicional expressão *sensus fidelium* por *sensus fidei* ou então devemos explicar essa substituição. A primeira frase leva em conta a vida e a fé da comunidade eclesial; a última arrisca uma

trar que este desuso ou desvalorização leva a um enfraquecimento (para dizê-lo suavemente) das posições morais da Igreja Católica. Limito minhas observações ao campo da Teologia Moral; não digo nada aqui sobre dogma ou liturgia. É urgente restaurar toda a sua pertinência a um conceito que é inteiramente tradicional e na verdade muito antigo.

Antes de tudo, este conceito diz respeito grandemente à fé da Igreja. Removê-lo do campo da Teologia é infligir injúria no sentido católico da fé que é partilhada por todo o corpo de fiéis, já que ela é recebida do Espírito Santo através do Batismo e Confirmação. É também de se supor que o Espírito se derrama apenas em uma elite (ou em especialistas capazes de controlar a fé dos outros), em vez de ser espalhada sobre todos os batizados como se Deus fosse avarento com seus dons. Desta maneira, a suspeita que é lançada neste conceito prejudica o sentido correto da Igreja, dividindo-a em uma Igreja que ensina e uma Igreja que é ensinada. Esta é uma distinção mais ou menos recente feita no Direito Canônico; é jurídica, em vez de genuinamente teológica. Considero que a Igreja que ensina "sabe" sem precisar ser ensinada. Considero que, em matéria de moralidade, a Igreja que ensina não tem necessidade de buscar informação sobre a complexidade dos problemas envolvidos e tem uma espécie de intuição específica com relação às soluções que são tão difíceis e perigosas. E isto torna a hierarquia os proprietários de uma fé e vida cristãs que não precisariam ser aprofundadas todo o tempo (como é o caso com todos os cristãos). O magistério não precisaria buscar informação sobre problemas éticos, embora estes possam ser rebeldes ou simplesmente bastante novos.

Ao mesmo tempo, os outros, a assim chamada Igreja ensinada, estão determinados a uma passividade que é uma contradição básica de

---

restrição a dogmas que são propostos em termos abstratos, independentemente da profissão de fé por pessoas que creem. Esses dogmas, então, circulariam de alguma forma na Igreja, ou então eles seriam regularizados por "experts" que estariam isentos do controle da consciência e julgamento dos crentes.

sua vocação cristã; pior que isto, supõe-se que eles não têm uma consciência moral ou destreza no discernimento, como se fossem incapazes de discernir em sua experiência humana e eclesial sobre o que é necessário para uma vida mantida com o Espírito de Cristo.

É realmente verdade que os fiéis têm esta experiência na Igreja, não no esplêndido isolamento. Mas é igualmente verdade que em qualquer momento em que uma palavra do magistério deve ser aceita, isto pressupõe que os fiéis são capazes de fazer um julgamento moral sobre as palavras e instruções que receberam. É somente desta forma que podem fazer estas palavras genuinamente suas e "segui-las" no Espírito não simplesmente de acordo com as letras. Isto é por que o recente conselho insiste tão fortemente nos "cristãos fiéis" (*christifideles*), graças a uma reavaliação muito necessária do papel do laicado na Igreja e no mundo. Eles não são um passivo rebanho de ovelhas! Eles têm uma participação vital na consciência eclesial e eles prestam testemunho de Cristo no mundo.

Deveríamos acrescentar que a prática do *sensus fidelium* foi tomada seriamente e este não é o caso hoje isto estabeleceria uma possibilidade de "recepção" ou "reconhecimento" no sentido genuinamente filosófico do conceito, que foi bem analisado pelo filósofo Axel Honneth, em seu livro *La lutte pour la reconnaissance* (1992). Isto supõe *inter alia* que alguém que fala ou ensina buscará compreender a reação daqueles a quem está se dirigindo para descobrir sua concordância ou sua reserva, para descobrir se suas próprias observações foram bem aceitas e se eles parecem capazes de convocar as pessoas a uma vida que está verdadeiramente em acordo com o Evangelho. Isto significa que alguém emerge *ipso facto* de sua solidão que circunda todos na autoridade; a pessoa procura alguma espécie de teste de validade e a pertinência de suas observações; ela se guarda contra os perigos de um autoritarismo que é absolutamente contrário a uma vida eclesial formada pelos preceitos e práticas do Sermão da Montanha; e a pessoa dá-se a chance de discernir a relevância do ensinamento que ela transmitiu.

Se o magistério eclesial falha em responsabilizar-se por esta tarefa, ele se isola e fala consigo mesmo, cortando o contato necessário e as trocas recíprocas que asseguram a saúde de cada palavra que é dividida entre os seres humanos. Finalmente, ele fala apenas para si mesmo, incessantemente repetindo ou citando suas próprias palavras, como para confirmar a existência de uma recepção eclesial que é, de fato, falha. Não é pelo menos surpreendente que esta mensagem seja "inadequada". Ela não pode ser "apropriada" porque o magistério da Igreja pensa que é bastante para ele fazer pronunciamentos, sem se incomodar de perguntar se os fiéis reconhecem a mensagem e reconhecem-se nela, isto é, se eles encontram sua fé nele e dão as boas-vindas às boas novas que ouviram como alguma coisa boa e gratificante. Esta é a fonte da percepção espalhada de que o magistério eclesiástico não sabe se as pessoas o estão ouvindo e de que é por isso que é forçado a repetir as mesmas ideias, que são levadas adiante repetidamente, mas nunca genuinamente recebidas. O magistério sente-se compelido a elevar sua voz, assim esquecendo que uma Verdade que não é ouvida, recebida ou reconhecida, mas simplesmente repetida com obstinação intransigente, torna-se inaudível e perde seu caráter de Verdade.

A falha em praticar o *sensus fidelium*, especialmente no campo da moralidade, isola, então, o magistério e impede que ele seja ouvido. Desvaloriza o pronunciamento oficial da Igreja, que se torna estéril e pode mesmo ser contestado abertamente por muitos dos fiéis, que têm a impressão de que, embora a mensagem que ouvem seja "autorizada", ela carece de toda a credibilidade. Um isolamento deste tipo promove a discórdia, a negligência pelo ensinamento moral da Igreja e uma indiferença em face do que a Igreja diz, porque os pronunciamentos não mostram sinal de que a Igreja cuida da recepção efetiva de sua mensagem. Isso leva a divisões sérias e altamente perturbadoras dentro da Igreja ou mesmo ao cisma. Se o crente não pode ver como o discurso moral da Igreja (especialmente em matérias de sexualidade) verdadeiramente se relaciona com sua própria vida, ele será tentado a retirar-se para dentro de sua própria concha. Isso favorece o individualismo, então, destrói a comunhão da Igreja.

Muito frequentemente é esquecido que a "discórdia" não é necessariamente o fruto da desobediência por parte dos crentes ou teólogos. Em muitos casos, é o subproduto de um autoritarismo incapaz de oferecer uma justificativa teológica de sua posição. Este desacordo deve alertar a hierarquia de sua própria inabilidade para fazer-se ouvir, e daí a crise de autoridade que a própria hierarquia produz por sua própria prática; e ela não deveria esquecer que é tanto incorreto como desrespeitoso aplicar o termo "dissidência" (uma palavra muito forte, com grave implicação nas esferas política e espiritual) a toda formulação de crítica ou questionamento da posição tomada pelo magistério eclesiástico. Esta má vontade e esta injustiça são uma evidência mais distante de uma surdez que intercepta a autoridade daqueles da comunidade eclesial e fecha--os em sua própria inabilidade para comunicar-se e consequentemente transmitir a Palavra.

O único meio fora deste impasse é aceitar o debate e discussão mais honestamente do que é comum hoje. A Instrução Romana vê aí apenas as sementes da discórdia, mas de fato o oposto é verdadeiro: é o debate que permite o consentimento, um melhor entendimento do ensinamento e sua aceitação pelos fiéis. O objetivo do *sensus fidelium* é permitir que os fiéis "reconheçam suas próprias vidas" no ensinamento que é proposto a eles, e, então, façam o seu próprio. Podíamos também acrescentar o importante ponto de que um clima de maior honestidade e liberdade de discurso ajudaria o magistério a formular melhor a mensagem. A "Igreja que ensina" (se me é permitido usar esta expressão inadequada) descobriria que ela também estava sendo ensinada e isto significaria falar uma palavra mais audível, uma palavra baseada em sérios argumentos em vez de vacuidades antropológicas, que toma muito espaço nos documentos incontáveis sobre casais, sexualidade, novas práticas médicas ou questões econômicas. Isso acontece porque o conceito de *sensus fidelium* concebe um diálogo vivo entre aqueles que tomam parte na vida da Igreja, não somente a descida dos "no alto" das proposições imperativas que devem ser recebidas por uma multidão inerte. É este diálogo vivo, esta "troca maravilhosa" que torna o entendimento mútuo possível. Como podemos negligenciar o fato de que, nos problemas morais, é difícil até ouvir o que a outra pessoa está dizendo quem dirá entender suas palavras? Leva tempo fazer-se ouvir; devem-se considerar as objeções que podem ser feitas a fim de formular as ideias mais precisamente e fazê-las mais aceitáveis ao ouvinte e que pelo menos não significa adulterá-las ou fazê-las indiferentes. Todo discurso moral pressupõe um trabalho extenso de ouvir reciprocamente, de considerar o que o outro tem a dizer e de esclarecer o que eu mesmo desejo dizer.

Este é o caso com os documentos publicados em 1970 e 1980 pelos bispos dos Estados Unidos da América, quando eles falaram sobre matérias econômicas e sobre desarmamento. Eles organizaram uma consulta sistemática das grandes instituições católicas (paróquias, universidades etc.). Isto não enfraqueceu ou comprometeu o crédito da autoridade eclesiástica, mas especialmente acentuou-o, já que houve concordância geral de que estas posições públicas e oficiais foram bem recebidas e desfrutaram de ampla medida de aceitação por parte da comunidade eclesial. Com imposições que vêm de cima é muito mais provável que não sejam ouvidas absolutamente, ou, por outro lado, são mal entendidas. A sabedoria da Igreja nos instrui, através deste conceito do *sensus fidelium*, a abandonar um discurso unilateral que produz as marcas da heteronomia ou mesmo de indiferença diante de seus receptores. Ela obriga-nos a ouvir um ao outro. Ela leva-nos a considerar seriamente a comunidade dos fiéis, isto é, a própria Igreja.

Este conceito transmite uma dificuldade e um processo dispendioso, e isto é, sem dúvida, uma das razões por que ele é minimizado ou caricaturado. Por exemplo, a declaração de que aqueles que falam do *sensus fidelium* estão introduzindo simplesmente considerações sociológicas na Igreja ou que opiniões que passam (assim facilmente manipuladas) estão tornando-se o critério da verdade é claramente nada mais que uma manobra cínica para desvalorizar um conceito tradicional que é essencial para a vida da Igreja. E este conceito é um indicador prolongado da verdade, já que ele está ligado à ideia de não-recepção. Quando um ensinamento moral é encontrado com reservas e críticas, e os fiéis se recusam a aceitá-lo por um longo período, este é um sinal óbvio de que alguma coisa está errada com o ensinamento. Isso não significa necessariamente que ele é falso; ele pode até conter muita verdade. Mas o fato de que ele não é recebido, ou é recebido apenas pobremente, exige um ato de discernimento pelo magistério da Igreja. Esta não-recepção pelos fiéis pode significar que a mensagem está mal formulada e seus argumentos não são convincentes. Qual é, então, a razão para a relutância por parte dos fiéis? É por causa de sua vidas pecaminosas e sua atitude de desobediência? Ou é porque eles não podem entender formulações que são defeituosas, rígidas, unilaterais? E é toda a falha necessariamente deles?

Este discernimento necessário exige que se investigue a relutância do povo de Deus (ou de uma grande porção dele) e se reexamine a razão que fundamenta a mensagem do magistério. Em muitas esferas, a persistente recusa de ouvir seriamente as reações das pessoas não é um sinal de que toda a verdade está do lado do magistério e que os fiéis estão simplesmente sendo desobedientes; um discernimento elementar pode levar alguém à conclusão de que o povo de Deus, no qual o Espírito habita, não reconhece sua própria vida em um ensinamento particular (totalmente ou em parte) e que isto ocorre por que ele não pode receber o ensinamento. Uma persistente recusa em ouvir ajuda a desvalorizar o ensinamento que é apresentado. Quando não há uma adesão genuína ao ensinamento, os fiéis são deixados a seus próprios artifícios. Faltando orientação, eles se adaptam ao ambiente em que vivem. E isto significa que o magistério falhou ao desempenhar seu papel essencial.

Eu espero que tenha indicado a importância principal do *sensus fidelium* para uma vida eclesial vital em concordância com o Evangelho. Uma Teologia autoritária pensa que pode seguir adiante perfeitamente bem sem o *sensus fidelium*, mas esta Teologia não faz nenhuma contribuição real para a vida da verdade do Evangelho ela quebra a unidade da Igreja e isola o magistério em uma distância em que ele perde sua credibilidade e esvazia a vida do povo de Deus, que está abandonado a seus próprios caprichos e a uma subjetividade incontrolada. Aceitar as exigências implicou esta expressão que seria uma grande contribuição para a vitalidade da Igreja, tanto para sua unidade interna como para sua missão externa, porque isto daria testemunho para uma comunidade que estava viva não para uma administração que foi surda às vidas dos fiéis. Ela emprestaria credibilidade à mensagem que a Igreja proclama, porque faria esta mensagem legível e compreensível, mostrando que não é propriedade privada de qualquer um, mas dá vida e esperança a uma comunidade eclesial inteira.[3]

---

[3] Título original: "Sensus fidelium, un concept en désuétude?".

SENSUS FIDELIUM E DISCERNIMENTO MORAL

Nathanaël Yaovi Soédé

O Princípio de Inculturação e de Amor

Introdução

O magistério cumpre sua missão em uma atitude de respeito em face do princípio de inculturação, que é inseparável da Palavra de Deus e da tradição da qual o magistério possui o *depositum*.[1] Podemos, entretanto, observar que, historicamente falando, este princípio foi realizado principalmente na base das questões e dados filosóficos e teológicos das igrejas ocidentais e orientais: a inculturação permitiu que as igrejas locais do Ocidente e Oriente propusessem questões que influenciaram fortemente o ensinamento do magistério. Este ensinamento não tem somente questões colocadas nas sociedades e comunidades cristãs do Norte; ele também adotou, de uma maneira específica, os conceitos e as ideias antropológicas e teológicas mais expressivas de sua cultura. As igrejas de outras culturas devem estar conscientes deste fato, se elas devem encontrar a coragem teológica para elaborar análises de problemas e reflexões que podem, da mesma forma, oferecer ao magistério alguns pequenos peixes e pedaços de pão (cf. Jo 6,6-12), que podem fornecer o alimento da Palavra para a vida dos fiéis que estão em seu cuidado, dentro da comunhão da Igreja mundial.

---

[1] Leonard K. Santedi, *Dogme et inculturation en Afrique* (Paris: Karthala, 2003).

Neste contexto, o que temos a dizer sobre o *sensus fidelium* e discernimento moral? Com Meinrad Hebga, estamos conscientes de que, nas igrejas não ocidentais, "nós devemos ler muito para colocar nosso próprio selo indelével na mesma religião (a fé católica), não mais elevando ao nível da divina revelação a filosofia aristotélica e tomista, o pensamento protestante germânico e anglo-saxão, ou os usos e costumes da Gália, o mundo greco-romano, Portugal, Espanha ou Alemanha, que foram 'cristianizados' se não na verdade divinizados pela Europa".[2]

Neste ensaio, falarei de um aspecto desta responsabilidade, a saber, os problemas espalhados com relação à teologia do *sensus fidelium* e o discernimento moral hoje. Nós demonstraremos que o *sensus fidelium* e o discernimento moral se colocam no mesmo ponto da questão da responsabilidade e da formação dos batizados cristãos, e o problema da inculturação e do amor.

Responsabilidade dos Fiéis e da Igreja

O *sensus fidelium* é um *locus theologicus* que nos convida a revelar aos batizados cristãos e às igrejas locais, em comunhão com a Igreja universal, seu carisma com relação ao entendimento das Escrituras e ao conhecimento e proclamação da verdade da fé. Frequentemente, a formação e a reflexão sobre a identidade e a vocação dos fiéis centrou-se em sua vida de comunhão com Cristo na fidelidade aos mandamentos; o testemunho cristão foi entendido como uma espécie de conduta necessária a fim de ser a luz do mundo e participar, ao lado do sacerdócio, da proclamação do Evangelho. Dessa forma, o laicado também teria sua participação na função dos pastores da Igreja de ensinar.[3]

---

[2] Meinrad P. Hebga, *Emancipation d'Eglise sous tutelle* (Paris: Présence Africaine, 1976), 166-167.

[3] Bernard Lauret e François Refoulé, eds., *Initiation à la pratique de la théologie: Introduction* (Paris: Cerf), 161-182; Bernard Sesboüe, *Le magistère à l'épreuve* (Paris: DDB, 2001), 100-108; Paul Valadier, *La condition chrétienne* (Paris: Seuil, 2003), 218-241.

O conceito de *sensus fidelium* convoca pastores e teólogos a ajudar o laicado a captar e pôr em prática, de uma maneira efetiva e esclarecida, seu carisma com relação ao entendimento das Escrituras e ao conhecimento e proclamação da verdade da fé. Esta tarefa é particularmente urgente nas igrejas no Terceiro Mundo. Minhas observações dirigem-se ao tópico da inculturação das fundações antropológicas do *sensus fidelium* e do discernimento moral.

De acordo com as fundações de antropologia africana, a pessoa humana é um "ser vida" (*être-vie*), isto é, uma vida que existe como um relacionamento (entre o indivíduo e a comunidade: um "eu/nós" que nos liga ao cosmos e a Deus), como ser e como ação, a fim de conquistar a morte e deixar a vida espalhar-se através do mundo.[4] Portanto, diríamos que o *sensus fidelium* nos permite ver, acima de tudo, que a pessoa batizada é uma vida "cristificada". Através do Batismo, o Senhor ressuscitado anima aquele que pertence a ele, por meio do Espírito que ele derramou em seus discípulos no verdadeiro dia de sua vitória sobre a morte. Nele mesmo o que vive transforma a pessoa batizada em um "ser vida", que produz em si mesmo o que Cristo é. Em sua morte, a que ele venceu, manifestou totalmente ao mundo o que ele é, ou seja, amor. Em sua primeira encíclica, o Papa Bento XVI escreve da identidade de Deus como "amor" e fala da profundidade do seu amor em Cristo.

"Deus é amor" (1Jo 4,16). Seu amor pelo mundo conduziu o Filho de Deus para ele entregar-se à morte a fim de desarraigar do coração do "ser vida" (isto é, a pessoa humana) o ódio que é o mal e para livrar aquele do pecado e da morte. Quando o "ser vida" é batizado, ele carre-

---

[4] O Pensamento Católico Social de Nathanaël Yaovi, *Sens et enjeu de l'éthique: Inculturation de l'éthique chrétienne* (Abidjan: UCAO, 2005), 94-129; idem, "Anthropologie et éthique de l'être-vie. Approche afrique chrétienne", in: Claudius Luterbacher-Maineri e Stephanie Lehr-Rosenberg, eds., *Weisheit in Vielfalt: Afrikanisches und westliches Denken im Dialog. Sagesse dans la pluralité. L'Afrique et l'Occident en dialogue* (Fribourg: Academic Press Fribourg, 2006), 111-123; Engelbert Mveng, *L'Afrique dans l'Église: Parole d'un croyant* (Paris: L'Harmattan, 1985), 7-18.

ga Cristo. Em Cristo, ele é a vida que encontra sua autêntica identidade e sua responsabilidade em Deus. Como tal, ele é membro do Corpo que é a Igreja um corpo feito visível através de seu testemunho de amor. As pessoas batizadas afirmam sua identidade e alimentam e fortalecem seu "ser vida cristificado", quando aceitam sua vocação e são profundamente unidos à Igreja que vem junto e proclama, celebra e vive sua fé como uma comunidade que forma a família de Deus.[5] Como membros da Igreja, e como uma manifestação da Igreja em suas próprias pessoas, os fiéis exercem seu próprio carisma, específico, em autêntica comunhão com Cristo e com sua Igreja.

Isso significa que o assim chamado *sensus fidelium* é de fato o que podíamos chamar um *sensus fidelium ecclesiaeque*. A expressão *sensus fidelium* não é uma expressão radical de dimensão comunal dos sujeitos em sua relação à Igreja. No contexto da inculturação africana, ele falha ao declarar que, como que a pessoa batizada, o crente, é um "ser vida" e um crente que veio para a fé em Cristo, ele é também um eclesial "eu". A dimensão relacional e eclesial da identidade da pessoa batizada nunca ocorreria a alguém que ouve a expressão *sensus fidelium*. Esta frase tornou-se clássica; mas a antropologia greco-latina que constitui a fundação filosófica deste termo insiste menos fortemente do que a antropologia africana sobre a dimensão comunal da pessoa. A tradução desta existência relacional da pessoa humana para o conceito de "ser vida" obriga o teólogo a ressaltar esta dimensão no nível cristológico ou eclesiológico.

Deixe-me brevemente fazer esta observação: naquelas culturas que afirmam que a pessoa humana é vida e em relacionamento, é útil falar não do *sensum fidelium*, mas do *sensum fidelium ecclesiaeque*, que inclui a primeira frase dentro dela mesma e expressa sua abertura a todas as dimensões e todas as forças na Igreja.

---

[5] João Paulo II, *A Ecclesia in Africa*, n. 63ss.

A expressão *sensum fidelium ecclesiaeque* indica que é como um filho ou filha da Igreja, em e com a Igreja, que o crente participa da função do magistério, da qual na verdade toda a Igreja participa. Este não é um carisma somente de crentes que são membros excepcionais da Igreja, nem de discípulos em alguma área secundária que toma seu lugar na Igreja depois dos ministros ordenados. Esta frase convida o fiel a tornar-se consciente de sua existência eclesial e a promover o crescimento daquele corpo e família que é a Igreja, celebrando e dando testemunho de sua fé.

Por sua parte, o magistério deve considerar os fiéis como membros completos da Igreja, sujeitos responsáveis, discípulos de Cristo que são batizados e, portanto, participam do poder da hierarquia. Isto significa que eles têm uma contribuição a fazer ao magistério, na esfera do conhecimento e proclamação na História da Fé, que foi recebida dos apóstolos. Bénézet Bujo ressalta a dimensão comunal do conceito africano do discernimento moral.[6] Ele mostra que o modo africano de deliberar através do diálogo, isto é, a *conferência*, que envolve todos os membros do grupo nas escolhas decisivas com relação à vida da comunidade no campo das crenças e práticas sociais e religiosas, é um elemento valioso que pode promover um genuíno *sensus fidelium ecclesiaeque* em relacionamentos entre o magistério e o laicado.

Consequentemente, o magistério deve trazer os fiéis à maioridade na fé, a fim de fazê-los capazes de responder totalmente à sua vocação batismal. Neste ensinamento sobre o testemunho e o comprometimento do laicado na Igreja, o magistério deve devotar mais atenção em tornar batizadas pessoas adultas, cuja formação e cuja vida de fé farão efetivo e frutificante seu exercício do *sensus fidelium ecclesiaeque*.

---

[6] Bénézet Bujo, *The Ethical Dimension of Community: The African Model and the Dialogue between North and South* (Nairobi: Pauline Publications Africa, 1997), 58-87; idem, *Foundations of an African Ethic: Beyond the Universal Claims of Western Morality* (Nairobi: Pauline Publications Africa, 2001), 68-97.

Formação do Laicado e o Exercício da Missão do Magistério no Campo da Inculturação

Os fiéis não são mais simples consumidores dos pronunciamentos do magistério. A mesma coisa é verdadeira sobre as comunidades cristãs com relação aos bispos e padres sobre as igrejas locais com relação à Igreja universal.

Por sua parte, o laicado deve juntar igual valor à sua formação humana e cristã e à sua vida de comunhão com Cristo, a fim de que possam tornar sua fé mais frutífera e a ação das igrejas locais mais proféticas, em um total espírito de liberdade. Sua função crítica e seu discernimento moral encontram em sua fé e em sua ação a força necessária para ir adiante pelas práticas, crenças e a linguagem da fé, que não estão ancoradas em suas próprias vidas.

Isto significa que o laicado não permanecerá no nível de pessoas com um talento "espiritual". Quando emergirem do reino de piedade popular, eles permitirão que o magistério ofereça a toda a Igreja a possibilidade de confessar e celebrar uma fé que sustenta as marcas da revelação inesperada do mistério do reino para "poucos" e dos esforços destes "poucos" para adquirir um conhecimento autêntico de Cristo.

Nas igrejas com uma cultura não ocidental, os vários esforços de alcançar a inculturação, na fidelidade a Roma, expressam o desejo das comunidades cristãs de viver sua fé de uma forma profunda. Ao mesmo tempo, estes esforços mostram-nos a humildade de Deus.[7] Deus não tenta impor sua própria vontade. Preferencialmente, ele respeita a liberdade daqueles que ele colocou na cabeça de sua Igreja e espera que todos os seus filhos celebrem a fé e confessem seu nome em suas próprias linguagens conservando as normas litúrgicas e o ensinamento do magistério, de tal forma que afirmem que seu reino está em ação no coração de suas vidas.

---

[7] François Varillon, *L'humilité de Dieu* (Paris: Le Centurion, 1974).

O *sensus fidelium ecclesiaeque* é expresso em nossas igrejas na África, Ásia etc. através do esforço e da fraqueza das pessoas batizadas e das comunidades básicas eclesiais na esfera da inculturação. São os magistérios dos bispos locais e das conferências episcopais e o magistério romano capazes de mostrar suficiente abertura a estes problemas em seus comportamentos com seus filhos e filhas? Estão eles conscientes de que estes cristãos se encontram (conscientemente ou não) em um país estrangeiro quando traduzirem sua fé em uma linguagem filosófica, teológica, litúrgica ou legal que expresse não muito a catolicidade da Igreja como a forma ocidental que esta catolicidade toma nos países do Terceiro Mundo que gemem sob o jugo neocolonial do Ocidente?

Existe um *sensus fidelium ecclesiaeque* que se faz conhecido através das necessidades sentidas na esfera de inculturação por aquelas igrejas locais que não foram ainda bem sucedidas em imprimir seu próprio selo sociocultural na fé que receberam do Ocidente. É imperativo que ouçamos este *sensus fidelium ecclesiaeque*, se quisermos que o magistério tenha uma função radical de servir o Espírito "radical" no sentido etimológico deste termo ouvindo o que ele diz às comunidades locais cristãs.[8]

Nos primeiros séculos da Igreja, os apóstolos e seus sucessores permitiram que os fiéis, os teólogos e os pastores lançassem, no molde da cultura greco-romana, uma herança que até então havia sido expressa na linguagem da Palestina. O magistério liberou as igrejas do Ocidente de uma carga quando as desembaraçou da cultura judaica. E hoje? Podemos legitimamente perguntar se o magistério não está impondo aos povos oprimidos a mesma carga de quando ele recusa dar às igrejas da África, da América Latina, da Ásia etc. uma carta branca em matéria de inculturação.

---

[8] Paulin Poucouta, *Lettres aux Eglises d'Afrique: Apocalypse 1-3* (Paris e Yaounde: Karthala and Presses de l'UCAC, 1997).

Devemos perguntar aqui se o magistério está, de fato, suficientemente atento àqueles aspectos da inculturação na vida das igrejas locais que nos convidam a descobrir e dar as boas-vindas a novas faces assumidas pelo *sensus fidelium ecclesiaeque*.

A reflexão sobre este *sensus fidelium ecclesiaeque* e o discernimento moral já não pode centrar-se na questão da competência ou autoridade do magistério nas situações muito complicadas da consciência moral, da liberdade, da autonomia, da sexualidade ou do relacionamento cristão com a política (no sentido gálico desta palavra); nem na questão do que se deve acreditar sobre Deus ou sobre o mistério da fé com relação à Trindade, à Virgem Maria etc.

O *sensus fidelium ecclesiaeque* levanta problemas de inculturação que não percebemos quando o debate sobre discernimento moral é limitado na forma tradicional. Ele indica que a tarefa do magistério é chamar os pastores a um discernimento eclesiológico, dogmático, pastoral e moral.

O Ponto Essencial Hoje: Inculturação e Amor

A inculturação amplia o contexto dentro do qual o *sensus fidelium ecclesiaeque* deve ser colocado em prática, pois isso não se refere somente ao projeto de fixar o Evangelho na cultura e na vida dos batizados, mas também a ajudá-los a aceitar e viver a lei do amor.

O *sensus fidelium ecclesiaeque* pede aos teólogos e ao magistério que tentem descobrir o que é exigido a fim de que os fiéis e as comunidades cristãs possam ser senhores e testemunhas daquele amor que é Deus, o amor feito e manifesto em Jesus Cristo como a vida que triunfa sobre o pecado e a morte, onde quer que este amor esteja presente no mundo.

O *sensus fidelium ecclesiaeque* implica aqui o *sensus mundi*. O mundo que produz a marca da salvação moldada por Cristo, que desceu às profundezas, o mundo no qual o Espírito está em ação, é um lugar onde as pessoas de boa vontade, mesmo não batizadas, podem contribuir para fazer conhecida e vivida a verdade da fé. Sua contribuição pode ser menor que a dos batizados, mas ela não é menos real.

Algumas dimensões do mistério do Deus que é amor ainda não foram colocadas em palavras. Como o Vaticano II diz: o magistério, os teólogos e os fiéis descobrirão no mundo os sinais dos tempos, vozes que devem ser ouvidas, a fim de que entendamos essas dimensões mais profundamente e as ensinemos aos outros. Nesta perspectiva, o *sensus fidelium ecclesiaeque* exige do magistério um discernimento sobre a inculturação e o amor que devem ser vividos pelos batizados no mundo.

Os ideais de unidade e de paz, a tentativa de promover o desenvolvimento, as situações de alienação cultural e a dominação político-econômica, conflitos e guerras todos requerem do magistério um comprometimento elevado para o trabalho de interpretação e ensinamento, e através disso ajudar as pessoas a celebrar e viver o nome de Jesus Cristo um nome que nos fala não somente que Deus está nele mesmo, mas também quem ele é como amor para o mundo. Os batizados devem manifestar seu amor ao mundo, a fim de que outros também possam vir a conhecê-lo e amá-lo.

O *sensus fidelium ecclesiaeque* daquelas pessoas que são abandonadas a uma pobreza subumana e das outras pessoas da Terra quer elas lucrem ou não com as estruturas do pecado que caracterizam a ordem econômica do mundo é uma preocupação urgente para os teólogos e para o magistério. Neste campo, os sucessores dos apóstolos terão de proclamar dogmas sobre a fé em nome do Deus que não se compromete com aquele que explora seu irmão, acumula riquezas a fim de poder usufruir materialmente dos bens ou despreza os pobres e os diferentes. O exercício da função magisterial ou a infalibilidade da Igreja não podem ser restritos à proclamação de artigos de fé sobre a Trindade, a Imaculada Concepção da Virgem Maria etc.

Quando o decreto conciliar *Gaudium et Spes* fala da presença dos batizados no mundo, ele enfatiza que a revelação do mistério de Deus em Cristo e todo o serviço da Igreja que tem a tarefa de tornar esta revelação conhecida podem ser resumidos em amor. Por isso é necessário que o exercício do *sensus fidelium ecclesiaeque* faça a contribuição, nas palavras do Conselho Vaticano II, de participar "aos outros o mistério do amor celestial de Deus"[9] no coração do mundo de hoje.

Esta é um assunto complexo; é suficiente aqui chamar para a necessidade de acordar as consciências das pessoas para os ideais de unidade, de desenvolvimento permanente e de paz. Devemos prestar atenção aos protestos de nações e de igrejas locais contra situações de injustiça e contra a ocidentalização e alienação de seu povo e de seu mundo.

As questões que são levantadas, os fracassos e os sucessos em trabalhar para estabelecer uma ordem de paz e amor dentro das nações e da Igreja demandam um discernimento moral fundamental por parte dos teólogos e do magistério. A fé e a razão devem estar unidas para o amor; e é por isso que o ponto culminante da questão está colocado na encíclica *Fides et Ratio* de João Paulo II pela Encíclica *Deus Caritas Est,* de Bento XVI. Desta forma, a relação com o Evangelho e com o *depositum fidei* sempre tem o triplo objetivo, embora também simples, de tornar conhecida a verdade da fé, de deixar a fé ser vivida na verdade e de ajudá-la a encontrar expressão na vida ou na linguagem cultural dos fiéis e das comunidades sociais e eclesiais.

Já que todos os discípulos serão julgados em termos de sua prontidão de confessar na Verdade o nome de Cristo (Lc 6,46-48; Mt 7,21;25,31-46), tanto o magistério como os teólogos se empenharão para discernir se o que eles têm a dizer sobre o *sensus fidelium ecclesiaeque* vai ao centro da questão, ou seja, o amor de Deus e dos seres humanos. Por tão pouco podem os sinais do reino serem manifestados efetivamente (Lc 7,18-22; 10,26-28; Mt 7,18-22).

Neste contexto, o *sensus fidelium ecclesiaeque* e o discernimento moral estão acima de todas as solicitações para descobrir o que é a moralidade. O discernimento compreende isso e, assim, torna-se moral, isto é, abre-se para o mandamento do amor ou para a prática das beatitudes.[10]

---

[9] *Gaudium et Spes,* n. 93.

[10] Catholic Social Thought, *Sens et enjeux*, 49-130; Marcel Dumais, *Le sermon sur la montage: Etat de la recherche, interprétation, bibliographie* (Paris: Letoizey Ane, 1995).

O ensinamento do magistério e o pensamento teológico estarão atentos à importância do compromisso ético básico na vida dos batizados, para ver se isso indica uma consciência básica moral adulta, ou não, na qual os valores do amor e da vida em Cristo podem produzir fruto.

O discurso sobre o pão da vida eterna (Jo 6,1) não é um apelo para recolher poucos pães e peixes, os talentos daqueles que servem no campo da Ética ou da Teologia Moral Católica, a fim de refletir, de anunciar e de preparar as boas-vindas nos corações das pessoas para um Evangelho que obriga os cristãos, em todos os lugares, a trabalhar genuinamente para que ninguém na Terra possa ser vítima de condições de vida subumana e vida moral também subumana? Que ninguém possa morrer de doenças para as quais outras pessoas possuem remédios? Que ninguém possa afundar debaixo do peso de preconceitos e sofrimentos, se através de sua própria falha ou através da falta de amor por parte dos outros? Que ninguém possa ser incapaz de expressar a fé em sua própria cultura, em e com sua igreja local (e, naturalmente, em comunhão com a Igreja universal)?

Os teólogos e o magistério devem promover o surgimento de igrejas que não estejam "sob a tutela" de igrejas locais irmãs no Ocidente pela simples razão de que as respostas teológicas, litúrgicas, espirituais e legais que as igrejas ocidentais têm oferecido à fé cristã foram confundidas na igreja universal com a verdade da própria fé, a verdade da vida da fé e a verdade da celebração da vida de fé que deve ser proclamada para todos os povos.

Um autêntico discernimento moral pessoal e eclesial obriga os fiéis e as comunidades cristãs a tornarem-se agentes das "Cristandades" que, como no Ocidente, põem suas bases na cultura das pessoas e tornam-se expressões vivas do pluralismo teológico, litúrgico, legal e pastoral dentro da unidade da fé.

Conclusão

Não há nenhum outro discernimento moral senão aquele concedido aos batizados, a fim de que possam viver de acordo com a lei do amor, ajudando-os a realizar seu entendimento da fé e sua vida de fé a serviço daquele amor, segundo o qual seremos julgados no fim de nossas vidas. A Teologia Moral Católica deve liberar-se de todos aqueles problemas que não sustentam o compromisso dos fiéis de produzir os sinais do reino do amor. De modo semelhante, o magistério deve liberar-se de tudo que poderia levá-lo a construir igrejas no Terceiro Mundo modeladas nos regulamentos e instituições do Cristianismo Ocidental, impedindo aqueles templos locais de ouvir e pôr em prática o que o Espírito diz a suas igrejas em comunhão com todas as igrejas dos *católicos* e com o sucessor de Pedro.

Neste contexto, o magistério ouvirá em uma nova maneira e se colocará a serviço do *sensus fidelium ecclesiaeque* de todas as igrejas locais, agindo próximo a elas. Ele não tratará seus membros como crianças que existem somente para obedecer. Ele as olhará como irmãos e irmãs no amor, no conhecimento da verdade e no testemunho do Evangelho. E eles podem chamá-la "nosso irmão, o magistério", exatamente como eles confessam "Cristo, nosso irmão".[11] O laço de irmandade em Cristo permite que o magistério, os teólogos e os batizados se unam no serviço do amor e da inculturação.

Inculturação e amor: isto é o que deve fornecer estrutura e inspiração a nosso entendimento da fé, a fim de que a reflexão teológica (especialmente no campo ético) possa gerar um conhecimento vivo de Deus. É essencial que a aculturação e o amor modelem a discussão dos vários problemas ligados ao magistério e ao discernimento moral. Dessa forma, a Ética cristã poderia ajudar os pastores a tornarem-se melhores testemunhas do Evangelho, que proclama o nome de Jesus Cristo aos batizados e os ajuda a confessá-lo. É Cristo que os envia como artesãos de seu reino em nosso mundo, e é sua missão libertar o mundo da lei de ferro da exploração e de todas as formas de pecado.[12]

---

[11] *Gaudium et Spes,* n. 93.
[12] Título original: *"Sensus Fidelium* et discernement moral: Le principe de l'inculturation et de l'amour".

O *SENSUS FIDELIUM*
E O DISCERNIMENTO MORAL

Giuseppe Angelini

A importância que o *sensus fidelium* pode e deve receber na reflexão teológica coloca diferentes problemas com relação aos tópicos de Teologia Moral Cristã, daqueles que são de fato discutidos com relação aos tópicos da Teologia Dogmática ou sistemática. A categoria do *sensus fidelium* foi de fato elaborada com referência específica aos problemas de fé (*de fede*), mais do que problemas de moral (*de moribus*). E devemos repensar, em profundidade, a explicação que foi dada da distinção entre as duas esferas da Teologia fé e moral.

Como é bem sabido, a Teologia Moral foi separada do corpo central da Teologia isto é, do que foi chamado *theologia scholastica* no século XVI como resultado das necessidades pastorais concretas. Mais precisamente, com a intenção de assegurar a preparação profissional dos padres como ministros do quarto sacramento. Por séculos, este sacramento tomou a "moderna" forma da confissão dos pecados seguida pela absolvição do penitente, e o Concílio de Trento preparou, com precisão técnica, os cânones com relação à confissão desse tipo. O concílio exigiu um discernimento que certamente foi além das capacidades assumidas dos penitentes. Mas este discernimento também foi além das capacidades dos padres, e por isso foi necessária uma preparação profissional especial. A *theologia moralis* tomou a forma de casuísmo, isto é, uma preparação no discernimento dos pecados. Aconteceu que as categorias teóricas previamente elaboradas pelo escolasticismo foram apropriadas por este treinamento, já que se acreditou (erroneamente) que ele não exigia quaisquer desenvolvimentos teóricos.[1]

Eu posso observar de passagem que um modelo semelhante foi encontrado na origem de outros novos capítulos em Teologia. Em sua origem, encontramos o surgimento de novos problemas e tarefas e de novas questões que de sua natureza teriam estimulado o repensar teórico da Teologia como um todo; em vez disso, a tentativa foi feita para responder simplesmente acrescentando um novo capítulo. Este ramo foi afastado do tronco da Teologia escolástica, mas pensou-se que se poderiam usar os instrumentos conceituais disponíveis para a velha Teologia a fim de promover o crescimento da nova disciplina. Aqui me refiro em particular à Teologia ascética e mística, depois a Teologia espiritual e finalmente a Teologia pastoral.

Permanece o fato de que o baixo perfil teórico da nova disciplina chamada *theologia moralis* conferiu o potencial para a supressão substancial da reflexão fundamental nos tópicos morais. Esta supressão foi tudo de mais sério no que aconteceu no início do período cultural moderno, que apresentou questões de significação objetiva macroscópica para a reflexão teológica moral. A posição marginal da Teologia Moral, com respeito às questões levantadas pelas novas formas de pensamento filosófico e as novas formas de viver junto na sociedade, cria o fundo para o caráter confuso e vago do *aggiornamento* no despertar do Vaticano II. Somente neste período muito recente a categoria do *sensus fidelium* deu uma aparência genuína no estágio de Teologia Moral. Em retorno aos aspectos insatisfatórios das respostas dadas pelo magistério aos novos problemas morais, especialmente aqueles concernentes à esfera de comportamento sexual, a Teologia moderna faz uma acusação precisa: o magistério ignora o *sensus fidelium*.

---

[1] Sobre a gênese da teologia moral, o estudo de Johann Theiner, *Die Entwicklung der Moraltheologie als eigenständiger Disziplin* (Regensburg: Pustet, 1970), permanece fundamental.

A tese que tentarei ilustrar defende uma diagnose diferente. Do que basicamente sentimos falta hoje não é de fato uma referência ao *sensus fidelium* nos documentos do magistério, mas antes a elaboração de um *sensus fidelium* efetivo, um *sentire* comum por parte dos crentes com relação aos novos problemas de escolha com os quais eles estão defrontando-se pelos contextos mudados da sociedade. A tarefa principal da Teologia é esclarecer as razões para esta deficiência e, então, propor remédios potenciais.

É significativo que debates recentes dentro da Igreja e daí na Teologia também frequentemente apelaram ao *sensus fidelium*.[2] Isto aconteceu mais com uma intenção polêmica (como observei), contra a formação da dissidência frequente que enormes setores do público católico revelaram em face de certos ensinamentos do magistério papal, tipicamente aqueles referentes à moral e matérias disciplinares. Os teólogos frequentemente foram os porta-vozes desta discórdia católica, especialmente nos anos após o Vaticano II.[3] Eles expressaram posições críticas em face do magis-

---

[2] Remeto o leitor à reconstrução analítica da literatura teológica sobre o tópico do s*ensus fidelium*, com referência particular ao período depois do Concílio Vaticano II. Para uma história geral deste assunto, ver Dario Vitali, *"Sensus Fidelium". Una funzione ecclesiale di intelligenza della fede* (Brescia: Morcelliana, 1993); para debates subsequentes, ver especialmente os dois boletins de John Burkhard, "Sensus fidei: Recent Theological Reflection II (1965-1989)", *Heythrop Journal 34* (1993), 41-59, 123-136; "Sensus Fidei: Recent Theological Reflection (1990-2001), Part I", *Heythrop Journal 46* (2005), 450-475; Vitali, "'Universitas fidelium in credendo falli nequit' (LG 12). O *sensus fidelium* no Concílio Vaticano II", *Gregorianum* 82 (2005/3), 607-628; Cardeal L. Scheffczyk, "Sensus fidelium: testimonianza della comunità", *Communio 2* (1988), 110-125.

[3] Um dos mais influentes órgãos de dissidência teológica foi o periódico *Concilium*, que dedicou um fascículo exclusivamente a este tópico: *Autorità dottrinale dei fedeli* (1985, n. 4). O esquema de pensamento adotado em alguns destes ensaios (Elisabeth Schüssler Fiotrnza, 66-79; Jon Sobrino, 79-89) coloca uma antítese entre os muitos (isto é, os fiéis) e os poucos (isto é, os bispos, na verdade os pastores em geral). Herbert Vorgromler apresenta esta questão de uma maneira mais sutil ("Dal 'sensus fidelium' al 'consensus fidelium', 15-26); ver também Edward Schil-

tério, especialmente sobre matérias morais.⁴ Neste contexto, o apelo ao *sensus fidelium* enfrentou a forma altamente dúbia de uma exigência pelo laicado de que seus direitos fossem garantidos a eles.⁵

A mais séria questão colocada pela presente situação histórica do Catolicismo, com relação às formas tomadas pela consciência moral do laicado,⁶ é, na realidade, a definição do apropriado *sentire* da fé na situação civil

---

lebeeckx, "Autorità dottrinale di tutti. Riflessioni sulla strutura del Nuovo Testamento", 27-39. Nestes ensaios, entretanto, não há nenhuma consideração das formas práticas por meio das quais a pessoa se mova do *sensus fidei* ao *sensus fidelium*. No que diz respeito ao magistério, poderíamos notar o criticismo justificado de uma interpretação puramente estatística do *sensus fidelium* que é expresso pela Congregação para a Doutrina da Fé em sua instrução *Donum veritatis,* n. 35, "Sobre a vocação eclesial dos teólogos" (texto oficial em inglês, 24 de maio de 1990): "A dissidência algumas vezes também apela para uma espécie de argumentação sociológica que afirma que a opinião de um grande número de cristãos seria uma expressão direta e adequada do 'supernatural sentido da fé'. Realmente, as opiniões dos fiéis não podem ser simplesmente identificadas com o 'sensus fidei'. O sentido da fé é uma propriedade da fé teológica; e, como um presente de Deus que habilita a pessoa a aderir pessoalmente à Verdade, ela não pode errar. Esta fé pessoal é também a fé da Igreja desde que Deus deu a tutela da Palavra à Igreja. Consequentemente, o crente acredita no que a Igreja acredita. O 'sensus fidei' implica, então, por sua natureza, uma profunda concordância de espírito e coração com a Igreja, 'sentire cum Ecclesia'".

⁴ O conflito que seguiu a publicação da encíclica *Humanae vitae* tem uma importância decisiva aqui. Como se sabe, a recepção deste documento foi prejudicada desde o início pelo ponto de vista contrário expresso pela maioria na comissão teológica que o próprio Paulo VI escolheu.

⁵ Para uma breve, mas precisa, informação sobre o uso e abuso desta categoria no período pós-conciliar, ver Vitali, "Universitas fidelium"; ele cita todos os maiores teólogos que deram contribuições teóricas para este assunto. Ver também a mais nova e mais analítica consideração por Daniel J. Finucane, *Sensus fidelium: The Use of a Concept in the Post-Vatican II* (San Francisco: International Scholars Publications, 1996); e, mais recentemente, John Burkhard, "Sensus Fidei".

⁶ O interesse na participação de todos os fiéis na definição da verdade da fé começa com o celebrado ensaio de John Henry Newman, *On Consulting the Faithful in Matters of Doctrine* (1859/1871). Sobre as dificuldades de entender corretamente os objetivos deste ensaio nos dias presentes, ver Gerald O'Collins, "Note a proposito della consultazione dei fedeli", *La Civiltà Cattolica* 138/4 (1988), 40-45.

e religiosa de hoje, na qual a tarefa principal é a formação da consciência moral. Neste contexto, o apelo do *sensus fidelium* arrisca ser uma prestidigitação verbal que nos permite evitar a questão real. As atitudes dos fiéis, com relação à sua conduta diária, genuinamente põem em prática o *sensus fidei*? As condições existem no que é possível para certificar o *sensus fidelium*? Ou suas atitudes revelam uma dependência insidiosa (e inquestionada) da consciência cristã nos lugares comuns da cultura secular?

Esta cultura promove uma separação entre a fé e a conduta, já que ela entende fé somente como uma atitude interior sobre a qual nada significativo pode ser dito. Com relação ao comportamento externo, ela adere aos critérios seculares que são resolutamente pragmáticos e não fazem nenhuma referência à atitude radical de fé. Pode a opinião pública para a qual o apelo é feito a fim de determinar os conteúdos do alegado *sensus fidelium* verdadeiramente ser chamada opinião pública *eclesial* e então funcionar como evidência da atitude da Igreja como um todo? Não é particularmente o caso de que ela simplesmente toma a forma de uma *opinião* pública que é distorcida pela mediação suspeita dos meios de comunicação públicos?[7] Essa dúvida é particularmente urgente nos países como a Itália, com uma longa tradição católica, porque todos aqui pensam que são qualificados para dizer o que é cristão.

A categoria do *sensus fidelium* designa uma autoridade que é indubitavelmente relevante a todo pensamento teológico; porém ela ainda não

---

[7] Vitali oferece uma avaliação útil dos problemas colocados pelo relacionamento entre o *sensus fidelium* e a opinião pública: "Sensus fidelium e opinione pubblica nella Chiesa", *Gregorianum 82* (2001), 689-717. Ele assinala o golfo que separa a corajosa avaliação de uma opinião na Igreja expressa por Pio XII muitos anos atrás, em 1950, e as formas que a alegada opinião pública eclesial assumiu de fato nos anos da dissidência. Ele, então, discute a distinção, que deve ser observada em cada caso, entre os conceitos do *sensus fidelium* e da opinião pública. Sob certas condições, a promoção de uma opinião pública na Igreja é um instrumento apropriado para a elaboração do *sensus fidelium*, mas certamente não é possível simplesmente equiparar a opinião pública e o *sensus fidelium*.

provou ser possível dar uma definição conceitual precisa dessa autoridade. A fim de determinar o significado verdadeiro dessa categoria, devemos adotar uma perspectiva muito diferente daquela correntemente em voga. Nós certamente não podemos pensar que o *sensus fidelium* é alguma coisa que existe antecipadamente à prática dos relacionamentos eclesiais, alguma coisa que o ministério da Igreja deveria, portanto, ser obrigado a reconhecer como uma autoridade normativa em questões de prática pastoral. O conceito de *sensus fidelium* designa uma contribuição que o *sentire* dos fiéis pode e deve dar, através das épocas, para a identificação do que é cristão. Esta contribuição é certamente necessária hoje; na verdade, em um sentido, ela é mais necessária do que sempre, e a razão para esta urgência elevada está na transformação social e cultural rápida que torna menos inequívocos os indicadores oferecidos pela longa tradição da Moral cristã. E, ainda, esta contribuição não é somente mais urgente hoje; ela é também mais problemática. Deixe-me mencionar dois fatores aqui particularmente importantes.

O primeiro fator é a mídia, a comunicação em massa, que já mencionei. Ela promove sistematicamente processos distorcidos de formação da opinião pública, processos que estão distantes das atitudes dos indivíduos, já que eles tendem, por sua verdadeira natureza, a dar uma posição privilegiada às perspectivas declamatórias que ignoram completamente a consciência do indivíduo. Todo ministro da Igreja que é chamado, em virtude do seu ministério, a se deparar com a consciência do indivíduo, tem inumeráveis oportunidades de observar a distância entre a linguagem que o indivíduo fala e suas verdadeiras atitudes ou sua *consciência*.[8] O indivíduo tende

---

[8] Eu uso o termo "consciência" aqui no sentido do nome germânico *Gewissen*. Como as reflexões de Hegel sugerem, o *Gewissen* (consciência) é alguma coisa muito diferente do *moralisches bewusstsein* (consciência moral). Ele trata deste assunto especialmente em duas passagens: em maior extensão e com maior atenção descritiva no *Phänomenologie des Geistes* (capítulo 6, "Der Geist", terceira parte: "The spirit aware of itself") e mais brevemente, mas com uma preocupação teórica mais precisa, no *Grundlinien des philosophischen Rechts* (apêndice do § 136, "The exalted rank of the point of view of the conscience"). A incapacidade de qualquer conscientização que possa ser colocada em palavras

quase inexoravelmente a usar uma linguagem que é oferecida a ele pela comunicação pública e que parece incapaz de dizer o que ele de fato *sente*.

O segundo fator sistêmico está ligado àquelas formas de conhecimento da pessoa humana que usufrui da mais alta autoridade hoje na esfera pública. Eu me refiro aqui ao conhecimento oferecido pelas Ciências Humanas e pela Filosofia. Por um longo tempo, este conhecimento decretou a supressão substancial da questão moral,[9] que, entretanto, continua inexoravelmente a confrontar a consciência do indivíduo.

para compreender o sentido completo de *Gewissen* foi bem descrita na famosa análise de Martin Heidegger nos §§ 57-60 de seu *Sein und Zeit*. Estes parágrafos fecham com o teorema da inefabilidade substancial do *Gewissen*. Da perspectiva de ação no mundo, o recordar do sujeito dessa possibilidade que é mais totalmente sua própria não lhe recorda nada determinante.

[9] Essa acusação é nivelada em um livro que provocou um tremendo impacto: Alasdair C. MacIntyre, *Dopo la virtù: Saggio di teoria morale* (Milan: Feltrinelli, 1988). Depois que a moralidade foi separada dos costumes, da tradição e da religião, o projeto de entendimento toma a forma de sua alegada fundação *racional*, emancipada de qualquer obrigação frente a frente com aquelas autoridades que mesmo a consciência direta e ingênua da pessoa humana reconhece: "É impossível dar uma avaliação adequada da história do discurso moral sem uma descrição das tentativas para fornecer uma justificativa racional da moralidade naquele período (aproximadamente de 1630 a 1850), no qual ele adquiriu um significado global geral e específico. Naquele período, moralidade tornou-se o nome para aquela esfera particular na qual um espaço cultural autônomo é concedido a regras de conduta que não são teológicas, jurídicas ou estéticas. Somente no fim do século XVII e no decorrer do século XVIII, quando esta distinção da esfera moral com relação a esferas teológicas, jurídicas e estéticas se tornou uma doutrina geralmente aceita, é que o projeto de uma justificação racional independente da moralidade não é mais simplesmente a preocupação de pensadores individuais, mas torna-se uma questão central da cultura europeia. Uma das teses centrais deste livro é que o fracasso deste projeto fornece o fundo histórico contra o qual podemos entender as dificuldades que atormentam nossa cultura hoje" (55). A acusação de que a filosofia moral tinha chegado a um fim foi feita antes por Giulio Preti, *Alle origini dell'etica contemporanea: Adamo Smith* (1957; repr. Florence: La Nuova Italia, 1977) em sua introdução, que é dedicada ao "problema moral da filosofia contemporânea". Aqui ele propõe uma distinção entre *filosofia moral* e a *filosofia da moralidade*. A última difere da anterior principalmente por causa da prática, isto é, a tarefa normativa da filosofia moral cede lugar a uma tarefa

É importante afirmar explicitamente que a questão moral não pode, de forma alguma, ser reduzida à questão do que é lícito ou ilícito, isto é, à questão da lei. Ela deve ser entendida mais radicalmente como a questão colocada pela necessidade objetiva para o indivíduo reconhecer o *bem* ou a *boa causa* à qual ele pode dedicar sua vida (já que, de outra forma, ela estaria perdida). É apenas esta boa causa que pode autorizar o exercício de sua liberdade. A maior ameaça que paira sobre a liberdade de todos que vivem no opulento Ocidente hoje, certamente, não é causada pela miséria econômica ou coerção. Antes, ela é gerada pelas enormes dificuldades que experimentam, na verdade, apresentando um incondicional ato de *vontade*.[10]

Nos últimos trinta anos, experimentamos em meu país um retorno surpreendente da *Ética*, enquanto a *Moralidade* permanece rigorosamente suprimida.[11] A *Ética* está relacionada com a Justiça nos relacionamentos sociais, não com minha vizinhança imediata; ela tem um interesse fundamental nos procedimentos. A *Moralidade* deve estar relacionada precisamente com os relacionamentos entre vizinhos, através da qual o indivíduo adquire autoconhecimento do verdadeiro início de

que podemos (pelo menos provisoriamente) chamar epistemológica. Já não é uma questão de harmonizar o mundo das experiências morais, dos costumes, sentimentos e valores, de acordo com a perspectiva oferecida por um ideal, mas antes de descobrir as estruturas e leis do desenvolvimento da própria experiência moral. Não é mais a específica tarefa do pensamento gerar esta experiência moral, nem mesmo simplesmente harmonizar e regular. Antes, a experiência moral é uma pressuposição, dada de fato, que deve ser analisada em suas condições, suas estruturas e suas conexões" (17-18).

[10] Como é bem sabido, a dificuldade radical da pessoa humana com relação à vontade está no coração das reflexões de Nietzsche. É na luz (ou sombra) desta dificuldade que devemos entender o conceito do "desejo de poder". A ideia do *Übermensch* ("superman") resolve esta dificuldade de forma muito banal e irrelevante.

[11] Ver Giuseppe Angelini, "Etica pubblica e morale cristiana", *La rivista del clero italiano* 71 (1980), 567-580; idem, "Ritorno all'etica? Tendenze e ambiguità di un fenomeno recente", *Il Regno* 35 (1990), 438-449.

sua vida. Nestes relacionamentos, sua própria identidade é sempre envolvida.

O conhecimento moral tem, por sua verdadeira natureza, uma conotação religiosa, já que ele nos direciona para a autoridade do *sagrado*, daquilo que merece devoção incondicional. O *sensus fidei* pode dar uma contribuição decisiva para a elaboração do conhecimento moral; porém, se é para conseguir isto, ele deve assumir uma forma objetiva no contexto da Igreja. Ele deve assumir a forma do *sensus fidelium* na verdade, do *consensus fidelium*. Aqui, o serviço prestado pela Teologia é absolutamente necessário.

Podemos fazer uma distinção mais precisa entre dois níveis do serviço que a Teologia deve prestar para a formação do *sensus fidei*, um serviço fundamental e/ou teórico e um serviço com um caráter prático, histórico. Obviamente, estes dois são ligados muito estreitamente. É claro que a Teologia contemporânea acha muito difícil compreender o *sensus fidei* e ajudá-lo a desenvolver-se em *sensus fidelium*. Mas isso é grandemente a falha das categorias teológicas inadequadas com que ele trabalha: mesmo hoje, é a perspectiva excessivamente intelectual da tradição teológica que dita a priori como abordamos este assunto.

Somente no período moderno a ideia do *sensus fidelium* foi elaborada, contra o ambiente dos problemas colocados pelo exercício do magistério eclesial. Mais precisamente, ela foi elaborada em conexão com a definição dos dogmas da Imaculada Conceição e da Assunção de Maria. É bem conhecido que há muito pouco suporte para estes dogmas nos textos bíblicos e documentos literários que pertencem à tradição mais antiga, mas eles tiveram certa confirmação na prática da fé comum, a fim de que a referência ao *sensus fidelium* servisse para tornar bom este defeito. A mais antiga elaboração desta ideia tomou como garantia um entendimento da revelação cristã que mais tarde os desenvolvimentos corrigiram claramente eu me refiro, acima de tudo, ao desenvolvimento da pesquisa bíblica e à reflexão teológica fundamental que encontrou sua recepção no Vaticano II em *Dei Verbum*. Todos os teólogos hoje concordariam que foi necessário superar a ideia "doutrinalista" da revelação, que a reduziu a uma série de proposições. Hoje, exatamente como em épocas mais antigas da História da Igreja, o comum *sentire* da fé não pode ser confirmado através de um simples registro de proposições por meio das quais esta fé é professada.

O apelo à ideia do *sensus fidelium*, com relação às questões morais ou com relação às tarefas pelas quais é responsável o magistério da Igreja em matérias morais, é muito mais recente, e torna-se verdadeiramente significativo somente agradecer ao conflito prolongado e doloroso sobre a *Humanae vitae*. As formas às quais este apelo é feito são baseadas na ideia de que o *sensus fidelium* existe.

Eu próprio acredito que a ideia do *sensus fidelium* requer uma nova definição, quando ele é empregado com referência a questões de costumes. E esta definição renovada, por sua vez, renovaria seu uso com referência à *res de fide* (para usar a linguagem convencional) ou com referência a questões de dogma.

Aqui uma observação de caráter formal é necessária. A ideia do *sensus fidelium* se refere à consciência dos fiéis, mais precisamente ao testemunho que esta consciência produz para a verdade cristã. Nós certamente não podemos assumir que este certificado tome imediatamente uma forma verbal, articulada em uma série de proposições; de preferência, ele é realizado através de formas de *sentire*. Portanto, devemos esclarecer o que *sentire* significa e o que é o *sensus* da fé, pois de outra forma não podemos explicar como o *sensus fidelium* pode ser traduzido em proposições. Esta tarefa parece complexa, e os teólogos de fato devotaram muito pouca atenção a ela.

A tarefa de esclarecimento requer que a Teologia introduza o conceito de *acreditar na consciência*. Como ouvimos *ad nauseam* hoje, a fé, em seu sentido mais original, não consiste em acreditar que esta ou aquela proposição é verdadeira, isto é, na aceitação para proposições individuais, mas especialmente naquele ato segundo o qual o sujeito consente em sua própria vocação, para um plano divino que se refere especificamente a esta pessoa individual.

Eu tenho a impressão de que os teólogos em geral hoje aceitam largamente a posição de que a fé deve ser pensada nos assim chamados termos p*ersonalistas*. Isto, no entanto, é somente um programa; ele ainda espera sua elaboração total. As tentativas contemporâneas de apresentar um conceito personalista de fé tendem na direção de uma concepção puramente fiducialista, como aquela que é prezada acima de tudo pela tradição teológica protestante ou aquela que é prezada pelas formas pós-modernas da consciência de fé. A fim de suplantar este entendimento fiducialista da fé, devemos recordar o conceito de consciência de fé e seu trabalho essencial de mediação na prática.

Tudo que posso fazer aqui é sugerir um passo inicial na direção da elaboração deste conceito. Nosso ponto de partida é a verdadeira formulação por Lucas no Ato dos Apóstolos. Ele nos diz que aqueles que ouviram as palavras de Pedro no dia de Pentecostes *sentiram que seus corações foram atingidos.* Assim, eles perceberam que sua prece se relacionava com eles pessoalmente e trazia à luz uma verdade que era autenticamente inscrita em seus corações, mas escondida de seus olhos e, de fato, uma verdade negada pela forma que sua consciência adotou sob a pressão do contexto social. A prece necessariamente leva a uma conversão. A percepção da relevância indubitável das palavras que tinham ouvido não foi suficiente para dizer-lhes que novo caminho deveriam tomar; era claro que tinham de fazer uma escolha, mas ainda não estava claro que escolha deveria ser. A forma inicial de sua escolha tem, portanto, uma forma interrogativa. Eles perguntaram *a Pedro e a outros apóstolos: "Irmãos, o que devemos fazer?"* (Atos 2,37). A percepção compreensiva da verdade do Evangelho precede o entendimento tanto da verdade como de qual conduta precisamente ela exige. Deve-se dar ao caráter inicial de evidência desta verdade uma definição específica por meio de renovada reflexão sobre todas aquelas coisas que uma vez pareceram bem conhecidas, mas agora não mais parecem assim.

A fé das pessoas em Jerusalém experimenta um processo análogo àquele da fé dos primeiros discípulos de Jesus. Aqui eu me refiro, acima de tudo, à narrativa de João. Quando eles ouvem a proclamação profética do Batista, dois de seus discípulos começam a seguir Jesus, e, quando ele explicitamente lhes pergunta sobre esta escolha "O que você estão procurando?" eles respondem: *Rabi, onde você mora?* Jesus não lhes deu seu endereço. Antes, ele os intimou a segui-lo: "Venham e vejam". Assim eles foram e viram onde ele morava, e eles passaram aquele dia com ele (Jo 1,38). Estas breves formulações indicam muito bem a estrutura original da fé em Cristo: é somente por meio de uma jornada real que podemos alcançar o lugar onde ele habita ou mesmo aprender onde é. Aqueles que querem tornar-se discípulos devem passar por esta aprendizagem. O quarto evangelho expressa mais explicitamente a necessidade desta jornada quando Jesus diz aos judeus que chegaram à fé nele: "Se vocês permanecerem fiéis à minha palavra, vocês serão verdadeiramente meus discípulos. Vocês conhecerão a verdade, e a verdade os fará livres" (Jo 8,3). Uma fé que se desenvolve somente na base de uma palavra que se ouviu, uma palavra que parece convincente, não é fé verdadeira. O real conhecimento da verdade pressupõe que coloquemos a palavra em prática. Somente assim a conversão de nossa vida e do verdadeiro ser do crente será produzida: *vocês serão verdadeiramente meus discípulos.*

A estrutura formal que preparei com referência à conversão cristã corresponde à estrutura original da experiência prática de todos debaixo do céu e, assim, à estrutura original da forma moral de vida. Muitas das propostas teóricas da tradição filosófica e também da reflexão contemporânea produzem as marcas de uma concepção *idealista* das normas que tornam impossível ver a necessidade de uma mediação destas normas na prática. A fim de ser autenticamente um imperativo categórico, o imperativo moral deve ser definido em abstração de qualquer referência às circunstâncias concretas e contingentes do assunto. Na realidade, entretanto, é somente a evidência revelada no curso de uma jornada genuína a jornada que permite que a consciência aflore que proclama o mandamento.

Na perspectiva da fé cristã, um aspecto absolutamente característico do imperativo moral é precisamente sua referência a uma história específica. Nós vemos isso já no caso da lei dada no Sinai, que levanta as bem conhecidas normas propostas pelo *ethos* comum, mas dá a elas um novo significado, colocando-as dentro da estrutura do êxodo, um acontecimento surpreendente que é um novo começo para a jornada da vida.

O êxodo revela uma verdade que deveria ter sido conhecida sempre: no começo da jornada da vida, lá está a graça de Deus. Precisamente porque ela chega primeiro, sua graça é *mesmo mais digna que a própria vida* (Sl 63,4). A ligação entre o imperativo da lei e o evento da graça, que é apontada desde o verdadeiro início, é definida mais precisamente através do criticismo profético e sapiencial das formas que a jornada deste povo toma na História. A lei, que foi dada no início, pode encontrar a concretização da verdade somente na chegada Daquele que realiza a lei. A fidelidade ao testamento de Jesus, à *nova e eterna aliança*, é realizada na prática autêntica do relacionamento de amizade que ele estabelece entre seus discípulos.[12]

Estes dois aspectos devem nascer sempre na mente. O mandamento de Jesus produz uma aliança mais antiga que aquela que o próprio Criador instituiu entre as criaturas, a qual necessariamente adotou aquelas formas de vida em comum atestadas pelos costumes de todas as pessoas. Entretanto, a fé no Evangelho de Jesus causa um novo entendimento e uma compreensão crítica de alguma coisa que todos já conhecem. Esta adoção crítica e de convicção da tradição dos filhos de Adão encontra sua definição precisamente por meio das formas de comunhão eclesial, que deve dar uma forma àquele *sensus fidei* que determina a proclamação inicial do Evan-

---

[12] Essa tese é exibida aqui com brevidade telegráfica. Tentei explicá-la em detalhes na longa seção sobre a mensagem bíblica em meu manual: Giuseppe Angelini, *Teologia morale fondamentale: Tradizione, Scrittura e Teoria* (Milan: Glossa, 1999), 239-251.

gelho, por essa razão equipando-o para servir como um critério de discernimento moral.

O esclarecimento teórico desta estrutura formal do relacionamento entre a fé e a moralidade é necessário para o discernimento histórico concreto que parece particularmente difícil na situação de uma sociedade pós-moderna. Isto é necessário, mas não suficiente. Com a ajuda dos instrumentos conceituais renovados, devemos discernir as formas que o relacionamento humano tomaria hoje.[13]

---

[13] Título original: "*Sensus fidelium* e discernimento moral".

3

O DESAFIO DO PLURALISMO E O FUTURO DA TEOLOGIA MORAL

Eberhard Schockenhoff trata de duas pautas neste ensaio. Primeiro, ele discute o Pluralismo como uma característica essencial do mundo moderno, "o cartão de visita intelectual da idade moderna". Em seguida ele discute a realidade do Pluralismo político, argumentando que exatamente como uma sociedade contemporânea recebe o ensinamento social católico como sensível aos fins do Pluralismo moderno, assim também ela deve considerar e não rejeitar categoricamente o ensinamento moral católico com relação à responsabilidade individual. "A função pública" da Igreja "como defensora dos fracos e dos sem direitos é, de fato, exigida pelos regulamentos que governam o pluralismo social e político, já que este pluralismo não deve ser confundido com um relativismo ético". Segundo, ele volta à legitimidade do pluralismo na ética teológica. Ele nomeia três causas contemporâneas: a pluralidade de perspectivas diante das quais as questões filosóficas morais foram colocadas em uma época pós-metafísica; o atraso, afetando os desafios sociais para as várias religiões do mundo; e as avaliações divergentes de questões empíricas. Ele então se volta para um argumento em seu favor:

> Como a revelação escatológica do amor de Deus, a mensagem do Evangelho reivindica não apenas ser válida para as esferas culturais particulares e os períodos da História humana, mas também ser a definitiva palavra de Deus sobre a pessoa humana, uma palavra que possui uma amplitude e uma plenitude que vão

além de todas as formas históricas, nas quais se realiza a tentativa de concretizá-la. Esta reivindicação escatológica pela palavra de Deus significa que nunca é possível para qualquer intelectual aproximar-se da Teologia para alcançar exaustivamente a plenitude da revelação.

Lisa Sowle Cahill emprega o conceito de Pluralismo nas primeiras palestras sobre dois tipos de desafios que enfrenta a Ética Teológica. O desafio evolucionário ocorre dentro das estruturas tradicionais e tenta expandir a tradição sobre muitos tópicos das estratégias de prevenção do HIV/AIDS a questões sobre problemas de fim da vida. Este desafio tanto expande conceitos de autoridade como inclui questões de integridade e de solidariedade com os pobres e insiste sobre todos os julgamentos éticos que ocorrem dentro de um contexto social. O desafio revolucionário é o desafio do Pluralismo cultural. "Ele requer de nós alcançar e expressar, simultaneamente, dois fatos paradoxos. *Um*, a verdade moral é contingente em práticas morais concretas com um caráter histórico específico, cultural e multicultural. Ainda, *dois*, a verdade moral não é simplesmente 'construída' por culturas ou tradições, mas refere-se, de alguma forma, aos bens humanos divididos, valores e contratos." Para Cahill, esta é a busca através da cultura (um "transversalismo") para um mundo realisticamente mais justo, como um campo tangível para a esperança daqueles que vivem sob o peso de iniquidades deploráveis.

Márcio Fabri dos Anjos localiza seu tópico dentro do vínculo da Teologia Moral e da comunidade cristã. Argumentando que a tarefa da Teologia Moral é formar e guiar a comunidade cristã, Fabri vê o Pluralismo como uma percepção constitutiva para a tarefa da Teologia Moral hoje em face do processo nivelado da globalização, que diminui o sujeito, a cultura e o contexto, deixando que cada um seja um indivíduo autônomo. "A densidade do conceito do sujeito entra em crise com o processo de despersonalização da economia global e seus métodos de produção; o pluralismo global enfraquece a consciência das pessoas, anulando o poder de participação do sujeito." Não só somos chamados para insistir na intersubjetividade e relacionalidade de todas as pessoas, mas também a formular uma Antropologia Moral de nossa época; então devemos reconhecer novamente o Povo de Deus. "Confirmar a comunidade como povo de Deus leva a uma afirmação das pessoas como sujeitos de sua própria história, o que, por outro lado, leva a uma crítica daquilo que restringe sua liberdade de participar em seu próprio destino." Resumindo, para ser realmente contraculturais de uma época de desprendimento autônomo globalizado, devemos insistir na natureza do humano que precisa estar em solidariedade com os pobres, senão nós nunca nos veremos na imagem de Deus.

O DESAFIO DO PLURALISMO

Eberhard Schockenhoff

O Pluralismo como uma Característica Essencial do Mundo Moderno

O Pluralismo é uma característica fundamental de nossos tempos, deixando sua marca virtualmente em todas as dimensões do mundo em que vivemos. As sociedades pré-modernas foram mantidas juntas pelos "colchetes" de uma interpretação unificada do mundo e por pontos de vista partilhados, pelos quais se colocaram como indivíduos no mito e na religião, na ética e nos ensinamentos; mas o período moderno é caracterizado pela desintegração das formas estabelecidas de vida, sistemas de conhecimento e formas de domínio. Em vez de um universo estruturado hierarquicamente no qual a política, a lei e a moralidade refletissem a unidade da ordem cósmica, nós temos um universo policêntrico que é definido pela falta de um princípio estrutural dominante e por uma pluralidade de perspectivas que gozam de igual posição. Como um conceito, "pluralismo" denota não uma simples multiplicidade arbitrária, mas a justaposição na igualdade de pontos de vista, perspectivas e elementos interpretativos com nenhum princípio abrangente de unidade. Já que os elementos individuais competem uns com os outros, o pluralismo como um "cartão de visita" intelectual da idade moderna apresenta uma estrutura explicitamente antagônica: as várias perspectivas que oferecem uma interpretação do mundo estão fechadas em combate. Elas são marcadas pela discórdia e interesses conflitantes e se recusam a deixar-se integrar em uma síntese maior, na qual as antíteses pudessem ser reconciliadas.

No começo do século XXI, William James chamou o mundo moderno de "universo pluralístico" constituído por um número infinito de elementos naturais e sociais que estão mudando todo o tempo e que, então, levam a novas configurações, relacionamentos e estruturas. Aqui não há mais qualquer ponto que poderia oferecer um ponto de partida epistemológico; de preferência, o indivíduo deve integrar-se em sua própria interpretação das perspectivas do mundo que oferece mutuamente orientações contrárias. Obviamente, esta situação antagônica contém um alto potencial para o conflito; a fim de que uma cooperação produtiva possa ser adquirida no trabalho profissional, na vida acadêmica e na economia, na política e na sociedade, a teoria da modernidade complementa o pluralismo pela exigência da tolerância e da cooperação na divisão de trabalho. As fundações normativas do moderno pluralismo também incluem o fato de que ele não é somente aceito como uma circunstância empírica, mas é também reconhecido como um ponto de partida intelectual da Idade Moderna.[1] A multiplicidade e a variedade de pontos de vista contrários mutuamente devem ser aprovadas e confirmadas por todos, já que isto é o lado reverso necessário no princípio da liberdade e o mundo moderno é gerado precisamente pelo reconhecimento desta liberdade.[2]

Entre as várias formas de pluralismo produzidas no processo de diferenciação que gerou o mundo moderno, um desafio particular é colocado para a Ética Teológica pelo pluralismo religioso (a pluralidade de religiões e confissões que coexistem de modo contemporâneo na sociedade), pelo pluralismo político (a competição entre grupos e programas por influência e poder), o pluralismo ético (a pluralidade de convicções competindo sobre valores e estilos de vida) e o pluralismo epistêmico do discurso acadêmico.

---

[1] Ver Karl Rahner, "Über den Dialog in der pluralistichen Gesellschaft", in: idem, *Sämtliche Werke*, volume 15: *Verantwortung der Theologie* (Freiburg i. Br: Herder, 2001), 354-363.

[2] Ver John Kekes, *The Morality of Pluralism* (Princeton, N.J.: Princeton University, 1993).

O Pluralismo Político das Sociedades Democráticas

A teoria política contemporânea vê o pluralismo político e social como um epifenômeno necessário do estado com uma visão de mundo neutra. Diferente da *polis* grega e das formas de sociedade pré-moderna, o estado moderno não é mais construído na fundação de uma estrutura da verdade e das virtudes. Ele se limita a garantir uma estrutura externa de paz que assegura a liberdade, a segurança e a justiça para todos os cidadãos e, consequentemente, oferece a estrutura dentro da qual as forças plurais da sociedade podem desenvolver-se livremente. O pluralismo político e a pluralidade de convicções e os pontos de vista do mundo tencionam proteger os cidadãos em sua liberdade de tomar parte, como totalmente iguais, no processo segundo o qual a vontade política é formada. Isto significa que o pluralismo não é sua própria legitimação; especialmente, ele encontra sua legitimação básica nos princípios éticos de liberdade e igualdade e na igual participação em toda a vida cultural, social e política da comunidade do estado.

A doutrina social católica e o magistério da Igreja ressaltam hoje a importância do pluralismo social e político que permite que uma democracia livre funcione. No Concílio do Vaticano II, a Igreja Católica reconheceu as liberdades democráticas básicas de opinião, de religião, de consciência e de coalizão liberdades contra as quais a Igreja tinha lutado resolutamente no século XIX como direitos individuais de cada ser humano, com suas raízes na sua dignidade como pessoa. Consequentemente, a Igreja também admitiu implicitamente o direito e a necessidade de um pluralismo político que permite a todos exercer estes direitos e assim tomar parte na atividade política.

O pluralismo político das sociedades democráticas, no entanto, não é nem ilimitado nem desprovido de quaisquer pressuposições; nem pode ser confundido com um antagonismo irrestrito de interesses individuais, políticos, culturais e econômicos. Especialmente, a democracia moderna é ela mesma baseada em pressuposições que não estão sujeitas ao conhecimento arbitrário de grupos individuais e pontos de vista do mundo. Um estado democrático sob o domínio da lei deve ser neutro em termos de pontos de vista, mas este princípio deve ser levado em prática para uma equidistância indiferente em face de todas as convicções morais que de fato sobrevivem na sociedade, e não para uma recusa de determinar as condições confiáveis de limites, dentro das quais a atividade moral, cultural e econômica de seus cidadãos pode livremente aparecer. Se o Estado fundado na distinção entre lei e moralidade deve funcionar como quem garante a ordem democrática livre, que respeita a reivindicação de justiça social, ele não pode simplesmente considerar-se como um valor neutro quando é confrontado por uma pluralidade de pontos de vista existenciais por parte de seus cidadãos. Estamos enfrentando um pluralismo ético crescente; se não há mais um domínio de lei (nem mesmo na área central da vida doméstica) que o estado preserve imune às maiorias que mudam e à coação dos interesses individuais, ele põe em perigo as verdadeiras fundações de sua própria legitimação. E, sem estas fundações, ele não pode reter a confiança de seus cidadãos por muito tempo.

Além da responsabilidade de promover o bem comum, a proteção da dignidade humana e dos direitos humanos é uma tarefa política especialmente importante. Como direito à defesa pessoal, como direito de fazer reivindicações dentro do contexto social e como direito de participar na vida cultural, os direitos humanos são uma expressão do conhecimento mútuo dos cidadãos como fundamentalmente membros iguais da comunidade política. "É por isso que eles indicam reivindicações às quais toda pessoa humana como tal tem o direito. Eles pertencem àquela dimensão sobre a qual um pluralismo legítimo não foi assegurado; isto é, devido à pessoa humana por todos os regulamentos cívicos e legais e *a fortiori* (para uma razão mais forte) por uma democracia pluralista."[3] Consequentemente, a neutralidade, em termos de pontos de

---

[3] Otfried Höffe, "Pluralism/Toleranz", in: Peter Eicher, ed., *Neues Handbuch theologischer Grundbegriffe*, volume 3 (Munich: Kösel, 2005), 363-378, at 369.

vista do mundo, que é de importância constitutiva para a democracia, não é a mesma coisa que a indiferença aos valores morais. A última é incompatível com uma democracia viva que exerce vigilância sobre seus próprios riscos inerentes. Uma democracia pluralista, que respeita os clamores de liberdade e justiça, é viável a longo prazo somente se ela continuar a respeitar suas obrigações com relação aos valores morais básicos que ela incorpora e suas instituições políticas e legais devem proteger estes valores. Em sua encíclica *Evangelium Vitae*, o Papa João Paulo II identifica as fundações que existem a priori de todas as atividades em parte do estado, como a dignidade da pessoa humana, os direitos invioláveis dessa pessoa, a solidariedade dos indivíduos e o bem comum que propicia orientação tanto para o indivíduo como para grupos na sociedade em seu esforço para realizar seu próprio bem em uma situação pluralista de antagonismo mútuo.[4]

Na medida em que estes postulados morais ressaltam a obrigação de promover a paz e a justiça social, a tolerância e a abertura intercultural, eles geralmente se encontram com ampla concordância nas sociedades democráticas. A Igreja Católica é considerada como uma "vigilante" moral, acima de tudo no campo da Ética Social, de uma maneira compatível com os processos pluralistas, pelos quais um desejo político é formado nas democracias. Por outro lado, quando a Igreja recorda as normas éticas básicas na esfera da responsabilidade pessoal para a vida que se leva, isto é geralmente rejeitado. A objeção é que uma sociedade pluralista não pode basear sua legislação na moralidade interna de uma comunidade particular de fé. Esta acusação pertence ao repertório padrão da argumentação moral, quando uma resposta é buscada para os progressivos conflitos morais agudos com os quais as sociedades pluralistas estão se confrontando hoje. Esta acusação, entretanto, não observa o fato de que estes conflitos de forma alguma se relacionam sempre somente com questões sobre um estilo de vida

[4] Ver n. 70-71.

pessoal tópicos que indivíduos esclarecidos poderiam decidir dentro da estrutura de um pluralismo legítimo, livre de interferência externa. Já que aborto, pesquisa com embrião humano e muitos procedimentos da medicina reprodutiva moderna afetam os direitos de terceiras partes, as sociedades pluralistas são confrontadas aqui com problemas elementares de justiça que eles não podem deixar para escolhas arbitrárias de cidadãos individuais. Diferentemente de outros choques de valores que ocorrem dentro da estrutura de um pluralismo legítimo, as questões de justiça podem ser decididas somente em uma base que existe a priori para as preferências culturais de grupos individuais e salvaguarda os direitos de todas as partes envolvidas.[5]

Em uma sociedade aberta, os pontos de vista morais divergentes na esfera da conduta individual de vida podem permanecer sem decisão, embora aqueles que praticam este comportamento não infrinjam os direitos humanos de outras pessoas por exercer o que eles veem como de seu próprio direito. Onde, entretanto, os conflitos éticos se referem ao reconhecimento e aplicação de direitos elementares, não se pode evitar que eles empreguem a regra pluralista sobre os conflitos que estabelecem que cada um seguiria suas próprias convicções, sem as impor para outras pessoas. A obrigação de praticar a justiça diante da terceira parte que é afetada por meu comportamento não pode ser abolida por um simples apelo à tolerância. Isto significa que, quando os teólogos e a Igreja intervêm no processo democrático segundo o qual um desejo político é formado nas sociedades pluralistas e levantam suas vozes contra o aborto e a eutanásia, defendendo os direitos da pessoa humana da concepção até a morte natural, eles não estão exigindo que o Estado proteja seu próprio *ethos* ou os sentimentos religiosos de seus próprios crentes. Antes, eles estão exigindo que cada ser humano goze de proteção desde o verdadeiro início de sua existência individual. Os teólogos e a Igreja não

---

[5] Ver Klaus Demmer, *Fundamentale Theologie des Ethischen* (Freiburg i. Ue: Herder, 1999), 22-24.

estão promovendo suas próprias agendas particulares aqui, nem estão buscando exigir quaisquer privilégios especiais para si mesmos; pois, na competição aberta de ideias pluralistas, programas e opiniões, ninguém é designado para estes privilégios. Especialmente, os teólogos e a Igreja estão assumindo a função de defensores em favor dos fracos e dos sem direitos, aqueles que não têm voz própria, a fim de que suas perspectivas existenciais e direitos possam ser percebidos e aceitos por aqueles que são mais fortes e buscam impor seus pontos de vista.

Esta função pública de defensor em favor dos fracos e dos sem direitos é de fato exigida pelas regras que governam o pluralismo social e político, já que este pluralismo não deve ser confundido com o relativismo ético.[6] Uma pluralidade de opiniões irrestrita e do ponto de vista político (mesmo entre católicos) expressa a vida que existe nas sociedades pluralistas e, na verdade, constitui sua riqueza inerente. Mas este pluralismo político e cultural pressupõe uma estrutura de coisas fundamentais mantidas em comum, dentro das quais ele pode florescer em benefício de todos os cidadãos; se o pluralismo se tornar um valor absoluto, ele destruirá esta estrutura. Por isso é que um pluralismo político e cultural legítimo não deve ser confundido com um pluralismo de princípios morais e valores básicos, que observa os vários valores como opções igualmente aceitáveis. E, assim, é uma questão indiferente qual opção se escolhe, desde que todos estes valores tenham se tornado sem significação. A teoria política também afirma que, quando o pluralismo é encarado como unilateral, o conceito não-dialético que coloca ênfase no que é individual em vez de naquilo que é mantido em comum, no pluralismo em vez da unidade, na competição em vez da obrigação para a solidariedade, destrói as bases de legitimação que são sua substância normativa.

---

[6] Ver Nicolas Rescher, *Pluralism: Against the Demand for Consensus* (Oxford: Oxford University Press, 1993).

Além de vários pontos de vista sobre ensaios de políticas domésticas e estrangeiras (isto é, a integração de minorias, estratégias para combater o terrorismo, caminhos para salvaguardar a paz), o pluralismo também reina em princípio nos ensaios de políticas econômicas e sociais (como, por exemplo, o tipo de sistema de táxi que é desejável, o nível de segurança social, o futuro do sistema de saúde). Embora haja um amplo consenso sobre os objetivos da atividade política nestes campos, as estratégias concretas que devem ser adotadas permanecem frequentemente uma matéria de disputa.

A Legitimidade do Pluralismo na Teologia

Vamos agora dar um passo maior em nossas reflexões sobre a significação do Pluralismo para a Ética Teológica e perguntar qual é a função do pluralismo para que esta disciplina possa existir. Movemo-nos de uma consideração *ab extra* do ambiente social da Igreja para a perspectiva interna da fé. Em nosso primeiro passo, analisamos o contexto modificado em termos de História das ideias e das mentalidades, que tem um impacto no trabalho teológico nas várias sociedades às quais pertencemos; agora, perguntamos como o pluralismo teológico interno deveria ser avaliado. O problema teológico do relacionamento entre unidade e pluralidade, que, em exegese, toma a forma da questão da unidade das teologias bíblicas pluriformes, em base do cânone bíblico, confronta-nos, em Ética, com relação ao testemunho dos crentes ao Evangelho em suas vidas. Como é possível estabelecer uma comunicação mútua entre as várias formas existenciais e costumes, com os quais os cristãos, na Ásia, na África e na América Latina, nas sociedades industrializadas da América do Norte, e na Europa meridional, central e oriental, vivem sua fé dia a dia, de tal forma que não só representam a pluralidade de suas próprias culturas, mas também juntam suas várias formas de expressão para criar um testemunho pluriforme da Igreja inteira à verdade do Evangelho? E qual é o relacionamento dentro da reflexão teológica entre as várias abordagens do discurso ético, a teoria da lei natural, a teoria da libertação e a comparação intercultural das formas do *ethos*? Como é possível mostrar que, apesar de todas as suas diferenças, todos eles podem atender às questões básicas de ética cristã, as mesmas em todos os lugares? Qual conduta individual de vida e qual atividade comum são consideradas pelos crentes das várias igrejas locais como uma resposta aos conflitos morais em suas sociedades?

Razões para o Processo de Diferenciação em Teologia Ética

A fim de entender a duradoura legitimidade do pluralismo teológico, que é uma manifestação típica de nossa disciplina hoje, devemos analisar as razões para o processo pós-conciliar de diferenciação dentro da teologia acadêmica. Devemos distinguir três fatores que foram decisivamente importantes na origem de um pluralismo irreversível na Ética Teológica. Primeiro, como a Teologia Católica como um todo, nossa própria disciplina também pressupõe a desintegração de uma forma metafísica unificada de pensamento que, na época do neoescolasticismo, garantiu que as mesmas questões seriam colocadas, a mesma metodologia seria seguida na busca de soluções, e respostas com conteúdos idênticos seriam dadas. As estruturas do pensamento e a linguagem no neoescolasticismo tornaram possíveis para a Teologia Católica em qualquer lugar no mundo trabalhar os mesmos problemas com os mesmos instrumentos intelectuais. Esta estrutura começou a quebrar mesmo durante o Conselho, mas foi somente nas décadas seguintes que a recepção real dos problemas e as possibilidades de expressão dos modernos filósofos aconteceram.

A grande tradição da Filosofia europeia forneceu uma base para a Metafísica e a Antropologia tradicionais, porém não é mais possível contar com isso, quando nós nos esforçamos para mostrar que a ética cristã ensina uma moralidade levando a uma autêntica existência humana que ajuda a desenvolver as capacidades básicas humanas e é a resposta correta para as necessidades básicas de cada um de nós necessidades que estão ancoradas naquilo que nos faz humanos. Se a Ética Teológica deve responder à exigência do conselho por uma exposição acadêmica dos interesses básicos da ética cristã no mesmo nível de seriedade como as tendências filosóficas contemporâneas, nós também precisamos assimilar as tendências filosóficas do século XXI (fenomenologia, filosofia linguística, ética analítica, discurso ético) e nos engajar no debate com uma abordagem utilitária à Ética. Além disso, a perspectiva de um mundo policêntrico requer que assimilemos as formas culturais de linguagem e pensamento que levaram as tradições não europeias a uma ênfase diferente na avaliação dos fenômenos antropológicos básicos, como a relação da existência humana com a comunidade, a significância da piedade popular, a posição das pessoas mais velhas nas estruturas sociais e o significado da importância do corpo, da sexualidade e da transmissão da vida. Essas tarefas necessitam de maior diversificação de abordagens ético-teológicas.

O Pluralismo dentro da Teologia Moral Católica que isto exige é a consequência lógica do desenvolvimento para o qual o próprio Conselho deu sinal verde, embora um momento interior levasse estes desenvolvimentos além do que o Conselho tinha encarado na situação, que foi ainda dominada pelo neoescolasticismo e a teologia da escola romana. Finalmente, o direito das esferas culturais e linguísticas não europeias de desenvolver suas próprias expressões de pensamento cristão e vida dentro de uma igreja-mundo deriva da estrutura de uma Igreja de Jesus Cristo como uma *communio* que vive na base das muitas igrejas locais através do mundo. Devemos também observar que, da perspectiva da Teologia da História, o pluralismo na Teologia que se levantou nas últimas décadas apresenta a aparência de fragmentação e desintegração, com nenhuma perspectiva unificadora, somente em uma comparação direta com as tendências na direção da uniformidade na construção do sistema neoescolástico; em um contexto histórico mais amplo, pode ser visto que a Teologia Católica nas primeiras épocas era marcada por uma pluralidade interna muito grande de escolas e estilos de pensamento e que precisamente esta pluralidade constituiu a riqueza intelectual da Igreja.

No parágrafo anterior, eu delineei uma razão para o pluralismo teológico contemporâneo na Igreja, baseado na verdadeira natureza da tarefa da Teologia. Há outra razão mais pragmática para este pluralismo. Dentro do cânone das disciplinas teológicas, a Ética Teológica tem, de forma preeminente, a tarefa de confrontar os desafios específicos que estão ligados aos desenvolvimentos sociais, econômicos e culturais nos países individuais, e o tempo variado destes desenvolvimentos significa que os teólogos enfrentam diferentes prioridades quando eles se esforçam para responder às necessidades de suas próprias sociedades em qualquer tempo dado. O pluralismo gerado por diferentes questões culturais e sociais exige tempo de atraso. Isto, entretanto, é somente um aspecto da situação mundial hoje. Seguramente não é menos importante observar que o mundo é confrontado em todos os lugares e ao mesmo tempo pelos mesmos desafios éticos, graças ao progresso científico e tecnológico nas ciências da vida moderna. Apesar dos elementos comuns nas questões que as disciplinas culturais e intelectuais colocam sobre a natureza da pessoa humana, do mundo e da História, uma medida maior de particularidade tem sido preservada nestas áreas, já que estão sempre ligadas aos contextos específicos; mas a racionalidade inerente nas ciências naturais não produz nenhuma marca cultural específica e é a mesma em todo lugar. Por isso a situação do mundo hoje é marcada, em uma extensão sem precedentes, pela urgência de uma civilização tecnológico-científica uniforme que coloque as mesmas questões éticas em todos os lugares. No campo da Bioética, a teologia asiática reflete sobre problemas comparáveis aos estudados pela América do Norte e a teologia europeia, porque todos eles são confrontados em suas próprias sociedades pela marcha avançada da forma utilitária e pragmática de olhar as coisas que dominam grandemente o debate bioético internacional.

Uma razão final por que o pluralismo teológico-ético de hoje é um desenvolvimento legítimo de nossa disciplina é relacionada ao que o Conselho chamou de autonomia das áreas profunda e mundialmente especializadas. Já que as afirmações normativas individuais da Ética são baseadas em julgamentos mistos, para os quais o conhecimento empírico das ciências humanas e sociais faz sua contribuição, uma área de respostas de alcance maior é inevitável. Isso significa que diferentes teólogos, embora igualmente conscienciosos em seu trabalho, encontrarão diferentes soluções para a mesma questão. Esta é a razão por que uma área de alcance maior de respostas e soluções, todas igualmente justificadas, coexiste dentro da Ética Teológica.

Legitimidade Fundamental do Pluralismo em Teologia

As razões que indiquei para a constituição plural da Ética Teológica a pluralidade de perspectivas a partir das quais as questões filosóficas e morais são colocadas em uma época pós-metafísica, o atraso afetando os desafios sociais para as várias religiões do mundo e as avaliações divergentes dos problemas empíricos podem ajudar a explicar por que o processo de diferenciações começou depois do conselho, e por que ainda vemos esta diferenciação hoje. Mas nós podemos compreender totalmente a justificação do pluralismo legítimo no campo da Ética Teológica somente quando vemos que ele é derivado do caráter científico-teórico da Teologia como uma disciplina acadêmica lidando com fé e revelação.

O direito e os limites de um pluralismo ético-teológico legítimo podem ser definidos somente quando guardamos na memória a tarefa própria para nossa disciplina, ou seja, a elaboração de uma teoria de conduta da vida humana sob a exigência feita pelo Evangelho. Como a revelação escatológica do amor de Deus, a mensagem do Evangelho reivindica não apenas ser válida para as esferas culturais particulares e os períodos da História humana, mas também ser a definitiva palavra de Deus sobre a pessoa humana, uma palavra que possui uma amplitude e uma plenitude que vão além de todas as formas históricas, nas quais se realiza a tentativa de concretizá-la. Esta reivindicação escatológica pela palavra de Deus significa que nunca é possível para qualquer intelectual aproximar-se da teologia para alcançar exaustivamente a plenitude da revelação.

Os Limites de um Pluralismo dentro da Teologia

Isso significa que tanto a plenitude da palavra de Deus como a variedade dos grupos para os quais ela deve ser proclamada exigem uma pluralidade de estilos de pensamento e formas de reflexão. O Papa Bento XVI observou que há tantos caminhos para Deus como há seres humanos; e isto faz um Pluralismo Teológico legítimo na esfera da Ética Cristã. Ao mesmo tempo, entretanto, podemos ver o ponto em que uma pluralidade legítima de abordagens intelectuais é distinguida de um pluralismo arbitrário e podemos ver a coluna limite na qual se poderia sucumbir a uma justaposição indiferente e um antagonismo de várias perspectivas. Uma pluralidade genuína de pontos de vista e perspectivas surge somente onde há diferentes pontos de vista sobre a mesma questão; uma simples acumulação muito diferente de pontos de vista não é suficiente para gerar uma disciplina acadêmica com uma constituição inerentemente plural. Um pluralismo no qual as pessoas se juntam buscando e fazendo perguntas não é simplesmente o resultado de unir as várias perspectivas individuais daqueles que participam; antes, as questões plurais se complementam de tal forma que constituem um pluralismo na Ética Teológica somente quando estão estudando um tópico comum e as perspectivas plurais cooperam na tentativa de analisar isso.[7] E todas estas perspectivas devem submeter-se a julgamento pelo critério comum: elas podem plausivelmente explicar, no seu próprio tempo e cultura, o que significa amar a Deus e a seu próximo?[8]

---

[7] Ver F. Wagner, "Theologie zwischen normativem Einheitsanspruch und faktischem wissenschaftlich-kulturellem Pluralismus", em Joachim Mehlhausen, ed., *Pluralismus und Identität* (Gütersloh: Gütersloher Verlagshaus, 1995), 153-167, esp. 165.

[8] Título Original: "Die Herausforderung des Pluralismus".

TEOLOGIA MORAL

Lisa Sowle Cahill

Da Mudança Evolucionária para Revolucionária

É uma imensa responsabilidade vir diante de centenas de colegas de vários países e tentar discursar sobre o "desafio do pluralismo". Nós somos a face do pluralismo. Portanto, tomo minha tarefa com um grande sentimento de humildade. Mas eu também estou extremamente esperançosa, porque eu anseio pelo diálogo adiante. Juntos podemos encontrar a coragem para superar os limites de nossas perspectivas individuais e confrontar os problemas de nosso mundo. Humildade, coragem e esperança essas, sem dúvida, são as virtudes essenciais dos teólogos morais da "Igreja mundial" de hoje.

Quero apresentar dois caminhos-chave nos quais o Pluralismo tem especialmente desafiado a Teologia Moral Católica desde o Conselho Vaticano II. Eu me refiro ao primeiro desafio como *evolucionário*. Ele vem de dentro da tradição católica romana. É um desafio para mudar e adaptar a disciplina da Teologia Moral à luz de um novo Pluralismo de fontes e de teólogos, originando-se na abertura ao mundo moderno, às Escrituras e ao papel do laicado. O segundo desafio deve ser chamado *revolucionário*, e vai além da tradição católica. Ele é um desafio radical para reexaminar os termos reais e as condições da Teologia Moral à luz do Pluralismo cultural elevado, introduzido pela globalização e o nascimento de novas teologias em todos os continentes e em muitas crenças.

O primeiro desafio, evolucionário, relaciona-se com o "sistema" neoescolástico aceito pela Teologia Moral, que trabalha com uma estrutura de princípios supostamente racionais que podem ser aplicados universalmente aos casos. Este sistema familiar é derivado de um entendimento particular da "lei natural" e envolve princípios e conceitos como efeito duplo, intrinsicamente atos maus, princípio de totalidade, cooperação material e formal e probabilismo. O Pluralismo desafiou este sistema "de dentro" no sentido de que, no meio do século XX, os teólogos morais, aplicando os princípios, começaram a ver que muitos resultados, embora autoritariamente confirmados pelo magistério, não correspondiam à experiência moral de muitas pessoas. Nem foram eles sensíveis à prática pastoral prudente. Como disse Tomás de Aquino, a verdade moral relaciona-se com "matérias contingentes" e transmite muito mais incerteza e variedade do que as matérias da razão especulativa.[1] O conhecimento moral ocorre através de um exercício da razão prática, guiado pela virtude da prudência.

Apreciando este fato, os teólogos morais como Josef Fuchs, Bruno Schüller, Richard McCormick e Charles E. Curran começaram a questionar se o que a Teologia Moral tinha alegado conhecer no passado era absolutamente certo. Metas especiais do criticismo foram o princípio de duplo efeito e o conceito de "mal intrínsico". Suas questões eram evolucionárias no que eles não rejeitaram estes princípios tradicionais e conceitos no geral, mas começaram a propor novos significados. Estas interpretações foram guiadas em grande parte pelos problemas práticos como controle artificial de nascimento.[2] Revisões foram propostas, muitas controversas ainda debatidas fortemente. Exemplos são as reinterpretações do duplo efeito como

---

[1] "A razão prática (...) se ocupou de questões contingentes sobre quais as ações humanas se ocupam: e, consequentemente, embora haja necessidade de princípios gerais, quanto mais descemos a questões de detalhes, mais frequentemente encontramos defeitos", Tomás de Aquino, *Summa Theologiae* I-II, q. 94, art. 4, "Whether the Natural Law Is the Same in All Men", trad. Padres da Província Dominicana Inglesa (New York: Benziger Brothers, 1948).

[2] Ver Charles E. Curran e Richard A. McCormick, eds., *Readings in Moral Theology n. 1: Moral Norms and Catholic Tradition* (New York/Ramsey/Toronto: Paulist Press, 1979).

"proporcionalismo",[3] os debates sobre exatamente quando um embrião se torna uma pessoa, a definição da nutrição e hidratação artificial como um meio ordinário ou extraordinário de suporte de vida e a permissibilidade do uso de camisinhas para prevenir AIDS.[4] Embora os primeiros defensores da mudança na Teologia Moral tenham sido padres e professores de seminários, o envolvimento das pessoas leigas, especialmente mulheres, na Teologia Moral e o movimento de teologia moral além do ambiente do seminário para a universidades contribuiram grandemente para estas evoluções potenciais da teologia moral tradicional.

Um importante aspecto desse primeiro desafio evolucionário é o fato de que a fonte de autoridade na teologia moral começou a mudar, ou pelo menos expandir. As tradições autoritárias e os ensinamentos são ainda importantes no curso. O peso ou grau de sua autoridade, entretanto, depende muito da experiência vivida das pessoas individuais, das comunidades cristãs católicas e dos desenvolvimentos correspondentes no campo da própria teologia moral. A autoridade agora requer o poder de iluminar nossas situações reais e guiar-nos para relacionamentos mais humanos e práticas que respeitem a dignidade humana e o bem comum e expressem uma "opção preferencial pelos pobres" orientada pelo Evangelho. E o discernimento de quem ou do que tem autoridade é um processo prático e muito mais comum hoje que na geração passada.

Outro importante aspecto do desafio evolucionário é o fato de que os teólogos morais observaram discrepâncias entre o modo como a análise tipicamente opera como nas chamadas esferas pessoal e social. Os teólogos, especialmente os teólogos morais femininos, insistem que as ações morais não podem ser isoladas dos contextos

---

[3] Ver Bernard Hoose, *Proportionalism: The American Debate and Its European Roots* (Washington, D.C.: Georgetown University Press, 1987).

[4] Ver Richard A. McCormick, *The Critical Calling: Reflections on Moral Dilemmas since Vatican II* (Washington, D.C.: Georgetown University Press, 2006) (originariamente publicado em 1989).

sociais.⁵ Estes contextos introduzem grande contingência e complexidade à decisão moral tomada. Toda teologia moral deve levar em conta não só as escolhas individuais, mas as práticas e instituições nas quais a ação se forma. Esta percepção prepara o caminho para o segundo desafio, revolucionário, do Pluralismo à Teologia Moral.

O desafio revolucionário é o desafio do pluralismo cultural um desafio muito mais radical. Por todo o mundo, as comunicações da mídia nos tornam mais cientes do que antes da extensão das variedades e diferenças humanas, como a frequência de confrontos e conflitos entre as culturas e as pessoas. O Pluralismo Cultural questiona as reais premissas do discurso da Teologia Moral. Há realmente uma "lei natural" que se aplica a todos? A análise moral pode ser "objetiva" e "racional"? A "dignidade humana" e "o bem comum" significam a mesma coisa em torno do mundo? É até mais possível falar da "verdade"? A teologia moral é desafiada pela aparente fragmentação da experiência dentro de incomensuráveis miríades de sistemas de valores, e pela proliferação de "diferentes" e "novas" vozes que afirmam seus direitos de falar em seus próprios nomes e para seus próprios contextos seja no Brasil, em Gana, na Croácia, na Índia, no Vietnã, no Líbano ou em Trinidad.⁶ Nesta disposição, a filosofia pós-moderna e desconstrutiva e o criticismo

---

[5] Ver Charles E. Curran, Margaret A. Farley e Richard A. McCormick, eds., *Feminist Ethics and the Catholic Moral Tradition* (New York/Mahwah, N.J.: Paulist Press, 1996).

[6] Entre muitos possíveis exemplos estão Virginia Fabella e Mercy Amba Oduyoye, eds., *With Passion and Compassion: Third World Women Doing Theology* (Maryknoll, New York: Orbis Books, 1989); Robert J. Schreiter, ed., *Faces of Jesus in Africa* (Maryknoll, New York: Orbis Books, 1991); e R. S. Sugirtharaja, ed., *Asias Faces of Jesus* (Maryknoll, New York: Orbis Books, 1993). Sobre compromisso construtivo com tradições não cristãs, ver Anozie Onyema, *The Moral Significance of African Traditional Religion for Christian Conscience* (Port Harcourt, Nigeria: Lynno Nigeria Coy, 2004); e Francis X. Clooney, *Theology after Vedanta: An Experiment in Comparative Theology* (Albany, New York: State University of New York Press, 1993).

cultural influenciaram grandemente a teologia moral contemporânea. Poucos teólogos morais católicos desistiram da pesquisa pela verdade. Ainda, muitos participantes desta conferência sobre "Ética Teológica Católica no Contexto Mundial" (Pádua, 2006) insistiram que ninguém tem uma perspectiva universal sobre a verdade e que a verdade deve ser buscada e conhecida na prática e, assim, diferentemente em diferentes contextos.

O desafio revolucionário do pluralismo cultural é um dos mais imensos desafios que nós enfrentamos nas próximas décadas. Ele requer que nós entendamos e expressemos simultaneamente dois fatos paradoxais. Primeiro, a verdade moral é contingente nas práticas morais concretas com um caráter específico histórico, cultural ou multicultural. *Segundo*, a verdade moral não é simplesmente "construída" por culturas ou tradições, mas refere-se, de alguma forma, aos bens humanos partilhados, valores e contratos. O primeiro fato, a natureza prática da verdade moral, corresponde ao caráter prático da razão moral e da responsabilidade moral, assim como à beleza e ao valor de diversas formas da vida e cultura humanas. O segundo fato, que "a verdade é em algum sentido objetiva", corresponde à realidade da interdependência humana e à possibilidade de nosso ser em solidariedade um ao outro para aliviar o sofrimento humano.

Os teólogos e os filósofos que rejeitam completamente a ideia da verdade objetiva e universal resistem fortemente a todas as formas de "hegemonia cultural" que subscrevem sistemas discriminatórios e opressivos de racismo, sexismo e o que poderíamos nomear "ocidentalismo", com seu individualismo liberal e atração pela violência econômica e militar. Ainda, diversas questões morais na "Igreja mundial" exigem a solução de problema cooperativo e a resolução de conflito, e mesmo a habilidade de identificar problemas e denominar a imoralidade de forma "global". São exemplos a violência contra mulheres e crianças, a pobreza extrema, a degradação do meio ambiente, o terrorismo, a tortura, a guerra preventiva e o sacrifício das vítimas da AIDS até os lucros dos grupos de drogas. Somente se qualquer prática cultural dada ou instituição puder exigir um padrão mais elevado a Teologia Moral pode criticar e exigir mudança em práticas que minam as necessidades básicas e a dignidade das pessoas.

Um legado positivo de nossa tradição natural da lei é dar-nos uma base no que nos compele ao diálogo sobre o que nos divide, sobre a compreensão de que nossa humanidade partilhada sustentará os entendimentos práticos sobre como resolver ameaças específicas ao bem comum. Nenhum consenso significativo será "derivado", em um modelo de cima para baixo, dos princípios abstratos, nem será compreensivo, perfeito ou livre de revisão. Nossa abordagem à verdade moral, como prática, será sempre indutiva, ampliada, participativa e culturalmente variada com relação às especificações da prática moral do bem.

A teórica legal feminista Hillary Charlesworth propôs um modelo de *"transversalismo"* em vez de "universalismo" para o entendimento moral através das culturas.[7] O transversalismo é um processo de comunicação crítica e mutuamente empático, no qual os participantes cruzam imaginativamente os territórios uns dos outros, expressam seus próprios valores e asserções, ouvem os outros, modificam sua próprias reivindicações, tentam alcançar a concordância em assuntos morais não negociáveis e honestamente criticam as deficiências de todos os sistemas culturais. Uma abordagem "transversal" foi a meta da conferência de Pádua e seus participantes que ouviram, desafiaram, reconsideraram e alcançaram maior entendimento através do processo.

Uma mensagem clara do diálogo da Conferência é que é importante para os teólogos morais tanto dentro da Igreja como sendo agentes sociais tornarem-se seguros de que a troca transversal é um processo no qual todos podem ser envolvidos. Uma intervenção de Tina Astorga (Filipinas) recorda-nos que é importante que o diálogo da Teologia

---

[7] Hillary Charlesworth, "Martha Nussbaum's Feminist Internationalism", *Ethics* 111 (2000): 76-77, disponível online em www.jstor.org (acessado em 15 de janeiro de 2007).

Moral não seja controlado por elites sociais e intelectuais. Teresia Hinga (Quênia) considerou que nós não reconhecemos a ação e a voz das mulheres "do povo" e damos crédito a suas soluções para os problemas, mas elas também são vistas como teólogas em seu próprio direito. Na discussão seguinte, um painel plenário na América do Norte, Stephen Pope (Estados Unidos) chamou para uma análise de poder. O poder insano e o uso impróprio do poder obviamente levam a injustiças sociais, mas eles também levam a apreensões distorcidas da verdade. A menos que os discursos sobre moralidade, sociedade e política sejam total e livremente participativos, então o conhecimento sobre estas realidades e as obrigações que elas implicam serão parciais, na melhor das hipóteses, e uma mentira em causa própria, na pior das hipóteses.

As incertezas e os conflitos morais sempre permanecerão, mesmo que o discurso moral ganhe inclusividade. Por exemplo, a mutilação genital ritual é uma forma de violência contra as mulheres? Deveria o ambiente de vida dos povos indígenas ser sacrificado para proteger uma floresta ou uma espécie em perigo? Qual é a diferença entre um terrorista e um combatente da liberdade? Exatamente quando as táticas de interrogatório tornam-se torturas? Quando uma ameaça imediata deve justificar um ato de autodefesa militar? E qual é o limite justificado dos lucros que uma indústria farmacêutica é autorizada a ter? Essas questões não podem ser respondidas de forma absoluta e final, mas isso não significa que nós deixamos o pluralismo sem crítica.

Os seres humanos em todos os lugares partilham características físicas e mesmo psicológicas. Cada cultura e cada pessoa valorizam família, alimento, água limpa, abrigo e liberdade do medo da violência e da doença. Depois de tudo, todas as culturas desenvolvem sistemas familiares, educacionais e políticos para propiciar acesso a estes bens e assegurar sua disponibilidade através de produção de materiais, sistemas de distribuição e estabilidade social. Há realmente muito pouco pluralismo cultural sobre os mais básicos bens e necessidades das pessoas e das sociedades, coisas que toda pessoa quer para si mesma e para os membros de sua valiosa família.

Mas onde o pluralismo cultural faz uma diferença enorme e frequentemente negativa moral é na definição dos *sistemas de acesso* pelos quais indivíduos e grupos obtém ou não os bens que seu bem-estar e sucesso requerem. O acesso aos bens é tipicamente restrito. Cada cultura e instituição conhecida na humanidade sistematizam as formas de discriminação. Termos modernos como *dignidade humana, humanidade completa, democracia, direitos humanos, igualdade, solidariedade* e *igual oportunidade* são formas de desafiar padrões de acesso injustos. Esta linguagem representa um *ethos* social, político e legal no qual a participação no bem comum e o acesso aos bens básicos da sociedade são universalmente partilhados, ainda que em muitos modelos culturais possíveis. Esta é a moderna definição de Justiça Social, que é um constituinte indispensável da Teologia Moral contemporânea.

Atacando as injustiças, a teologia moral enquanto teologia tem um papel indispensável a desempenhar. Os bens básicos e o acesso justo podem ser definidos filosófica ou humanisticamente. Estas não são as ocupações especiais da religião. Mas os teólogos também chamam a atenção para as tendências criminosas de cada sociedade que permitem a dominação ou a exclusão de alguns grupos para servir os mais poderosos. Os teólogos morais chamam isto de *pecado*. Nomear *pecado* é também chamar para a resistência e a mudança. É um pecado excluir as vozes das mulheres ou dos pobres da teologia moral ou da política. A própria Igreja Católica foi culpada deste pecado. Nomear o pecado e chamar à resistência é também apoiar uma visão de um futuro melhor. Os teólogos têm a especial obrigação de trabalhar para a mudança nas práticas morais de nossa comunidade cristã e suas instituições e devem estar seguros de que os cristãos são catalisadores da mudança positiva, e não obstruções a ela. Se o discernimento cooperativo da verdade de dentro do pluralismo é o primeiro desafio "revolucionário" para a teologia moral hoje, então o segundo e igualmente grande desafio é manter uma esperança realista de que a realidade humana pode ser levada para perto das verdades de amor e justiça. Manter a esperança no mundo contemporâneo é também "revolucionário", porque a esperança rejeita o *status quo*. A esperança não aceita que o mal e a violência sejam mais fortes que o amor e a solidariedade (Rm 8,35-39).

Os teólogos morais têm acesso às narrativas e práticas que fornecem caminhos para a *conversão* da *imaginação*, das *emoções* e das *disposições morais*. As parábolas de Jesus, seu ministério, sua morte em uma cruz, sua ressurreição e o envio do Espírito formam a opção preferencial para os pobres que devem preencher a Igreja, a comunidade da fé na qual nós praticamos a teologia moral. As necessidades e bens dos outros se tornam reais e importantes para a pessoa e formam o comportamento comunal e social, quando recontamos as parábolas como a do Filho Pródigo (Lc 5,11-32), o Bom Samaritano (Lc 10,30-37), o Homem Rico e Lázaro (Lc 16,19-31) e o Último Julgamento (Mt 25,31-46). Da história da mulher com hemorragia que foi curada por sua fé (Lc 8,43-48), da mulher samaritana no poço (Jo 4,7-30), da mulher pega em adultério (Jo 8,1-11) e, acima de tudo, do testemunho de Maria Madalena da Ressurreição (Jo 20,1-18) nós aprendemos que Jesus atingiu mulheres e outros que eram marginalizados ou oprimidos e que as mulheres foram importantes discípulas e mesmo apóstolas do Evangelho.

A Teologia Moral como teologia oferece campos para a esperança de que os cristãos podem mudar suas comunidades e sociedades para melhor, apesar da tragédia, do mal, da violência e do sofrimento que estão muito claramente visíveis em nosso mundo. Em um nível, vemos a esperança como uma virtude teológica, um dom escatológico que une as aspirações humanas ao poder de realização de Deus. Muito facilmente, entretanto, a esperança teológica pode tornar-se desespero passivo sobre um destino deste mundo, quando nós aguardamos as recompensas da *vida eterna*. Superficial, ingênua, excessivamente piedosa ou sobrenatural, a esperança é um luxo que somente aqueles que estão sendo derrotados pela vida podem permitir-se. A teóloga feminista Sharon Welch nos alerta para não sucumbir ao "culto do desespero" uma "consciência erudita da extensão e complexidade de muitas formas de injustiça" que nos paralisam e nos fazem incapazes de agir na resistência à injustiça.[8] Aqueles cujo sofrimento é grande tanto necessitam como merecem uma espécie de esperança cristã mais ativa, poderosa.

Um teólogo queniano, Elias Omondi Opongo, entrevistou o teólogo da libertação Gustavo Gutiérrez para um livro sobre as dificuldades da violência sem fim e sobre a reconstrução de sociedades em situações de conflito agudo, apesar mesmo das histórias de horrendas atrocidades. Nestes casos, o culpado da mútua violência pode ser exatamente um obstáculo forte para a paz como a dor da perda e de ser vítima. Opongo perguntou a Gutiérrez sobre o desafio de manter a esperança viva enquanto trabalhando com pessoas em tais situações extremas. Gutiérrez responde: "Por um lado, a esperança é um dom, uma graça de Deus, enquanto, por outro, as pessoas sempre esperam alguma coisa que leve a uma possibilidade de mudança". "O Evangelho pede a eliminação das situações sociais injustas já." A esperança não pode exatamente ser uma *esperança vazia*, mas deve ser construída na possibilidade de criar uma nova vida, fora das condições históricas. Ativa, a esperança engajada é esperança que dá "alguma segurança para a possibilidade de mudança".[9]

Enquanto a esperança cristã é escatológica, é também a esperança pelo reino de Deus que quebra nossa própria realidade. Este tipo de esperança se fixa em qualquer lugar com que nós, como indivíduos e como comunidades, tornamos-nos envolvidos para agir, para mudar nossa própria situação e as situações daqueles que podemos fortalecer ou cujas vidas podemos melhorar. Gutiérrez dá exemplos de ações através das comunidades de base cristãs, paróquias, grupos jovens e organizações de comunidades. Ele acredita que é importante para os teólogos cristãos, trabalhadores da Igreja e ativistas ajudarem as pessoas a "realizar suas capacidades para mudar a situação de sofrimento na Terra e criar

---

[8] Sharon D. Welch, *A Feminist Ethic of Risk,* ed. rev. (Minneapolis, Minn.: Augsburg Fortress, 2000), 104.

[9] Elias Omondo Opongo, *Making Choices for Peace: Aid Agencies in Field Diplomacy* (Nairobi: Paulines Publication Africa, 2006), 176.

uma nova esperança para elas".[10] O autor no evangelho de Pedro diz aos cristãos para dar "importância para a esperança que está em você", por nossas ações formando comunidades de compaixão, hospitalidade e serviço, que não são intimidadas pelo mal (3,14-15; 4,8-10).

Aqueles que escrevem ou gritam fora das margens da sociedade não exigem um fim relativista da moral que diz a verdade, mas o reconhecimento da sua verdade e humanidade total, sua ação e suas vozes. Não é direito de teólogos e acadêmicos (especialmente acadêmicos do Ocidente e Atlântico Norte) sucumbir à tentação pós-moderna de considerar o julgamento moral tímido ou irrelevante. Precisamos de valores de sentido humano "transversal" para fortalecer nossa busca pela justiça. O sentido de valores deve ser construído pluralística e inclusivamente, partilhando práticas assim como discursos. As práticas, que nos juntam em entendimento mútuo, são também a terra de nossa esperança.

Em conclusão, um desafio revolucionário à Teologia Moral é afirmar e apreciar o pluralismo cultural com consciência crítica que rejeita qualquer "hegemonia cultural" de racismo, sexismo, neocolonialismo ou militarismo. Precisamente, este desafio também requer que identifiquemos os valores partilhados. Ele chama os teólogos morais a nomear verdadeiramente e julgar corretamente as condições essenciais de uma vida humana decente. Um segundo desafio revolucionário aos teólogos morais é buscar global e cooperativamente a realização destas condições para todos, alimentando a esperança de que maior compaixão e justiça são atingíveis. A Teologia Moral para a igreja mundial no século XXI não pode ser simplesmente acadêmica, teórica ou erudita. Nem facilmente desencorajada. Os teólogos morais devem ser participantes engajados nos desafios morais e sociais que eles descrevem. Como teólogos, devemos nomear as condições opressivas como pecado, confrontar o pecado com as narrativas transformadoras do Evangelho e buscar

---

[10] Ibidem, 177.

concretamente realizar os novos relacionamentos que aquelas narrativas descrevem.

Como a Teologia Moral na Igreja global, devemos ter nossos pés no chão, como professores, como membros da Igreja e como pesquisadores. Buscamos o conhecimento dentro de nossa disciplina teológica, mas também podemos ajudar a manter a esperança no nível prático pela ação encorajadora que une as pessoas em torno de objetivos comuns. Passos concretos, embora pequenos, podem começar a superar divisões em favor da cooperação, encorajar a reconciliação pela construção de histórias de esforço mútuo e converter o poderoso às satisfações da vida com e para outros em instituições justas.[11]

---

[11] A ética pode ser entendida como "visando a uma vida boa com e para os outros, apenas em instituições", uma vida que é verdadeira, boa, virtuosa e feliz. Ver Paul Ricoeur, *Oneself As Another*, trad. Kathleen Blsmey (Chicago: University of Chicago Press, 1992), 172.

COMUNIDADE E PLURALISMO

Márcio Fabri dos Anjos

Desafios à Teologia Moral

Na análise deste amplo assunto, partimos do nexo entre a teologia moral e a comunidade cristã. Entendemos por esse nexo particularmente a construção do discurso moral e seu serviço à comunidade com seus membros. Não pomos em dúvida que o discurso da teologia moral seja um discurso acadêmico e, portanto, que seu discurso na sociedade deva ser substancialmente racional e, por isso, diferente do discurso empregado na comunidade cristã. Mas levamos em conta que o pluralismo globalizado envolve as comunidades cristãs e seus membros e que no desafio que elas encontram nesse contexto se situam importantes desafios específicos à teologia moral. Em nossa reflexão identificam-se enfoques latino-americanos, mas exatamente pela proporção do fenômeno da globalização poder-se-á admitir que ele não significa redução a uma experiência isolada.

Teologia moral e comunidade de discípulos

Para abrirmos esse tema temos necessidade de uma breve referência histórica. O nexo da teologia moral com a comunidade cristã em geral deu um grande salto de qualidade com a renovação instaurada pelo Concílio Vaticano II (1962-1965). Como se sabe, nele foi colocada a questão de purificar a identidade teológica da teologia moral perante uma normatividade disciplinar e autoritária excessiva. Nesse contexto, o concílio definiu a moral cristã sublinhando seu caráter científico ao lado de sua afirmação bíblica; sua dimensão de vocação e de discipulado pela referência ao amor e, portanto, sua exigência de fazer o amor frutificar a favor da vida do mundo.[1]

No conjunto da renovação conciliar que acolhe essa proposta está o reencontro da Igreja com a história, com os contextos particulares e com seus desafios. Ao propor a teologia moral associada à vocação cristã e ao discipulado, a construção de seu discurso ético-teológico está orientando-se para o ambiente da comunidade de discípulos e para a promoção de suas práticas frutuosas. Esse nexo da teologia moral com a comunidade é reconhecido em teologia,[2] e hoje também se aceita que toda construção de valores morais pelos quais nós nos identificamos passa pela elaboração de uma comunidade.[3]

O desenvolvimento desse impulso de renovação conciliar levou a reflexão cristã a ver com outros olhos a realidade de seus contextos. Nos últimos decênios, a reflexão latino-americana foi particularmente criativa em criar suas novas percepções. Ela começa descobrindo a estruturação da injustiça nas organizações sociais e procurando averiguar o quanto a comunidade eclesial pode estar comprometida com os privilégios que se originam desses processos.[4] E, em consequência, identifica o rosto das pessoas pobres em seu meio e a exigência evangélica de a comunidade abrir-se para acolher em si mesma as pessoas pobres.[5] Por esse caminho se chega a uma consciência mais clara sobre os diferentes

---

[1] Concílio Vaticano II, *Optatam Totius: Decreto sobre a Formação Sacerdotal* (Vaticano: Libreria Ediditrice, 1965), n. 16.

[2] Marciano Vidal, *Nueva Moral Fundamental: El Hogar Teológico de la Ética* (Bilbao: Desclée de Brouwer, 2000), 258.

[3] Charles Taylor, *Fontes do Ego: Sources of the Self: The Making of the Modern Identity* (Cambridge, Mass.: Harvard University Press, 1989), 1.3.

[4] CELAM (Conferência Geral dos Bispos da América Latina), *Conclusões da Conferência de Medellín* 1968 (São Paulo: Paulinas Editorial, 1998).

[5] CELAM (Conferência Geral dos Bispos da América Latina), *Evangelização no Presente e no Futuro da América Latina: Conclusões da Conferência de Puebla* (São Paulo: Paulinas Editorial, 1979).

rostos da pobreza e da exclusão, presentes nas culturas e provocadas principalmente pela cultura dominante; as conclusões levam à necessidade de inculturação do Evangelho.[6]

Sem deixarmos o centro de nosso interesse, devemos sublinhar que, nesse processo, as mudanças da consciência eclesial acarretam mudanças no próprio método teológico. A análise da realidade se torna um passo necessário para a reflexão e para as propostas éticas na ação. Surge com nova força a pergunta sobre quais mediações analíticas permitem, de fato, que se faça um bom diagnóstico das construções sociais. Mas, além disso, permite compreender que as perguntas sobre os pobres, a pobreza e a exclusão não significam somente uma opção pastoral para promover iniciativas de assistência solidária ou também para postular transformações socioestruturais; compreender-se-á que elas exigem também uma mudança epistemológica, em que a pergunta pelos pobres e excluídos torna-se um lugar no qual se pratica a teologia moral, cujas necessidades serão consideradas como critérios teológicos.[7]

Antes de encontrar-se com o pluralismo dos tempos atuais, essa trajetória ajudou a mostrar com mais clareza a real diversidade de modelos de ética teológica,[8] já que correspondem a diferentes lugares nos quais são elaborados. Torna-se mais nítido o alcance das diferenças (não só em termos de elaboração do discurso, mas também em termos de seus conteúdos) entre, por exemplo, a moral *oficial*, elaborada predominantemente por clérigos e para o ensino no seminário e com clara estruturação acadêmica; a moral elaborada, a seu modo, nos diálogos das Comunidades

---

[6] CELAM (Conferência Geral dos Bispos da América Latina), *Rio, Medellín, Puebla e Santo Domingo* (São Paulo: Paulus, 2004).

[7] Julio Lois, *Teología de la Liberación: Opción por los Pobres* (San José, Costa Rica: DEI, 1988); Jorge Pixley e Clodovis Boff, *Opção pelos Pobres: Experiência de Deus e Justiça* (Petrópolis, Brasil: Editora Vozes, 1987).

[8] José Vico Peinado, *Éticas Teológicas de Ayer y Hoy* (Madrid: San Pablo, 1993).

Eclesiais de Base;[9] e a moral *popular*, elaborada também a seu modo por pessoas de participação comunitária difusa, que, por algum motivo, não acompanham as argumentações e as normatividades oficiais.[10] Note-se, além disso, que nessa trajetória vai tornando-se mais evidente a importância da participação das diferentes pessoas nessas elaborações.

Sujeitos cristãos no Pluralismo globalizado

A compreensão dos desafios do pluralismo atual à Teologia Moral nos leva obviamente a uma análise mais ampla e complexa do atual momento cultural que escapa aos objetivos desta abordagem. As mudanças nos modos de produzir os bens de consumo e os instrumentos, de estabelecer relações interpessoais, sociais e ambientais, de construir sentidos e significados são mudanças tão radicais que caracterizam uma nova condição cultural.[11] Mantendo, pois, o enfoque de nosso tema a partir das comunidades cristãs, vamos salientar apenas alguns aspectos da inserção das comunidades nesse processo, no concernente aos desafios éticos.

---

[9] Sobre as Comunidades Eclesiais de Base (CEBs), ver *O Povo Descobre a Sociedade: Capitalismo x Socialismo, Subsídio para Reflexões de CEBs* (São Paulo: Paulinas Editorial, 1984); Sebastián G. Mier, *El Sujeto Social en Moral Fundamental: Una Verificación: Las CEBs en México* (Mexico: Universidad Pontificia de Mexico, 1996); Faustino L. C. Teixeira, Rogério Valle, Clodovis Boff e Regina Novaes, CEBs, *Cidadania e Modernidade: Uma Análise Crítica* (São Paulo: Paulinas Editorial, 1993); Faustino L. C. Teixeira, *Os Encontros Intereclesiais de CEBs no Brasil* (São Paulo: Paulinas Editorial, 1996); CEBs e o 10º. Encontro Intereclesial, CEBs, *Cidadania e Modernidade: Uma Análise Crítica* (Paulo Afonso, Brasil: Fonte Nova, 1999); Conferência Nacional dos Bispos do Brasil, *CEBs: Espiritualidade Liberadora: Secretariado Nacional do 11º Intereclesial das CEBs. Seguir Jesus no Compromisso com os Excluídos, texto base* (Belo Horizonte, Brasil: O Lutador, 2004).

[10] Bernardino Leers, *Jeito Brasileiro e Norma Absoluta* (Petrópolis: Vozes, 1982); Lívia Barbosa, *O Jeitinho Brasileiro: A Arte de Ser Mais Igual do que os Outros* (São Paulo: Editora Campus, 2006).

[11] David Harvey, *The condition of Postmodernity: An Inquiry into the Origin of Cultural Change* (Oxford/Malden, Mass.: Blackwell Publishers, 2000).

Pluralismo como despolitização

Pode-se dizer que o pluralismo atual surge de uma forma paradoxal dentro do processo de globalização. Em outras palavras, o conceito de globalização sugere exatamente a aproximação, a uniformidade e os sistemas comuns em todo o globo terrestrre, portanto, o contrário do pluralismo. A globalização, em termos neoliberais da economia, por exemplo, apresenta-se exatamente como *sistema mundial*. Entretanto, o pluralismo está implicado nesse processo e aparece como desafio ético enquanto se propõe em termos de uma "despolitização plena da economia, o que gera a fascinação de um mundo regido unicamente pelas leis impessoais do mercado". Estabelece-se a competição como regra entre as pessoas e os grupos sociais. O mundo torna-se plural, principalmente porque cada pessoa é entregue à sua própria sorte. Essa lógica pluralista traz, especialmente para as regiões pobres, o agravamento das desigualdades e o distanciamento das oportunidades de bem-estar. Milhões de jovens não conseguem emprego, amargando desde cedo o caminho da exclusão e do desencanto.[12]

O pluralismo tem, portanto, um rosto escondido na despolitização, que incide diretamente sobre o compromisso entre as comunidades e internamente entre seus membros. Esse pluralismo pulveriza a importância das iniquidades e das diferenças injustas, porque pulveriza a responsabilidade política. Fragmenta os laços entre as pessoas e as comunidades na participação nas esperanças. Imprime nos rostos das pessoas e nos processos biológicos e ambientais da natureza os sinais de sua devastação.

---

[12] Manfredo Araujo de Oliveira, *Desafios Éticos da Globalização* (São Paulo: Paulinas Editorial, 2001), 91-99.

Pluralismo como domesticação da intersubjetividade

É conveniente juntar a essa trama política do pluralismo uma consideração a partir das pessoas. A subjetividade evoca as particularidades das pessoas, seja como indivíduos, seja como grupos. Estão incluídos nela seus desejos e seus interesses. O processo da globalização neoliberal exerce uma influência direta nas subjetividades, lançando no coração das pessoas as raízes do pluralismo. Em termos simples, o caminho para isso consiste em colocar as pessoas diante de bens de consumo e convencê-las de que a realização das pessoas se obtém simplesmente mediante a posse desses bens. Essa redução propicia o sonho da realização em forma subjetiva, ou seja, na própria pessoa.

No pluralismo global, a necessidade humana de relações entre as pessoas é colocada em termos de *intersubjetividade econômica*. Essa relação, já mencionada por Hegel, é proposta por Adam Smith mediante características que se efetivam "além das relações pessoais e das expressões vitais das pessoas", porque a racionalidade econômica é colocada acima das pessoas; "nesse processo, desaparece a transcendência das pessoas diante da realidade objetiva de suas vidas, e, ao contrário, quanto mais as pessoas desaparecem, tanto melhor funciona o sistema como um todo". Trata-se de uma "intersubjetividade sistêmica" dirigida para a eficiência na produção de bens e na obtenção de lucros.[13]

Especificando os desafios

Com essas poucas observações, apresentamos um esboço do contexto em que inseri alguns desafios específicos do pluralismo à Teologia Moral. Mantendo a relação estreita com as comunidades cristãs nessa abordagem, defrontamo-nos inicialmente com um retorno a uma moral fortemente elaborada mediante normas e disciplinas e com um apelo frequente à autorida-

---

[13] Manfredo Araujo de Oliveira, *Desafios*, 113-115; 118.

de que a preside. O pluralismo moral é certamente o desafio que se procura solucionar por esse meio, isto é, ter uma comunidade bem integrada, com normas claras de procedimento e com instâncias de poder bem definidas. Aqui a Teologia Moral é elaborada segundo um modelo adequado a esse pressuposto e, por isso, inclina-se a defender mais o *pertencer* à comunidade do que a *crença* cristã que a fundamenta e a sustenta.[14] Com essa tendência, a elaboração da moral cristã experimentou uma significativa restrição no desenvolvimento de formas de pensar e de argumentar que pudessem trazer crise a essas bases da pertença; e alguns teólogos pagaram um preço amargo até por pequenas divergências no meio dessa tensão.

Percebe-se com isso que o pluralismo desafia a Teologia Moral, desafiando a identidade da comunidade cristã dentro do novo ambiente da subjetividade e no meio da sociedade plural. Na renovação conciliar para a Teologia Moral, que mencionamos acima, está implícita a proposta de uma nova eclesiologia, inspirada no discipulado. Comblin observa que essa eclesiologia teve repercussões diferentes nos contextos mundiais. Na América Latina e na África ela exerceu uma influência particular para que a teologia pudesse estar mais próxima da vida do povo e pudesse transformar-se mais claramente em projetos de vida.[15] Mas ele sublinha que o vigor dessa concepção eclesiológica se alimenta da teologia do *povo de Deus* e que esse conceito fornece "a porta de entrada para uma Igreja dos pobres" e facilita "a ligação dos teólogos" com outros grupos e instâncias da vida social em transformação.[16]

Analisando-se o alcance desse conceito, perceber-se-á que não se trata somente de uma união de teólogos. A afirmação da comunidade como povo de Deus implica continuar na afirmação do povo como *sujeito* de sua história, desencadeando a crítica sobre tudo o que possa

---

[14] Luiz Roberto Benedetti, "A Experiência no Lugar da Crença", em *Experiência Religiosa, Risco ou Aventura?*, ed. Márcio Fabri dos Anjos (São Paulo: Paulinas Editorial, 1998).

[15] José Comblin, *Cristãos rumo ao Século XXI: Nova Caminhada de Libertação* (São Paulo: Paulus, 1996), 154.

[16] José Comblin, *O Povo de Deus* (São Paulo: Paulus, 2002), 93-95.

cercear sua liberdade na participação de seu destino. Se o conceito de povo, por si, é somente um conceito ainda impreciso e vago, ele ganha definição na medida em que surge a consciência de participação nos próprios destinos. Nesse sentido vai a crítica à Teologia Moral desenvolvida de modo disciplinar e distante da experiência de vida do povo.[17]

Considerando-se, entretanto, o impacto atual do pluralismo global sobre a pessoa, pode-se perceber que a extensão do desafio para a elaboração da moral cristã é ainda maior. Porque a densidade do conceito de *pessoa* entra em crise com o processo de despersonalização da economia global e com seus modos de produção; o pluralismo global debilita a consciência do povo, anulando a força participativa da pessoa.[18] A crise é, portanto, mais profunda e desafia a Teologia Moral a elaborar-se de forma a ser um espaço de potencialização das pessoas e dos grupos como *sujeitos* de sua história em oposição ao processo global, que fragmenta a participação das pessoas. E favorecendo a consciência e as práticas da pessoa, contribui para a consciência e as práticas do povo e da comunidade.

Tarefas da conscientização e compromisso com o outro

O desafio da elaboração da moral cristã vista da potencialização do *sujeito* se apresenta hoje como realmente crucial, especialmente porque o processo do pluralismo global transforma facilmente a subjetividade em subjetivismo individualista. Assim, ao apontar metas para a elaboração ética, propõe-se adequadamente a "construção da intersubjetividade real como exigência ética suprema".[19] Na

---

[17] José Comblin, *O Povo de Deus*, 92-202.
[18] Hans Hinkelammert, *El Grito del Sujeto* (San José, Costa Rica: DEI, 1998).
[19] Manfredo Araujo de Oliveira, *Desafíos*, 111; ver também Enrique Dussel, *Ética de la liberación en la edad de la globalización y de la exclusión* (Madrid: Editorial Trotta, 1998), 167-233; Jung Mo Sung, "The Human Being as Subject: Defending the Victims", in: *Latin American Liberation Theology: The Next Generation*, ed. Ivan Petrella (Maryknoll, New York: Orbis Books, 2005), 1-19.

ética, a afirmação da intersubjetividade se verifica hoje muito além do discurso teológico e é assumida até por quem não aceita uma confissão religiosa, quando se afirma que "o respeito ao Outro é um valor absoluto, e não relativo. E é até ontológico, porque tenho necessidade do outro para ser eu mesmo, e o outro tem necessidade de mim para ser ele".[20] A intersubjetividade pode, portanto, ser entendida como uma condição antropológica a ser assumida, tornando-se um critério ético.

Surge disso outro desafio extremamente importante, o qual consiste na pergunta sobre como o sujeito pode ser sujeito de sua própria consciência moral. De fato, a consciência dos valores se dá nas relações sociais e não é isenta das influências dominadoras que inibem sua liberdade. As contribuições de Paulo Freire a esse respeito se tornaram extremamente sugestivas para a formação e a educação da consciência e deixaram mais claros os desafios decorrentes disso para a elaboração da Teologia Moral.

Seu conceito fundamental, conhecido como conscientização, remete a um processo no qual o sujeito supera a consciência ingênua, massificada ou fanática, e intransitiva, porque não consegue sair de si mesmo em direção ao outro. Superando essa situação, ele ganha consciência crítica para perceber as causas dos processos de sua história, apesar de que ele o atemoriza. Esse processo implica que a própria pessoa oprimida assuma a consciência crítica. Na proposta de Paulo Freire, a consciência crítica supõe a transitividade crítica, pela qual a consciência se torna ética na descoberta do outro e das relações comunitárias.[21]

---

[20] Axel Kahn e Dominique Lecourt, *Bioéthique et Liberté* (Paris: Presses Universitaires de France, 2004), 38.
[21] Paulo Freire, *Educação como Prática da Liberdade* (Rio de Janeiro: Paz e Terra, 1980); idem, *Conscientização: Teoria e Prática da Libertação* (São Paulo: Moraes Editora, 1980); idem, *Pedagogia do Oprimido* (Rio de Janeiro: Paz e Terra, 1978); idem, *Pedagogia de la Esperanza* (México: Século XXI, 1993).

Em tempos de pluralismo, o processo da formação da consciência da pessoa coloca para a Teologia Moral o desafio de sua tarefa pedagógica. À primeira vista, essa interpelação poderia ser facilmente descartada, porque se pode apelar para o caráter acadêmico do discurso da ética teológica. Não obstante, o que se verifica hoje nos processos do pluralismo global é exatamente o fato de privilegiar o saber, refugiado e concentrado em elaborações acadêmicas e em investigações avançadas. Nesse processo nota-se uma grande massa apenas consumidora de conclusões e de produtos. O desafio é não repetir o mesmo no discurso ético e na Teologia Moral. Hoje, as comunidades cristãs e seus membros são cada vez mais carentes de elementos para a formação de sua consciência crítica, superando a consciência massificada que lhes impõe o bombardeio de mensagens e propagandas dos interesses do mercado. Isso exige mais do que ter pessoas capazes de transformar a linguagem acadêmica em linguagem pedagógica. Implica procurar na própria elaboração do discurso acadêmico uma metodologia que facilite a desconstrução de consciências ingênuas, a favor da formação de consciências críticas com capacidade transitiva para o outro e o comunitário.

O medo do outro como medo da liberdade

O processo de formação da consciência crítica encontra dificuldade na própria pessoa. Paulo Freire fala do "medo da liberdade", que implica a quebra das fascinações e das seguranças próprias para o encontro com a realidade de si mesmo e do outro. No pluralismo global o medo da liberdade se apresenta como medo de perder o poder. Hoje ciência e tecnologia fortalecem as pessoas com recursos crescentes colocados à sua disposição. Fortalecem também seus sonhos com promessas atraentes. Esse poder, que, por um lado, abre tantas perspectivas para a comunicação, funciona dentro do pluralismo para nutrir a autossuficiência e o isolamento da pessoa em si mesma. Impõe o medo da imperfeição, da vulnerabilidade, e acaba tirando a liberdade e tornando as pessoas vinculadas ao próprio poder.[22]

Para a reflexão ética, esse quadro levanta um desafio a fim de que as pessoas reconheçam "em si mesmas a parte que pertence aos outros" e se coloquem numa "dinâmica de transindividualidade (...), a única que hoje pode reverter os efeitos destruidores do isolamento das pessoas".[23] Em outros termos, a reflexão ética enfrenta o desafio de mostrar os laços ontológicos que nos unem uns aos outros e pautam nossa liberdade numa estreita interdependência, e não no isolamento. É o que permite dizer que "a questão da construção de uma intersubjetividade geradora de liberdade é a questão central da história (da vida humana)".[24] Esse fundamento antropológico geral exige naturalmente um desdobramento que não assumimos neste ensaio, ou seja, o de teorias e práticas em torno de relações sociais em todos os âmbitos nos quais esse compromisso deve realizar-se.

A reflexão cristã, ao aprofundar essas bases antropológicas, critica a procura da liberdade na concentração do poder da própria pessoa. Ela propõe, ao contrário, que o processo de sua liberdade se dê no desenvolvimento de um poder transitivo, comunicativo e compartilhado, capaz de dar poder aos outros que estão junto. Da mesma forma a Teologia Moral se vê perante o desafio de caminhar na contracultura da concentração do poder. Esse desafio foi sempre constante na história da humanidade, evidentemente envolvida pelos conflitos de poder em toda a sua trajetória, mas hoje ele tem características próprias, marcadas pelos avanços científicos e pelo pluralismo global aqui considerado.[25]

---

[22] Dietmar Mieth, *Diktatur der Gene: Biotechnik zwischen Machbarkeit und Menschenwürde* (Freiburg im Breisgau, 2003).

[23] Axel Kahn e Dominique Lecourt, *Bioéthique,* 40.

[24] Manfredo Araujo de Oliveira, *Desafios,* 120.

[25] Márcio Fabri dos Anjos, "Power and Vulnerability: A Contribution of Developing Countries to the Ethical Debate on Genetics", in: *Genetics, Theology and Ethics: An Interdisciplinary Conversation,* editora Lisa S. Cahill (New York: Crossroad, 2005), 144-148; Márcio Fabri dos Anjos, "Rumos da Liberdade em Bioética:

Excluídos, vítimas e vulneráveis como crítica e critério

Como, então, numa cultura fascinada pelo poder, argumentar de forma convincente que o poder concentrado isoladamene é destruidor e insano? Como mostrar que a construção da vida em liberdade só é possível no compartilhamento do poder? Essas perguntas são apresentadas aqui como um desafio ao pluralismo fundado no isolamento das pessoas. A resposta teológica mais contundente a essas inquietações foi formulada exatamente através do resgate da voz das pessoas distanciadas do poder, isto é, dos pobres e excluídos, os quais, enquanto submetidos ao poder excludente, são realmente vítimas. Essa ênfase teológica no clamor dos pobres e das vítimas tem um fundamento amplo na leitura bíblica e foi bastante desenvolvida pela teologia latino-americana.[26]

O clamor coloca em pauta inicialmente duas questões de certo modo sociológicas. A primeira seria: como pode o clamor fazer-se ouvir exatamente por aqueles que deteem o poder excludente e vitimador? A segunda se refere à consciência das próprias vítimas e dos pobres sobre sua condição. Em décadas passadas, respondendo de certa forma às duas questões, falou-se com entusiasmo sobre a irrupção da consciência histórica dos pobres que os levava a se organizarem em movimentos sociais e em comunidades eclesiais populares.[27] De fato, há sinais perceptíveis dessa organização dos pobres, principalmente em populações indígenas, em movimentos como os dos que lutam pela terra e moradia e nas comunidades eclesiais de base. Mas, como nota Comblin, essa

---

Uma Leitura Teológica", in: *Bioética e Longevidade Humana*, eds. Leo Pessini e Christian P. Barchifontaine (São Paulo: Loyola, 2006), 129-140.

[26] Jon Sobrino, *El Principio-Misericordia: Bajar de la Cruz a los Pueblos Crucificados* (Santander: Sal Terrae, 1992).

[27] Gustavo Gutiérrez, *A Força Histórica dos Pobres* (Petrópolis / Rio de Janeiro: Vozes, 1981).

irrupção é bem mais restrita do que se esperava, e até mesmo a opção da Igreja pelos pobres não entusiasmou os próprios pobres como se desejava.[28]

Essa realidade sociológica mostra a dificuldade de construir a consciência crítica *transitiva* e de efetivá-la como compromisso social. Mostra a dificuldade, mas não a impropriedade do esforço, porque desistir de iniciativas nesse sentido seria abandonar os pobres e as vítimas à sua própria sorte. No que se refere especificamente à reflexão da ética teológica, existem aqui dois desafios importantes com os quais se pode encerrar este breve ensaio.

O primeiro se refere à importância da construção do discurso ético--teológico para que ele se torne apto a contribuir para a formação dessa consciência e para a passagem dessa consciência para as práticas de transformação. Sob esse ponto de vista, a opção pelos pobres persiste na Teologia Moral como um desafio para sua elaboração metodológica. Apesar de não ser aqui o lugar para expor o alcance dessa afirmação, convém recordar que a consciência eclesial foi despertada para uma nova percepção da centralidade evangélica das vítimas e dos excluídos para se compreender o amor de Deus e, consequentemente, a afirmação de seu lugar como critério para a reflexão ética e para as práticas cristãs. Com certa distância das tensões que cercaram o alcance da opção pelos pobres na teologia, é possível concluir hoje a necessidade de um discurso ético-teológico capaz de revelar as formas de poder excludente; um discurso que facilite ouvir o clamor das vítimas e das pessoas excluídas; que, ao mesmo tempo, facilite para as pessoas a superação de uma consciência fechada para a transitividade crítica; que facilite também a intersubjetividade. A opção pelos pobres certamente sugere para isso a necessidade de um pensamento pelo menos um pouco mais dialético em teologia moral, para que se consiga identificar o rosto das pessoas

---

[28] José Comblin, *O Povo de Deus*, 275-277.

excluídas, ouvir seu clamor e contribuir para a consciência misericordiosa e transformadora.[29]

Nessa opção, o discurso da ética teológica contribui para que as próprias pessoas excluídas se realizem em comunidade, superando a exclusão. Como sintetiza Enrique Dussel, "a simetria criada entre as vítimas, graças à sua árdua luta pelo reconhecimento, pela descoberta da não-verdade (mesmo que com a colaboração do método científico), da não-validade (para o procedimento formal participativo-democrático do estamento de vítimas conscientes, críticas e militantes), da não-eficácia (factibilidade tecnológica, instrumental ou estratégica) perante o sistema hegemônico, abre as portas para a criatividade positiva na formulação das utopias possíveis".[30]

O segundo desafio é semelhante ao anterior, mas enfatiza a necessidade do discurso ético em favor das vítimas e das pessoas excluídas, um discurso que se faz na comunidde cristã na grande sociedade. O pluralismo tende a esvaziar a contundência das desigualdades e das extrapolações do poder. Diante disso, o discurso ético é desafiado a manter sua força crítica. J. B. Metz define a tarefa da reflexão teológica como sendo portadora de uma *racionalidade anamnética* que privilegia a memória do sofrimento alheio (*memória passionis*) como crítica da insuficiência da racionalidade que preside o pluralismo global. E conclui citando Th. W. Adorno: "A necessidade de deixar a dor falar é a condição de toda verdade".[31]

---

[29] Gustavo Gutiérrez, *Onde dormirão os pobres?* (São Paulo: Paulus, 1998).

[30] Enrique Dussel, *Ética da Liberación en la Edad de la Globalización* (Madrid: Editorial Trotta, 1998), 452.

[31] J. B. Metz, "Proposta de Programa Universal do Cristianismo na Idade da Globalização", em *Perspectivas Teológicas para o Século XXI*, editor Rosino Gibelini (Aparecida: Santuário, 2005), 355.

Assim pode-se dizer que as pessoas pobres, vítimas e excluídas, por sua própria existência, representam uma crítica ao pluralismo global. A reflexão ética cristã as recolhe como pessoas e como uma condição que postula a transformação em termos de consciência ética e de práticas inclusivas. Com isso, ela assume o desafio de ser capaz de suscitar esperança e criatividade para alternativas transformadoras no meio do pluralismo global.

4

GLOBALIZAÇÃO E JUSTIÇA

"Possa o Senhor nos ajudar, pobres teólogos morais!" Assim, Enrico Chiavacci fecha elegantemente seu ensaio escrito. Em uma série de quatro meditações, ele leva-nos a quatro percepções. Primeiro, a globalização é tanto uma nova possibilidade tecnológica com enorme capacidade de conectar o mundo inteiro como uma realidade estrutural de fato, embora seja marcada por enorme dominação política, social e economicamente, por poucos. Segundo, a Teologia Moral deve proclamar o supremo mandamento do amor (*caritas*), propriamente entendido. Nele está a relevância da tradição do "bem comum" para a família humana que surge, e aqui nós devemos pôr fim na predominante e singular influência do Ocidente a fim de abrir espaço para uma solidariedade humana verdadeira. Terceiro, essa caridade deve ser expressa na justiça e "um estrito dever de justiça responsável pelas instituições internacionais e nacionais, assim como pelos membros individuais desta comunidade global, para assegurar que todo ser humano tenha as condições básicas necessárias para uma vida que é realmente humana: alimento, lugar para viver, cuidado com a saúde e educação". Finalmente, a justiça não é somente um princípio econômico. Chivacci nomeia três questões relevantes a que os moralistas devem dirigir-se, com relação a justiça e a pessoa: ajudar todos a considerar a decisão fundamental na vida (como incluir meu vizinho em meu projeto para uma vida boa), respeitar as culturas das pessoas, e respeitar a singularidade de cada pessoa.

Vimal Tirimanna propôs sua tese principal: "Em vez de concentrar-se exclusivamente em 'economia com fins lucrativos' como acontece agora, requer-se um enfoque sério sobre 'economia que constrói a pessoa', se a globalização deve oferecer benefícios para todos em uma dada sociedade. Esta economia precisa ser inclusivamente participativa com todas as pessoas no micronível (dentro de um dado país) e com todos os estados no macronível (internacionalmente), especialmente ao tomar decisão e partilhar benefícios."

Para chegar a isso, ele primeiro observa que a economia global de 1942 a 1945 já estava estabelecida como corretamente fixada, mas, depois da Segunda Guerra Mundial, o contínuo desenvolvimento das entidades internacionais assegurou o fato de que as regras do jogo econômico foram postas em funcionamento para continuar a favorecer as já ricas nações às expensas das já pobres nações. Para demonstrar isso, ele observa as relações comerciais e as barreiras econômicas e, então, repetidamente, voltando-se para os dados do anual *Human Development Reports* das Nações Unidas, ele mostra como, de forma repetida, a chamada drástica para a revisão das políticas econômicas internacionais permanece sem chamar a atenção. Neste contexto real, a globalização não estabelece, de forma alguma, uma série de relações justas entre as nações e, como tal, é especificamente designada para agir de outra forma.

John Mary Waliggo explora muitas dimensões positivas com relação à globalização no mundo da Justiça, por exemplo, a expansão da advocacia para os Direitos Humanos, a intenção de erradicar da humanidade as ameaças da doença ao analfabetismo, a tentativa de controlar a guerra e outras ações muito destrutivas, o desejo de atender mais lealmente ao meio ambiente. Ainda, em cada instância, ele encontra abruptos colapsos de planos que estendem um destino comum e mais justo a todas as pessoas. Quando explora o lado negativo da globalização, ele previne sobre "a primeira e mais abominável injustiça da globalização": que "as pessoas, no mundo em desenvolvimento, são desse modo simples recipientes da já estabelecida agenda da corrente globalização. Os recipientes foram advertidos repetidamente de que não há nenhuma alternativa senão aceitar ou gradualmente se tornar isolados e morrer!". Não poder levar mais inclusivamente todos os seres humanos para a mesa global o levou a considerar muitos dos danos que afetam o mundo em desenvolvimento hoje: HIV/AIDS, fuga de talentos, preços inferiores (*dumping*), corrupção. Ele conclui chamando para a ação profética, dizendo aos teólogos eticistas que devemos mais concretamente trabalhar juntos para promover as especificações do nosso ensinamento católico.

GLOBALIZAÇÃO E JUSTIÇA

Enrico Chiavacci

Novos Horizontes para a Teologia Moral

I

"Globalização" é um novo termo com dois significados diferentes: uma nova possibilidade tecnológica e uma realidade de fato estrutural na vida da família humana como um todo.

Uma nova possibilidade: de 1970 em diante, novas tecnologias, transmissores e eletrônicos de silício, têm eliminado totalmente o espaço e o tempo nas comunicações entre os seres humanos, quer individualmente ou em grupos, e este desenvolvimento não terminou ainda a difusão expandida da Internet tem apenas uns poucos anos. Além disso, o contato físico entre as pessoas de regiões remotas é possível hoje a baixo custo e em curto tempo, mas isto começou somente em 1970 com a introdução da aeronave de "fuselagem grande": em 1950, levei sete dias para viajar de navio da Europa aos Estados Unidos, mas hoje são seis horas em um avião de classe turística. Devemos acrescentar a isso a imensa emigração de pessoas que fogem da miséria e da fome com todos os meios clandestinos à sua disposição. Finalmente, os navios de hoje têm a capacidade de 8.000 contêineres, de forma que o transporte de bens internacionais tem muito baixo custo por unidade. Isto significa que custa mais ou menos o mesmo comprar um item na cidade vizinha ou no outro lado da Terra. O ideal da "unidade da família humana" e "família humana" é ele próprio um novo termo nos documentos jurídicos, que foi proposto por documentos das Nações Unidas e pela Encíclica *Pacem in terris* não é mais puramente utopia, mas uma possibilidade concreta.

Uma realidade estrutural: hoje, a globalização significa de fato uma quase completa dominação ou controle por grupos muito pequenos, públicos ou privados, com interesses econômicos ou políticos. Os interesses políticos, nos países desenvolvidos, são controlados por grupos poderosos com interesses econômicos. Nos países pobres, os governos são dominados, controlados ou chantageados por governos dos países ricos, enquanto é impossível, pelos frequentes casos de corrupção, ser submetido aos controles democráticos, já que o povo é mal-educado e não tem nenhum meio independente de comunicação, nem qualquer possibilidade de juntar forças com outros e organizar-se e mobilizar-se. No nível técnico, a crescente concentração de imensas quantias de capital se faz necessária pelos custos de pesquisa, desenvolvimento e comercialização de complexos bens, como a mídia e os sistemas de transporte. (Por exemplo, nos Estados Unidos houve três produtores de grandes aeronaves civis: McDonnell Douglas, Boeing e Lockheed, mas Boeing é o único que ficou, já que comprou a McDonnell Douglas poucos anos atrás, e Lockheed agora produz somente aviões militares). Esta concentração é sem dúvida necessária. O problema é devido à concentração em mãos privadas (por exemplo, de corporações ou multinacionais) por causa de interesses financeiros que são exclusivamente privados e visam somente à maximização do lucro, sem dizer respeito ao custo humano ou ambiental. Isto é necessário ou, na verdade, inevitável?

II

A Teologia Moral, e a Ética Social em particular, devem proclamar o supremo mandamento do amor (*caritas*). Então, a virtude da Justiça também é e deve ser nada mais que a virtude da Caridade aplicada a qualquer forma de existência social organizada, como as formas de vida social nas várias esferas culturais e épocas do passado e do presente.

Esta é a ideia fundamental do *bonum commune*, o "bem comum", que é típico da inteira tradição moral cristã.[1] No Ocidente, onde todos os textos clássicos da Teologia Moral Católica têm sua origem, a estrutura dominante do século XVI em diante foi o estado nacional soberano, uma estrutura que foi exportada pelo colonialismo e imposta em grande parte do mundo. Nós podemos recordar, por exemplo, o absurdo dos limites impostos pelos vários países coloniais na África ou no Oriente Médio, limites esboçados em uma prancheta pelos poderes coloniais sem qualquer correspondência às realidades sociais que existem na Terra. Durante o século XXI, o bem comum foi (e ainda é) encarado como a tarefa dos governos dos estados soberanos individuais; e mesmo as Nações Unidas nasceram e se estruturaram como uma soma dos estados e um pacto entre os estados.

No entanto, é precisamente nos dois textos da fundação das Nações Unidas, *Charter*, de 1945, e *Universal Declaration*, de 1948, que encontramos a ideia completamente nova da "família humana", que é gerada pela ideia central de que todo ser humano deve ter os mesmos direitos essenciais em qualquer lugar da Terra.[2] As possibilidades limitadas de comunicação anteriores ao advento das novas tecnologias e a salvaguarda das tradições e direitos dos estados individuais não permitiram uma amplificação desta visão para incluir a família humana nesta unidade e este julgamento se aplica à teologia moral católica também. Hoje, entretanto, a teologia moral tradicional deve chegar a um acordo com duas novas realidades.

Primeiro, o discurso acadêmico deixou para trás a velha antropologia cultural com sua ideia central de que a cultura ocidental foi a única

---

[1] São Tomás de Aquino, *Summa Theologica, II-II,* q. 29, a. 3, ad. 2; *ibidem,* q. 58, a. 5, ad. 3.

[2] Charter, Preamble: "fé em direitos humanos fundamentais, na dignidade e valor da pessoa humana, em direitos iguais de homens e mulheres...". Declaração Universal dos Direitos Humanos, Preamble: "Reconhecimento da dignidade inerente de todos os membros da família humana". Ver Ian Brownlie, *Basic Documents in International Law* (Oxford: Clarendon Press, 2002).

cultura verdadeira (ou, pelo menos, a cultura mais avançada) para a construção da família humana. De forma semelhante, as reivindicações feitas em favor da teologia que foi elaborada no Ocidente devem ser relativizadas (veja a esplêndida análise por Bénézet Bujo).[3]

Segundo, as novas possibilidades tecnológicas oferecem o potencial para o envolvimento ativo para tornar o mundo um *spatium verae fraternitatis* (um espaço de verdadeira solidariedade), para emprestar a frase do *Gaudium et Spes*. O texto conciliar fala explicitamente do nascimento de um novo humanismo multicultural,[4] alguma coisa que foi de fato anunciada por todos os textos no Novo Testamento.

Essa, então, é a urgente tarefa para a teologia moral hoje. O bem comum não pode ser considerado como o bem de uma comunidade nacional, mas somente como o bem de todos os membros ou grupos da família humana. Infelizmente, o individualismo que teve origem no Ocidente no século XVI deu origem a uma espécie de individualismo de grupo (dos estados, das culturas e das religiões), que resultou em um "direito ao egoísmo". Esta é a fronteira real contra a qual a teologia moral deve lutar.

III

Tudo isto demanda uma abordagem ao assunto da "justiça", que é radicalmente diferente do que encontramos em todos os textos de Teologia Moral, incluindo aqueles do magistério, nos últimos quatro séculos uma abordagem que ainda prevalece hoje. Não é uma nova abordagem: ela

---

[3] Bénézet Bujo, *Wider den Universalanspruch westlicher Moral: Grundlage afrikanischer Ethik* (Quaestiones disputatae 182) (Basel: Herder, 2000). Tradução inglesa de Brian McNeil: *Foundations of an African Ethic: Beyond the Claims of Western Morality* (New York: Crossroad, 2001). Para cultura latino-americana, ver Enrique Dussel, *Ética de la liberación en la edad de la globalización y de la exclusión* (Madrid: Editorial Trotta, 1998).

[4] *Gaudium et Spes*, n. 37, 55.

já está presente no Evangelho, em todos os padres da Igreja[5] e em Santo Tomás. Por exemplo, a noção de propriedade privada (*aliud quasi proprium possidere*) em Tomás e nos padres é limitada pelas necessidades essenciais dos pobres: se (Tomás escreve *si tamen*) alguém que possui não dá, a pessoa pobre que tira o que é necessário não é um ladrão, porque ele está tomando o que já é seu.[6] Um adágio que se repete entre os padres diz que as roupas e os sapatos que estão juntando poeira em seu armário não são seus; eles pertencem aos pobres.

A profunda transformação da vida econômica e financeira entre os séculos XIV e XVI[7] (nosso talão de cheques nasceu perto de Florença no século XV) e, acima de tudo, a doutrina de John Locke sobre o direito inato à propriedade[8] geraram a doutrina de que tudo que eu legitimamente adquiri é sagrado e inviolável. Pode algumas vezes ser um dever da *caridade* dar aos pobres, mas nunca um dever da justiça.[9] Nos Estados Unidos, "caridade" significa "boa vontade benevolente ou generosidade",[10] e caridade/amor é geralmente considerada como algu-

---

[5] Para citações extensas e comentários, ver Luciano Orabona, *Cristianesimo e proprietà* (Roma: Studium, 1964); Maria Grazia Mara, *Ricchezza e povertà nel cristianesimo primitivo* (Roma: Città Nuova, 1980).

[6] Tomás de Aquino, *Summa Theologica,* II-II, q. 66.

[7] Ferdinand Braudel, *Civilização material, economia e capitalismo (século XV-XVIII)* (Paris: Livraria Arnaud Colin, 1979).

[8] John Locke, *The Second Treatise of Government* (Oxford: Blackwell, 1956).

[9] Essa doutrina ainda foi proposta por Leão XIII na encíclica *Rerum Novarum.*

[10] Ver *Collegiate Dictionary Merriam-Webster,* 10ª edição, 1993. Este é o tema do Presidente G. W. Bush do "estado compassivo". Na Europa, entretanto, temos a grande tradição do "estado social", ligado a dois séculos da elaboração das doutrinas socialista, comunista, católica e liberal. A Constituição da República Italiana de 1948 é talvez o melhor trabalho de síntese jurídica das várias escolas de pensamento. Johan B. Metz ("Vorschlag für ein Weltprogramm des Christentums im Zeitalter der Globalisierung", in: Gunther Virt, ed., *Der Globalisierungsprozess: Facetten einer Dynamik aus ethischer und theologischer Perspektive.* Basel: Herder Verlag, 2002, 130-141) interpreta "compaixão" diferentemente: ela significa sentir o sofrimento de todos os pobres como os próprios sofrimentos (*com-paixão*). Ele propõe "a compaixão como o programa de mundo do Cristia-

ma coisa separada da justiça. Isto é refletido tanto na filosofia como na prática política. E isto não é tudo. Hoje, a riqueza pessoal (mesmo se a quantia é modesta) é olhada como um meio de produção de até mais riqueza pessoal, e assim *ad infinitum*. Para o Novo Testamento, isto é uma real idolatria.

A teologia moral contemporânea tem o dever de acabar com este modo de pensar. Atenção e cuidado com cada pessoa humana: esta é a verdadeira essência da justiça. É um dever estrito de justiça de responsabilidade das instituições nacionais e internacionais, assim como dos membros individuais desta comunidade global, assegurar que todo ser humano tenha as condições básicas necessárias para uma vida que é realmente humana: alimento, um lugar para viver, cuidado com a saúde e educação.

IV

A justiça, entretanto, não é somente um tema econômico.[11] Nós devemos dar a nosso vizinho não somente dinheiro, mas também atenção, tempo e formas mais importantes de solidariedade, especialmente a igualdade na dignidade de cada ser humano. Isto significa respeito pelas culturas diferentes, igual respeito e tratamento do rico e do pobre, respeito pela vida (daí a oposição à pena de morte!), respeito e suporte para todos os deficientes etc. Xenofobia, racismo, reformatórios que relembram o *Oliver Twist,* de Dickens, e são ainda excessivamente comuns hoje nos Estados Unidos e na Itália todos são sintomas de individualismo e egoísmo, de indivíduos e grupos, como mencionei acima.

---

nismo" (135). Em uma conversa particular, ele disse-me: "Somente os pobres são nossos mestres. Eles são as únicas pessoas diante das quais deveríamos nos curvar, as únicas que deveríamos servir".

[11] Para uma excelente discussão do problema, ver William K. Frankena, *Ethics*, 2ª edição (London: Prentice-Hall International, 1973).

A teologia moral enfrenta problemas mais profundos em conexão com o tema da globalização e justiça. Deixe-me mencionar três que me parecem ser inescapáveis.

Primeiro, cada ser humano nasce e se desenvolve em uma dada estrutura social com sua condição cultural. Ninguém nasce e se desenvolve em um vazio. Dessa forma, a atitude que alguém toma com relação a seu próximo é uma na verdade, *a* questão básica para a vida moral. Eu acredito que os problemas fundamentais da dimensão social não fazem parte da ética aplicada, mas da ética fundamental. A decisão básica é como incluir meu próximo em meu projeto para uma vida boa: eu posso considerá-lo como uma ajuda ou um obstáculo para meu projeto, ou mais, posso considerá-lo como uma parte essencial (um objetivo) de meu projeto. Não acredito que é possível chegar a esta decisão por um processo de dedução racional:[12] ele deve ser considerado um *primum ethicum*. Para o teólogo cristão, o que está envolvido aqui é o chamado de Deus, o supremo chamado à caridade que está presente em cada consciência, tanto a do crente como a do ateu, mesmo se o último não conhece o autor deste chamado.[13] Esta é uma afirmação solene do conselho, quando ele fala da tarefa da teologia moral: declarar a sublimidade da vocação humana em Cristo, ou seja, produzir fruto na caridade pela vida do mundo.[14] Assim, a teologia moral católica está consciente do princípio que é absoluto e válido para todo ser humano e pode ajudar na construção de uma ética para a família humana.

Segundo, é também verdadeiro que todo ser humano é culturalmente condicionado por uma série de dados que ele inconscientemente recebe da antiga infância e provavelmente também da existência

---

[12] A. Sen, *Development as Freedom* (New York: A. Knopf, 1999). Na mesma linha, ver os relatórios do Programa de Desenvolvimento das Nações Unidas, com a contribuição de Sen, especialmente 1997 e 2000.
[13] *Gaudium et Spes*, n. 16, 92.
[14] *Optatam Totius*, n. 16.

pré-natal. Estes dados são impressos no inconsciente ou memória subconsciente (nas "zonas sombrias"). Eles incluem as várias linguagens com todas as suas nuances (uma verdadeira tradução é impossível; no máximo, podemos ter uma excelente interpretação), assim como os vários sistemas de relacionamento social (na família, política, casamento, economia e educação). Estes "dados" são, de fato, estruturas, e pode-se definir uma cultura como um sistema de estruturas complexo e coerente. Por isso as diferentes culturas produzem, inevitavelmente, diferentes modelos de cooperação com outras pessoas e diferentes modos concretos de comportamento, por meio dos quais expressamos e vivemos nosso amor e nosso serviço aos outros. É claro que, na época muito recente da globalização, os contínuos e imensos contatos entre várias culturas estão levando a profundas variações em todo sistema cultural: mas o princípio estável que deve ser mantido é o respeito por toda cultura.[15]

Terceiro, devemos ter em mente que cada ser humano é um irrepetível *unicum*. Embora cada indivíduo viva dentro de sua própria condição cultural, cada um tem uma biografia própria, feita de encontros, coisas que leu, emoções, amores e experiências artísticas. Em uma época de globalização, este elemento está se expandindo. Dante e Shakespeare são bem conhecidos e lidos no Japão e no Irã, e eles fornecem a cada leitor (mesmo se apenas inconscientemente) alimento para a reflexão. Semelhantemente, a música ocidental é combinada com a música africana e asiática, e cada um, executando ou ouvindo, "lê" isto na luz de sua própria e única sensibilidade e experiência pessoal. Isto significa que cada ser humano deve ser bem-vindo e amado como ele é, com sua própria cultura e sua própria biografia.

---

[15] T. Hoppe, "Gibt es ein kulturübergreifendes Ethos?", in: G. Virt, ed., *Globalisierungsprozess*, 179-186, com a resposta de H. Haker, 187-191; ver também G. Luf, "Globalisierung und Menschenrechte", in: G. Virt, ed., *Globalisierungsprozess*, 102-113.

Em consequência, a interseção entre uma possível decisão ética com fundamentações comuns a todas as pessoas e as diversas formas de viver esta decisão, na realidade concreta do dia-a-dia, constitui um problema muito sério para o discurso filosófico fundamental e a moral teológica.[16] A ética aplicada deve utilizar as aplicações práticas nas várias esferas da vida social (bioética, não-violência, ecologia, sexualidade etc.).

Conclusão

A globalização contemporânea coloca o dramático problema de como devemos viver juntos como uma só família humana, com o mesmo amor recíproco e cuidado um com o outro. Isto, por sua vez, implica uma pergunta: Quais condições devem ser encontradas, se devemos viver juntos na caridade e na justiça, apesar de todas as diversidades culturais, e o que deve ser respeitado em todas as diversidades? Nossa espécie vive há centenas e milhares de anos na Terra, mas este é um problema completamente novo. O fenômeno da movimentação rápida e barata de pessoas em massa ainda não tem trinta anos, e está ainda se desenvolvendo em formas muito mais complexas até agora, sabemos pouco dos desenvolvimentos potenciais de nanotecnologia e robôs. Isto significa que o teólogo moral deve ser paciente! Mas sua paciência será atenta e ativa, capaz de entender e de espalhar luz sobre o difícil caminho que cada pessoa humana toma em direção a Deus. Possa o Senhor ajudar-nos, pobres teólogos morais![17]

---

[16] E. Chiavacci, *Morale Gerale*, ed. rev. (Assisi: Citadella Editrice, no prelo).
[17] Título Original: "Globalizzazione e giustizia".

A GLOBALIZAÇÃO PRECISA LEVAR EM CONTA AS PESSOAS HUMANAS

Vimal Tirimanna, C.Ss.R.

De uma perspectiva ética, o que nos interessa mais é como a globalização afeta a pessoa humana. Por um lado, este interesse ético é resultado da necessidade de resolver as aparentes contradições entre a eficiência do crescimento econômico e os custos humanos.[1] Como tal (e por amor à concisão), este ensaio será concentrado exclusivamente na globalização econômica.

A realidade como ela é

De uma perspectiva do Terceiro Mundo, o efeito negativo predominante da globalização é a distância injusta cada vez maior entre o rico e o pobre, tanto entre países como dentro dos países. A principal razão para esta distância cada vez maior é a "vantagem inicial" de que as ricas nações desenvolvidas usufruíram desde o século XV, graças à sua colonização, no desenvolvimento contemporâneo, das nações pobres. Como Tissa Balasuriya aponta, entre os anos de 1492 e 1945, as principais características da ordem do mundo presente já estavam estabe-

---

[1] Ver Sergio Bernal Restrepo, "An Ethical Assessment of Globalization", in: *Globalization: Ethical and Institutional Concerns*, Procedimentos: Sétima Sessão Plenária Pontifical, 25 a 28 de abril de 2001, Ata 7 (Vatican City: Pontificial Academy of Social Sciences, 2001), 75.

lecidas,[2] o que deu vantagem indevida aos países ricos desenvolvidos, às custas dos países pobres em desenvolvimento; e, assim, quando a "competição" da globalização contemporânea veio à tona, um par de décadas depois, esta vantagem inicial habilitou os primeiros a entrar na arena da globalização com uma supremacia interminável no reajuste contínuo e unilateral da globalização de hoje também. Além disso, a influência resultante de que aquelas mesmas nações usufruem ao tomar a decisão (através de seus agentes no Banco Mundial, no Fundo Monetário Internacional e na Organização Mundial do Comércio) com relação às regras do jogo, isto é, as regras da globalização das economias de mercado, foi a origem da desigualdade em todas as esferas entre as nações ricas e pobres. Essa desigualdade injusta continua mesmo até os dias atuais. O Relatório do Desenvolvimento Humano (HDR) das Nações Unidas, de 1999, por exemplo, diz:

> A tomada de decisões intergovernamentais na economia global de hoje está nas mãos dos maiores poderes industriais e das instituições internacionais que eles controlam o Banco Mundial, o Fundo Monetário Internacional, o Banco de Estabelecimentos/Settlements Internacionais. Sua tomada de decisões pode criar um ambiente seguro para mercados abertos (exclusivamente benéficos a eles), mas não há regras compensatórias para proteger os Direitos Humanos e promover o desenvolvimento humano. E os países em desenvolvimento, com cerca de 80% das pessoas do mundo, menos que 1/5 do PIB (Produto Interno Bruto) global, têm pouca influência.[3]

Até agora, as nações ricas desenvolvidas têm não somente exercido exclusivamente esta influência na política e na tomada de decisão em sua própria vantagem, mas também estabelecido regras e regulamentos

---

[2] Tissa Balasuriya, "Challenge of Globalization to the Universal Church", *Logos* 41, n. 2-3 (2003), 19.

[3] Nações Unidas, *Human Development Report 1999*, 34. A partir de agora denominado HDR, seguido pelo número da página.

(especialmente no comércio) vantajosos para elas mesmas.[4] Os objetivos do Novo Milênio para atender a estas discrepâncias e para reduzir a pobreza mundial por volta de 2015 estão muito distantes de serem realizados, especialmente depois do decepcionante encontro da elite dos líderes do mundo nas Nações Unidas, em setembro de 2005.[5] O HDR de 2005 ilustra bem este ponto.

Regras de comércio mais justas ajudariam, especialmente quando elas chegam ao mercado de acesso. Como sabemos, em muitas formas de taxação se aplica um princípio de graduação simples: quanto mais se ganha, mais se paga. As políticas de comércio dos países ricos descartam este princípio pela cabeça. As mais altas barreiras comerciais do mundo são erguidas contra alguns dos países mais pobres: em média, as barreiras comerciais enfrentadas pelos países em desenvolvimento exportando para os países ricos são de três a quatro vezes mais altas do que aquelas enfrentadas pelos países ricos quando fazem comércio um com o outro. A perversa graduação na política comercial se estende a outras áreas. Por exemplo, a União Europeia coloca grandes lojas, sob sua responsabilidade, para abrir mercados para os países mais pobres do mundo. Assim, suas regras de origem, que governam a elegibilidade nas preferências de comércio, diminuem as oportunidades para muitos destes países.[6]

Dentro deste ambiente, o resultado óbvio é que na globalização, como a experimentamos hoje, temos "ganhadores" e "perdedores". A parte patética desta história é que, se alguma coisa séria não for feita no nível concreto para controlar esta injustiça, os "ganhadores" vão continuar a ganhar mais e mais, enquanto os "perdedores" vão continuar a

---

[4] Joseph Stiglitz, *Globalization and Its Discontents* (New Delhi: Penguin Books, 2002), x.
[5] Ver Paul Valley, "Will the Rich Nations Deliver?", *Tablet*, 24 (setembro de 2005), 14-15.
[6] HDR 2005, 10.

perder mais e mais. A escandalosa distância da desigualdade já é maior, com cada passagem de ano, como o HDR, desde 1990, tem revelado tão convincentemente. O HDR de 2000, por exemplo, diz: "A distância entre os rendimentos do país mais rico e do mais pobre foi cerca de três por um em 1820, trinta e cinco por um em 1950, quarenta e quatro por um em 1973 e setenta e um por um em 1992".[7] Quando se percebe que os ganhos dos ricos são às expensas dos pobres, a perspectiva ética do problema torna-se até mais aguda e séria. Algumas das estatísticas do HDR de 2005 são impressionantes:

- Em 2003, dezoito países com uma população estimada de 460 milhões de pessoas registraram pontuações mais baixas no índice de desenvolvimento humano (HDI) do que em 1990 uma inversão imprecedente.
- No meio de uma economia global cada vez mais próspera, 10,7 milhões de crianças a cada ano não vivem para ver seu quinto aniversário, e mais de 1 bilhão de pessoas sobrevivem em abjeta pobreza com menos de um dólar por dia.
- 1/5 da humanidade vive em países onde muitas pessoas não pensam em gastar dois dólares por dia em um *cappuccino*. Outro 1/5 da humanidade sobrevive com menos de um dólar por dia e vive em países onde crianças morrem por querer um simples mosquiteiro.
- Os 500 mais ricos indivíduos do mundo têm uma renda estimada maior que a dos 416 milhões dos mais pobres.
- 2,5 bilhões de pessoas (40% da população do mundo) vivendo com menos de 2 dólares por dia são responsáveis por 5% dos rendimentos globais. Os 10% mais ricos (quase todos vivem em países de alta renda) são responsáveis por 54% dos rendimentos globais.[8]

---

[7] HDR 2000, 6.
[8] HDR 2005, 3-4.

A Realidade, como ela deve ser

Naturalmente, o que foi apresentado acima não são opiniões ou ideais, mas estatísticas. Por trás dessas estatísticas estão pessoas, e sabemos os custos humanos e as misérias não podem nunca ser capturados totalmente por dígitos e números apenas! Como June O'Connor aponta, enquanto a principal questão do desenvolvimento do passado tenha sido "quanto uma nação está produzindo?", a perspectiva de desenvolvimento humano do HDR das Nações Unidas, desde 1990, focalizou corretamente "como seu povo está conseguindo viver?" Embora esta perspectiva melhore nos rendimentos para ser algo seguro e bom, e a expansão das oportunidades econômicas um valor a ser estimulado, concebem-se estes valores humanos não como fins neles mesmos, mas como meios para elevar a capacidade humana, interpretada de modo geral.[9] Consequentemente, as pessoas seriam vistas como fins, e não como meios somente. Obviamente, esta perspectiva rejeita uma concentração exclusiva de pessoas como mero capital.[10] Este conceito do desenvolvimento humano está muito em ressonância com o ensinamento magisterial da ética social, especialmente aqueles do Papa Paulo VI, em que o desenvolvimento é percebido como "o desenvolvimento humano total integral".[11] Especialistas econômicos aclamados como Amartya Sen, também, argumentam que o desenvolvimento deveria ser entendido por último não como mero crescimento econômico, industrialização ou modernização que são, na melhor das hipóteses, "meios" –, mas como a expansão das "capacidades valiosas e funcionamentos".[12]

---

[9] June O'Connor, "Making a Case for the Common Good in a Global Economy: United Nations *Human Development Reports* (1990-2001)", *Journal of Religious Ethics 30*, n. 1 (primavera de 2002): 158.

[10] O'Connor, "Making a Case", 159.

[11] Ver Papa Paulo VI, *Populorum Progressio*.

[12] Ver Amartya Sen, "Development Thinking at the Beginning of the 21st Century", in: *Economical and Social Development into the XXI Century*, ed. Louis Emmerji (Washington D.C.: Banco do Desenvolvimento Interamericano, 1997).

É importante notar aqui que, mesmo dentro das assim chamadas histórias de sucesso da globalização em países como China e Índia, a distância entre o "ter" e o "não ter" já é ampla, simplesmente porque os benefícios da globalização nunca parecem penetrar nas massas na base da pirâmide social (como a norma básica do capitalismo teoricamente presumiu). Os especialistas apontam que, nestes dois países, a globalização contemporânea falhou ao converter a criação de riqueza e os rendimentos crescentes no declínio mais rápido da mortalidade infantil. Supõe-se que a desigualdade do desenvolvimento humano profundamente fixado esteja no centro do problema.[13]

Em vista da desigualdade espantosa entre o "ter" e o "não ter", as seguintes obrigações éticas concretas tornam-se imperativas. Precisa-se observar aqui que o guia predominante de norma moral, estipulando estas obrigações, é o bem ou o bem-estar das pessoas em uma dada sociedade, isto é, o bem comum:

- As pessoas precisam ser consideradas como primárias em todas as decisões que são tomadas (isto é, elas são mais importantes do que o lucro). O direito fundamental a vida, alimento, abrigo, cuidado médico, educação etc. precisa ser provido como a prioridade maior de qualquer globalização, especialmente na remoção de barreiras ao livre comércio e à estreita integração das economias nacionais.
- Hoje, em muitos países em desenvolvimento, o monopólio do governo de companhias e indústrias não serviu ao bem comum; em vez disso, a ineficiência, a corrupção e a dívida se sucederam. Como tal, a privatização pode ser uma boa solução, mas somente se ela aumentar a eficiência das companhias e promover preços mais baixos dos bens para os consumidores. A competição resultaria nestes dois subprodutos benéficos ao bem comum. Para isso acontecer, precisamos de uma estrutura de responsabilidade e obrigação de dar conta, na

---

[13] Ver HDR 2003.

qual tanto os governos como as corporações multinacionais poderiam funcionar.

Deveria ser óbvio que, para estas normas morais estarem efetivamente no seu lugar, formas de governo fortes são imprescindíveis.[14] Como os HDR de 1999 e 2000 argumentam, se as genuínas aspirações das pessoas devem ser atingidas, então, o estabelecimento de formas de governo mais fortes do que são correntemente é necessário; governo que protegerá os fracos e regulará os fortes em uma dada sociedade, a fim de que oportunidades, participação e benefícios econômicos sejam amplamente acessados. O termo "governo" aqui se refere não exclusivamente ao aparato do governo da nação, mas a uma coalizão de partes que incluiriam governos, e também corporações multinacionais, organizações não-governamentais, mentores políticos, uniões comerciais e outras redes de comunicação de pessoas ajudando outras pessoas.[15] A globalização do comércio e as transações financeiras não podem permanecer sem administração, eles corretamente argumentam, porque estas mudanças e as estruturas que elas abrigam são tão destrutivas para a maioria como são benéficas para a minoria.[16]

A teoria "trickle-down" de Adam Smith (que é a teoria econômica fundamental dos agentes da globalização de hoje) simplesmente presume que uma "mão invisível" se certificará de que o crescimento econômico de uma sociedade automaticamente se certificará de que os degraus mais baixos desta mesma sociedade também se beneficiarão deste crescimento. Como as estatísticas acima convincentemente mostram, isto não aconteceu em nossa realidade vivida, e, como tal, há uma necessidade gritante hoje de concentrar-se na justiça como

---

[14] Ver Vimal Tirimanna, "Moral Theological Implications of Globalization from a Third World Perspective", *Vidyajyot Journal of Theological Reflection* 65, n. 4 (abril de 2001), 296-298.
[15] June O'Connor, "Making a Case", 160.
[16] June O'Connor, "Making a Case", 159-160.

lealdade, na justiça distributiva, para ser preciso, ao longo das linhas propostas pelos modelos de justiça como aquele de John Raws,[17] naturalmente, com todas as adaptações e mudanças que uma sociedade particular exige de tal modelo. A ideia principal aqui é que os menos avantajados de uma dada sociedade não sejam negligenciados, ou ainda pior, marginalizados.

Contrariamente ao que o capitalismo defende, os mercados, deixados para eles mesmos, não podem funcionar por si próprios; como as coisas permanecem agora, naturalmente, eles já são guiados exclusivamente aos efeitos desejados por aquelas "mãos invisíveis" das nações desenvolvidas (e seus agentes) para seu próprio benefício! A economia do mercado livre necessita ser guiada ou regulada por agentes humanos que são benevolentes ao bem comum.[18] Então democraticamente os governos eleitos precisam ter a vez de falar, ao regular aquelas políticas econômicas para o benefício de seu povo, especialmente os mais abandonados. Neste sentido, o relacionamento entre os governos e as corporações privadas transnacionais deve ser complementar, tanto trabalhando em parceria como reconhecendo que, enquanto os mercados são o centro da economia, há um importante papel para o governo desempenhar, especialmente assegurando o bem comum de uma dada sociedade. Naturalmente, esta espécie de relacionamento necessariamente exigiria "um código de ética global" através do qual todo participante e agente da globalização seria justificável e responsável.

Ao mesmo tempo, é crucialmente importante respeitar a diversidade dos países e as implicações desta diversidade na formulação de es-

---

[17] Ver John Rawls, *A Theory of Justice* (Cambridge, Mass.: Harvard University Press, 1971).

[18] Thomas W. Ogletree, "Corporation Capitalismand the Common Good: A Framework for Addressing the Challenges of Global Economy", *Journal of Religious Ethics 30*, n. 1 (primavera de 2002), 79-106.

tratégias econômicas para vários países (isto é, as estratégias devem ser "contextualmente sensíveis")[19] e, então, permitir a cada país tomar suas próprias decisões sobre sua economia baseada naquelas diversidades.

Cada tempo e cada país são diferentes. Os outros países teriam encontrado o mesmo sucesso, se eles tivessem seguido a estratégia da Ásia Oriental? As estratégias que foram empregadas um quarto de século atrás seriam aplicadas na economia global de hoje? Os economistas podem discordar sobre as respostas a estas questões. Mas os países precisam considerar as alternativas e, através de processos políticos democráticos, fazer estas escolhas por eles mesmos. Essa seria e teria sido a tarefa das instituições econômicas internacionais para fornecer aos países os recursos para fazer estas escolhas informadas por eles mesmos, com o entendimento das consequências e riscos de cada uma. A essência da liberdade é o direito de fazer uma escolha e aceitar a responsabilidade que vem com ela.[20]

O último, mas não o menos importante: nós também precisamos considerar seriamente a importância de cultivar um sentimento de solidariedade humana eficaz no mundo contemporâneo, se devemos obter os benefícios e nos esquivarmos das cargas da globalização equitativamente. Para isto efetivamente acontecer, antes de tudo, os presentes sistemas do governo global (por exemplo, organizações como o Banco Mundial, o Fundo Monetário Internacional, o World Trade Organization etc.) precisam caminhar através de uma mudança radical que asseguraria igual participação tanto das nações ricas como das pobres em tal governo.[21]

Os seres humanos são por natureza inter-relacionados, e, como Soosai Arokiasamy observa, entendendo que esta natureza muito relacional aponta para o caminho, podemos responder aos desafios, pa-

---

[19] David A. Crocker, "Globalization and Human Development: Ethical Approaches", in: *Globalization: Ethical and Institutional Concerns*, XV.
[20] Stiglitz, *Globalization and Its Discontents*, xv.
[21] Balasuriya, "Challenge of Globalization to the Universal Church", 23-24.

drões e estruturas de exclusão e nos mover para um mundo civilizado e humanizado, através da descoberta da interconexão, inter-relação e interdependência de tudo e de todos e, acima de tudo, através da solidariedade.[22] O ensinamento social católico nos instrui que cada um de nós é responsável pelos outros nesta única família humana.

O ensinamento social católico está relacionado com a responsabilidade de cada ser humano pelos outros. Esta responsabilidade é tão grande que é parte de nossa identidade cristã pessoal, parte de quem nós somos. O Conselho Vaticano II relembra-nos do completo desígnio de Deus: quando Deus decidiu salvar-nos, não era como simples indivíduos, sem vínculos mútuos, mas nos unindo como uma só pessoa. Deus nos deu a responsabilidade de uns pelos outros.[23]

O ataque terrorista de 11 de setembro de 2001 e o desastre natural do tsunami no Oceano Índico em dezembro de 2004 trouxeram para nossa casa, com grande força, a ideia de que todos nós partilhamos um só planeta, e sendo assim, para nossa sobrevivência como família humana, necessitamos ser solidários.

Somos uma comunidade global e, como todas as comunidades, temos de seguir algumas regras a fim de que possamos viver juntos. Estas regras devem ser e devem ser vistas para serem leais e justas; devem prestar a devida atenção nos pobres, assim como nos poderosos; devem refletir um sentimento básico de decência e de justiça social. No mundo de hoje, aquelas regras deviam ter chegado através de processos democráticos; as regras, sob as quais os governos e as autoridades trabalham, devem assegurar que eles prestarão atenção e responderão aos desejos e necessidades de todos aqueles afetados por políticas e decisões tomadas em lugares distantes.[24]

---

[22] S. Arokiasamy, "Relationality and Inculturation in Morals", in: *Encounters with the Word: Essays to Honour Aloysius Pieris, S.J.*, ed. Robert Crusz et al. (Colombo: Instituto Ecumênico para Estudo e Diálogo, 2004), 462.

[23] Arcebispo Justin Rigali, "O que a Doutrina Social da Igreja é: uma Visão Geral", *Origens 26*, n. 14 (19 de setembro de 1996), 216.

[24] Stiglitz, *Globalization and Its Discontents*, XV.

Como o HDR de 2005 corretamente diz, "o requisito crítico é para uma estrutura sob a qual as regras WTO fazem mais o *bem* e menos o *dano* para o desenvolvimento humano".[25] Em vista do que já foi dito acima, essa estrutura necessariamente deveria implicar o seguinte:

- Já que muitos dos países em desenvolvimento caminham atrás de seus colegas desenvolvidos, é imperativo que nos primeiros haja alguns programas concretos de bem-estar que deem uma ajuda aos mais marginalizados naquelas sociedades. Neste sentido, os programas de acomodação estrutural (SAPS) deveriam ser para benefício dos mais abandonados ou menos favorecidos, e não para sufocá-los mais, como acontece agora. O SAPS deveria receber o máximo encorajamento possível e ajuda do Banco Mundial (este foi o propósito para o qual ele foi originalmente fundado) e de países desenvolvidos.
- Como uma família humana em solidariedade, a rede de comunicações da globalização necessariamente implica parceria para benefício de um pelo outro, especialmente parcerias entre nações desenvolvidas ricas e nações pobres em desenvolvimento. Como em qualquer parceria, há responsabilidades e obrigações de ambos os lados. Todos os participantes (isto é, "agentes morais", neste contexto) do processo de globalização precisam ser "corresponsáveis, coculpados e coobrigados"[26] pelas decisões, implementações e consequências pertencentes à globalização. Por exemplo, os países em desenvolvimento têm a responsabilidade de criar um ambiente no qual a ajuda pode render ótimos resultados; ricos, países desenvolvidos, por sua parte, têm a obrigação de agir nos seus compromissos.

---

[25] HDR 2005, 11.
[26] Stephen Rehrauer, "Globalazión como Corresponsabilidad o como Irresponsabilidad Social", *Universitas Alphonsiana*, n. 9 (julho de 2006): 33.

Conclusão

Hoje frequentemente se ouve a frase banal de que a globalização em si não é nem boa nem ruim, atribuindo, então, certa neutralidade moral a ela. Mas quando se considera que a globalização é artificial, que atrás das decisões e elaboração das políticas da globalização há agentes humanos, então a responsabilidade daqueles agentes da globalização não pode ser facilmente descartada. Como Ian Linden corretamente apontou, a economia política está na esfera da escolha humana, diferente do tempo além da ação humana e, então, "uma esfera central da moralidade".[27] Além disso, esta compreensão de que ela é artificial dá-nos a esperança de que os processos de globalização podem ser regulados e guiados por agentes humanos para maximizar os benefícios e para minimizar as cargas; em outras palavras, eles podem ser regulados e guiados para atravessar a distância da desigualdade injusta entre nações e dentro das nações.

Minha tese principal neste bastante breve ensaio é que, em vez de concentrar-se exclusivamente na "economia com fins lucrativos" como acontece agora, um sério enfoque na "economia que constrói a pessoa" é chamado, se a globalização deve dar benefícios para todos em uma dada sociedade. Esta economia precisa ser inclusivamente participativa, de todas as pessoas no micronível (com um dado país) e com todos os estados no macronível (internacionalmente), especialmente ao se tomar decisão e partilhar lucros. Depois de tudo, a economia é significativa para pessoas e não vice-versa.

Eu concluo citando Joseph Stiglitz, o economista principal no Banco Mundial até 2000, e também o presidente do Council of Economic Advisors do Presidente Clinton e o ganhador do Prêmio Nobel de Economia em 2001:

---

[27] Ian Linden, "Can We have Faith in the Global Economy?", *Doctrine e Vida* 49, n. 5 (1999), 292-293.

Eu acredito que a globalização a remoção de barreiras ao livre comércio e a integração estrita das economias nacionais pode ser uma força para o bem e que ela tem o potencial para enriquecer todos no mundo, particularmente os pobres. Mas eu também acredito que, se este deve ser o caso, o modo como a globalização foi administrada, incluindo os acordos de comércio internacional, que desempenharam um grande papel removendo aquelas barreiras e as políticas que foram impostas aos países em desenvolvimento no processo de globalização, precisa ser radicalmente repensado.[28]

Stiglitz continua para dizer: "A globalização pode ser reformada, e quando ela é, quando ela é propriamente, corretamente se desenvolve, com todos os países tendo voz nas políticas que os afeta, há uma possibilidade de que ela ajudará a criar uma nova economia global, na qual o crescimento não é somente mais sustentável e menos volátil, mas os frutos deste crescimento são mais equitativamente divididos".[29]

É somente através da participação democrática de todos aqueles envolvidos, tanto ricos como pobres, os fracos e os fortes, o governo e as corporações multinacionais (e outras corporações não-governamentais), nas relevantes corporações de tomada de decisão, que os frutos da globalização podem beneficiar nossa humanidade como um todo. É somente através de uma inclusiva, participativa globalização que nós podemos começar a mesmo pensar em transpor a injusta distância da desigualdade entre o "ter" e o "não ter".

---

[28] Stiglitz, *Globalização e seus Descontentamentos*, IX-X.
[29] Ibidem, 22.

UM CHAMADO PARA A AÇÃO PROFÉTICA

John Mary Waliggo

Introdução

A apresentação é escrita da perspectiva da maioria pobre e das pessoas vulneráveis da África, cujos gritos contra os aspectos negativos e as consequências da globalização devem ser ouvidos pelos teólogos do mundo. O ensaio levanta problemas e questões sobre "Globalização e Justiça"; ele mostra a resposta e o silêncio sobre eles pelos teólogos africanos e sugere as possíveis respostas na forma adiante.

Argumentos Principais

Embora a globalização tenha tanto aspectos positivos como negativos, os negativos pesam mais que os positivos e até fazem os positivos altamente suspeitos pelo povo vulnerável ou marginalizado da África.

A ligação entre globalização e justiça pode somente ser mais bem avaliada, considerando-a da perspectiva dos pobres e dos vulneráveis do mundo. Aí é onde as injustiças evidentes e o tratamento desumano e as consequências podem claramente aparecer.

A corrente globalização, do tempo da queda do Muro de Berlim em 1988, pode ser entendida somente na perspectiva histórica dos primeiros movimentos de globalização de comércio de escravos, colonialismo, neocolonialismo e competição pelo controle político e econômico do mundo entre os dois primeiros superpoderes. O presente movimento e o processo de globalização contêm muitas características em comum com todos os movimentos precedentes de globalização. Quando o trabalho científico e tecnológico, pesquisa e inovações, teorias políticas e econômicas são deixados para trabalhar sozinhos, sem as linhas de direção bem pesquisadas e desafios críticos e visões informadas do cristão e outros profissionais éticos e morais, cuja especialidade está em defesa e promoção da humanidade, da dignidade da pessoa humana e da justiça e da justiça social, os resultados podem algumas vezes ser lamentáveis. Aí está onde a omissão e o silêncio dos especialistas éticos e morais tornam-se verdadeiramente catastróficos.

Esta conferência deveria acordar todos os especialistas católicos morais e éticos para redescobrirem a riqueza única do ensinamento social católico, tanto universal como local, e, construindo a partir dele, para decidir ser pró-ativo e totalmente engajado no corrente debate sobre globalização e justiça no mundo. Os especialistas morais e éticos necessitam de um novo Pentecostes para atentamente ouvir os gritos dos pobres e dos vulneráveis; para sentir e formar a unidade com os pobres e as vítimas pelo que está acontecendo em suas vidas para realizar a solidariedade verdadeira e a liberação. Deveríamos trazer do evangelho os valores da justiça e justiça social, a paz e o fazer a paz, igual dignidade humana e igualdade dos direitos humanos, e justiça afirmativa para grupos primeiramente marginalizados.

Se os especialistas morais e católicos não têm nenhuma mensagem profética a proclamar e nenhuma ação libertadora a empreender neste movimento global, então temos uma crise intelectual real em nossa tarefa e missão no mundo hoje.

Conceitos-chave

Globalização

A globalização é uma espada de dois gumes; ela é vista e percebida por alguns e em alguns aspectos como uma bênção, mas para outros é vista e experimentada como uma maldição. Ao tratar com ela crítica e profissionalmente, é muito importante articular a perspectiva de que um estudioso ou especialista está analisando sua natureza, impacto e consequências. A globalização em sua forma corrente é um movimento, um processo, uma ideologia concebida e nutrida nos países desenvolvidos, através de pesquisas científicas e tecnológicas, inovações e teorias para o controle total do resto do mundo e a realização do sonho ou visão de uma "aldeia global".[1] As pessoas no mundo em desenvolvimento são, então, meros recipientes da já estabelecida agenda da corrente globalização. É dito repetidamente aos recipientes que eles não têm nenhuma alternativa senão aceitá-la ou tornar-se gradualmente isolados e morrer! Esta, em meu ponto de vista, é a primeira e a mais abominável injustiça da globalização.

Justiça e Justiça Social

A justiça demanda que nós nunca deveríamos fazer aos outros o que não queremos que os outros façam para nós. Ela exige que se dê o que é devido a cada pessoa, cada comunidade, cada povo, cada continente. A justiça social vai além para exigir justiça total e afirmativa a pessoas e grupos vulneráveis, comunidades e continentes.[2] Quando as exigências de justiça e justiça social não são encontradas, então o que quer que seja feito por um movimento, processo ou ideologia é não só injusto, mas um crime abominável contra a humanidade o qual deveria ser denunciado em nome de Jeová, o protetor dos pobres e vulneráveis.

---

[1] Cecil McGarry, "The Impact of Globalization on African Culture and Society: Dangers and Opportunities", in: *The New Strategies for a New Evangelization in Africa*, ed. Patrick Ryan (Nairobi: Paulines Publication Africa, 2002), 13-22.

[2] John M. Waliggo, "The Role of the Christian Churches in the Democratization of Africa", in: *Missionary Ministry and Missiology in Africa Today*, Documentos de Divulgação Tangaza, n. 1 (Nairobi: Paulines Publications Africa, 1994), 61.

O Papel de um Teólogo Católico

Qualquer teólogo, particularmente o teólogo católico, é e deveria ser o profeta vibrante e contemporâneo que critica, profissional e objetivamente e analisa a sociedade e a humanidade de forma holística e, em nome de Deus, dá suporte aos valores e tendências positivas, enquanto corajosamente denuncia ideologias, males e injustiças na sociedade e na humanidade. Ele deveria e deve ser comprometido com a proteção e o fortalecimento da humanidade, particularmente aquelas pessoas e comunidades que são vítimas dos sistemas injustos, instituições, teorias, práticas e circunstâncias. No desempenho deste papel, precisamos de testemunho profético, defesa efetiva, rede de comunicação significativa, unidade, solidariedade e a habilidade de estar no centro do debate e ação libertadora para a humanidade.

O Princípio da Centralidade da Vida do Ponto de Vista Africano

Minha descoberta clara é que os teólogos africanos de todas as religiões tradicionais aceitam e acreditam na centralidade da vida.[3] O que quer que dê, transmita, alimente, salve, proteja, promova, cure e sustente a vida é moral e eticamente bom. O que quer que seja o oposto em relação à vida é mau e inaceitável. É na base deste princípio que eu, pessoalmente, avalio tanto os aspectos positivos como negativos da globalização.

Globalização e Justiça: O Lado Positivo

A globalização corrente promoveu vários movimentos com o objetivo de fortalecimento, emancipação e total libertação de partes da

---

[3] Bénézet Bujo, *African Christian Morality* (Nairobi: Paulines Publications Africa, 1990); Michael Kirwen, ed., *African Cultural Knowledge: Themes and Embedded Beliefs* (Nairobi: MIAS Books, 2005).

sociedade, que foram até agora discriminadas, isoladas, marginalizadas e oprimidas. Isso foi feito através de poderosos movimentos dos Direitos Humanos, tendo como objetivo a igualdade de sexo, os direitos da mulher, das crianças, da juventude, de pessoas com deficiências, trabalhadores, pessoas vivendo com HIV/AIDS, refugiados, pessoas internamente desalojadas, suspeitos, prisioneiros, minorias étnicas e indígenas, os verdadeiramente pobres, os analfabetos e outros grupos vulneráveis. Se pudermos direcionar este movimento para somente valores positivos e ligá-los totalmente ao ensinamento social católico, os pobres e os vulneráveis serão defendidos.

A globalização também encorajou o movimento mundial pela paz, segurança, estabilidade e democracia, defendendo o uso de meios pacíficos ao resolver definitivamente conflitos através de habilidades de mediação, negociação, julgamento e reconciliação. O uso de guerra, métodos violentos e abordagem da conquista estão sendo desencorajados internacionalmente,[4] embora a invasão do Iraque pelos Estados Unidos, sem a sanção oficial das Nações Unidas, tenha enfraquecido grandemente este movimento positivo.

O movimento mundial pela conservação da natureza, a proteção e promoção do meio ambiente, se perseguidos genuinamente, com justiça e consistentemente por todos os agentes, promoverão a vida e obrigarão as pessoas e líderes a serem organizadores do futuro. Este movimento, entretanto, está sendo altamente comprometido porque as pessoas pobres são cruelmente despejadas das áreas designadas há muito tempo como reservas florestais, uma política negligenciada por muitos anos e agora sendo revivida, mas sem um coração humano e com nenhuma alternativa digna para as famílias despejadas! É também questionado

---

[4] D. Nkurunziza e L. Mugunya, eds., *Developing a Culture of Peace and Human Rights in Africa:* African Peace Series, vol. 1-2 (Kampala: Konrad Adenauer Stiftung, 2004); Desmond Tutu, *No Future without Forgiveness* (Johannesburg: Rider Publishers, 1999).

quando investidores estrangeiros tomam o comando de parques nacionais ou reservas do litoral deixando muitas pessoas sem casa. A cultura do *dumping* de materiais tóxicos do mundo desenvolvido para os países pobres ainda continua sem pausa!

O movimento global para a erradicação do analfabetismo, contínuos direitos humanos de educação, a erradicação das principais doenças mortais de crianças, através de imunização obrigatória e gratuita, e o controle de outras doenças mortais como a malária, a cólera e a tuberculose são vistos e percebidos como um movimento positivo e prolífero. Mesmo dentro deste movimento positivo, muitas pessoas nos países pobres são altamente suspeitas quanto à validade de alguns métodos e drogas usados e promovidos em seus países. Por exemplo, na Uganda, o DDT, que foi afastado como uma droga antimalária em 1970, está sendo reintroduzido e sancionado como um dos melhores métodos de lutar contra a malária! As pessoas comuns questionam o que mudou nos últimos trinta anos para tornar esta droga considerada hoje como o melhor remédio para combater a malária![5]

Globalização e Justiça: Aspectos Negativos

Ensaios Éticos e Morais cercando o HIV/AIDS

Uma das maiores lições na História é que saber a causa de qualquer problema, conflito ou doença já é meio caminho para descobrir a solução adequada e a cura. Com relação ao HIV/AIDS, os cientistas subestimaram a necessidade de estabelecer a origem da doença e continuaram a concentrar-se em procurar uma possível cura.[6] Isso

---

[5] Em 10 de agosto de 2006, o teólogo Peter Kanyandago da Universidade Martyrs de Uganda liderou uma manifestação pacífica contra o uso de DDT e fez uma apresentação profética aos ativistas ambientais em Kampala.

[6] Peter Kanyandago, "Is God African? Theological Reflections on the AIDS Scourge", in: *Challenges and Prospects of the Church in Africa*, ed. N. W. Ndung'u e P. N. Mwaura (Nairobi: Paulines Publications Africa, 2005), 145-159.

levou a muitas suspeitas e desconfianças entre os afetados, especialmente aqueles com peles escuras, entre os quais o HIV/AIDS é predominante. O HIV/AIDS tornou-se um negócio muito grande pelo mundo, no qual numerosas companhias investiram pesadamente. No controle global da disseminação do HIV/AIDS, o mundo global está ressaltando quase exclusivamente a distribuição generalizada e o uso de camisinhas. Muito poucos fundos podem ser encontrados para a promoção da abstinência, mudança de comportamento, ênfase no casamento e aconselhamento familiar etc.[7] Nesta assim chamada aldeia global, alguns países desenvolvidos colocaram um requisito de testes médicos para o HIV/AIDS antes de considerar a aceitação de um visto das pessoas vindas dos países pobres. Não é um estigma oficial? Muitos destes ensaios são morais e éticos e deveriam ser debatidos abertamente na busca de possíveis respostas.

Injustiça Econômica

Sob a globalização, os pobres estão ficando mais pobres, e os ricos, mais ricos.[8] O investidor estrangeiro assumiu todas as características do antigo comerciante de escravos e colonialista, tendo como objetivo conseguir os mais altos lucros com um mínimo de responsabilidade social ou nenhuma, seja qual for. Isto foi grandemente suportado pelas novas tendências econômicas de privatização, liberação da economia, uma economias de livre mercado e investimento estrangeiro no

---

[7] G. S. N. Wanene, "Response: The Good Samaritan and HIV/AIDS Victims in Africa", in: *Challenges to Theology in Africa Today*, ed. Patrick Ryan (Nairobi: CUEA Publications, 2002), 23-26.

[8] Larry Elliot e Victoria Brittain, "The Rich and the Poor are Growing Further Apart", *Guardian Weekly 20* (setembro de 1998): 19; J. M. Waliggo, "The Historical Roots of Unethical Economic Practices in Africa", in: *Fraud and the African Renaissance,* ed. G. J. Rossouw e D. Carabine (Nkozi University Press, 1999).

mercado livre.⁹ Estes processos promoveram a corrupção e levaram à desapropriação de muitas pessoas de sua terra natal de uma forma especialmente cruel.

O silêncio deve ser quebrado em termos de comércio internacional injusto entre os países desenvolvidos e os países pobres as políticas imorais de muitas companhias multinacionais e o abuso do poder e as condições cruéis impostas pelo Banco Mundial e o Fundo Monetário Internacional aos países pobres. Estes são pecados estruturais que devem ser denunciados pelos teólogos éticos. Nem a moralidade nem a ecologia, para viver lado a lado, podem permitir os dois extremos, da pobreza abjeta ou da opulência.

Alimentos Geneticamente Manufaturados e Grãos (GMF/S)

O movimento GMF, condenado em vários países da Europa, é liberado para expandir-se e crescer diariamente em outros continentes do mundo. A meta deste movimento é muito suspeita para muitas pessoas. Ele parece estar visando aos países pobres que têm um alto nível de produtividade de alimentos naturais e inclinam a balança em favor dos países desenvolvidos para habilitá-los a conseguir total controle político e econômico. Os teólogos deveriam olhar esta matéria criticamente e cuidadosamente a fim de poderem denunciar quaisquer maus desígnios e adequadamente prevenir e proteger o povo de Deus.¹⁰

---

[9] Emmanuel Katongole, "Globalization and Economic Fundamentalism in Africa: On Politics That Intensify the Cries of the Poor", em *The Cries of the Poor: Questions and Responses for African Christianity*, ed. Peter Kanyandago (Kisubi: Imprensa Marianum, 2002), 57-78; Aquiline Tarimo, *Applied ethics and Africa's Social Reconstruction* (Nairobi: Acton Publishers, 2005).

[10] David Kyeyune, *Liturgical/Animation Programme for the 15th AMECEA Plenary, 2005* (Secretariado Católico de Uganda, 2004). Um dos temas centrais foi a promoção de alimentos africanos naturais em oposição aos AGM.

Corrupção pesada

A corrupção pode ser dividida em duas formas. Há corrupção mesquinha, que envolve insignificantes quantias de dinheiro e é, na verdade, proteção em muitos países do mundo. Depois, há a corrupção pesada, que envolve somas colossais de dinheiro. Embora a corrupção mesquinha seja moral e eticamente ruim, não é tão perigosa para o crescimento de um país como a corrupção pesada, que é intrinsicamente relacionada ao movimento da globalização. A corrupção pesada acontece em um alto nível nacional, e as decisões tomadas têm graves repercussões. Estas transações imorais estão acontecendo diariamente diante de nossos próprios olhos. Como podemos parar esta pesada corrupção?[11] Como podemos fazê-la muito cara para qualquer organização, companhia ou país que a sustenta? Como fortalecemos cidadãos simples e comuns para exigir responsabilidade clara e acurada e transparência de seus líderes nos níveis nacional e local?[12]

Lavagem Cerebral dos Países em Desenvolvimento

A globalização encorajou o movimento de profissionais para trabalhar no mundo desenvolvido, enquanto os especialistas estrangeiros, que recebem enormes salários, são recrutados nos países pobres. A maior razão por que os especialistas africanos não voltam para casa é a remuneração inadequada, a possível perseguição política e o medo de retornar para casa depois de muitos anos de ausência e não saber exatamente como começar e adaptar-se na sociedade. Mas estes

---

[11] J. M. Waliggo, "Corruption and Bribery: An African Problem?", in: *Business Ethics in the African Context Today*, ed. Michael Lejeune e Phillip Roseman (Nkozi: Uganda Martyrs' University Press, 1996), 115-139.
[12] Laurenti Magesa e Zablon Nthamburi, eds., *Democracy and Reconciliation: A Challenge for African Christianity* (Nairobi: ESEAT, Acton Publishers, 1999).

problemas não estão além da solução. Um ambiente deve ser criado para os países pobres reterem e ganharem do profissionalismo de seus filhos e filhas.[13]

A Subcultura dos Perigosos Itens do "Dumping" nos Países Pobres

Além do *dumping* dos tóxicos e resíduos perigosos nos países pobres, há o *dumping* de remédios de baixo nível e alimentos que ou expiraram ou são declarados inaceitáveis no mundo desenvolvido,[14] e um negócio frequente de importação de roupas velhas, veículos usados e maquinário de segunda mão etc. Muitos dos países pobres estão repletos destes bens descartados e outros itens. Este processo é baseado na teoria de que os pobres merecem tudo aquilo que é descartado na sociedade dos ricos; qualquer coisa pode aliviar sua pobreza; qualquer coisa pode claramente mostrar a eles que são inferiores. Aqui está um desafio para os especialistas éticos e morais. Todas as pessoas foram criadas na verdadeira imagem e semelhança de Deus. Elas têm igual dignidade humana e igualdade de direitos. É adequado para alguns seres humanos serem tratados como de segunda classe por causa de sua pobreza material? Devem estas pessoas aceitar esta postura como um genuíno sinal de generosidade e solidariedade? Os teólogos morais podem desenvolver uma *raiva sagrada* para denunciar esta humilhação e maus-tratos das pessoas pobres de Deus?[15]

---

[13] Conselho Nacional para o Ensino Superior (Iganda), "Statistical Data on Brain-Drainage of Professionals from Africa", 2004.

[14] N. W. Ndung'u, "Environmental Management: Constraints and Prospect in Africa in the 21st Century", in: *Challenges and Prospects of the Church in Africa*, 61-62; J. M. Waliggo, "Analysis of the Church in Africa", in: *Cast Away Fear:* (Nairobi: New People Media Centre, 1994), 2-8.

[15] Nós continuaremos a ser assombrados pela Parábola do Homem Rico e Lázaro (Lucas 16,19-31).

Relativismo Moral, Monocultura e Supremacia Política Unipolar no Mundo do Pluralismo

Para efetivamente defender a pessoa humana e particularmente os pobres e vulneráveis, é necessário acreditar em alguma moral básica e comum, na ética e nos princípios dos direitos humanos. É dentro destes princípios que os valores do Evangelho e o ensinamento social católico formam seu papel principal no mundo pluralista de hoje.[16] Muitas tendências da globalização, entretanto, parecem estar promovendo uma cultura monossecularista na presença do pluralismo religioso, cultural, filosófico e político. Esta tendência para a cultura monolítica e a forma de pensar é o que está criando o medo na África e em outros continentes em desenvolvimento.[17] Os teólogos do Terceiro Mundo, desde 1977, expressaram sua oposição a esta tendência. Exatamente como os princípios de democracia, direitos humanos e desenvolvimento integral servem como pilares do bom governo, assim os princípios da ética, moralidade, cultura e religião servem, em sua natureza pluralista, como a consciência de uma nação e seu povo.[18] Os dois conjuntos de princípios se sustentam e se reforçam. É, portanto, o pluralismo legítimo e a cultura não monolítica que devem ser ressaltados pela tecnologia da informação, o discurso moral e ético e as ideologias políticas. Vários teólogos africanos estão lutando com este desafio global.[19]

---

[16] J. M. Waliggo, "Inculturation in the Age of Globalization", in: *Challenges to Theology in Africa Today,* 95-113.

[17] Cecil McGarry, "The Impact of Globalization", 13-22.

[18] J. M. Waliggo, "The External Debt in the Continual Marginalization of Africa: What Action by Christian Theologians", in: *Marginalized Africa: An International Perspective*, ed. Peter Kanyandago (Nairobi: Paulines Publications Africa, 2002), 52-61.

[19] Igualdade de direitos sem qualquer discriminação e igualdade perante a lei estão entre os dois principais pilares de todos os instrumentos de direitos humanos das Nações Unidas desde a Declaração Universal dos Direitos Humanos de 1948.

O que os Teólogos Africanos estão fazendo sobre estes Desafios

Muitos teólogos africanos são professores nas universidades católicas públicas e privadas e em colégios de filosofia e teologia. Eles usam principalmente três métodos para criticamente engajar líderes e a sociedade nos desafios que a África enfrenta. São eles: publicações, conferências teológicas e encorajar seus estudantes a fazer pesquisa sobre tópicos e problemas levantados pela globalização.

Os centros, em minha visão, que estão se desempenhando bem e precisam de suporte e encorajamento incluem o Simpósio Ecumênico dos Teólogos da África Oriental (ESEAT), a Universidade Católica da África Oriental (CUEA), a Universidade dos Mártires de Uganda, o Nkozi (UMU), a Faculdade de Ciências Sociais da Universidade Makerere, Kampala (MUK) e várias Comissões Nacionais de Justiça e Paz.

Os temas que atraíram maior atenção são a inculturação holística, a democracia e o bom governo, direitos humanos, paz e resolução pacífica de conflitos, justiça econômica à luz do ensinamento social católico, corrupção, os desgastados valores e normas éticos, morais e culturais, e o total desafio do HIV e AIDS sobre as pessoas e sociedades.

Os problemas que não são adequadamente direcionados incluem proteção ambiental, alimentos geneticamente manufaturados e grãos, tecnologia da informação, toda a área da biotecnologia e as novas teorias emergentes econômicas e políticas sobre o controle do mundo pelos ricos e poderosos. Estes aspectos não fazem parte de seu treinamento, e até agora não fazem parte da educação teológica em muitos centros de teologia africanos.

Fora a emergente teologia feminista africana, as teologias africanas ainda não se tornaram um movimento social exercendo impacto notável sobre a política pública, dando uma nova direção ao desenvolvimento econômico, que pode erradicar a pobreza e resistir aos aspectos negativos da globalização. Uma vez que os teólogos africanos descobriram o vínculo perdido entre a teologia e o fortalecimento concreto e a libertação das pessoas da África, suas teologias se tornarão mais relevantes e as pessoas centradas e voltadas para a ação social para a libertação.

A teologia africana deve incluir responsáveis pelas decisões políticas, economistas, líderes políticos e, acima de tudo, as verdadeiras pessoas cujos problemas, ansiedades e sentimento de desamparo estão sendo teologicamente analisadas em vista de um melhor futuro para as vítimas da globalização. A busca por este elo perdido é a maior tarefa de todos os teólogos africanos agora e em um futuro próximo.[20]

O Caminho para frente

- Como teólogos, deveríamos afastar o medo, tornarmo-nos mais proféticos, e defender a vítimas da globalização, baseando-nos em princípios de justiça social como articulado pelo ensinamento social católico.
- Deveríamos encorajar muitos mais teólogos para especializarem-se em problemas maiores emergindo sob a globalização, a fim de que tenham um quadro claro sobre o qual informar aqueles reais processos e alertar a inércia sobre os ganhos ou perigos contidos em cada um.
- Precisamos remover das pessoas o sentimento de desamparo em face da globalização. Sua força pode ser controlada, resistida e substituída, uma vez que as pessoas sejam fortalecidas para julgar criticamente o bem e separá-lo do mal ou do negativo. As pessoas têm e podem encontrar alternativas dignas para negativar a globalização.
- Devemos assegurar que Deus e a religião, a moralidade e a ética permaneçam no centro de qualquer processo de globalização. Os teólogos devem fiscalizar as políticas nacionais, continentais e internacio-

---

[20] O jornal AFER (*African Ecclesial Review*), a série monográfica *Spearhead* (Eldoret, Kenya: Gaba Publications), o jornal *The African Christian Studies* (Nairobi: CUEA) e os atuais doze volumes do Simpósio Ecumênico de Teólogos Africanos Orientais (ESEAT), desde 1988 publicados pela Acton e recentemente pelas Publicações Paulinas em Nairóbi e Publicações da Imprensa da Universidade dos Mártires de Uganda formam os canais principais sobre a discussão do elo perdido.

nais, as leis, as convenções de Direitos Humanos e programas designados para as pessoas, a vida e a humanidade.

• Aqueles teólogos que têm a formação intelectual necessária deveriam criticamente engajar os cientistas e tecnologistas de nossa época a fim de assegurar sanidade em qualquer coisa que esteja sendo pesquisada, a responsabilidade moral de todos que se responsabilizam pela pesquisa e aqueles que inventam novas teorias que afetam a humanidade e o meio ambiente.

• Nenhum dos itens acima podem ser atingidos a menos que haja unidade e solidariedade entre teólogos e eticistas, partilha de informação através de efetiva rede de comunicação e habilidade para sensibilizar as pessoas e para trabalhar com elas como se as tornássemos teólogas e as empossássemos para serem ativas, vocais e responsáveis cidadãos que participam totalmente da tomada de decisões políticas e da liderança em todos os níveis da sociedade.

Conclusão

Um cristão é, por natureza e vocação, um otimista. Mesmo nesta época de globalização, o bom, o nobre, o justo, o correto, o pacífico e o benéfico superarão o mal, a injustiça e a opressão dos pobres e dos vulneráveis. Nossa é a missão e a visão de assegurar que o otimismo seja totalmente sustentado por nossas energias, mentes e planos de ação.

AUTORES E PARTICIPANTES

Antonio Papisca
Diretor do Centro Interdepartamental dos Direitos Humanos e dos Direitos dos Povos e Professor de Direitos Humanos da UNESCO, Universidade de Pádua.
Publicação mais recente: *Le relazioni internazionali nell'era dell'interdipendenza e dei diritti umani*. 3ª ed. Pádua: CEDAM, 2004.

Adela Cortina
Catedrática de Ética e Filosofia Política, Universidade de Valencia, e Diretor da Fundação ETNOR, Valencia.
Publicação mais recente: *Covenant and Contract: Politics, Ethics e Religion.* Leuven: Peeters, 2003.

Henk ten Have
Diretor da Divisão de Ética de Ciência e Tecnologia, UNESCO, Paris, França.
Publicação mais recente: *Environmental Ethics and Internacional Policy.* Paris: UNESCO Publishing, 2006.

Mawuto R. Afan, O.P.
Professor de Ética e de Teologia Moral, Universidade Católica da África Ocidental (UCAO/UUA).
Publicação mais recente: *La participation democratique em Afrique: Ethique politique et engagement chrétien*. Paris/Friburgo: Cerf/Editions Universitaires, 2001.

Laurenti Magesa
Capelão do Postulantado de Baraki, Musoma, Tanzânia e Conferencista associado no Instituto Maryknoll de Estudos Africanos em Nairóbi, Quênia.

Publicação mais recente: *Anatomy of Inculturation: Transforming the Church in Africa.* Maryknoll, New York: Orbis Books, 2004.

Sébastien Muyengo Mulombe
Reitor do Seminário Maior João XXIII e Professor de Moral Fundamental e de Bioética nas Faculdades Católicas de Kinshasa-RD, Congo.

Publicação mais recente: *Ethique et Génie Génétique.* Kinshasa: Presses Universitaires du Sud, 2004.

Thomas Hong-Soon Han
Professor da Universidade de Estudos Estrangeiros de Hankuk.

Publicação mais recente: "The Promotion of Human rights in Korea". In: *Human Rights in the Pacific Rim.* Editado por Edmund Ryden, S.J., e Barbara K. Bundy. Taipei: Fu Jen Catholic Press, 2006.

Agnes M. Brazal
Professor Associado da Escola Maryhill de Teologia, Manila, Filipinas.

Publicação mais recente: Brazal e Andrea Lizares Si, *Body and Sexuality: Theological-Pastoral Perspectives of Women in Asia.* Quezon City, Filipinas: Ateneo de Manila University Press, 2007.

Clement Campos, C.Ss.R.
Professor de Teologia Moral e Reitor, Faculdade St. Alphonsus, Bangalore, Índia.

Publicação mais recente: "The Challenge of Euthanasia: To Kill or to Care". In: *Health in Abundance (A Journal of the Comission for Healthcare of the Catholic Bishops' Conference of India)* 4 n. 3 (julho-setembro de 2006).

Marciano Vidal, C.Ss.R.
Professor Regular do Instituto Superior de Ciências Morais (Madri), agregado à Universidade Pontifícia Comillas.

Publicação mais recente: *Orientaciones para tiempos inciertos: Entre La Escila del Relativismo y La Caríbdis del fundamentalismo*. Bilbao: Editorial Desclée, 2007.

Marianne Heimbach-Steins
Professor de Ética Social Cristã, Faculdade de Teologia Católica, Universidade de Bamberg, Alemanha.

Publicação mais recente: *Christliche Sozialethik: Ein Lehrbuch*. 2 volumes. Regensburg, Alemanha: Puster-Verlag, 2005.

Piotr Mazurkiewicz
Professor da Universidade Cardeal Stefan Wyszynski em Varsóvia, Polônia; Diretor do Instituto de Ciência Política, Catedrático em Violência Ética Social e Política em Política, Ossolineum, Varsóvia- Breslau 2006; Professor Regular do Instituto Superior de Ciências Morais, Madri, agregado à Universidade Pontifícia Comillas.

Publicação mais recente: *Orientaciones para tiempos inciertos: Entre La Escila del Relativismo y La Caríbdis del fundamentalismo*. Bilbao, Espanha: Editorial Desclée, 2007.

Ronaldo Zacharias, S.D.B.
Diretor da Faculdade de Teologia Pio XI, São Paulo, Brasil; Coordenador do Curso de Pós Graduação em Educação Sexual e do Comitê de Pesquisa Ética do Centro Universitário Salesiano, São Paulo, Brasil; Secretário da Sociedade Brasileira de Teologia Moral.

Publicação mais recente: "Abuso Sexual: aspectos ético-morais". *Revista de Catequese 29*, n. 113 (2006): 6-14.

Sebastian Mier, S.J.
Professor de Teologia Moral da Universidade Ibero-americana e Universidade Pontifícia do México.

Publicação mais recente: *El Sujeto Social en Moral Fundamental: Una verificacion las CEBs em México*. 2ª edição. México: Universidade Pontifícia do México, 2002.

Tony Mifsud, S.J.
Pesquisador do Centro para a Ética da Universidade Alberto Furtado, Santiago, Chile, e Professor de Teologia Moral da Pontifícia Universidade Católica do Chile.
Publicação mais recente: *Ethos cotidiano: un proceso de discernimiento*. Santiago: Revista Mensagem, 2006.

David Hollenbach, S.J.
Diretor do Centro para Direitos Humanos e Justiça Internacional e Professor de Teologia da Faculdade de Boston, onde ocupa a cadeira Margaret O'Brien Flatley.
Publicação mais recente: *The Global Face of Public Faith: Politics, Human Rights and Christian Ethics*. Washington, D.C.: Georgetown University Press, 2003.

Jean Porter
Professor de Ética Teológica da Universidade de Notre Dame, onde ocupa a cadeira John A. O'Brien.
Publicação mais recente: *Nature as Reason: A Thomistic Theory of the Natural Law*. Grand Rapids, Michigan: Eerdmans, 2005.

Kenneth R. Melchin
Vice-reitor da Faculdade de Teologia da Universidade de Saint Paul, Ottawa, Canadá.
Publicação mais recente: *Living with Other People: An Introduction to Christian Ethics Based on Bernard Lonergan*. Ottawa/Collegeville, Minnesota: Novalis/Liturgical Press, 1998.

Robert Gascoigne
Professor da Faculdade de Teologia da Australian Catholic University.
Publicação mais recente: *Freedom and Purpose: An Introduction to Christian Ethics*. Mahwah, N.J.: Paulist Press, 2004.

Maureen Junker-Kenny
Professor Associado de Teologia da Universidade de Dublin, Faculdade Trinity, Escola de Religiões e Teologia.
Publicação mais recente: Maureen e Peter Kenny, *Memory, Narrativity, Self, and the Challenge to Think God: The Reception within Theology of the Recent Work of Paul Ricoeur*. Münster: LIT-Verlag, 2004.

Dionísio Marcelo Miranda, S.V.D.
Consultor de Escritório Provincialado da Sociedade da Palavra Divina.
Publicação mais recente: *Kaloob ni Kristo: A Filipino Christian Account of Conscience*. Manila, Filipinas: Publicações Logos, 2003.

Paul Valadier, S.J.
Professor emérito e diretor dos Arquivos de Filosofia das Faculdades Jesuítas de Paris (Centro Sèvres).
Publicação mais recente: *La condition chrétienne: Du monde sans en être*. Paris: Edições de Seuil, 2003.

Nathanaël Yaovi Soédé
Professor da Universidade Católica da África Ocidental/Unidade Universitáriade Abidjan.
Publicação mais recente: *Sens et enjeux de l'éthique. Inculturation de l'éthique chrétienne*. Abidjan: ICAO, 2005.

Giuseppe Angelini
Professor Regular de Teologia Moral da Faculdade Teológica da Itália Setentrional, em Milão.

Publicação mais recente: *Eros e ágape: Oltre l'alternativa*. Milão, Itália: Publicação Glossa, 2006.

Eberhard Schockenhoff
Catedrático de Teologia Moral da Universidade Albert-Ludwigs, Freiburg, Bresgau.
Publicação mais recente: *Grundlegung der Ethik: Ein theilogischer Entwurf*. Freiburg, Bresgau, no prelo.

Lisa Sowle Cahill
Professora de Teologia da Faculdade de Boston.
Publicação mais recente: *Theological Bioethics: Participation, Justice and Change*. Washington, D.C.: Georgetown University Press, 2005.

Márcio Fabri dos Anjos
Professor do Centro Universitário São Camilo (São Paulo, Brasil) e do Instituto São Paulo de Estudos Superiores (São Paulo, Brasil).
Publicação mais recente: *Vida Religiosa: memória, poder e utopia*. Aparecida: Editora Santuário, 2007.

Enrico Chiavacci
Professor Emérito de Teologia Moral da Faculdade Teológica da Itália Central, Florença.
Publicação mais recente: *Morale Generale*. Assisi: Citadella Editrice, 2007.

Vimal Tirimanna, C.Ss.R.
Professor de Teologia Moral Sistemática no Alphonsianum, Roma; Conferencista do Seminário Nacional, Kandy, Sri Lanka; Secretário Executivo do Escritório de Referências Teológicas (OTC), das Conferências da Federação dos Bispos Asiáticos (FABC).

Publicação mais recente: *Catholic Teaching on Violence, War and Peace in Our Contemporary World: A Collection of Essays.* Bangalore, Índia: Corporação de Comércio Asiático, 2006.

John Mary Waliggo
Delegado da Comissão de Direitos Humanos de Uganda e da Universidade dos Mártires de Uganda.

Publicação mais recente: *Struggle for Equality: Women and Empowerment in Uganda.* Eldoret, Quênia: Publicações AMECEA Gaba Spearhead, 2002.

AGRADECIMENTOS

Tomamos a liberdade de inserir nesta obra os agradecimentos relativos às contribuições ao grande congresso que deu origem aos estudos aqui apresentados. Há muitas pessoas a quem agradecer estes documentos e a conferência, e há o perigo de citar algumas e esquecer outras. Mas vamos tentar.

Primeiro e principalmente, o comitê de organização foi o coração e a alma da conferência: Soosai Arokiasamy, Bénézer Bujo, Margaret Farley, Linda Hogan, José Roque Junges, José Rojas e Paul Schotsman. Renzo Pegorato, como o coordenador do local, foi uma inspiração para todos e um construtor de sonhos na execução real da conferência. Hans Wennink e Peter Merkx forneceram sabedoria e apoio a cada passo do caminho, e ainda fazem isso. Toni Ross e Lucas Chan Yiu Sing foram meus maravilhosos assistentes e constantes companheiros, tanto aqui na Faculdade de Boston como lá em Pádua.

O apoio dos teólogos eticistas italianos na ATISM (Associação Teológica Italiana para o Estudo da Moral) foi antes, durante e depois da conferência expresso de muitas formas. Muitos outros deram conselhos instimáveis em termos de captação de recursos, recrutamento de participantes ou assistência no programa, em particular Aloys Buch, Karl Golser, Tony Mifsud, Marie-Jo Thiel, Antonio Autiero, Kevin O'Neil, Kerry Robinson, Barbara Andolsen e Frank Bultler.

Nossos benfeitores são muitos. Sua generosidade fez deste trabalho um evento internacional. Entre as fundações: Stichting Porticus, Missio Aachen, Renovabis Adveniat, Fundação Mary Ann Donnelly, Fundação McCarthy, Fundação Família Weiss e a Fundação Raskob para Atividades Católicas, Inc. Ordens Religiosas também nos apoiaram: Província Franciscana de Nova York, os Redentoristas da Província de Baltimore, os Redentoristas do Canadá, os Redentoristas da Flórida, a Sociedade de Jesus da Província da Califórnia, a Sociedade de Jesus da Província de Chicago, a Sociedade de Jesus da Província de Detroit, a Sociedade de Jesus da Província da Grã-Bretanha, a Sociedade de Jesus da Província Irlandesa, a Sociedade de Jesus da Província de Maryland, a Sociedade de Jesus da Província de New England, a Sociedade de Jesus da Província de New Orleans, a Sociedade de Jesus da Província de Nova York, a Sociedade de Jesus da Província de Oregon e a Sociedade de Jesus da Província de Wisconsin. Uma pessoa em particular foi muito generosa conosco, Enrico Dolazza. Minha própria universidade, Faculdade de Boston, apoiou-me extraordinariamente, com presentes de John Paris, S.J., o Escritório de Assuntos Acadêmicos (e aqui especialmente Pat De Leeuw), a Comunidade Jesuíta, Lisa Sowle Cahill, David Hollenbach, S.J., e T. Frank Kennedy, D.J., e o Instituto Jesuíta. Finalmente, a organização de Renzo, a Fundação Lanza, forneceu uma variedade de assistência.

Da cidade de Pádua, primeiro agradecemos ao Arcebispo Antonio Mattiazzo, que escreveu às fundações por nós, deu-nos as boas-vindas ao Congresso, presidiu a Eucaristia para nós e conduziu-nos em oração em nosso banquete de encerramento. Ele continua, de muitas formas, nosso arcebispo da organização. Do Reitor da Universidade, Professor Vincenzo Milanesi, e do Prefeito de Pádua, Flávio Zanonato, recebemos extraordinário suporte, particularmente na noite de abertura no Great Hall da Universidade de Pádua e, depois, no City Hall do Loggia de Pádua, onde todos os quatrocentos participantes do Congresso foram recebidos e festejados. Também agradecemos ao Seminário Maior, que recepcionou o banquete de encerramento, assim como uma variedade de outras instituições em Pádua que foram especialmente hospitaleiras: a abadia de Santa Justina, a diocese de Pádua, Veneto Banca, Casa do Peregrino e o Hotel Donatello. No Antonianum, além da comunidade jesuíta e seu reitor, Roberto Boroni, queremos agradecer a Mario Picech, S.J., o diretor do centro de juventude, seu sensível trabalho e supervisão, que fizeram o próprio local do congresso tão memorável. Nossa última palavra de agradecimento aos Paduenses estende-se a Paolo

Agradecimentos 463

Pegoraro e todos aqueles na Zip Viaggi, particularmente Alesandra e Laura, porém mais especialmente Elena, que com certeza fizeram nossos participantes chegarem a Pádua.

Finalmente, como estes documentos vão para a imprensa, quero agradecer a nossos apresentadores. Foram originalmente apresentações de quinze minutos durante os plenários; e à luz de suas reais apresentações e subsequentes discussões, os apresentadores desenvolveram e expandiram suas posições. Cada um desses trinta estudiosos apresentaram ensaios que fazem esta obra tão bem sucedida como o congresso. Ao longo do caminho, Linda Hogan, que está editando os trinta documentos de ética aplicada para serem publicados pela Orbis Press mais tarde este ano, foi uma consultora inestimável. Brian McNeil traduziu do francês os ensaios de Mawuto R. Afan, Sébastien Muyengo, Paul Valadier e Nathanaël Yaovi Soédé; do italiano os de Antonio Papisca, Giuseppe Angelini e Enrico Chiavacci; e, o alemão, o de Eberhard Schockenhoff. Margaret Wilde traduziu do espanhol os ensaios de Adela Cortina, Marciano Vidal, Sebastian Mier, Tony Mifsud e Márcio Fabri dos Anjos. Christian Cintron forneceu excelente assistência de pesquisa, e Kevin Vander Schel fez da edição deste volume uma atividade notavelmente menos pesada. Finalmente, ao meu amigo e editor no Continuum International, Frank Oveis, obrigado.

ÍNDICE REMISSIVO

Aborto, 29, 102, 107, 110, 111, 122, 128, 148, 226, 231, 233, 239, 241, 244, 245, 247, 248, 249, 374
    ética de um só tema, 245
Academia Alfonsiana, 164
Ackerman, Bruce, 258, 259
Acreditar na consciência, 360
Adorno, Theodore W., 408
Afan, Mawuto Roger, 65, 69, 463
África
    o processo democrático, 70
    abordagem ética para a reconstrução, 71, 73
    desafios éticos, 67, 68, 84, 94, 97
    dignidade humana, 85
    reconstrução, 65, 66, 69, 70, 73, 74, 78, 79, 82
    ética teológica, 65, 66, 105
Ahimsa, 118, 150, 151
Alimentos e sementes geneticamente manufaturados, 446
América Latina: ética teológica, 199
Amin, Idi, 90
Amor,
    inculturação, 327, 339
    teologia moral, 411, 416
Anistia Internacional, 326
Andolsen, Barbara, 461
Angelini, Giuseppe, 18, 328, 351, 358, 363, 463
Annan, Kofi, 39
Appiah, Kwame Anthony, 241, 254
Aristóteles, 320
Arokiasamy, Soosai, 12, 18, 433, 461

Ásia
    corrupção, 113, 114, 115
    enfrentando questões morais, 109, 110, 111, 112
    problema de migração, 125, 126, 136, 137
    liberdade religiosa, 107, 112, 113, 116, 120
    direito à vida, 109, 110, 111, 115, 116
    ética teológica, 107-155
    suporte para tradições religiosas e culturais, 132, 133
    suporte institucional para teólogos eticistas, 137, 138, 139
Associação de Teólogos Morais (Índia), 154, 155, 323
Associação de Teólogos Eticistas, 19
Astorga, Cristina, 19, 134, 388
Auer, Alfons, 162
Autonomia teonômica, 160, 165-167
Autoridade: e teologia moral, 385
Autoridade Moral, 318
Autiero, Antonio, 18

Bacani, Percy, 130, 131
Bacevich, Andrew, 251
Baker, Frances, 19
Balasuriya, Tissa, 425, 426, 433
Banawiratma, 133, 134, 135
Barbarismo, 34, 70
Battistella, Graziano, 135, 136
Baum, Gregory, 242, 268, 277
Bem Comum, 25, 50, 70, 71, 101, 118, 131, 143, 144, 146, 171, 200, 242, 247,
        276, 277, 278, 372, 373, 385, 386, 388, 390, 411, 417, 430, 432
Bento XVI, Papa, 123, 149, 167, 191, 238, 252, 341, 348, 381
    Ratzinger, Joseph (Cardeal), 161, 162, 190, 192, 194, 244, 289
Bernardin, Joseph (Cardeal), 246
Bioética, 55-62
    o meio ambiente, 60
    Índia, 144-146
    internacional, 57-61
    medicina e cuidado com a saúde, 60
    ética teológica mexicana, 255
    modelos normativos, 56

    contexto social, 60
    instrumento universal, 24, 58
Biotecnologia, desumanização, 31
Blumenberg, Hans, 301
Boa causa, 358
Boa vida, 46, 179, 306
Böckle, Franz, 162
Bokasa, Jean Bedel, 90
Bombongan, Dominador, 129
Bonald, Louis de, 195
Borgna, Cecília, 19
Bourdieu, Pierre, 136
Brazal, Agnes M., 19, 107, 125
Brasil,
    desafios morais, 201-211
    vida moral, 199
    teólogos morais, 211-212
    teologia moral, 201-215
    pobreza, 203
    suborno, 113, 114, 154-155
Bujo, Bénézet, 12, 343, 418, 461
Burggraeve, Roger, 15, 18
Bush, George W. (Presidente), 258
Buttiglione, Rocco, 190
Byrne, Patrick, 275

Cahill, Lisa Sowle, 18, 366, 383, 462
Caixeta, Luzinir Maria, 214
Campos, Clement, 108, 141
Caridade e Justiça, 411, 418-420
Caridade e tradição da usura, 273, 277
Carta Árabe de Direitos Humanos, 27
Carta de Direitos Fundamentais, 193
Carta das Nações Unidas, 26, 33
Cartagenas, Aloysius, 131
Casamento,
    família: na Europa, 190, 192, 194
    na Índia, 152

Casuística e a teologia moral, 351-352
Cavanaugh, William, 252
Ceticismo moral, 321-322
Charentenay, Pierre de, 194
Charlesworth, Hillary, 388
Cheney, Dick (Vice-presidente), 258
Chiavacci, Enrico, 18, 325, 411, 415, 463
Chile,
    cultura do consumo, 232
    conduta moral, 231, 232
    reflexão moral, 229-234
    secularização, 230-231
    situação da Igreja Católica, 233-234
Chirac, Jacques, 58
Ciência,
    neutra e conhecimento carregado de valor, 43
    como fonte de ética teológica, 297, 301-302
Cícero, 305
Cidadania,
    social, 51
    universal, 23, 30, 32
Clague, Julie, 19
Clark, Charles 278
Clark, Tony, 164, 268
Clinton, William J. (Presidente), 436
Coady, Moses, 278
Colonialismo e identidade africana, 68, 84-90, 439
Comblin, José, 401, 406
Comissão do Episcopado da Comunidade Europeia, 197
Comissão Mundial sobre Ética do Conhecimento Social e Tecnologia, 56
Comitê Inter Agência de Bioética, 56
Comitê Internacional de Bioética, 55
Comitê para a Vida (Arquidiocese de Seul), 120
Comunalismo, 72
Comunidade e teologia moral, 395-409
Conhecimento Moral e *sensus fidelium,* 359
Conferência, 343

Conferência Canadense de Bispos Católicos, 268
Conferência de Igrejas de toda a África, 73
Conferência de Pádua,
    realizações, 17
    declaração de objetivos, 14
Conferência dos Bispos Católicos (Índia), 148
Conferências da Federação dos Bispos Asiáticos, 137, 141, 311, 312, 322
Congregação de mulheres na Ásia, 137
Conselho do Apostolado Leigo da Coreia, 119, 120
CST (Pensamento Social Católico), 229-279
Compacto Global (para corporações), 40
Congar, Yves, 162
Conscientização, 402, 403
Consumismo, 399
Consumo, 51, 52
Continuidade doutrinal, 273-276
Corrupção,
    na África, 90
    na Ásia, 113, 114, 115
    no México, 218
Corte Papal: processo devido, 260-262
Cortina, Adela, 24, 39, 463
Crise de Identidade,
    na África, 67-68
    identidade nacional, 80-82
    abordagem ética, 72
    solidariedade, 76-78
Cristonomia, 163-164
Cristofobia, 197
Cuidado com a Terra, 87-88
Cuidado com saúde: na Índia, 147, 148
Cultura,
    local e ética teológica asiática, 315-318
    monolítica, 449
Cultura do consumidor e Chile, 232-234
Curran, Charles, 18, 269, 325, 384

Dalits, 148
Dante, 422
De Tavernier, Johann, 15
　cultura da morte, 115
　punição, 29
Declaração Internacional sobre Dados Genéticos Humanos, 57
Declaração Universal sobre Bioética e Direitos Humanos, 25, 26, 27, 28, 35,
　40, 55, 107, 115, 134, 147, 177, 245, 316, 412
　Objetivos, 59
　implicações e impacto, 60-62
　princípios, 59-60
Declaração Universal sobre o Genoma Humano e Direitos Humanos, 57
Dei Verbum, 359
Delhaye, Philippe, 157, 160
Demmer, Klaus, 18
Democracia, 32
　identidade nacional africana, 75-76
　requisitos éticos na África, 75
Deontologia e hermenêutica, 305-307
Desemprego, 39, 51
Desenraizamento cultural, 204
Desenvolvimento,
　como modelo econômico, 45
　humano, 45
Desenvolvimento Econômico da Comunidade,
　pobreza, 277
　compaixão e sofrimento, 295-296
Desigualdade,
　globalização, 425-428
　justiça, 174-177
　pobreza, 235-236
Destruição ecológica, 126
Devoção Mariana, 330
Diálogo inter-religioso, 35
Dignidade humana, 23, 26, 27, 29, 35, 60, 64, 107, 193, 247, 254, 294, 303,
　　　　305, 309, 372, 385, 386, 390, 440, 448
　na África, 86
　na Ásia, 115-117

homossexuais, 191
pesquisa de célula-tronco, 193
Direito à vida: Ásia,
Direitos humanos, 16, 23, 25-33, 35-36, 40, 46, 55, 57, 59, 60, 61, 89, 107-109, 115, 118, 120, 134-136, 147, 151, 154, 176, 177, 246, 297, 309, 412
    sistema árabe, 27
    a Igreja Católica, 35-37
    processo devido, 259
    globalização, 412
    abordagem inclusiva, 247
    Índia, 151, 152
    lei internacional, 25-31
    limites sobre a liberdade humana, 177
    religiões, 28
Discernimento Moral,
    dimensão de comunidade, 341, 342
    sensus fidelium, 339-350, 351-492
Discriminação,
    casta, 148, 149
    contra católicos, 190
    liberdade de opinião, 189
    na Índia, 148, 149
    liberdade religiosa, 189
Disparidade Social, 174, 177
Dissidência, 335, 336, 353
Diversidade e globalização, 432
Diversidade religiosa e ética teológica asiática, 318, 319
Doença e identidade africana, 83, 87
Doutrina: desenvolvimento, 268-273
Dominação e globalização, 415-416
Dorr, Donal, 269, 275
Dowling, Kevin (Bispo), 18
Draulans, Veerle, 15, 19
Duplo efeito, 384
Dussel, Enrique, 133, 408

Eckholt, Margit, 310
Economia, pessoa em construção, 411, 412, 436
Economia,
    crítica hermenêutica, 24, 25
    ética, 41, 43
    princípios éticos, 53, 54
    fracasso, 39, 40
    objetivos, 25
    mundo, 32
Elitismo e identidade africana, 89, 90
Escola de Doutrina Social (Coreana), 120
Escravidão e identidade africana, 85
Escritura,
    como fonte de ética teológica, 297
    e tradição, 298-299
Esperança e moral teológica, 392-394
Espírito: em história humana, 25
Estado, ideia, 32
Estado de Direito e processo devido, 257-266
Ética cristã, 39
    cívica, 39
    contexto e circunstâncias, 248-250
    economia, 40-41
    fé, 161, 164
    limites de abordagem hermenêutica, 305-308
    moralidade, 358
    único problema, 244-245
    social, 246-255
    transnacional, 41
    universal, 26
Ética Cristã,
    diversidade cultural, 141
    discriminação, 148
    meio ambiente, 144
    globalização, 142
    direitos humanos, 151
    casamento e sexualidade, 152
    teologia moral, 154

Índice Remissivo

  diversidade religiosa, 127, 318
  terrorismo, 149
Ética Teológica,
  asiática: cultura local, 316-318
  pobreza, 312-313
  diversidade religiosa, 318-322
  sofrimento, 316-318
  moralidade ocidental, 319-322
  Perspectiva Canadense, 267
  Chilena: individualização, 229-231
  consciência dos pobres, 406
  consumo, 229-231
  diferenciação, 377
  hermenêutica, 298-310
  América Latina, 199-240
  recursos mexicanos, 221-223
  particularidade, 309
  pluralismo, 376-381
  fontes, 285-296
  civilização científica e tecnológica uniforme, 380
  universalidade, 309-310
Eticistas sociais e teólogos morais, 12, 13
Europa,
  desafio de secularidade e laicidade, 157, 166, 167
Evangelium Vitae, 373
Exclusão, 208
Exército Zapatista de Libertação Nacional (México), 220
Experiência: como fonte para a ética teológica, 283, 287, 297, 303
Extremismo: na sociedade europeia, 183-184
Extremismo Religioso e globalização, 127

Fabri dos Anjos, Márcio, 18, 366, 463
Família e a Igreja africana, 100-101
  relacionamentos e ética teológica mexicana, 227
Fanon, Franz, 93
Farley, Margaret, 12, 18, 461
Fé,
  moralidade, 166, 167, 319, 320, 355
  conceito de personalista, 361

Fé e Discipulado, 361
Fertilização humana cruzada, 21
Filosofia *Pancisala*, 134
Finn, Daniel, 278
Fomentar um Marco Europeu para a Responsabilidade Social das Empresas, 39
Formação da Consciência, 402-404
Fórum Social Mundial, 219
Fracos: advocacia em favor dos fracos, 375
Frazer, Nancy, 302
Freire, Paulo, 403, 404
Fuchs, Josef, 162, 384
Fundação Lanza, 13, 462
Fundamentalismo religioso, 107, 112, 127, 149, 150, 199, 205, 239

Galileu, 13, 16, 18
Gandhi, Mahatma, 25, 150, 151
Gascoigne, Robert, 283, 284, 287, 297, 310
Gênero (Sexo),
    determinação, 109-111
    discriminação, 148
    relações: na África, 88
    seletividade, 148
    estereótipo, 128
Giacometti, 200
Giddens, Anthony, 129, 130
Giertych, Roman, 191
Giotto, 13
Governo global e corresponsabilidade, 25
Globalização,
    doutrina social da Igreja, 142-144
    dominação, 411, 415-416
    disparidade econômica, 217
    desigualdade política e econômica, 425-428
    polarização étnica, 127
    governo, 431-437
    custo humano, 429
    a pessoa humana, 425-432

    direitos humanos, 411
    solidariedade humana, 431-435
    Índia, 142-144
    desigualdade, 399
    Injustiça, 439-440
    Justiça: aspectos negativos, 444-448
    Justiça: aspectos positivos, 442-444
    análise multidimensional, 129-131
    pobreza, 125-126
    extremismo religioso, 127
    respeito pela diversidade, 431
    resposta dos teólogos eticistas do Sudeste Asiático, 129-139
    teólogos eticistas na Índia, 142-143
    ameaças à humanidade, 412
Gómez, Fausto, 132
Goulet, Denis, 46
Governo,
    ruim na África, 90
    globalização, 430-431
Gudorf, Chris, 18
Guerra justa, 34
    Iraque, 249
    paz, 180, 181
    preventiva, 31, 33
Gunn, Joe, 268
Gutiérrez, Gustavo, 392

Habermas, Jürgen, 301, 304
Hammarskjöld, Dag, 25
Han, Thomas Hong-Soon, 107-109
Häring, Bernard, 325
Hebga, Meinrad, 340
Hegel, G.W.F., 400
Hehir, J. Bryan, 246
Heimbach-Steins, Marianne, 19, 157, 158, 173
Hermenêutica,
    deontologia, 305-308
    a pessoa humana, 301-302

ética teológica, 298-308
    verdade teológica, 307-308
Hilpert, Karl, 162
Hinga, Teresia, 19, 389
HIV/AIDS, 57, 87, 366, 413, 444
    África, 91
    Índia, 146-148
Hogan, Linda, 12, 19, 309, 461
Hollenbach, David, 241, 243, 269, 276, 462
Homofobia, 187-190, 196
Honneth, Axel, 302, 333
Huxley, Julian, 55
Hwang Woo-Suk, 111, 114, 121

Identidade,
    africana, 85, 86
    cristã: poder americano e saúde, 251, 252, 253
Identidade Nacional Africana, 80-82
Ignorância e identidade africana, 83-88
Igreja Católica,
    preocupação com a sexualidade, 236-238
    escândalo do abuso sexual, 263-266
Igreja na África, 94
Imoralidade, identificação global, 384
Incerteza moral, 389
Inculturação, 344-346
    amor, 347-349
    sensus fidelium, 328
Independência cultural africana, 68-69
Índia,
    Bioética, 146-148
Individualismo possessivo, 53
Individualização: como desafio à
    ética teológica chilena, 230-231
Injustiça,
    econômica, 445
    globalização, 439, 440
    institucionalização, 173, 179
    teologia moral, 391

Insegurança europeia, 173-179
Instrução Pastoral sobre Teologia e Secularização (Espanha), 197
Intengan, Romeo, 132
Itens perigosos,
    abandono, 450
Interesses das crianças, 36
Intersubjetividade: como suprema demanda ética, 402
Iraque: teoria da guerra justa, 249
Ius Novum Universale, 23, 27

James, William, 370
Jans, Jan, 15
Jeitinho brasileiro, 199, 210
Jesus: mulheres, 391
Joas, Hans, 309
João Paulo II, Papa, 26, 28, 34, 99, 102, 167, 170, 196, 214, 295, 321, 348, 373
João XXIII, Papa, 28, 177
Johnstone, Brian, 18
Joseph, Pushpa, 19
Juan Carlos I, 171
Julgamento humano, 257
Julgamento pelo calvário, 262, 263
Jung, Patrícia Beattie, 19
Junges, José Roque, 12, 461
Junker-Kenny, Maureen, 19, 283-285, 297
Justiça, 48-50
    caridade, 237, 417-418
    cuidado com a saúde, 146-148
    desigualdade, 177-179
    intergeracional, 177
    internacional, 32
    intrageracional, 177
    justiça social, 441
    tradição da usura, 276
Justiça econômica e pensamento católico social, 270, 276
Justiça Social, 32, 43, 134, 143, 150, 176, 267, 268, 277, 372, 390, 434, 440,
        441, 451

Kant, Immanuel, 304-306
Kasper, Walter, 162
Kaveny, Cathleen, 18, 270
Keenan, James F., 11
Kelly, Kevin, 18
Kimman, Eduard, 131
King, Martin Luther, 26
Krauthammer, Charles, 251
Küng, Hans, 170
Kymlicka, Will, 137

Laicato: como desafio para a Europa, 157, 166
Laicidade: como desafio para a Europa, 167
Lavagem cerebral, 447
Lei natural, 152, 153, 160, 166, 252, 253, 273-279, 377, 383, 386
Leigos,
    formação, 344-346
    o magistério, 344-345
Lévinas, Emmanuel, 133
Liberdade,
    limitação e direitos humanos, 179
    religiosa e discriminação, 188
Liberdade de Religião: Ásia, 112, 113, 117
Liberdade humana: e determinismo, 43
Lind, Christopher, 242, 277, 436
Linden, Ian, 436
Locke, John, 419
Lonergan, Bernard, 242, 271, 275

MacIntyre, Alasdair, 41, 135
Magesa, Laurenti, 65, 83
Magistério,
    o laicato, 342-346
    sensus fidelium, 328, 330-338, 352, 359
Mal intrínseco, 384
Mana, Kä, 69, 73, 74
Marcos, Ferdinand, 138
Maritain, Jacques, 27

Marshall, T. H., 51
Marx, Karl, 231
Mattiazzo, Antonio (Arcebispo), 16, 17, 18, 462
Maura, Philomena, 19
May, John, 309
Mazurkiewicz, Piotr, 158, 187
Mbuy-Beya, Bernadette, 17
McCann, Dennis, 278
McCarrick, Theodore, 244
McCormick, Richard, 270
McDonagh, Enda, 18
    mídia e autenticidade na África, 102
    opinião pública, 356
Medo de liberdade, 404, 405
Medo do outro, 404, 405
Meio ambiente e a consciência religiosa africana, 86, 87, 88
    Índia, 144
    ética de vida, consistente, 244
    discurso ético ecumênico, 184, 185
    em favor de vítimas e excluídos, 406-409
Melchin, Kenneth R., 242, 267
Memel-Fotê, H., 72
Merks, Karl-Wilhelm, 18
Merkx, Peter, 11, 461
Metz, J. B., 408
México,
    emigração, 217
    desafios morais, 224, 225
    recursos da ética teológica, 221, 222
Mier, Sebastian, 199, 271, 463
Mier, Vicente Gómez, 163
Mieth, Dietmar, 162
Mifsud, Tony, 200, 229, 461, 463
Migração,
    direitos culturais, 135
    problema na Ásia, 125, 126, 136
Minorias: direitos, 134, 135
Miranda, Dionísio M., 132, 283, 284, 297, 300, 306, 311

Modelos:
    vida corporativa, 24
    economicista, 48-50
    institucional, 50
    suporte, 50
Modernidade, 160
Moralidade,
    ética, 357
    fé, 166, 238, 239, 240, 320, 321, 355
    oficial e popular, 396
    política, 202, 243, 255
    ética teológica asiática ocidental, 316
Movimento dos Trabalhadores Católicos, 252
Movimento Ortodoxo Radical, 252
Muçulmanos na Europa, 182
Mudge, Lewis, 307
Mulheres,
    na África, 88
    e Jesus, 391
    na sociedade mexicana, 226
    teologia moral, 385
    violência contra, 127-128
Mundo perante perigos, 25
Mulombe, Sébastien Muyengo, 66, 97
Multiculturalização, 32

Nascimento: e identidade na África, 85
Naughton, Michael, 278
Negócio: e Doutrina Social Católica, 277
Neutralidade científica, 23, 43
Newman, John Henry (Cardeal), 330
Noonan, John, 269, 270, 271, 273, 275
Nussbaum, Martha, 46, 135

Oakley, Francis, 264
Oca, Maria, 19
Ocidente, influência, 411
O'Connor, June, 429

Okano, Haruko, 19
O'Neill, Onora, 306
Opinião pública e *sensus fidelium*, 355
Opongo, Elias Omondi, 392

Pacto de sangue, 76
Papisca, Antonio, 23, 25, 463
Particularidade,
    ética teológica, 309
    universalidade, 309
Paucapalea, 262
Paulo VI (Papa), 28, 429
Paz,
    direito, 29
    guerra, 180, 181
Pecado e a teologia moral, 390
Pegoraro, Pe. Renzo, 13, 16
Pennington, Kenneth, 262
Pesquisa de célula-tronco, 110, 119, 120, 158, 243
    na União Europeia, 187, 192
Pessoa,
    dimensão de comunidade, 71
    direitos humanos, 29, 30, 40
Pessoa humana,
    como sendo vida, 342, 343
    hermenêutica, 299, 300
Pesche, Karl-Heinz, 313
Perseguição religiosa, 112, 113
Piegsa, Joachim, 162
Piscopia, Elena, 13
Plenitudo iuris, 23, 27
Pluralismo,
    limites, 380-381
    desafios para a teologia moral, 400-402
    cultural, 181, 385-394
    ética teológica asiática, 315-318
    como despolitização, 400
    como domesticação de intersubjetividade, 399-400

    epistêmico, 371
    ético, 371, 372
    desafio evolucionário, 383, 384
    global: impacto sobre o sujeito, 402
    legitimidade: em teologia, 380-381
    a era moderna, 365, 369-371
    moral, 400
    teologia moral na Índia, 153
    política, 369-376
    reconstrução da África, 73
    religioso, 181, 370
    Europa, 157, 168-170
    desafio revolucionário, 365-367
    ética teológica, 376-381
Pluralismo cultural e ética teológica asiática, 181, 386-394
Pobres,
    opção preferencial, 133, 406-409
    fontes e hermenêutica de ética teológica asiática, 283
    ênfase teológica, 406-409
Pobreza,
    identidade africana, 83
    antropológica, 84-85
    ética teológica asiática, 313-314
    no Brasil, 203
    Pensamento Social Católico, 267, 277
    preocupação ética, 233
    globalização, 125-126
    desigualdade, 233-234
Pobreza mundial, 267-279
Poder,
    americano: e identidade cristã, 250-255
    militar: dos Estados Unidos, 250
    Catolicismo, 250, 251, 252
Polanyi, Karl, 277
Polarização ética e globalização, 127
Política e moralidade, 201, 243-255
Poluição, 31
Pope, Stephen, 11, 275, 389

Popieluszko, Padre Jerzy, 191
Porter, Jean, 18, 241, 242, 257, 277, 307
Pós-modernidade, 161
Princípio da Ética do Discurso, 45
Processo democrático e África, 70, 374
Processo devido,
    raízes eclesiásticas, 264
    direitos humanos, 259
    questão moral, 260
    corte papal, 260-261
    estado de direito, 257-266
Profecia e Realismo, 36
Pröpper, Thomas, 300

Racismo europeu, 183
Ratzinger, Joseph (Cardeal), 190, 194, 244
Rawls, John, 46, 176, 302
Realismo e Profecia, 36
Reconstrução da África e da tradição africana, 73
Recurso à força, 33
Reflexão Moral Teológica,
    recursos europeus, 162-165
    desafios futuros na Europa, 165-167
Respeito, 421-423
Respeito pelo outro, 403-404
Responsabilidade,
    dos fiéis e *sensus fidelium*, 340-343
    para os outros, 434-435
Responsabilidade Social Corporativa, 49
Rice, Condoleezza, 241, 243, 244, 250
Ricoeur, Paul, 284, 298, 306
Rito de iniciação na África, 75
Robertson, Roland, 129, 132, 135
Ronquillo, Carlos, 133
Rosmini, Antonio, 29
Rossi, Theodora, 19
Rumsfeld, Donald, 258

Sabedoria africana, 78, 79, 80, 81, 82
Sacerdócio dos fiéis e *sensus fidelium*, 329
Salvifici Doloris, 295
Santo Agostinho, 237, 320, 329, 330
Saúde americana e identidade cristã, 251-255
Schillebeeckx, Edward, 166
Schockenhoff, Eberhard, 365, 369, 463
Schotsman, Paul, 12, 13, 15, 461
Schreiter, Robert, 299
Schuck, Michael, 269
Schüller, Bruno, 162, 384
Schürmann, Heinz, 161
Schweitzer, Friedrich, 303
Secularização no Chile, 231, 232, 233
Segurança, 179
Seko, Mobutu Sese, 90
Selling, Joseph, 15
Sen, Amartya, 40, 136, 302, 429
Sensus fidei e conhecimento moral, 353
Sensus fidelium, 327-364
    a Igreja, 340
    consciência dos fiéis, 360, 361, 362
    definição, 329
    desvalorização, 331-338
    dogma, 360
    fé da Igreja, 331-338
    objetivo, 335
    inculturação, 328
    o magistério, 328, 331-335, 339, 352
    discernimento moral, 339-350, 351-364
    conhecimento moral, 360
    opinião pública, 355
    responsabilidade dos fiéis, 340-343
Sensus fidelium ecclesiaeque, 342-349
Ser humano,
    valores comuns, 388, 389, 390, 391
    condicionamento cultural, 420, 421
    como fim, 429

globalização, 425-437
singularidade, 422
Sexualidade,
Igreja Católica no Chile, 235, 236
ética, 235, 236
na Índia, 152
ética teológica mexicana, 226
Shariah, 129
Sharp, Carolyn, 18
Sin, Jaime (Cardeal), 323
Sínodo Africano,
desafio de autenticidade, 102-106
desafio de credibilidade, 99-101
desafios morais, 97-106
Sistemas legais, respeito, 25
Smith, Adam, 24, 51, 400, 431
Sociedade dos bons, 53
Sociedade Teológica Católica da América, 270
Soédé, Nathanaël Yaovi, 328, 339, 463
Sofrimento,
Ética teológica asiática, 318
compaixão, 295
desafios geopolíticos contemporâneos, 291
amor de Deus, 291
poder, 287, 288, 289, 290, 291
como fonte para a ética teológica, 283, 287-296
Solidariedade,
na África, 76-77
preocupação ética, 234
internacional: e Coreia, 122
Solidariedade humana, 431-432
Stephen de Tournai, 262
Stiglitz, Joseph, 40, 436, 437
Stöckle, Bernhard, 161
Subsidiaridade, 192

Taylor, Charles, 72
Ten Have, Henk, 24, 55

Teologia da Libertação, 66, 129, 176, 199, 209, 214, 217
Teólogos,
    africanos, 90-95
    identidade africana, 90
    centralidade de vida, 442
    desafio da globalização, 450-451
    luta pela liberdade, 90, 91
    atividades asiáticas, 118-119
    teologia asiática indígena, 322
    moral nas Filipinas, 322, 323-326
    como profetas, 442
Teólogos morais,
    no Brasil, 211-212
    eticistas sociais, 13
Teologia,
    africana: orientação de inculturação, 90-95
    como *ciência,* 301
Teologia Moral,
    autoridade, 385
    no Brasil, 201-215
    modelo casuístico, 159, 160, 351
    comunidade cristã, 365, 395-409
    conversão, 391
    como uma hermenêutica crítica, 41-42
    esperança, 391-394
    na Índia, 154
    injustiça, 391
    abordagem interdisciplinária, 207
    amor, 411, 417
    modelo moral teológico, 159, 160
    pecado, 391
    definição de universidade, 385
    mulheres, 385
Teonomia do Deus vivo, 162
Teresa de Calcutá (Madre Teresa), 321
Terrorismo na Índia, 150
Thiel, John, 269
Thiel, Marie-Jo, 18, 461

Tindemans, Leo, 171
Tirimanna, Vimal, 411, 425
Todorov, Tzveran, 195
Tomás de Aquino, 331, 384
Tortura, 26, 244
Trabalho, 51
Tradição da usura, 269, 277-279
Tradição e escritura, 299, 300
    como fonte de teologia ética, 297
Tran, Ylan, 19
Transparência Internacional, 325
Transversalismo, 388, 393-394
Tribunais Secretos e Baía de Guantánamo,
    detidos, 259, 260
Tuazon, Roland, 135

UNESCO, 24, 26, 31, 55, 56, 57, 59, 62
Uniões do mesmo sexo, 187, 191, 192
Unilateralismo, 31, 33
Universidade Católica da África Oriental, 450
Universidade Católica da Lovânia, 12
Universalidade,
    particularidade, 309
    ética teológica, 309-310

Valadier, Paul, 18, 327, 329, 463
Verdade moral, 366
    objetividade, 385
    natureza prática, 386
Verdade teológica e hermenêutica, 307, 308
Verdade Universal, 385, 386
Vereecke, Louis, 160
Verstraeten, Johan, 15
Vida,
    centralidade, 442
    direito à vida, 29
Vida do ser como pessoa humana, 341, 342, 343
Vidal, Marciano, 18, 157, 158, 159, 463

Vincent de Lérins, 330
Violência,
    homofóbica, 187-189
    racista, 187-189
Vítimas: como critério moral, 133, 134, 152
von Balthasar, Hans Urs, 161
Vosman, Frans, 15

Waliggo, John Mary, 18, 65, 412, 439
Walzer, Michael, 302
Weber, Max, 24, 43
Weigel, George, 252
Weiler, Joseph, 196
Welch, Sharon, 391
Wennink, Hans, 11, 461
Wilfred, Felix, 151

Yunus, Muhammad, 40

Zacharias, Ronaldo, 199, 201